Regulating Contracts

"十二五"国家重点图书出版规划

法学译丛·规制、竞争与公共商事系列

规制合同

[英] 休·柯林斯(Hugh Collins) 著

郭小莉 译

中国人民大学出版社

·北京·

译从序

翻译不仅仅是获得新知的方式，还是一个塑造世界范围内共识的途径。即便是日常交往之中的书信、对话的翻译，也对我们的观念世界的改变、沟通乃至联合有着至为重要的价值。[①] 不用说，翻译经典、良好撰写的专著，是藉以迅速地了解思想者对知识的系统思考的重要途径。之于中国，翻译更是学术研究的一个重要知识来源，自魏源以降，至严复为倡，藉由翻译所获得的新知，其对中国的影响，人人皆悉。

中国法律和法学，对于翻译，相比其他学科，可能尤为依赖。今天我们的法律传承，系移植之物。自清末变法承受至今，不过一百多年。从概念到推理，莫不舶来，即便是共和时代，也无非是藉由苏联而学习的大陆法系变种。虽然随着全国性的外语教学，以及开放国门和更多的直接交流，对翻译的依赖程度有所下降，不过严整、系统地将已有的学术成果翻译为中文，其之于学术发展的重要性程度仍然不可小视。其实，各大文明莫不重视翻译，以英美法学为例，其对非英语的，尤其大陆法系，包括拉丁、法德文献的翻译，从古至今，从经典到时令，在全面、完整、准确方面，完全超过我们。今天我们可以非常简单地在英语世界中找到几乎能够想到的任何经典法律文本，甚至包括我们中国的古代典籍。直接交流能力的提高并不能，也不会替代翻译的必要。

一个学科的活力和发展，尽管取决于多种因素——社会、政治、时代，以及不可或缺的人的努力，但作为一种思想产品，没有植根于人类的普遍经验，没有与之共鸣、呼应的知识积累，很

① See Pascale Casanova, *The World Republic of Letters*, translated by M. B. Debevoise, Harvard University Press, 2004.

难持续。经济法学在 20 世纪 80 年代有过诸多的翻译，从苏联到日本，不断地有学术作品进入，给经济法学的发展平添了思想的动力和理论争议上的活力。而之后，除了勇于探索的自我努力之外，仅有零零碎碎的文章、短文翻译进入中国，并无太多的系统知识引入，这在一定程度上成为了学科发展的瓶颈。

这套丛书的翻译，首先是基于这样的考量而组织的。我们将其设定为经济法的核心领域：规制（regulation），尤其是经济规制，以及与之相关的竞争（antitrust）和公共商事（public business）。在这些领域中近三十年来的学术文献，构成了本套丛书的选择范围。

国际法学界对规制的研究，20 世纪 70 年代是一个重要的分水岭，这当然受到了政治行动、社会思潮的影响。1950—1970 年是规制，尤其是社会规制大幅度增长的年代，其研究成果因此而不断增加；而 20 世纪 80 年代开始的私有化和放松规制，直接影响到了学界的学术兴趣转移。但不可否认的是，70 年代在理论上以规制过失（regulatory negligence）① 的提出为前沿研究的代表，以及以形成教科书为代表的系统化研究②，其高度至今仍然未能达到或超越。90 年代之后由国有企业私有化带来的政府职能社会化、市场化，又被称为“新公共管理”（NPM，New Public Management），其间出现的研究大多集中在管理学、行政学等领域，不过主流经济学界反倒是因为法国规制学派的崛起，并且和政治学不断融合，出现了大量的规范和实证分析，成为一个转型。而法学界仍然受制于自身的传统和时代，并未对这些命题作出过多的回应。这间接导致了整体对于规制的研究趋向于薄弱。而最近十多年来重新兴起的研究，尤其是一系列关于规制的学术期刊的

---

① See Bruce L. R. Smith and D. C. Hague, eds., *The Dilemma of Accountability in Modern Government: Independence versus Control*, New York: St. Martin's Press, 1971.

② See David Boies and Paul R. Verkuil, *Public Control of Business: Cases, Notes, and Questions*, Little, Brown and Company, 1977.

出现，极大了扩充了知识库。但是，反垄断的研究则因为芝加哥学派的影响而呈现出一枝独秀的局面，尽管其中并没有根本的范式突破。而我们的中文学术界则基于社会、政治等原因，仍然停留在这之前的种种思潮之中。这样的学术背景，尤其凸显了这套丛书的意义。

不过，即便大多数学者容易随时代而变动，受制于流行，也仍然存在诸多冷静、客观的学者所从事的独立分析和讨论，并和自己的研究进路相结合。这样，或基于固有理论而延伸，或基于现实变化而应对，研究规制有不同的进路。本套丛书的选择原则则是优先基于第一种情形而进行的，即时间跨越幅度较大，但倾向于独立视角的理论研究。可以说，本套丛书都是规制、竞争和公共商事领域的世界级的学术名著，对理论发展具有重要影响力，并且是研究这一问题不可或缺的标志性的参照书。这包括有基于关系型契约理论而提出的《规制合同》(Regulating Contract)；有基于公私划分而探讨当代社会最重要问题的《公共价值与公私之分》(Common Value and the Public－Private Divide)；有对规制最核心命题的理论探讨——《规制中的公共利益》(The Public Interest in Regulation)；有一般框架式的公认权威总结——《理解规制：理论、战略和实践》(Understanding Regulation：Theory，Strategy，and Practice)；分别从不同的视角作出的，对公共商事合同的讨论——《新公共合同：规制、回应性及理性》(The New Public Contracting：Regulation，Responsiveness，Rationality) 和《社会责任：合同治理的公法探析》(Accountability：A Public Law Analysis of Government by Contract)；从历史视角探讨规制和政治运动和思想之间关系的名著——《规制政治的转轨》(Regulatory Politics in Transition)，以及让我们感到非常兴奋的险些被阴差阳错漏掉的反垄断法名著——《反垄断法悖论：自我交战的政策》(The Antitrust Paradox：A Policy with Itself)。

译事之难，自不待言，尽管追求“信、达、雅”的目标在今日中国似乎是自讨苦吃，不过我们还是在选择译者上设定了标准，以确保翻译的水准。北京大学法律经济学研究中心在组织本套丛书的翻译中，深知法律语言和概念的鸿沟，故此要求译者必须有双重的背景：第一，取得过至少一个法学学位，无论中外；第二，至少在英语国家或地区学习过一年以上法律或者相关学科。当然，这仅仅是译者的门槛，但令我们兴奋的是，诸多的青年英才，无论从事实务或者研究，均保持了对理论的高度热爱，令我们的翻译阵容非常耀眼。既有如我的同事杨明教授等加盟，也有已完成诸多翻译工作的新生代襄赞，在翻译工作已经成为“公益”事业的时下，不由得令人对“爱智者”的传统增加了若干信心。

这套丛书从开始筹划，到最终杀青，期间延宕颇长。对我们所造成的延误心存愧疚，尤其是对原作者、版权商以及译书的出版人——中国人民大学出版社，唯愿翻译的文本质量，以及学界的抬爱，能够补偿些许。同时，感谢北京大学法治研究中心，作为我们长期的合作伙伴，加入了对本丛书翻译的支持。

是为序。

邓峰
北京大学法律经济学研究中心
北京大学法治研究中心

前言

在一年或更早以前，我开始着手写一篇文章来回答一个让我作为一个对合同法感兴趣的法律人着迷的问题。我想知道，法律人从合同实践的实证研究所提供的洞见中可能学到什么东西。我怀疑法律人能不能学到任何有用的东西，因为合同法传统上总是更多地忙着跟随那个时代占统治地位的政治理论给自己定位。然而，随着对这个问题的持续探索，我变得相信法律人可以从这些实证研究中受惠。当我试图道出这些含义，尤其是通过探讨一个洞见，那就是法律看待合同关系的方式有别于合同当事人他们自己用以理解彼此之间的关系的框架，这篇文章的篇幅变长了。

随着这篇文章的发展，显然事实上我在试图将三种不一致的学术话语聚集到一起——经济学、社会学和法学——它们中的每一种都包含着其关于合同行为和市场构建的独特洞见和错误理解。这篇文章的野心变得更加具有挑战性，当我尝试着构建一条真正的交叉学科进路，并在这条进路上将所有的社会科学都融入关于规制合同关系的主题中。这条进路需要提出如下问题，每一个学科能够从其他学科中学到什么东西。它并不是一条从社会科学通向法学的单行道，而是变成了社会学、经济学和法学之间的三方对话。每一个学科教导并批评其他的学科。当对这个对话的探索一直持续到我的想象力和出版商的耐心的极限的时候，这篇文章已经变成了现在这本书。

我希望这个结果会让来自宽泛的社会科学领域的读者们受益。经济学家可能发现令人信服的证据，表明合同行为不能仅仅根据自利的物质主义的（materialistic）行为而得到充分的解释。社会学家可能会意识到，对理性行为的精妙的经济解释，也许能够解释比他们所预期的多得多的市场构建中的行为。法律人可以向两者学习，但是也解释道，规制的设计既是一个复杂的任务，也是一个对于合同行为有着隐含意义的任务。

尽管如此，我原先对于法律人可以从（其他的）社会科学中学到什么的兴趣仍然是每一章的主要组成部分。法律规制被视为一种工具性的行为（instrumental activity），在追求特定目标的过程中创造规则、标准和执行机制。法律人可以从社会科学中学到，哪些目标是法律规制可以富有成效地追寻的，以及那些目标如何得以最佳地实现。或者，从相反的方向阐述这一点，法律人可以学到法律规制是怎样轻易地变成适得其反、无效和无效率的。合同法律人在过去并没有太多地受到这些问题的困扰，反而心满意足地试图描述以政治和道德理论为基础的善行（good conducts）的原则，然后假设具有这些目标的规则会达到所希望的效果。我希望这本书有助于重新定向合同法律人看待他们所处理的问题的方式。

我要感谢很多曾经和我一起讨论过这本书的主题的朋友和同事，他们中的一些还对早先起草的章节给予了评价。我特别感谢 Tim Murphy 关于社会理论的讨论，感谢 Julia Black 对规制、金融市场和公法的洞见，也要感谢 Colin Scott 在消费者法（consumer law）和规制方面的帮助。Simon Roberts 教会我很多关于争议和解的知识，并且鼓励我对律师在这方面的作用持怀疑态度。我还受益于和 Christian Joerges 关于私法的一般主题，尤其是欧洲的发展的讨论。Eric Schanze 帮助我理解制度经济学和法律准则这两种话语以什么方式也许能富有成效地结合。当我的考察突然跑到意料之外的方向，Anna Edwards 提供了耐心的研究协助。

伦敦经济学院的两位同事在更为一般的意义上对我帮助尤其大。Nicola Lacey 提供了重要的支持，使我相信这个研究计划是有价值的。最重要的是，Gunther Teubner 始终是一位耐心的老师，并且在无数的时刻使我备受鼓舞。

休·柯林斯（H. C. ）
伦敦经济学院
1999 年 1 月

目　录

第一部分　介　绍

第一章

规制合同的任务

缔结合同是一种司空见惯的行为。我们在商店里选购商品， 3
买票乘坐公共汽车，在银行里兑现支票，或者接受一份工作。这些日常行为的发生没有经过太多深思熟虑或者小心掂量。如果每次缔结合同的时候，我们都要琢磨和考察风险，生活将会变得近乎毫无可能。但是，背叛和失望的风险几乎总是存在的。我从商店里购买一本书。我冒着失望的风险：这本书可能枯燥无味，或者还有些地方缺页了，拼写也可能糟糕透顶。店主冒着背叛的风险：我支付的可能是伪钞，或者我写的支票可能被银行拒付并退回。虽然潜在的风险为数不少，但是，交易进行得颇为顺利，只需要些微谨慎来防止背叛或者失望。我并没有坚持先看过这本书再决定买不买。店主也没有坚持非等到他的银行账户收到不可撤销的信用证时，才交付这本书。相对于其他交易，比如说，一份雇佣合同或者一项几百万美元的投资，上面这个简单的买卖可能不需要大赌运气，但风险几乎总是存在的。

承担这些风险的意愿可以称之为信任。高度的信任使得我们基本上可以完全无视这些风险，乐此不疲地缔结合同。这种信任是社会交往的一个广泛存在并被看做理所当然的特征，在这种意义上，它在现代社会中变得习以为常。虽然现代社会风行个人主义或者原子主义（atomism），我们被一种由信任在其中促使无数的合同关系得以发生从而完成复杂的劳动力分工的社会团结（social solidarity）维系在一起。现代社会有赖于陌生人之间的信任从可能变成现实。社会理论的主要谜团之一，就是这种信任度如何得以实现，也就是说，信任如何变成了惯例。

对促成现代社会构建的社会纽带（social bonds）的研究一直

是社会科学的重要主题。可执行合同的概念是自由主义政治理论及其被称为社会契约（Social Contract）的政治联合（political association）方案的核心。合同关系的重要性，在包括马克思、迪尔凯姆（又译为“涂尔干”）和韦伯等最具影响力的社会理论家的
4 著作中，同样是一个首要的关注点。这些理论家倾向于将法律看作是对现代社会中的社会关系本质的一个直接反映。他们认为法律对于社会和经济纽带的构建是不可或缺的。治理合同的法律在法律人的知识分子话语（intellectual discourses）中地位显赫，据信这是与社会关系的真正本质以及合同在维持社会纽带中的重要性相一致的。比如，迪尔凯姆在比较传统社会“机械的团结”（mechanical solidarity）和对现代社会的社会秩序至关重要的“有机的团结”（organic solidarity）的讨论中，总结说道：

> 我们知道这两种类型的社会团结以什么外部形式作为象征，也就是说，与它们相对应的那部分司法规则分别是什么。从而，要辨别它们在一个给定的社会类型中各自的重要性，只要比较表达它们的两类法律各自的范围就足够了，因为法律总是随着它所支配的社会关系而变化。[①]

政治经济学也使用合同的概念描述劳动力分工和市场关系的特征。在政治经济学中，正是以国家制裁为后盾的法律上可执行的合同，勾勒出社会秩序并使其存续下去，尽管日益见增的劳动力分工要求社会联系（social ties）被不断地瓦解。

在所有这些著作里，解释承托着市场经济的那些信任纽带是如何生成时，有一种反复出现和占据主导的观点，将法律视为一个关键的因素。这种解释认为，防止背叛和失望的法律的存在，它们由武装着强有力的国家制裁的法院执行，使信任变得广泛蔓延。人们之所以承担合同关系中的风险，是因为他们总是可以依赖由国家制裁形成的针对违约者的潜在的惩罚威胁。这样看来，

---

① Durkheim, E., *The Division of Labor in Society* (New York: Free Press, 1933)（初版于 1893）131-2。

使得陌生人之间发生交易的倒不见得是信任，反而是一个能够强加于破坏游戏规则者身上的大范围的制裁系统。信任建立在保障的基础上。

在这种对现代社会构建的一般解说中，法律扮演着关键的角色。法院作为国家机构对合同行为进行的规制提供了规则和制裁的系统，这使得陌生人之间必要的信任度得以生成。因此，缺乏这种系统地运用法治（Rule of Law）以辅助经济关系的法律系统的那些社会，就必然缺乏实现复杂的劳动力分工的核心要件。法律的缺失，在竞相实现繁荣和社会秩序的建立中，构成了一个根 5
本障碍。这种关于法律重要性的富于影响力的观点引导着，例如，世界银行对发展中经济体提供支持的条件。[2]

社会科学的经典著作对合同概念的分析主要停留在理论思辨和随意观察（casual observation）的层面上。然而，近些年来，学者们开始对合同行为、市场的历史和社会起源，以及法律规制合同的社会效果进行细致的实证研究。这些研究所提出的主要疑问关系到一个显而易见的矛盾。一方面，大多数政治、经济和社会理论认为，在市场经济中，合同法是社会秩序的一个基础机制。法律人也一样，强调合同法在法律体系中的基础地位，认为这种法律规制提供了关键的黏合剂以维持社会系统。另一方面，来自对合同行为实证研究的证据却揭示了合同法边缘的并且有时是瓦解社会的作用。购买了缺陷商品的消费者，几乎永远不可能走上法庭维护自己的权利。如果我不满意我买下的那本书，我不会诉诸法院，而是会折回书店，提出抗议，并且尽一切可能另换一本书或者拿回我的钱。商人们似乎并不关心他们的交易在法律上的有效性，不会百般坚持他们的法律权利，而当一个争端需要裁决，他们像躲避瘟疫一样绕开一般法院（ordinary court）。如果书店的店主没有收到我购买那本书的全额付款，也许是因为我的支票被

---

② World Bank，*World Development Report 1997*：*The State in a Changing World*（Oxford：Oxford University Press，1997）.

银行拒付并退回了，他绝不可能就我的债务提起一个法律诉讼，但是肯定会拒绝在将来再和我交易。还有证据表明，经济中最生机勃勃的部分的大片领域，像金融和银行部门，完全在它们自己的规制系统里运行，而让法律变得几乎无足轻重。

这些见解能够相互协调吗？我们能够解释合同法如何既是社会系统的基础，却又与大多数日常的市场行为几乎毫无关系吗？法律和法律制度在多大程度上，如果它们确实能起到这种作用，有助于习惯性信任的形成？这些问题界定了本书反复出现的一个主题。然而，本书主要并不是为了探讨社会理论。还有另一个主题，需要对合同的法律规制系统进行具体得多的研究。

第二个主题可以由下面这个问题界定：什么形式和内容的法律规制能够使法律系统最有效和最有效率地履行其支持市场系统
6 的功能？即使我们发现法律在形成习惯性信任中只起到了边缘的作用，这个结论并不排除法律能够被改善从而提供更好的协助这种可能性。因此，我们可以致力于对合同法进行一个批判性和规范性的探讨。一般性的问题变成，哪一种法律最适合于规制市场和联合的合同形式（contractual forms of association），以及如何衡量和评价它的成功程度？尤其是，我们可以追问，哪些法律和法律制度有利于商业性的交易，而哪些法律规制对于面向消费者的零售是有效率和有效的？在以上两种情形中，比如，是推行清晰的强制性规则，它们由运用国家制裁的强大的规制者执行，还是允许参与交易的各方自我管理，并通过调解和仲裁创造他们自己的私人正义系统，哪一种方式更好？然而，我们不应当假定法律在这些领域里能作出任何积极的贡献；一切通过强制推行法律规范和程序实现的社会实践“法治化”（‘juridification’），对其价值的评定应当建立在实证证据的基础上。[③] 这里对于最佳类型法律

③ Teubner, G., ‘Juridification: Concepts, Aspects, Limits, Solutions’, in G. Teubner (ed.), *Juridification of Social Spheres: A Comparative Analysis in the Areas of Labour, Corporate, Antitrust and Social Welfare Law* (Berlin: Walter de Gruyter, 1987).

的研究，不仅考虑规则的形式以及法律制度的本质和能力。它还对法律的规则和原则，以及作为法律规制的媒介的法律话语的复杂性进行了更细致的考察。

虽然我们将讨论很多关于合同的法律原则，但需要澄清的是，这本书不打算展现合同法的文本。法律人撰写论著构建对法律规则和原则的系统分析。他们试图让法律有意义，为法律就权利和义务的分配和辩护（vindication）提供一种连贯和一致的话语。我们将采取一种更外在的视角，这种视角总是对法律和它所规制的社会实践之间的互动更感兴趣。当然，我们不可能回避以下考虑，法律如何看待这些实践，或者法律规制的目标是如何被界定和贯彻的？相反，为了抓住法律和缔结合同的社会实践之间动态互动的本质，我们既要懂得法律如何看待它自己的角色，也要懂得缔结合同的参与者如何理解他们的社会互动的意义。然而，我们所提出的问题不能仅仅从法律的视角加以回答。法律规制的特征和效果必须从一个外在的优势视角加以考察，这种视角充分意识到
法律话语的独特品质，但是也试图比照其他来自整个社会科学领 7
域的知识体系，批判性地衡量这个关于世界的知识体系。

这条进路并不是完全崭新的。关于合同实践（contractual practices）和法律规制的各种经济分析已经被用于回答这些问题。以理性的、效用最大化的个体为基础的分析所建立的社会互动模型，我们从中获益良多。但是这些模型必须经受可得到的实证证据的检验，以确定它们的有效程度和弱点所在。此外，经济分析很容易忽略法律系统本身如何看待自己的规制任务和方法，在对法律规制潜在的功效和效率进行任何批判性评价时，这个维度非常重要。经济分析因而应当被看做获取我们的问题的答案的一种启发性工具（heuristic device），而不是一种全面的方法。

“规制”这个词已经出现了好几次，现在需要提醒注意一下它的内涵。我用它统称一切旨在治理其对象的行为的规则系统。法律提供了一种规制，然而它不过是诸如风俗、惯例和官僚组织等许多社会规制中的一种。规制这个词常常在一种狭窄得多的意义

上使用，指的是国家为了控制市场运作而使用的一套特定的技术(techniques)。在这种狭窄的意义上，规制涉及专业化机构（规制者）的职责，它们被授予权力管理市场中对竞争的扭曲（市场失败），保护市场中的参与者，防止像污染等不利的市场外部性。我愿意继续采用当法律系统被视为一种规制形式时规制一词的广泛内涵，如果以下这点得到理解，那就是我们不应当预先假定专业化的规制机构和法规是法律机制的唯一类型。一般法院所执行的合同私法同样是一种法律规制。有趣的问题反而是，不同种类的法律规制是否追求相似的目标，比如防止市场失败，以及不同的法律技术和机构中的哪一种在实现其目标时证实是更成功的?

为了掌握本书隐含的第三个主题，我对于规制所下的宽泛定义是有必要的。合同的法律规制以两种截然不同的方式看待其行为。根本的差异存在于私法和福利规制（welfare regulation）之间。到了19世纪末期（并且往往是早得多的时候），现代法律系统发展出一种特定的方法以规制那些被界定为私法义务的组成部分的合同。合同私法常常包含在这样的法规中，它们由一套适用
8 于大多数合同关系的普遍原则组成。这些私法规则被法律系统设想为对于法律秩序是至关重要的，是一份市民社会中的基本权利和义务的前政治宣言，它与民族国家的文化和政治认同（cultural and political identity）有着不可分割的联系。这些私法系统为上文提及的合同法的系统论著提供了素材。然而，另一方面，每个法律系统为了明确的工具性目的，也对特定种类的合同实践进行更为具体的规制。这种法律规制的话语，为了诸如公平和分配正义、减少市场失败、限制私权行使以及其他的福利目标，对私法中的权利和义务作出调整。

这两种法律话语的同时并存可以在一定时期内由于它们自身的封闭性而得以实现。私法专家们无视规制对他们精心构筑的权利蓝图所带来的影响，而规制方面的法律人则抹杀了他们对19世纪法律秩序所造成的根本挑战的含义。然而，在20世纪行将结束之际，这些用来避免法律话语之间冲突的技术已经无法再对法律

规制作出令人信服的解释。比如，法律不应当评价合同的公正性这样的私法原则，坚持其继续有效下去是否令人信服，当我们观察到如此之多的例子，像最低工资法、公平租金规制、信用交易中对利息率的限制，以及在消费者合同中对不公平条款的约束，法律规制的引入恰恰是为了评价合同的公正性？我的观点是，法律系统正处于一个转型过程中，从传统私法规制占主导地位过渡到福利主义规制逐渐为法律规制合同提供了基础的话语。法律如何看待合同实践因而正在重构当中。

这些观察同样不算十分新颖，但是其内涵还没有被充分发掘出来。一旦法律话语将自己转向福利主义规制的工具性推理，它就必须密切考察规制的结果，以确定其目标是否得到实现。法律进化的轨道发生了改变，从追求其原则体系更优的连贯性的私法话语，转向一种通过考察现行规制的后果以获悉对新规制的需要的话语。我们必须收集外部世界尤其是市场实践的信息，并将它们重整为一种使法律话语能够调整其自身的内部运作以及其规制后果的形式。在这种新型的法律推理中，法律实际上干了什么，其社会和经济效果如何，对于法律系统的动态运行极为关键。因此，这本书所收集的关于法律规制效果的实证证据，不仅是一些有趣的信息，一种纯粹的外在观察，而毋宁是对于法律推理过程 9
本身至关重要的。法律系统将这些信息转译到其自身的内部运作中，由此提供关键性的进化动力。

那些沉迷于合同私法话语传统的法律人，很容易将这本书视为一组外在观察。这种解读是可能的：对合同的法律规制的社会或者经济研究。但是，这本书的第三个主题坚持认为这样的解读会误解我的计划。外在观察和法律系统的内部运作之间的尖锐对立在福利主义规制的法律话语中是站不住脚的，因为它预先假设它必须和自己的外部环境互动。那些一度被视为“非法律的原因”，就是那些严格说来与法律话语无关的原因，像私法的效果和政策，如今变成了法律话语的主要原因，是其核心动机。我并不是说，法律话语已经崩塌或者退化成政治的或者经济的话语，因为它仍然在一个特定的推理框架下理解它的外在环境。我的主张不过是，福利主义规制在法律话语中日益见增的支配地位要求法律系统对关于其外在环境的信息，比如说某个特定规制的效果，不应当看做和它的推理过程毫无关系，而应当视之为自己固有的、不可分割的一部分。

这本书的题目，规制合同，试图占据一块新奇的、交叉学科的领地。我们对规制的形式、过程和系统进行全方位的考察。法律规制仅仅包含一个适用于由合同实践所确定的范围的系统。[④] 其他的规制系统可能包含当事人自我管理的制度化结构，或者包括像同业公会（trade associations）等其他外在的制度。相似的，题目中合同的概念并不仅仅指一个法律概念，而是更为广泛地指一些社会关系，它们有着一组独特的、通常被形容为具有合同性质的内涵和动力。在下一章中，我尝试厘清那些合同实践所共有的脉络。我会指出，它们包含一组来源于各种人际联合（human association）的内涵。

在本书的第二部分，我进一步扩展了以下观点：规制合同的法律的一种新构造正在进化当中。这种观点最重要的部分在于，
10 由于私法和公共规制的碰撞，一种关于合同的新型的法律话语逐渐形成。新型的规制是一种混合物，它保留了私法的许多特征，但同时，又产生出新的功能和进化路径。我的讨论分为两章。第三章描述传统私法的特征，以及这种法律话语如何经历了富于成效的解体。第四章考察了现代规制的新功能和进化路径。这两章依赖于法律思维范式的一种新转换，在其中，不止是私法被理解为一种规制技术，连当事人对于合同条款的协商也被看做是自我管理的方法。

这本书的第三部分考察法律规制在市场建立（construction of markets）中的作用的一般性问题。假定规制合同的一个基本任务

④ Shearing, C. D., 'A Constitutive Conception of Regulation', in P. Grabosky and J. Braithwaite (eds.), *Business Regulation and Australia's Future* (Canberra: Australian Institute of Criminology, 1993).

必然是辅助合同关系和市场的形成。但是，并不假定法律在这个任务中扮演关键的角色。首要的问题反而是，法律能有效地发挥什么样的作用？第五章开始对此进行探讨，考查法律规制对信任和制裁的建立所起的作用，信任和制裁被认为共同构成了市场不可或缺的基石。在此基础上，第六章考察合同行为与法律规制如何互动。最有趣的问题是，合同当事人不倾向于运用法律上可执行的合同这一制度作为对交易和相对方所采取的理性行为的一部分，我们应该从这样的证据中得出什么结论？在下一章中，我们将注意力转向律师在建立合同关系中的工作。律师觉得他们的主要角色在于设计合同关系，也就是设计商业关系的自我规制。我们考察履行这种角色所遇到的障碍，并对其在市场建立中的重要性提出质疑。

考察法律如何既支持又阻碍贸易关系的建立以后，以此为基础，第八章把关于哪一种合同规制将为市场提供最优的支持的各种论证综合在一起。这个论证挑战了认为一套清晰和正式的界定合同当事人权利的规则能够最佳地服务于商业利益的传统看法。我的主张是，法律推理中的形式主义的优点通常是言过其实的，而且法律权利的可计算性（calculability）要求更多的开放性规则（open textured rules）和将争议情景化的其他技术。本书这部分的最后一章考虑法律对于建立专业化的商业市场，比如证券交易和像货币等金融工具，所发挥的作用。认为在这些市场中，由于其关系实际上变成了一个事物（thing），合同的内涵因而有所不同。要为这些商业关系提供支持，法律规制必须转变它对合同关 11
系的理解。由于自我规制的调解制度的介入，在这些市场中法律规制的任务也变得截然不同。

这本书的第四部分考虑合同关系和法律规制的分配效应。市场交易会改变禀赋（endowments）的初始分配状况。对此进行规制的时候，法律不可避免地会输送由贸易实现的分配模式。市场是现代社会中主要的分配机制，只有少量的调整受到诸如税收和福利救济（welfare benefits）等国家工具的影响。治理合同的规则通过控制当事人设计他们自己的自我规制的权力，引导着市场的这些分配结果。对分配正义的此类考量有着许多不同的方面，这里并不考虑所有的情况。

我们挑选的主题首先是，对通过合同建立自由裁量权关系（discretionary power relations）的控制。我们考察在三个不同的背景中通过合同建立支配和从属关系的原因：依据标准格式合同的消费者购物，雇佣关系和其他类型的代理（agency），以及相当于雏形的组织的合同网络（networks of contracts）。在每一个背景中，我们考虑规制的可能目标，以及那些目标如何能够有效率和有效地实现。提出的主张是，其目标不应当是简单地试图防止支配关系，而是应当通过改变合同的结构和它们的市场背景以提高合同的效率。

接下来的一章考察对合同中的不公平的规制，不公平是在严格的意义上界定的，也就是每一方当事人依据合同所要求的履行是失衡的。我对两种流行的观点提出质疑，一种是合同中不公平的情况是虚假的，另一种是对付（被假定为不存在的）不公平问题的有效的法律规制要么是不可能的要么是适得其反的。这一章展开如下论点，现代规制话语通过这样的私法，它们有能力产出有效的规制以对付合同中的不公平情况，而不断进化。

在接下来的一章中，讨论转向了因货物和服务的低劣质量而
12 引起失望的相关问题。尽管没有人会怀疑低劣的质量有时候会出现，是否存在任何一种规制能够防止失望，则是更富于争议的问题。尤其是，在强制推行合理的质量标准时，私法经常被视为是徒劳无功的。因此，这一章致力于细致地考察私法如何能够获得这种能力，以实现有成效和有效率的质量规制方式。

在第十三章中，我们稍微有点偏离，为的是考虑另一个不同的主题，也就是政府为提供公共服务而采用的合同。尽管这些合同会引出很多我们已经考虑过的分配问题，像支配关系、不公平和低劣的质量，它们还给当事人充分的自我规制造成特别的困难。这里我们感兴趣的主要问题是，哪一种法律规制可以最好地协助

政府运用市场向公众提供服务。

最后，第十四章将争议解决的问题看做一个引出了一些分配上的问题的规制合同的任务。这里的主要困难是决定什么是我们试图通过规制再分配的"好处"（'goods'）。这种"好处"涉及为自我规制所设定的权利进行辩护的能力吗，或者这种"好处"反而是接近正义（access to justice）的程序上的权利吗？我的观点是，重新分配这些"好处"中的无论哪一种都不应当是规制的首要任务。相反，规制应当致力于更公平地分配对争议进行自我规制的"好处"，也就是和解的"好处"。

结束的一章回顾了书中提出的一些命题。它还包含了一些对方法论和未来研究的问题的反思。

13

第二章

合同的内涵

对任何合同规制进行考察之前，我们应当为合同关系这个概念本身花费一些工夫。这种关系显然有别于其他的人际联合，比如朋友、邻居、俱乐部成员，以及家庭成员之间建立的关系。对合同的社会制度的这种探讨呈现了一个大问题，因为合同这个概念具有过剩得让人迷惑的内涵。

我们在无数背景中使用合同的概念：从再普通不过的从商店里购买货物，到有关现代社会中政治义务的基础的抽象理论，也就是社会契约（the social contract）。此外，合同的每一种概念或者用法，都可以从包括道德、政治、经济和法律等多个角度或者话语进行考察。无论是从商店购物还是假设的社会契约，我们都可以发问：这个合约是公平、公正、有效率或者具有约束力的吗?

即使是在某种特定的话语中，比如法律，我们也能发现合同丰富多样的主题和重点。执业律师将计划某个经济关系视为合同的主要功能。法律学者则认为合同法的规则是私法义务的一个特定来源。社会—法律学者也许觉得合同法是规制经济和社会交易的工具。最后，法官认为合同在当事人之间创设了具有约束力的法律规则，违反合同是实施国家制裁的正当理由。

其背景和内涵的多样性表明，合同的概念不仅可以用于描述市场经济中一种关键的经济制度，还可以更普遍地表达现代社会中一种主要的人际联合。在这一章中，我尝试提炼一些重要的主题，它们涉及合同关系对当事人而言的内涵，以及合同作为现代社会中人际联合的组织原则的显著地位如何定义社会生活的内涵。

合同如何看待联合

合同在人们之间制造联系。它由一种特定的人际联合组成。是什么让合同关系和其他形式的联合，比如基于身份、血缘、友 14
谊以及作为某个社群或者组织的成员所产生的联系，区分开来？回答这个问题时要稍加谨慎，因为合同是一个如此抽象的概念，以致很多诸如婚姻或者朋友之间交换礼物这样的关系，都可以颇为牵强地被理解为具有合同的特性。然而，我的论点是，合同的概念有一种范式内涵（paradigm meaning）。

Philip Selznick 曾经指出合同这种范式内涵的四个核心特征。[①] 像古典社会理论家一样，他通过对法律原则的考察发现这些特征。首先，他强调合同是由个体间自愿的关系构成的，而不是由作为群体或者家庭的成员不得已承担的义务构成的。这是对合同与身份或者合同与家庭关系的传统法律区分。其次，合同意味着有限的承诺。合同形成一组暂时的、准确的承诺（undertakings），而不像在友谊或者婚姻中那样，形成一组开放式的和发散的承诺。第三个要素是相互性，也就是说合同代表一种基于交换的社会秩序类型，很大程度上它是建立在自利和互惠基础上的一个自我执行的系统。最后，合同是一种有界限的关系，因为合同所设定的义务通常只能约束协议中的当事人，而不能将义务和承诺强加在范围更大的社会群体之上。简言之，合同关系所包括的人际联合的模式是个体化的和有限的，而不是集体的和未定的。

这种重要的分析在我看来还是太依附于合同内涵的法律视角。它严格遵循传统私法的学理范畴（doctrinal categories）：经同意或者协议形成合同；依据合同条款确定合同义务的内容；

---

① Selznick，P.，*Law*，*Society and Industrial Justice*（New York：Russell Sage Foundation，1969），52-62.

由英美法中的对价原则或者大陆法各系统中的约因（*causa*）原则所表现的相互性的观念；以及决定着合同关系有限性的合同相对性原则（doctrine of privity，或者相对效力）。法律原则无疑能够就社会制度的内涵提供深刻的见解，因为它来源于对那些社会实践的观察。与此同时，法律分析就那些目标在于管理法律自身的内部运作从而规制合同的社会制度提供了一种选择性的和片面的观点。

当我们试图与合同关系内涵的法律概念保持一定的距离，可
15 以发现，合同在个人之间建立了一个离散的（discrete）沟通（communication）系统。无论他们原先的关系是什么，合同协议由对特定承诺的清晰和孤立的规定组成。比如，合同可能是朋友之间签订的，他们通过以往的互动，包括交换，已经形成了对忠诚和支持的发散性期望。合同在朋友之间划出了一个清晰的沟通，它并非纯粹地受友谊关系支配，而是确立了它自己离散的规范性背景（normative context）。我的朋友，一个罗马法教授，同意以30英镑的价格把他的自行车卖给我。这个协议在我们之间确立了一个可分的交易，有明确的价格和客体，在有限的时间之内履行。这个合同不会影响我们其他的社会交往，比如说请喝一回酒，或者点评一篇文章的初稿。确实，即使我后来发现这辆自行车在某些方面不尽如人意，我们的友谊关系也不会因为失望而深受影响。我对合同关系的期望局限于其承诺以及卖方提供没有缺陷的货物的固有义务。合同关系创造了新的、更具体的期望，但同时，在评估这些期望是实现了还是落空了的时候，它倾向于摒除周围的规范性背景。

此外，不像其他可能为以后带来发散性期望的社会互动，比如说，结交朋友或者赠送礼物，合同关系使得当事人能够对这个特定的关系如何开展产生他们自己确切的理解。礼物可能会引起互惠的期望和义务感，但交换的内容仍然是不确定的，期望仍然是发散的。与之相反，协议通常会具体规定应当适用于某个关系的该方面的规范性标准。合同关系和创造了组成人类社会的人际

联合纽带的其他交换关系有一些共同的特征。[2] 但是，合同关系不同于其他的交换，因为它们在人们之间建立了一种离散的关系，一种有着自己的参照标准的孤立的交换。

我将合同称为交流系统，因为这个词组强调合同以一种独特的方式“考虑”人们之间的关系。它作为理解各种关系的一种特殊方式在人际互动中发挥着作用。合同生成了这样一幅人际联合的画面，将其复杂性简化为合同框架之内有意义的元素和路径。比如，合同考虑事件的方式是分析一个狭窄的时间段内人们的行
为和话语；当事人之间的社会关系的先前模式以及他们之间信任 16
和忠诚的情感，与构建这方面的知识是毫无关系的。又比如，合同考虑一个允诺，它有没有被许下，允诺人作出承诺的目的是什么，以及允诺是否得到了遵守。这种对事件的构建忽略了许下允诺的大部分背景，它如何镶嵌在当事人先前的关系中，它如何影响其他人，以及允诺的履行如何服务于当事人的利益和愿望。“合同有悖于个人的想法。”[3]

这些对合同内涵的观察表明，范式的发现可以不通过考察规制合同的法律话语的典型特征，而是经由思考合同，当其被视为一个离散的沟通系统，如何看待自己独特的人际联合的特征。在这一进路中，具有合同特性的联合的内涵凸显出四个特征。

（1）被标识为合同的联合由孤立的或离散的承诺组成，它们在实践推理（practical reasoning）中具有排他力，因而这些承诺往往会替代其他从合同关系的社会背景中引申出来的规范性标准，包括诸如友谊和身份等其他形式的联合。合同因此简化了人际联合的复杂性，使得社会关系易于管理和重建。

（2）合同所确认的承诺往往是短暂而具体的。合同因此以这样的方式思考联合，它们要么被履行了（用金钱交换货物），要么被破坏了（没有进行支付）。所以，合同将联合理解为在存续上是

---

② Blau, P. M., *Exchange and Power in Social Life* (New York: Wiley, 1964).

③ Selznick, P., n. 1 above, 62.

有限的并且总是很容易消解。

（3）合同将联合看作是协议当事人的个人纽带，因此它既不会强加义务于其他人，也不会赋予第三方任何权利。这种个人纽带是个人之间的私的关系，而不是为社群所背负的社会承担。

（4）合同将联合视为一种人为的并且几乎可以无限塑形的构造，是个人自愿选择的产物。

合同看待关系的方式有别于合同法看待相同事件的方式。这
17 两种沟通系统都根据它们自己的相关标准形成其关于世界的知识。很可能，比如，两个人认为他们已经进入了一个合同关系，而且认可这一框架为他们的行为提供规范性的指引，尽管在法律上这些事件根本算不上是合同。两种沟通系统的差别在这里对于我们是十分有趣的，但目前我们还是把注意力集中在合同关系而不是法律推理上。

社会生活的合同化

作为人际联合的类型的一种范式，合同抗拒或排斥社会团结的主张。它青睐个体之间自愿形成的包含明确承担的工具性关系。作为一个被用于解释社会关系内涵的概念，它深深吸引着自由主义政治理论，因为它强调个体选择而否认从非自愿的社会关系中产生的强加性义务的重要性。

对于19世纪用他们新颖的市场经济分析研究现代社会结构的社会理论家，合同的概念阐明了现代社会关系的特征。梅因给过一个著名的结论，“进步社会”（‘progressive societies’）这一转变的标志在于从“身份到契约”（status to contract）的运动。[④] 然而，大约在同一时间，马克思谴责经由合同关系所实现的社会关系“商品化”（commodification），因为合同将人际联合的所有方面简化成一种为有市场价值的物品的特定交换服务的工具

---

④ Maine，H. S.，*Ancient Law*（London：John Murray，1861），170.

性交易。[5] 迪尔凯姆评论说合同关系成为现代社会中社会联系的核心，他将这种境况描述为“有机的团结”以区分合同所形成的松散、下放的（devolved）联系和更紧密的亲属和封建纽带。[6] 马克斯·韦伯将现代社会形容为一个“契约社会”（contractual society）[7]，而且对合同法演进的研究是其法律社会学的主要部分。在19世纪，合同的概念被接纳为对大多数社会关系的富有说服力的解释，并且许多人欢迎这种社会关系，视之为解放性的社会重塑。

合同关系在社会生活中的主导地位在20世纪的大部分时间里 18
有几分衰落，其原因在于两种社会组织模式的发展。首先，有组织的大公司内部的生产关系的发展，导致经济关系不仅可以通过合同承诺来表现，还可以通过官僚关系来表现。另外，无疑是出于对私人企业的模仿而紧随其后，国家承担起调控经济的功能和提供社会福利的角色，而这些任务基本是通过官僚组织来实行的。

近年来，这些潮流在某种程度上有所逆转。在私人产业里，生产关系的纵向瓦解已经成为管理目标，为的是尽可能引进市场规则以影响生产。公共部门很快就有样学样。原国有产业的私有化运动，国家运营的垄断行业的瓦解，以及在医疗、国防、教育的支出中引入“准市场”（‘quasi-markets’），同样表明官僚组织至少部分地被合同关系替代。

注意到以下这点很重要，生产和政府中这些新近的合同关系类型，一般难以契合离散交换的简单模型，像在有限的时间段里作出一定承诺的货物买卖。这些新合同关系常常勾勒出一种为了允许机动性与合作而带有不确定义务的长期关系。在这些合同关系中，自由裁量权的行使空间有所扩展，其结果是合同承诺不再如此鲜明地区别于其他基于社会和商业关系的开放性承诺。我们

---

⑤ Marx, K., *Capital*, i (Harmondsworth: Penguin/New Left Review, 1976), ch. 1(4).

⑥ Durkheim, E., *The Division of Labor in Society* (New York: Free Press, 1933) (originally published 1893).

⑦ Weber, M., *Economy and Society* (G. Roth and C. Wittich, eds.), (Berkeley: University of California Press, 1978), ii, 669.

会进一步从合同内涵范式的角度探讨这些差别。但是，这些对比没有强烈到以致削弱这种结论，社会生活中趋向于合同化的转变也许是 20 世纪末政治和商业文化最为强有力的标志之一。

目前对合同信念的复兴，或者更确切地说，对来自经济学市场研究的一种特定的合同概念的提倡，出于许多原因。市场在有效满足消费者需求方面的出色表现，无疑是社会关系合同化的主要辩护理由。如果通过引入买方和卖方或者购买者和供给者这样的范畴，就能创造或者模仿一个竞争的市场，那么导向竞争的市场压力应当能提高效率，从而增进无论是消费者还是公民的满足感。这种理论解释了，比如，为什么公共服务在组织和财政上越来越像由私人合同提供的服务。依照这种观点，对合同和市场的
19 任何限制，像禁止将教育、医疗保险产品、人体的部分作为商品出售或者禁止卖淫协议，都很可能妨碍对需求的有效满足，因而，除非存在强大的相反理由说明其正当性，这些限制都会被视为不利的。然而，当今对市场的膜拜的强度还有更深层的理由。

市场的一个吸引力在于其诱人地宣称，在社会财富的分配模式问题上，它们无须任何政府选择。⑧ 个人拥有的物品存量依赖于无数的市场交易，而不依赖任何有意识的人类代理按照诸如美德或特权等标准实施特定的分配模式。市场力量这只看不见的手作为分配机制显而易见的诱惑力在于其产生的结果不需要政治上的正当理由。政府可以从责任中抽身而出，简单地宣称贫困和财富是个人市场选择的结果。这个论点再一次有力地支持对市场的无所限制，因为那些限制将不可避免地干扰这种分配财富的中立机制。然而，这种传统观点有误导成分，因为市场的法律构成和规制确实包含与分配正义有关的问题的决定。法律系统只是选择性地执行某些交易，所以只要法律规制有能力驾驭合同关系，它就

⑧ Hayek, F. A., *law, Legislation and Liberty*, ii (London: Routledge and Kegan Paul, 1982), 65-9; Nozick, R., *Anarchy, State, and Utopia* (Oxford: Blackwell, 1974), 159.

会影响分配结果。[9]

也许市场和合同作为组织和协调社会关系的制度，其最强烈的吸引力在于它们提供了一个办法以解决对那些为人们的生活提供指引的制度化结构丧失信心的问题。偏爱市场是一种怀疑主义的症候，不相信任何宣称知道社会关系怎样组织最为妥善、哪些标准应该得到遵守的断言，而且，也许，是恐惧任何控制社会生活的制度化权力会被滥用和摧毁个性。允许合同关系蓬勃发展，国家就能有效地授予个人尽可能多的选择以决定他们可能进入的社会关系的性质。比如，与其事先确定同居中的相互义务，法律允许伴侣们选择他们自己的财产协议以及对资产和责任的分配。对社会标准的制度化指导的角色的怀疑态度，从而大大推动了合同关系的扩张。[10]

伴随这种授权策略，政府宣称合同化在对待公民时怀着更多 20
尊重。通过扩张的个人选择而获得对他们自己生活的控制力，公民被当做成年人来对待。当然，个人也就变得对他们的选择负责，而不是被一个家长式的政府操纵和保护。在极端的情形下，对合同隐喻的这种诉求似乎要否定国家有责任发挥任何福利方面的作用。比如，以失业为例，个人不是被看做商业周期和全球竞争战役下倒霉的受害者，相反，那些寻求政府救济（public assistance）的人被描绘成其自身困境的始作俑者，他们选择了不负责任地行使自己的缔约权，自高身价从而失去工作。现在，国家不会提供福利帮助，除非寻求救济者进入一个新的合同，“求职者协议”（Job Seekers' Agreement），根据这个合同他答应修正自身，认真地四出求职。[11] 这样，国家凭借合同的隐喻可以一举达到两个目的，一方面基于对个人的尊重政府获得了新的合法性，另一方面，

---

[9] Collins，H.，'Distributive Justice Through Contracts'，*Current Legal Problems* 45（2）（1992），49.

[10] Collins，H.，'The Sanctimony of Contract'，in R. Rawlings（ed.），*Law*，*Society*，*and Economy*（Oxford：Oxford University Press，1997）63，75.

[11] Job Seekers' Act 1995，ss. 1，9；Fulbrook，J.，'The Job Seekers' Act 1995：Consolidation with a Sting of Contractual Compliance'，*Industrial Law Journal* 24（1995），395.

确立了一种新型的官僚控制，作为更强硬的手段以约束和惩罚离经背道的公民。[12]

合同关系的内涵

社会生活结构的这些我称之为合同化过程的发展，对社会关系内涵的影响比起卡尔·马克思在其商品化理论中所设想的要深入得多。马克思注意到在市场经济中几乎每个人都要出卖自己的劳动力以生存下去。这一点无论是对雇佣工人还是企业经理都能成立。在出卖劳动力时，市场决定人们生产什么东西。其结果是，个人被异化而远离其生产力、创造力和寻找生活意义的动力。[13] 在马克思看来，这种异化状态，而不仅仅是它所带来的财富和权力的巨大不平等，是资本主义的真正罪恶。凭借着后见之明，我们
21 也许可以争辩说，对许多人而言，马克思夸大了劳动合同所产生的异化程度。同时，由于专注于劳动合同，我认为一旦把社会关系简化为合同，它可能会忽略社会关系内涵某些最重要的维度。在他后期的作品里，马克思试图把他在商品化理论中的洞见一般化。他认为市场系统里任何东西，包括人类劳动力，都像商品一样被加以衡量，也就是说，仅仅参照其市场价值来衡量。这种社会生活“商品化”的结果是，那些不能被归约为市场价值的人类渴求（human aspirations）的特征从而变得微不足道。重要的人类渴求，包括通过工作实现生活的意义，建立友谊，成为某个社群的一分子，享受家庭生活和为人父母之乐，所有这一切都被一个资本主义的或市场的社会系统地贬值了，因为它们只有很低的甚至没有经济价值（financial value）。市场社会的评价标准和人类渴求之间紧张对立的结果，马克思称之为“商品拜物教”（‘com-

---

[12] Harlow, C., and Rawlings, R., *Law and Administration*, 2nd edn. (London: Butterworths, 1997), 140.

[13] Marx, K., ‘Economic and Philosophical Manuscripts’, in L. Colletti (ed.), *Early Writings* (Harmondswroth: Penguin/New Left Books, 1975), 322-34.

modity fetishism')[14]。但是我认为这种分析仍然没有抓住社会关系市场化的所有维度。

在这里，通过考察合同关系如何赋予某些特定的社会生活维度以意义，我将尝试补足这一缺陷。其要点是，在社会关系合同化的过程中对合同或者合同隐喻的运用，不仅是理解那些社会关系的一种途径，还有助于为参与者构造那些社会关系。那些社会关系被赋予了特定的内涵，这反过来为掌控那些关系趋于具体方向的行为提供了理由。简而言之，如果一个社会关系被设想为具有合同性质，人们就会倾向于依此或者为此表现出合同行为。合同关系内涵的四个维度尤其重要。

评价行为

合同限定了行为的价值。作为离散的沟通系统，合同旨在狭窄地仅仅依照为交易而记录下的条款来衡量行为。这些条款旨在设定唯一的参照点，这不可避免地会限制或者删减对双方相互间所负义务的感知。[15] 经同意的谈判结果和双方的合理预期可能因这种感知而发生冲突。这些预期包含着一些建立在关于合作、妥协和善意交易等周围的社会关系的基础上的非正式理解。如果一个朋友请求帮助，那么回答说“你打算给我什么作为报答”表现了对行为一种合同式的评价，这和出于友谊而乐意相助的预期是矛盾的。在某些长期的商业关系中，坚决要求合同条款将被视为一 22
种机会主义[16]，因为这种对行为的评价和建立公平交易商誉的善意行为的关系基础相矛盾。支持、合作、互惠和分享这些发散性的义务变得更难以建立，其结果是改变了社会关系的动力和内涵。在代理关系中，比如雇佣关系，问题变得尤为显著，雇主越是试

⑭ Marx, K., n. 5 above, ch. 1(4).

⑮ Goodrich, P., *Languages of Law* (London: Weidenfeld, 1990), 154.

⑯ Beale, H., and Dugdale, T., 'Contracts Between Businessmen: Planning and the Use of Contractual Remedies', *British Journal of Law and Society* 2 (1975) 45, 47.

图控制雇员对如何界定和执行任务的判断力，就越不能指望忠诚和专业化这些能促进雇主商业利益的发散性义务。[17]

交换的通货（currency）

合同还藉着一种可量化和可测量的交换通货建立社会关系。这种通货可以将马克斯·韦伯所称的形式理性的经济行为引入任何包含在合同中的社会关系中。[18] 对于这种关系，问题在于它是否增加了双方当事人的财富或者是否满足了他们的偏好。而该关系对当事人生活意义的作用等其他问题变得无关紧要，因为它们不能被嵌入到对成功的一种合同式衡量中。在这条脉络中，比如，因违约造成的非货币损失，像恼怒和失望，不能成为损害赔偿法律救济的基础，因为它们无法被量化。[19] 同样的，将邀请朋友赴晚宴视为合同意味着邀请的价值可以被约简为一个货币价格，尽管邀请的用意本来是为了加固友谊的联系，它并不是形式理性的经济行为的产物。在友谊等关系中横加入合同并不会摧毁这些关系，但它确实是在其离散的沟通系统内推行评价行为的一种特定方式，这容易排除掉诸如忠诚和信任等其他衡量的对象。[20]

23 正是合同关系的这个维度最接近马克思的商品化理论。当然，马克思相信有可能克服这种异化状态，如果市场社会能够被共产主义社会所替代，尽管他并没有提出解决办法，如何找到市场系统的替代品以实现生产和分配的有效协调。要解决社

⑰ Fox, A., *Beyond Contract*: *Work*, *Power and Trust Relations* (London: Faber, 1974).

⑱ Weber, M., n. 7 above, 85, 669.

⑲ e. g. *Addis v Gramophone Co Ltd* [1909] AC 488, HL (unpleasant dismissal of employee); *Watts v Morrow* [1991] 1 WLR 1421, [1991] 4 All ER 937, CA (disappointed expectation of acquiring a trouble-free holiday home).

⑳ Radin, M., 'Market-Inalienability', *Harvard Law Review* 100 (1987), 1849; Mack, E., 'Dominos and the Fear of Commodification', in J. W. Chapman and J. R. Pennock (eds.), *Markets and Justice* (New York: Nomos 31, New York University Press, 1989) 198; Duxbury, N., 'Do Markets Degrade?', *Modern Law Review* 59 (1996) 331.

会生活被简化为形式经济理性的问题，更为现实的选择毋宁是限制市场在社会生活中的运作，并推动其他的评价和交换通货系统。[21]

原子化

合同化的第三个特征在于社会关系的原子化，从而一个交易对其他人的影响被认为是无关或者外在的。合同的离散沟通系统创设了当事人互负的义务，但是它并不赋予其他人任何权力以影响那些义务的内容，也不赋予其他人任何权利以执行合同。比如，如果某个商业组织的一个雇员薪酬很高，导致该组织因资金匮乏而不得不解聘另一个雇员，由于合同关系的分离，这两个决定被看做是互不相干的。类似地，一份提供某种工业产品的商业合同，可能对当地社区影响很大，因为它也许会带来工作的机会和污染当地的环境，但是当地社区的愿望和期望对于合同关系的确定丝毫不起作用（如果不存在其他国家的直接干预）。合同，作为一种社会关系，因而把它们自己摆在与社群联系或者社会团结纽带相对立的位置。

法律系统，尤其是在履行政府规制角色的时候，可能妨碍合同关系的原子化。法律推理考察个人的合同行为时，可能将他们视为某个群体的一分子，比如消费者、房东或者雇员，然后试图为整个群体的利益来解释和规制其关系。比如，某个特定的消费者可能愿意购买一辆证实是不安全的车，如果价格足够低，但法律系统可以让这个选择无效，既因为购买不安全的产品并非消费者的一般利益所在，也因为可能发生的外部性，就是说，对其他人，像路上的行人，造成损害的风险。用经济学的语言来说，法 24
律的目标就是要迫使当事人将外部性的成本内化于他们的交易。挑战社会关系原子化的这一策略必定会在法律话语内部造成紧张。

---

[21] Walzer, M., *Spheres of Justice: A Defence of Pluralism & Equality* (Oxford: Blackwell, 1983).

一方面，合同私法致力于支持以合同为表现形式的离散沟通系统，但是另一方面，它又试图支配合同系统的运行，以便降低其产生的有害的外部性。

自由裁量权

最后，合同化允许形成一种特定的权力关系。虽然合同自由的意象呈现了一幅两个人商量其协议条款的平等主义的画面，事实上很多合同给一方当事人创造了机会，单方面就其关系设立一个规则和治理结构（governance structures）的系统。[22] 商业组织（businesses）强制实施"要么接受要么放弃"的消费者合同的标准格式，只是揭露了这类治理结构的冰山一角。合同可以包含整套规制系统，像员工手册、工作规则、铁路附则以及质量保证程序。[23] 这些规则模仿协议的形式，但它们实际上体现了合同一方当事人对于另一方行使自由裁量的经济权力，其背后是一个特定于该关系的经济制裁系统，比如惩罚雇员或者取消承包人的资格。合同因此创造了"治理"（'governance'）结构，其私的属性仅仅在它们并非受到国家权力的直接支持的意义上成立。市场和科层组织因此不像它们有时所表现的那样是对立的，反而是市场通过合同创造了它们自己的科层组织。

合同关系作为一种社会关系的这四个特征——在已确定的条款内评价行为，以明确的交换通货加以衡量，社会效果的外部化，以及私的治理结构的建立——揭示了授权当事人通过市场机制构造他们自己的社会关系的决定并不像第一眼看上去那样是一个如此中立的选择。比如，在同居协议的例子中，我们乐于授权双方
25 当事人，让他们能够通过合同决定彼此的关系应当如何构造。他

---

[22] Kessler, F., 'Contracts of Adhesion—Some Thoughts About Freedom of Contract', *Columbia Law Review* 43 (1943), 629; Slawson, D., 'Standard Form Contracts and Democratic Control of Lawmaking Power', *Harvard Law Review* 84 (1971), 529.

[23] Macneil, I., 'Bureaucracy and Contracts of Adhesion', *Osgoode Hall Law Journal* 22 (1984), 5.

们也许希望，比如，共享他们的所有财产，又或者保持他们的财务严格分离而不承担扶养另一方的义务。通过允许双方当事人就这些事务缔结合同，法律助长了这种形成社会关系的选择权。㉔ 同时，进入合同的实践，无论是否得到法律的认可，使得个人通过选择某些明确的义务作为优先考虑，并减少其他更为发散的社会期望，从而简化社会生活的复杂性。一个社会工作者和身处困境的客户缔结“合同”，可以帮助后者在一个需要关注众多事项的复杂的社会世界里确定其优先考虑。㉕ 但是，应该注意，社会关系的合同化常常会出现上文描述的倾向，强调偏好满足的价值以及其当事人之间金钱的交换通货。如果我们希望坚持，比如，同居协议应当包含更多关于分享、互惠和忠诚的开放式承诺，那么我们会发现合同的介入颠覆了这个目标。

嵌入（Embeddedness）

尽管我将合同关系描述为具有特殊的相关和衡量标准的离散沟通系统，显然合同总是在特定的社会背景中发挥作用。这些背景也许大相径庭，从简单的消费者在市场的货摊上买苹果到多国公司之间设计和制造高科技喷气式战斗机的复杂合资协议。这些形形色色的背景影响着合同关系的内涵，或者合同如何看待事件和关系。合同和背景的相互影响常常被这种主张提及，那就是合同关系总是“嵌入”在它所产生的社会实践和规范中。㉖ 但是嵌入意味着什么，这种影响是如何发生的，又如何左右着合同看待事件和关系的方式？

㉔ Olsen, F. E., ‘The Family and the Market: A Study of Ideology and Legal Reform’, *Harvard Law Review* 96 (1983), 1497; Dalton, C., ‘An Essay in the Deconstruction of Contract Doctrine’, *Yale Law Journal* 94 (1985), 997, 1095.

㉕ Nelken, D., ‘The Use of “Contracts” as a Social Work Technique’, *Current Legal Problems* 40 (1987), 207.

㉖ Granovetter, M., ‘Economic Action and Social Structure: The Problem of Embeddedness’, *American Journal of Sociology* 91 (1985), 481.

嵌入的概念可以理解为，它是合同看待自己与其他可能影响
26 当事人行为的规范性框架之间的关系的方式。行为的传统道德标准也许是一个例子。这些惯例可能在交易的协商和履行过程中打击强力、欺诈和欺骗。这些标准，通过将它们转译到合同自身狭窄的参照框架内，可以被吸收到合同看待关系和事件的方式中。合同也许认为它只关注自愿承诺也就隐含地排除了经由谎言或强制而得的诺言。人们不应当撒谎或以暴力威胁他人的道德标准，当被转译为合同对事件的理解，就是认定在这些情况下并没有发生自愿的承诺。这些传统道德标准在指引合同如何思考时往往发挥着重要作用，但仅仅以介入和转译到合同自身的离散沟通系统中的方式进行。与这些传统道德标准一样，规范的其他两种来源向合同推理提供了重要和具体得多的"干预"（'interferences'）㉗。

规范性标准的第一个来源，它们补充和限定了离散的合同沟通系统，来自市场的惯例。遵循惯例对于市场运作至关重要，因为它们提供了一种在日常交易中往往被看做理所当然的关键的补充。比如，在买卖报纸的情形中，买主假定报纸是完整而没有缺页的，而卖主则假定正常的零售价格会被以当地货币进行支付。这些假定和期望必然产生于惯例在日常市场实践中所建立的规范性框架。没有必要详细说明交易的这些细节，因为它们"不言而喻"（'go without saying'）。它们是惯有的标准，被隐含地整合到协议中。在这个买卖报纸的简单交易中，双方当事人所要确认的全部就是要买的是哪一份报纸。Beale 和 Dugdale 将这些惯例称为"不成文法"（unwritten laws），它们为参与交易的双方当事人所共同接受，但是极少被正式纳入书面合同中。㉘

对于普通的交易或者彼此熟悉的交易伙伴之间重复的商业交

㉗ Teubner, Gunther, 'How the Law Thinks: Toward A Constructivist Epistemology of Law', *Law & Society Review* 23 (1989), 727, 745.

㉘ Beale, H. and Dugdale, T., 'Contracts between Businessmen: Planning and the Use of Contractual Remedies', *British Journal of Law and Society* 2 (1975) 45, 59.

易（business deals），惯例可能足够完备，使得双方当事人除了最为核心的主题，像价格和确定即将交易的货物，可以免去其余一切讨论。Beale 和 Dugdale 研究的“不成文法”在某地的工程企业之间的商业关系中看来是相当的高频。比如，双方当事人按照惯例遵守这样的规则，卖方仅仅承担缺陷产品的维修成本，不承担 27
新产品的成本或任何间接损失（consequential loss）。[29] 这一规则，与法律相悖，似乎是依据该行业的一个惯例。同样的，比起更一般的道德标准，惯例的存在似乎能更好地解释餐厅里给小费的行为。相反，在国际商业贸易中惯例也许是低发的，在这些场合里，双方当事人并不熟悉对方的交易习惯。然而，即便这样，一些惯例还是会得到应用，像假定卖方拥有货物并且能够转移有效的所有权。这些被整合的惯例的出现频率也许有所不同，但是它们总是会补充以合同表现的离散沟通。

双方当事人对市场惯例的规范性取向，首先是遵循当地市场的习惯，或者该特定交易或他们所从事的行业的标准。这些是关键标准，因为它们是对声誉进行判断的依据。比如，在建筑行业里，总承包人和分承包人会按照当地的交易习惯采取对待彼此的行为，因此，他们的互惠承诺不仅受到其明示的协商还受到该行业常规的实践和预期的影响和限定。对于某些专业市场，像证券交易，可能存在一个制度框架以发布管理交易的规则并维持这些规则得到遵守。

说合同关系嵌入在市场惯例中因而意味着，合同如何运用未明言的规范性标准使合同承担的有限承诺变得更加确定以看待关系和事件。市场惯例通过合同式的思维体系被转译为对自愿关系创设的义务内容更为丰富的描述。惯例是双方当事人在与对方交易时预先假定的。当事件被认为发生在合同式思维的框架内，这些惯例就被转译为对承诺的清晰扩展或者限制。交易习惯成为默示的允诺或者合同条款。然而，合同推理的这种整合技术截然不

[29] Ibid. 56.

同于经常用“嵌入”一词形容的规范的第二个来源所造成的干预。

经常用“嵌入”一词形容的规范性背景的第二个来源，来自合同当事人的身份和以前的关系。对可信赖行为的期望也许是基
28 于另一个人的身份，他是一个朋友，是亲属团体或者商业协会中的一分子，或者有种族或宗教上的联系。同样的，双方过去令人满意的交易历史，也会滋生对严格界定的合同承诺以外的可信赖行为的期望。并非每一个合同关系都在这样的背景中建立。毫无疑问，相对于传统的农业社群，在那里几乎所有合同都是由当地社群成员面对面地缔结的，现代社会中的嵌入程度有所下降。在某种程度上，现代社会制度可以通过制造值得信赖的资格以证实另一方合同当事人的身份从而取代嵌入的这种来源，比如职业医生或者律师资格就含有对提供服务的技巧和能力的预期。[30]

这种植根于个人关系的嵌入，我们在后面将会看到，对于建立市场关系极其重要。但是，它对合同式思维的反映根本有别于传统的道德和市场标准。从许多方面看，这种嵌入是合同式思维的对立面。它援用基于团结而非自愿承担的义务；它承认群体是一种人际联合而非由一组分离的承诺组成；并且它抵制严格而有限地衡量社会义务。基于历史和社会联系的个人关系中的嵌入，颇为倾向于排斥合同式思维，认为那是对于事件和关系不适宜和紊乱的理解。由此看来，合同式思维和以团结的联系为基础的规范是彼此冲突和竞争的，每个沟通系统规定了相反的行为评价方式。

因此，一旦两个人缔结合同，他们就建立了一个离散的沟通系统，用于确定当事人承诺自己将会遵守的某些特定承担。与此同时，通过含蓄地排除任何其他不包括在互惠承诺中的期望，这一段关系成为焦点所在。合同的参照框架将这段关系剥离于个人关系的背景，并坚持用狭窄的标准判断事件的相关性和重要性。

---

[30] Giddens, A., *The Consequences of Modernity* (Cambridge: Polity Press, 1991), 21-9.

但是，合同的沟通系统从来不是彻底封闭的，因为它整合了一套最初来源于当地市场或特定交易的惯例的标准，这些惯例充实了那些承诺的所有内容。现在我们将要讨论的法律系统，肩负着依据这个复杂的规范性母体来评价和规制合同行为的重任。

第二部分　新规制

第三章

31

法律规制的话语

法律系统考察合同关系的目的在于明确其核心问题，即制裁应当施加于一方还是双方当事人。比如，如果一方当事人违背了一个法律上可执行的合同中的承诺，或者违反了某个法律规则，像规范讨价还价过程的禁止欺诈性陈述，诸如金钱赔偿这样的制裁就可能被实施。为了得出这些决定，现代法律系统创设了一个准则系统，它就是合同私法。这些准则（doctrines）明确了缔结法律上可执行的合同的一般条件，支配讨价还价过程的规则，判断是否违反这些法定义务的依据，以及针对违反这些义务的制裁系统。除了合同私法，现代法律系统还包括大量的更进一步的规制，为方便起见可以称之为公法规制。这些规制在合同私法适用的背景中覆盖并侵蚀了合同私法。它们倾向于瞄准诸如消费者购买等特定种类的合同，或者诸如广告等特定种类的市场行为。在这一章中，我们最感兴趣的是这两类法律规制如何相互作用。

发达工业国家的法律系统有着相似的私法话语。尽管它们治理合同的法律概念和规则的确切内容存在差异，但是这些法律系统遵照一个普遍的模式以决定哪些协议将被执行，哪些制裁应当被实施，以及规范讨价还价过程的那些规则。除了这些规则是以不同语言表达的，也许最引人注目的差异并不是规则的内容，而是它们的正式来源和为了阐明法律准则所运用的法律推理方法。就这一点，可以比较成文法系统和基于判决和先例的普通法系统。在成文法系统中，至少是大体上，民法典详尽地提供了治理合同的规则。法律推理必须经过对法典的细致阐述和应用才能引出结论。然而，在普通法系统中，法律必须来自先前的法院决定，它们提供了权威的先例或者关于适用法律规则和原则的陈述。尽管

32 法律规则正式来源的这些差异造成了法律技术的鲜明对照，我认为在设计和发展法律准则方面，每个法律系统都相似地必须调和一些相互竞争的规范性考虑因素。这些考虑因素来自各种各样的政治、道德和实用主义的来源。我们的第一个任务是考察这些发散的来源并揭示它们如何在法律准则的架构内制造了严重的紧张关系。

在调查这些规范性考虑因素的复杂性以后，我们接着更仔细地考察如何进行法律推理。尽管塑造法律准则的规范性来源范围很广，传统的私法准则推理展现出一种狭窄的、技术化的格调。私法推理将被描述为高度自我参照（self-referential）和封闭的。我们考察法律推理这个自我参照和封闭的系统如何处理规制合同行为的任务。

作为对私法推理的这种研究的一部分，我们接着要考虑作为法律准则的独特分支的合同法是如何形成和自我维持的。从古罗马时代起，合同法已经被归为关于义务的私法的一部分。我们考察这个分类系统的结构以及它对私法中的法律推理意味着什么。

这一章最后考察那些似乎将作为治理合同的规则系统的合同私法的独特特性引向瓦解的力量。私法所展示的封闭和自我参照的模式，经历了一系列破坏性的打击。其结果是，准则系统的完整性受到了侵蚀，但与此同时，我将论证私法作为规制工具的产出潜能其实是有所提升的。

规范性的复杂性（Normative Complexity）

我们对合同私法的第一个而且也许是基本的结论强调其规范性的复杂性。组成合同私法的那些规则、原则和概念，在诸如法典、规章和先例等权威的法律材料中有着它们直接的来源。这些法律上的实证性陈述（positive statements）表达了对适用于合同法的重要的规范性标准的解释和决定。法律规则总是依赖于对其他规范性标准的解释。这样的标准，比如，可以是承诺必须得到遵守的道德观念，该标准随后可能被转译为实证性的法律规则。然而，从规范性标准到某个特定法律规则的转译往往不能只是一个简单的方位转移（transposition），确实，从来没有哪个法律系统直接采纳一个要求所有承诺都必须得到遵守的法律规则。
相反，法律的内容有赖于其与来自政治、道德、经济、公共政 33
策、传统和法律系统的内在价值等各种各样的规范性标准进行充分的对话。

这些规范性标准经常相互竞争而且体现了无法比较的价值。转译的过程由法律准则的起草人、法官和立法者承担，他们可以被看做参与了一场既以规范性标准的背景又以法律系统本身为对象的对话。关于合同私法，规范性标准的三个关键来源应当被重点指出：政治义务理论，准则的完整性以及市场惯例。

政治义务

由于运用法律准则的实际后果包含在国家对制裁的实施中，在国家权力的合适使用时机以及哪些制裁可以被实施等问题上，私法要服从占统治地位的政治理论。因为合同法将社会协议转变为依靠国家力量支撑的实施制裁的潜在工具，法律系统必须保证这种国家权力的实施遵守适当的正义准则，包括对自由（liberty）、平等和团结的应有尊重。法律准则所代表的对话从而可以部分地理解为正义和政治理论的一个特定分支，与公民之间形成具有约束力的联合有关。

尊重个人自由（liberty）的关键考虑因素开出好几个方向，它们塑造了合同私法的基本形态。尊重自由（liberty）要求国家不得将以合同形式体现的额外的社会义务强加于个人，除非经过其自愿同意。尊重自由（freedom）使法律严重倾向于赋予个人权利就他们可能选择的任意对象许下具有约束力的承诺。最后，尊重自由（liberty）会缩减那些针对违反合同义务而被请求的救济，因此个人常常可以通过支付适当水平的赔偿来逃避承诺。以一种更模糊的方式，自由（freedom）的观念同样赞成彻底执行合同，因为可以主张说，通过便利公民许下具有约束力的承诺，国家得以增加对他们而言有价值的机会。

然而，与自由（liberty）一样，合同准则的公式化（formulation）的另一个重要考虑因素，总是顾及到要保证合同所创设的
34 法律义务是正义的。国家试图避免助长非正义，而在法律准则中，这个目标被诠释为对合同自由进行抑制的正当理由。私法对协议的可执行性加以限制，为的是抑制合同所建立的权力关系，以及打击掠夺式的讨价还价。以一种同样模糊的方式，正义的观念也赞成执行具有约束力的承诺，其论点是正义要求对因错误信赖而与他人达成协议所导致的损失进行赔偿。

自由（liberty）和正义的这些因素成为法律准则的一个重要的规范性来源。当然，这些观念的含义存在争议。有时正义原则是至高无上的，因而法院拒绝执行它们所认定的非正义的讨价还价，有时自由原则在决定法律准则时又占据着主导地位，因而自由地承担的义务被看做必然是正义的。这些变化对应着更广泛的学术思潮，关于法律准则的争论常常衍生自更为宏大的对政治义务和正义源头的意识形态上的争论。①

曾经出现过很多有趣的尝试，将合同法与道德标准和政治标准联系起来。比如，有的主张承诺应当得到遵守的道德原则有助于确定合同法的内容。② 尽管否定道德原则对合同法的公式化有任何影响颇为轻率鲁莽，在我看来，这种影响其实微弱得很。试图编织这种联系的理论总是难以对法律规则作出令人信服的解释，因为它们无法说明为什么道德原则没有得到忠实的遵守。对这种失败的解释当然是，要为实施国家制裁找到正当理由，法律系统必须确定该行为不仅是不道德的，而且还造成了应当由国家进行救济的非正义。

---

① Atiyah, P. S., *The Rise and Fall of Freedom of Contract* (Oxford: Clarendon Press, 1979).

② Fried, C., *Contract as Promise* (Cambridge, Mass.: Harvard University Press, 1981).

准则的完整性

法律在现代社会中的权威部分地依赖于这种认识，法律实现
了一个契合于法治理想的治理系统。这个理想通常被解释为要求
法律适用的一致性和通过理性的论证证明法律内容的正当性的能
力。这些考虑因素影响了法律准则的发展，因为它们要求法律准
则对合同法的细致阐述应当表现为一个连贯的规则系统，基于原
则（principle），不存在任意专断的差别。法学研究认定自己的主 35
要任务是对连贯的法律准则系统提供理性的详述，无疑是由于市
场社会中合同关系在经济上的重要性，合同法的研究一般是丰富
而深刻的。[3]

法律理性化的目标在多大程度上限制了其进化是存在争议的，因为法律准则的模式也可以解释为是出于对特定的政治意识形态的提倡[4]，或者是利益集团施加压力的结果。[5] 比如，各法律系统在 20 世纪面临的一个问题是如何规制标准格式的消费者合同中的免责条款。商家常常在它们的合同里加塞条款，在产品证实有缺陷或者马虎履行服务的情况下最小化自己的义务，从而使消费者依照法律无法得到赔偿。法院通常拒绝以不公平作为理由否定这些免责条款，因为这样的规则有悖于一条基本的合同原则，双方当事人应当自由选择其交易的条款。此类决定同样可以解释为法院实现了其更倾向于自由市场而不是消费者保护的意识形态偏好[6]，但是，准则连贯性的要求无疑为删除不公平的免责条款以帮助消费者这种偶尔出现的司法意图设下了令人生畏的障碍。

---

③ Gordley, J., *The Philosophical Origins of Modern Contract Doctrine* (Oxford: Clarendon Press, 1991).

④ Atiyah, P. S., n. 1 above.

⑤ Friedman, L. M., *Contract Law in America* (Madison: University of Wisconsin Press, 1965); Horwitz, M. J., *The Transformation of American Law, 1780-1860* (Cambridge: Harvard University Press, 1977).

⑥ Adams, J. N. and Brownsword, R., 'The Ideologies of Contract', *Legal Studies* 7 (1987) 205.

私法话语只是松散地与那些处于其沟通系统以外的标准连接起来。自由和正义的一般理想有助于界定合同私法的主要特征或基本原则，但规制的细节却产生于法律话语内部，参照的是法律通过连贯性和一致性以获得合法性的内在需求。比如，合同自由的一般理想坚持合同义务必须基于同意或者协商。然而，要约和承诺的细节规则，这是法律准则为了使协议的概念更清楚从而作出实施法律制裁的相关决定而发展出来的，它们在其特定的规则中受制于对准则完整性的严格追求。

市场惯例

但是，私法的发展不能完全孤立于市场中的社会实践的一个
36 关键的规范性维度。具有约束力的承诺是什么时候作出的，它们在什么时候被违背了，以及不公平的市场行为在哪些地方被利用了，法律不能忽略对这些问题的惯常理解。比如，英国顾客的期望是一旦支付了货款就获得所有权，而当货物被证明是有缺陷的，他们可以退回货物并另换一件或取回货款。法律系统如果试图支持日常交易，就要实现和这种惯常预期的紧密一致。假定这些惯例很少被清楚地表达出来，并且假定它们在不同的市场和交易中存在差异，法律面临着艰巨的发现和解释信息的任务。当事人本身通过他们的合同协议明确了很多彼此间的互惠承诺，但是这些具体事项只能不完全地描述他们的预期。在由当事人关系的嵌入所衍生的规范中同样可以发现这些预期，既是在他们的个人关系也是在他们对市场惯例的默认参照的意义上而言。在履行为市场交易提供支持的任务时，当采取国家制裁，法律规制不能忽视这些惯常理解。

值得注意的重要一点是，市场惯例可能难以和国家强加义务的政治理论相协调。当政治理论通过法律准则得到精致和系统的阐述，协调变得尤为困难。比如，市场惯例可能在最终的协议达成之前就承认一个具有约束力的义务，而协议的最终达成也许要等到进行延迟了的协商或者一方当事人给出让对方能据此行动的

明确承诺。在没有证据显示清晰的协议已经达成的阶段，自由主义政治理论可能不愿意承认强行施加由国家执行的义务是正当的，但是，基于惯例的商业预期可能认为某些义务已经发生。[7] 法律准则于是面临着选择，要么否认作为商业预期基础的市场惯例具有任何法律效力（legal force），要么投身于重塑准则的过程。这种重塑也许会采取为法律义务的归属发展出新类别的方式，正如在普通法中所发生的，对允诺禁止反言（promissory estoppel）的信赖义务（reliance-based liability）的发展。[8] 由此，新的法律准则通过发现协议形成之前的自愿义务，也许能够恢复市场惯例和准
则性规则的一致性。然而，在另一个例子中，准则的连贯性也许 37
要求法律系统为了其自身的完整性而忽略一个已经确立的市场惯例。某个特定交易或者商业关系中的惯例可能允许在合理的时间段内取消货物的"订单"（'order'）。但是，准则的连贯性也许会坚持，一旦下了订单并经确认从而达成协议，一个具有法律约束力的合同就形成了。在这些情况下，避免法律规制偏离市场惯例的唯一途径，是让法院以一种不大可能的方式解释这些事件。通过表明预订并非以产生约束力为目的，而仅仅是试探性协商的一部分（普通法法律人会说，是一个"要约邀请"（'invitation to treat'）），法院可以推迟法律中合同义务发生的时刻，为的是在市场惯例和法律结果之间取得一致。协调准则的完整性和市场惯例（或者合同关系的嵌入）的任务，因此可以通过以下任一途径实现，要么重塑私法准则，要么以在遵守准则性规则的前提下产生不同结果的方式重新处理事件的有关信息。

法律人对于合同私法的论证试图协调政治原则、准则的完整性以及市场惯例这些相互抵触的规范性考虑因素。法律推理并没

---

⑦ Weintraub, R. J, 'A Survey of Contract Practice and Policy', *Wisconsin Law Review* (1992) 1, 28.

⑧ e.g. *Hoffman v Red Owl Stores Inc.*, 26 Wis. 2d 683, 133 NW 2d 267 (1965); *Crabb v Arun District Council* [1976] Ch 179, [1975] 3 All ER 685, CA; *Waltons Stores (Interstate) Ltd. v Maher* [1987-88] 164 CLR 387 (High Ct.).

有占据某个能让它获得特殊优越地位的客观的、无所不知的元空间（meta-space）。法律系统使用的准则性概念和规则，是承继而来的，是法律推理传统的一部分。然后，法律推理在一系列短暂的，只是部分成功的，对其进化中各种相互竞争的压力的平衡中，提炼或者精细地阐述法律准则。这两种进化机制，重建私法准则和制造关于事件的意料之外的解释，为法律系统提供了技术以协调基于政治原则的对完整性的需求以及尊重合同关系在市场惯例和商业预期中的嵌入的必要。

自我参照和封闭

重塑法律准则和重新解释事件的技术揭示了传统私法话语的某些主要特征。这种话语以其自身的术语理解世界并且依照其自身的运行规则进行推断。它是一种技术话语，而不是对问题的一般性讨论，将背景中的全部考虑因素明白无误地纳入考察的范围。
38 作为其结果的沟通系统可以被描述为既是自我参照的又是封闭的。⑨

私法话语发展了它自己关于什么是法律上可执行的合同的规则性概念以及它自己治理讨价还价过程的规则，在这种意义上，它是自我参照的。转而，这些概念和规则被更为具体的法律概念和规则进一步定义。当这个沟通系统实现其运行规则前所未有的复杂性，它就将自己和诸如合同自由的政治理想等根本的规范性标准疏远开来。私法规则可以在很大程度上脱离像道德和习惯等其他规范性系统而独立地被加以利用，在这种意义上，它们可以被描述为自治的。

准则性的概念以严格的相关性标准（criteria of relevance）指导对争议事实的法律考察，在这种意义上，它们是封闭的。某些

⑨ In this section I am developing ideas suggested by Gunther Teubner，see Teubner，G.，*Law as an Autopoietic System* (Oxford：Blackwell，1993).

事实和法律推理是相关的，因为要满足法律规则就必须对它们加以确认，但其他事实对于法律调查（legal enquiry）则是无关紧要的。比如，在欺诈性陈述的例子中，法律要求证明陈述是虚假的，而不仅仅是引人误解的、令人迷惑的，或者夸张的。启动规则的事实条件（factual condition）的这个定义限制了相关的证据；它收窄了调查的范围。这里的法律问题并非某个人在事实上是否被误导了，或者由于错误进入了一个无利可图的交易，而是能不能证明引致交易发生的陈述是虚假的。法律分析限制或者封闭了对交易的事件或者环境的调查。这种封闭使私法推理简化了事件的复杂性，从而，它能够在得出实施法律制裁的结论前，坚持对需要考虑的信息进行有限的限制。所有的沟通系统都可以在某种程度上实现这种对复杂性的简化，但我的主张是，私法，尤其是合同法，将其封闭设置推到了极致。

通过考察大多数法律系统普遍应用的决定当事人何时以及是否达成了协议的规定，我们可以阐明私法这些自我参照和封闭的特征。每一个有着欧洲起源的法律系统都采用两个精致并相关的概念，“要约”（‘offer’）和“承诺”（‘acceptance’）。这两个概念界定了协议的法律概念，也起到确定法律义务产生时刻的作用。[10]为了形成一个法律协议，就必须有一个要约和一个承诺。然后，法律准则通过区分要约和“要约邀请”，比如招标，以及“反要 39
约”（‘counter-offer’），来界定要约的概念；它界定承诺的规则是，要求对那些条款，它们与包含在要约中的条款相同，作出明确的和经传达的同意。不同法律系统中的这些法律规则并非毫无二致，因此，对于什么算是一个要约，要约能持续多长时间，以及什么算是一个承诺，都有着实质性的区别。

法律人明白要约和承诺的概念并不是自行适用的（self-applying）。法院必须决定在法律上既有事实是否表明要约和承诺是存

---

[10] Zweigert, K., and Kotz, H., *An Introduction to Comparative Law*, 2nd edn. (Oxford: Clarendon Press, 1987), 2, ch. 3.

在的。法律人也明白法律推理常常显示出工具性的特质：希望保护弱势一方的法院，可能会基于双方当事人含糊的行为而确定要约和承诺已经发生，从而裁定合同存在。同样的，法院可以推迟合同义务的产生时刻，出于像保护消费者等工具性目的。[11] 要约和承诺的概念因此并不是对于事实的陈述，而是关于事实的法律结论。

当法院面临着合同是否已经通过协议生成的问题，它会以一种显然是自主的逻辑（autonomous logic）运用这个自我参照的规则系统。分析事实是为了确定是否存在被“承诺”了的“要约”。在一个典型的英国裁决中，*Gibson v Manchester City Council*[12]，问题在于承租人是否进入了一个从市议会那里购买他的房子的合同。在法律上，答案取决于双方当事人的通信是否包含要约和承诺。Gibson 先生曾经给议会写信询问购买的价格。议会回信说房子以一个固定的价格“可以准备出售”，并指导他填写一份表格以作出“购买你的议会房子的正式申请”。Gibson 先生交还了表格，但是试图降低价格，这被拒绝了。接着，他在一封随后的信里同意了议会的价格。毫无疑问双方已经就买卖的主要条款达成了协议，虽然还有些琐碎的问题要解决。议会停止了对这个财产的保养，而 Gibson 先生进行了一些小修葺。尽管如此，上议院（最高上诉法院）得出的结论是在法律上并无协议。议会信里说的房子“可以准备出售”不是一个要约，而仅仅是邀请 Gibson 先生提出要约。即便它被解释为一个要约，Gibson 先生已经通过尝试提出更低的价格拒绝了它，这是一个反要约，而不是承诺。另外，Gibson 先生所递出的表格自称为一份“购买的申请”而不是对要
40 约的承诺，所以它不能被解释为一个承诺。Diplock 勋爵（Lord Diplock）概括其结论如下：

[11] Collins, H., *The Law of Contract*, 3rd edn. (London: Butterworths, 1997), 159-65.

[12] [1979] 1 WLR 294, [1979] 1 All ER 972, HL.

> 尊敬的阁下，可能存在特定种类的合同，尽管我认为它们是例外的，不能轻易契合对由要约和承诺组成的合同的一般分析；但是一个声称通过交换信件而在双方当事人之间缔结的合同，其中接连的而不是最初的通讯彼此回应，并不属于这类合同。在当下这个案子中，我认为没有理由偏离传统的方法，也就是考察一些被信任是构成了被诉合同的文件证据，并确定按照其真实的解释（on their true construction）是否能在其中找到议会将房子售予 Gibson 先生的反要约以及 Gibson 先生对该要约的承诺……
>
> 尊敬的阁下，这些斜体字在我看来……要将这封信解释为能够经由 Gibson 先生的书面承诺而转化成一个出售土地的法律上可执行的开放式合同（open contract），几乎是不可能的。"可以准备出售"的字眼对于这种企图是致命的；同样致命的是该邀请，并非，要注意到，接受要约，而是密封的申请表格中的"正式申请购买"。

这个法律推理的例子从几个方面阐明了其封闭性和自我参照的推理。双方当事人都认为他们达成了协议，并且在一些次要的方面依其行事，这些事实与考察法律上是否存在协议是没有关系的。法律推理中的关键问题在于是否存在要约和承诺，依据这些概念的法律定义，它们仅仅取决于对文件证据的解释。这样的有限证据用于确定双方当事人的意图，因此这些文件中任何否定一个意图有约束力的表述，会立刻推翻一切从行为或双方当事人的明显预期中得出的相反表示。在调查中对这些文件及其关于意图的表述的狭窄关注，直接来源于以要约和承诺的术语构建这个问题，因为这些概念的法律定义要求无条件地愿意接受提出的条款的约束。站在 Gibson 先生的角度，重要的考虑因素是他已经实行了改善财产的工作，因为他合理地相信自己和议会之间已经达成了协议，而在排除此类不利信赖（detrimental reliance）的证据的法律规则之下，这却是无关紧要的一个事实。

议会，作为一个法人体（corporate body），其确切的思想状态更难以断定。这些信件所用的语言看来是谨慎的措辞，所以它尽量不在协商的过程中许下有约束力的承诺。通信中的这种状况意味着，起草这些信件的时候聘请了法律顾问以保留议会的行动自由。尽管议会中的其他人员可能并不觉得其协商在法律上仍然处于非常初步的阶段，信件的起草人对于当中的隐意却可能了然
41 于心。关于自我参照的法律规则和这些规则对法律调查的封闭性的隐含意义的知识，是合同协商中的当事人的一个重要优势。因此，法律的技术性话语在运用时并不是中立的：那些有着更优越的法律知识的人可以通过履行导致有利法律后果的行为获得好处。

合同私法系统的这些特征，它们刻画了自我参照的运行规则和关于受规制社会实践的信息的紧密而封闭的规则，无疑能够在其他的沟通系统中发现。尽管这些方法并不是独一无二的，私法却非常频繁地对此加以适用。私法规则的自我参照系统成了正式的、自治的法律推理的范式，也成为法学学生学习法律分析的秘诀和技巧的对象。私法关于社会实践信息的封闭规则是如此紧密，以致市场惯例和预期可以被忽略不计。一个特定的规则是否具有任何“商业意义”（‘commercial sense’）似乎无关痛痒；重要的是准则系统的完整性得到了保存。自我参照和封闭这两种特性的结合，被形容为私法的形式主义。

我认为私法中的形式主义是一种正在迅速瓦解的现象。尤其是，封闭的规则面临着日益见增的压力，这反过来又侵蚀了自我参照规则系统的完整性。在考察为什么这些转变会发生以及它们如何影响私法规制合同的能力之前，我们应当考虑自我参照系统的一个特定方面，它既能解释私法如何成功地化简了事件的复杂性，也能指出私法形式主义瓦解的一个源头。

准则的分类系统

身为法律思想的一个类别，合同私法作为训练的最初阶段的一部分被每一个法律人所熟知。它似乎是任何属于市场经济产生

财富的社会的现代法律系统的根本组成部分。此外，合同的类别似乎是法律一个独特和离散的组成部分，因为它涉及对附加义务（additional obligations）的自愿创设，而法律的大多数分支，像刑法和公法，通常向公民和公共官员施加强制性义务。在这里，我想花一点时间考虑合同准则分类在一个自我参照的法律话语里的 42
意义。我的目的是展示这种私法分类如何既促进又阻碍对市场和合同关系的有效规制。这种论证的思路也迫使我们在考察这种准则分类的起源和进化时，不仅视之为法律系统内在话语的产物，也视之为群体身份和社会群体之间协商的产物。

法律系统中称为合同法的部分，代表了私法义务的类别中一个自我参照的子系统。法律义务作为一个类别包括的其他子系统有侵权法（law of tort，或者 delict）和不当得利法（law of unjust enrichment，或者 restitution）。关于义务的法律的共有思路在于如下观念，一定的法律义务（duties）在公民之间产生，如果这些义务被违反，会导致支付赔偿或者采取某种其他的校正救济措施的第二个义务（obligations）（制裁）。这些法律义务广泛地涵盖了不得造成人身损害，不得损毁财产，不得违反有效合同的义务，以及许多其他的例子。这是一个罗马法上的观念，关于义务的法律是可以细分的。其中的主要分类就是来自合同的义务和来自侵权（wrongs）的义务，尽管人们认识到并非每一个产生法律义务的事件都可以归入这一双重结构。[13] 现代法律系统倾向于偏好一个四重的分类，在合同和侵权以外加入不当得利的类别，以及一个更为混杂的类别。

法律义务当中的这些分类的重要性在于它们组织和结束法律推理的方式。一旦一个特定的情况被划分为归属于一个特定的类别，比如说合同，该子系统的规则就会被采用，而其他的规则就会被排除。这种法律推理的过程可以看做简化事件复杂性的一个

---

⑬ Gaius，Institutes，3.89-91；Justinian，Institutes，3.13. See Birks，P.，'Definition and Division：A Meditation on Institutes 3.13'，in P. Birks（ed.），*The Classification of Obligations*（Oxford：Clarendon Press，1997），1.

有价值的方法，由此法律推理可以运用其封闭的和自我参照的推理产出一个法律后果，比如说决定施加一个制裁。受到争议的事件被初步决定在诸如合同等某个特定的类别中提出问题，使得事件可以排他地依据合同这个子系统的规则被加以分析。子系统的规则使得事件的某些特定方面成为相关的事实，从而这些事实的法律后果就可以通过将它们置于子系统的运行规则中来加以决定。因此，如果最初的决定是事件落在了合同的类别中，该子系统就会坚持只有关系到一个有效的合同是否被缔结了这个问题的那些
43 事实才应当被法律推理所考虑。如果那些事实不能满足运行规则的要求，比如说要求双方当事人已经达成了协议，那么在运行规则之下随之而来的结论必然是，并没有合同义务被违反了，因而也没有制裁应当被施加。所以，法律作为一个用于社会治理的知识系统，法律分类是其重要特征。它们使法律人得以简化复杂的社会事件，然后采用某个个别子系统的规则得出法律结论。

这些法律分类，比如说合同法，是如何产生的？其产生之初，这些分类很可能是出于实用主义的企图，为了用便利的方法组织法律材料，以有效治理社会和在法律准则的细节之处指导法律人。但是有一些分类，比如说合同法，由于它们在市场经济治理中的长期存在和核心重要性，则归因于引导社会制度的更深层的道德原则的源头。在合同法的例子中，比如说，这个分类可能会联系到承诺或者协议应当被遵守的道德观念。或者，为了确定义务的内容，合同分类的特殊性质可以从其独特的以双方同意为基础的角度加以观察。对其与背后的道德考虑因素的联系的觉察，将法律知识的分类上升到法律系统的根本道德指引的高度，而不是将它们视为剩下的以治理共同体为目标的某个特定知识体系的便利和实用主义的工具。诸如合同法这样的分类由此被赋予了神圣化的性质，因而，对特定例子中的分类的效用的批评，不仅被看作是对作为一个整体的法律系统的抨击，同时也是对潜在的社会道德原则的挑战。所以，当 Gilmore 宣称合同分类已经死亡，因为它不再为法律知识提供便利的组织类别，这一论断引起了震惊和

憎恶，并激发了为分类的效用进行辩护的强烈意图。[14]

法律分类不仅由它们想象中的起源也由社会行为所维持。在法律职业之内，出现了主张专业知识尤其是法律分类的专家群体。正如自然科学细分为职业群体，像物理学家、化学家、生物学家等等，法律人立志于精通特定的分类，像合同、公法和欧洲法。专家群体的成员资格可以由正式的社团确认，比如说学术协会中 44
的学者群体，或者是获得专家型执业律师社团的成员资格。非正式的社团通过在特定领域经常地教学、写作或者执业也可能实现这一点。通过维护一个法律子系统的专家知识，这个群体就得以主张他们对它的原则和合适的适用领域有着更优势的洞见。因此，这个分类的范围依赖于专家群体的惯常实践，那些被他们视为自己专业技术领域以内的问题。分类的这种惯例基础也许会否认对法律权利和义务的源头的差异的任何逻辑分析。比如说，在普通法的世界里，专家群体常常根据一个古老的对普通法院和衡平法院的司法区别来划分他们的专长范围，因此依照惯例，这一分类倾向于排除最初来于其中一个司法权的义务源头。其结果是，在描述普通法世界中关于义务的法律时，往往对衡平法的义务源头漠不关心。分类的惯例基础也为将分类系统和潜在的道德原则联系起来的企图设置了障碍。某些问题在惯例上被视为合同问题，因而由合同法的运行规则进行处理，却可能证实是比起关于承诺或者义务的双方同意基础的道德原则的范围更狭窄或更宽泛。合同法可能会规制某些情形，在这些情形中同意的存在最多只是一个法律假定，合同法也同样可能拒绝规制某些双方同意的协议，因为其他的子系统，比如说信托法或者公司法，可以更加便利地处理它们。法律分类系统的惯例基础最后具有这样的效果，它允许各个法律系统之间形成差异。在一个法律系统中某个问题可能被归类为合同，而在另一个系统中则被认为是侵权、不当得利，

⑭ Gilmore，G.，*The Death of Contract* (Columbus，Ohio：Ohio State University Press，1974).

甚至是公法上的问题。

因此，从这个社会学的角度看，合同法的分类之所以重要，并非因为它表现了某些基于共同体根本道德观念的永恒的法律思想类别，而是因为它提供了一个管理由法律人的惯常实践所支撑和界定的社会事件的有价值的工具。[15] 然而，必须指出，惯例的分类同样会阻碍对社会事件连贯而有效的规制。将一个特定子系统，比如说合同法，适用于一个特定事件的最初决定，
45 会将法院对该事件所适用的私法的运行规则局限在该分类之中。反过来，这些运行规则进一步排除了被认为与该法律决定相关的实际考虑因素。

我们可以考察一个关于合同条款含义的例子，以阐明这一过程及其所产生的盲点。*Liverpool City v Irwin*[16] 中的法律问题是，在高层大厦公寓的租约当中是否存在一个默示条款，出租人应当对建筑物的共有部分，比如说楼梯和走廊，采取合理的注意以保持其处于“合理的维修和使用”状态。由于存在对租约的协议，这个问题被划分为一个合同问题，合同私法的运行规则要求法院设法阐明双方当事人之间协议的内容，以便确定他们是否已经默许地同意出租人应当承担以上所宣称的义务。这一分类为法院设置了轨道，通过参照双方当事人宣称的意图以及可以假定他们在协议中预设的市场惯例，决定默示协议的范围。合同分类阻止法院用其他术语表述这一问题，比如说加强居住者和来访者安全的某个规则。对强制推行有效的安全水平的考虑是侵权法的主要目标之一，它是私法的另一个分支。然而，一旦该问题被归类为合同，侵权法就与之无关，因此私法规制无法从侵权法这个不同的类别中援引其洞见和方法。为了克服这个从私法的其他准则子系统中有效学习的障碍，私法有时确实对事件进行令人吃惊的再分类，比如说将一个侵权问题转化为

---

[15] Collins, H.,‘Legal Classifications as the Production of Knowledge Systems’, in P. Birks (ed.), n. 13 above, 57.

[16] ［1997］AC 239,［1976］2 All ER 39, HL.

用合同法规制的问题。[17] 也可能隐秘地插入来自其他分类系统的规制，正如在一些案子中，侵权规制的出现是作为合同的默示条款的一个来源。举例来说，在一个赋予雇主自由裁量权以决定工作小时数的雇佣合同里，法院会强加一项来自侵权规制的义务，那就是权力的行使必须符合雇员的健康和安全，但是这一义务的出现是作为合同的一个默示条款，以便相容于准则的分类系统。[18] 像合同法这样的法律分类，其价值既体现在它们管理复杂性的方法，又体现在它们防止法律系统之内的观念和价值的大量杂交。

然而，回到 *Liverpool City v Irwin* 一案的裁决，必须指出， 46
这些私法分类看起来并没有任何一个可以充分法律规制所面临的分配正义的关键问题。事实是一个当地的公共机构决定提供廉价的住房，并通过格式合同限定其对承租人的舒适和安全的义务，以最小化其保养成本。这里所引起的分配问题是，一个政府部门作为合同一方这样运用自我规制是不是行使其为共同体提供廉价住房的法定权力的合理方式。法院支持合同中所宣称的默示条款存在，尽管其困难在于格式合同的明显意图是最小化出租人的义务。也许法院事实上明白这些关系到分配正义的规制问题和公共部门对合同权力（自我规制）富于争议的行使方式，尽管法官们并没有明确就此作任何援引。

私法和公共规制的冲突

无论如何解释 *Liverpool City v Irwin* 一案中法官的动机，争论中呈现的问题可以很方便地带我们通向这一章中的主要论题。其论点是以上所描述的合同私法系统，受到与公共法律规制的冲突的影响，正在逐步瓦解。确实，由自我参照和封闭性所建立的

---

⑰ Collins，H.，'Productive Learning from the Collision Between the Doctrinal Subsystems of Contract and Tort'，*Acta Juridica*（1997）55.

⑱ *Johnstone v Bloomsbury Health Authority*［1992］QB 333，［1991］2 All ER 293，CA.

准则系统的完整性，已经无法经受几种不同力量的冲击。也许挑战传统的合同私法准则系统的最明显的力量根源于不断增加的合同实践多样性。在后面几章中，我们会更仔细地考虑这一颠覆性力量的性质和范围。下面我们将注意力集中在广泛的经济和社会规制的出现对私法系统完整性所造成的严重和系统挑战。在合同实践领域，这种公共或者福利规制的到来，使其与传统私法的对话无可避免。这种话语之间冲突的结果包括了对私法推理的重塑。

19 世纪合同法准则系统的重要成就之一是它们发展了这种水平的抽象性和一般性，从而能够规制和执行大量不同的合同承诺。有些法律系统只承认为数有限的有名合同，诸如买卖、借贷、租赁（hire）和委托（bailment，照管属于他人的财物）等标准交
47 易，与它们不同，一般合同法有能力在其封闭的规则之内应付大量各种各样的交易。比如说，在普通法中，合同形成的一般规则只要求存在关于对价的协议，这些条款在足够抽象的层面上表述，以包括大多数的消费者交易和商务协议。然而，并非每一个商业协议都可以被这些抽象规则涵盖，因此即便是在合同私法的巅峰时期，我们还是可以观察到商业交易的特殊规则，像 1882 年英国票据法（Bills of Exchange Act 1882）和大陆民法系统中的商法典（Commercial Codes）。但是，私法的抽象性和一般性常常使法院得以在其规制系统内涵盖大多数新型的交易。它赋予双方当事人合同自由的决定权，因为他们有自由选择其合同的条款。运用这种自由裁量权，他们可以按照其经济协议的内容调整法律框架，而不是非得按照法律的要求调整他们的交易。这一自由裁量加固了市场参与者的能力以充分开发由于劳动力分工强化而产生的潜在收益。

私法系统抽象性和一般性的主要问题是，在规制中缺乏区别对待不同种类合同的机制。我们所熟知的对消费者合同中免责条款的控制可以说明这一缺点。选择合同条款的自由使双方当事人得以有效配置风险。比如说，他们可以决定买卖货物时谁应当承担被证明是不满意的货物所产生的损失。在两个商业主体的商事

交易中，这一配置风险的自由可以通过允许双方当事人将风险分配给能够以最小成本避免和弥补损失的一方来降低成本。然而，当这些原则被应用于消费者交易，其后果是商业主体利用格式合同中小字号印刷的附加条款把损失风险转嫁到消费者身上，而消费者往往并没有意识到这一风险分配，也没有获得相应的价格下调。为了应对这种可能的滥用合同自由，私法系统需要进化出对不同类型合同的区别对待，从而，对消费者标准形式交易中风险配置的某些控制才能逐渐形成。

然而，这样一个进化过程与私法系统的一般性是相悖的，因此特殊的消费者保护的发展总是受到阻滞。在英国法中，法院试图通过“根本违约”（‘fundamental breach’）的准则来克服这个问题。依照这种理念，法院可以主张有一些违约是如此的根本，以致包含在格式合同中的任何风险配置都是无关主旨的。比如说
这个例子，消费者购买了一辆引擎无法运转的汽车，法院可以主 48
张该违约是如此的根本，以致将这一风险分配给消费者的合同条款和已经发生的事情是毫不相关的。[19] 另一种，也许是更令人信服的表述这一推理思路的方式，是宣称不得赋予免责条款与交易的根本目的相抵触的含义，像在销售货物的例子里，其中的免责条款将卖方对货物没有所有权的风险分配给买方。然而，更高级的法院最终拒绝了这些准则的发展，因为它们无法与私法系统的一般性要求相协调。[20] 在一个商业环境中，这些对风险的配置可以在双方当事人之间形成公平和有效的交易，因此采用根本违约的准则是不适宜的。[21] 当私法无力为消费者销售创造区别对待，一般规则不得不拒绝发展根本违约准则的可能。

---

[19] *Karsales (Harrow) Ltd v Wallis* [1956] 1 WLR 936, CA.

[20] *Photo Production Ltd v Securicor Transport Ltd* [1980] AC 827, [1980] 1 All ER 556, HL.

[21] e. g. *Harbutt's 'Plasticine' Ltd v Wayne Tank and Pump Co.* [1970] 1 QB 447, CA; see, Adams, J. N., 'Unconscionability and the Standard Form Contract', in R. Brownsword, G. Howells, and T. Wilhelmsson (eds.), *Welfarism in Contract Law* (Aldershot: Dartmouth, 1994) 230.

消费者合同中免责条款的故事在大多数的司法管辖权区域中以立法介入而告终。立法机关能够将私法准则系统的一般性替换成对消费者合同、雇佣合同等的区别对待。立法机关授权法院宣告不合理的、不公平的、显失公平的或者滥用的（依据该司法管辖区域中的术语）消费者格式合同的免责条款无效。这个故事的教训是，从私法系统一般性中得到好处的代价是无力发展一个充分区别对待的合同规制系统。这个系统要维持它的完整性，只能通过抵制深入到社会生活方方面面的由合同行为的广度和复杂程度所引起的规范复杂性和各种工具性政策考虑。

法律系统通过引进对合同实践区别对待的经济和社会规制来回应私法的这些不足。当这种规制的范围不断扩大，私法规制越来越多地被排斥在合同承诺的领域之外。这一现象使学者们疑惑，合同私法除了作为一组缺省规则在缺乏更具体的控制时应用，是
49 否还有任何重要性。然而，比合同私法这个被冲淡的角色有趣得多的是对私法话语本身进行这种社会和经济规制所产生的影响。

私法面临着社会和经济规制的出现，以及伴随而来的通过将福利规制纳入其规范性领域（normative domain）而恢复其完整性的挑战。比如说，对消费者合同的规制并不被认为与私法的规范性目标（normative orientation）无关而受到摒弃，相反，私法试图重塑自身以便将这一规制尽可能容纳到其话语之中。类似地，各种价格控制的广泛引入，像最低工资、公平租金、在消费者信贷交易中对高利贷利率的控制，挑战着私法拒绝评价和考察交易公平性的立场。尽管私法可以认为这个挑战完全无关紧要而忽略它，反之，它也可以试图重组其准则，以便在极端错误的例子里允许对公平的质疑。支撑着社会和经济规制的规范可以被契合到限制合同自由的模糊的私法准则中，比如说滥用权利、显失公平（unconscionability）和善意。一旦通过与社会和经济规制的对话而注入新鲜的活力，这些准则就能以允许远为复杂和区别对待的规制的一种方式被用于该规制所涵盖的那些合同实践以外的领域。

下面的例子用以阐明私法与社会和经济规制相冲突的这种结

果，考虑私法对涉及妻子为她们的丈夫的商业债务作担保人的交易的规制。在一个典型的例子中，一位男士试图从银行获得一笔贷款用做其风险企业（business venture）的资本。银行发放贷款的条件是以某个有价值的资产作为担保，通常是与商人的妻子共同共有的婚姻居所（matrimonial home）。出于压力、错误信息，或者纯粹是忠诚感，妻子同意抵押她的房子，其结果是由于管理不当和丈夫的风险企业的倒闭，妻子失去了房子。事实的形式可能会略有不同，担保人可能是父亲、孩子，或者债务人的雇员。相通的因素是该担保交易不适用消费者保护立法，因为主要的信贷发生在银行和商业主体之间。另一方面，因为缺乏可靠的信息以及由家庭纽带所产生的同意交易的微妙压力，该家庭成员所处的位置往往和消费者很相像。私法推理可以应对这种情况，坚决主张商事交易的当事人应当保护自己的利益并且法律应当在银行无过错时执行银行信贷以支持其有效性。但事实上，私法推理发展了一条更为区别对待的路径，由此它可以观察到担保人在这些 50
情形中的特殊困境并且施加义务给银行以确保担保人在没有压力的情况下获取充分信息并经过仔细考量从而作出决定。在英国法中，这一发展的实现是通过认为银行通常施加压力或者虚假陈述的问题推定告知（constructive notice），也就是说，银行被认定为知晓这一问题。[22] 这是一个假定，是一个虚构的事实，它是私法系统内部运作的要求，为的是启动对无限制的合同自由的例外的适用。银行由此负有义务采取合理的措施保障家庭担保人接受独立的建议，若没有采取充分措施，根据不正当影响的准则，会引致该抵押可撤销或不能执行。德国法院以相似的推理方法可以判决此类交易无效。依照民法典第 138 条（德国民法典），不允许为了第三方的利益而商业化爱意和感激，因此当作为担保人的家庭成员遭遇严重的经济困难，可以为他们提供保护。这种私法推理的

---

[22] *Barclays Bank plc v O' Brien* [1994] 1 AC 180，[1993] 4 All ER 417，HL；*CIBC Mortgages plc v pitt* [1994] 1 AC 200，[1993] 4 All ER 433，HL.

有趣之处在于它如何进化出一种关于担保协议（surety arrangements）规制的区别对待的路径，它利用压力和令人误解的信息这两个从规制消费者保护中发展出来的概念，然后把它运用于商业交易中的家庭担保人这个稍微不同的情境里。

家庭担保协议的例子只是说明与社会和经济规制的对话如何开始改造私法推理。一旦私法踏上区别对待合同协议情境的路途，它就给自己的推理过程引入了巨大得多的规范复杂性。尤其是，私法推理的引人注目的特征是它对于其干预的社会和经济效果显然变得十分关注。为了确定其新的区别对待是否达到了目标，私法系统必须考察其规制的效果，然后根据这些信息，它必须调整自身的规制。规制的效果并不一定是计划中或者预期中的。商业主体将规制看做一种需要将其最小化的成本，其方式是对经营进行节约成本的调整。在规制家庭担保协议的例子中，规制的效果是促使银行调整其官僚程序，从而以最低的成本最小化担保无效的风险。规制的主要效果是银行在发放贷款之前修改其正式程序。通过观察法院中的诉讼，可以调整私法规制，以便在强制银行负
51 担遵守细致的官僚程序的繁重义务和保护易受损害的担保人之间取得一个有效的平衡。私法推理，尽管其在概念上按照对交易的一致同意的基础进行保护的需要进行构建，却对与妻子进行担保交易发展了其更为明确的规制，其方法是对通过更具体和更广泛的要求而强加给银行的官僚成本和按照保护妻子占有婚姻居所的分配结果所得到的收益这两者加以平衡。因此，在私法推理的规范复杂性中，结果性或者工具性的推理比起对完整性和义务的政治来源等其他考虑因素更占优势。

这些趋势可以在，比如，涉及妻子作为丈夫的商业贷款担保人的典型英国案子 *Barclays Bank plc v. O' Brien* 中观察到。[23] 大法官 Brown-Wilkinson 撰写的标题为“政策考虑”（‘Policy considerations’）的一节，开头即承认他关于私法规制效果的知识来

㉓ ［1994］1 AC 180，［1993］4 All ER 417，HL.

源于“这些年来法院所处理的大量这一类型的案子”。考虑到这一证据，他这样描述规制政策：

> 对这个妻子的同情，在和富有的银行的诉讼中她面临着失去自己居所的威胁，很容易模糊一个重要的公共利益，也就是必须保证目前维系在婚姻居所上的财富不会变得在经济上无甚意义。如果法律赋予妻子们的权利使以婚姻居所作为担保的借贷变得脆弱不堪，机构就会不愿意接受这样的担保，从而减少流向商业企业的借贷资本。所以，重要的是，为保护弱者而设计的法律不会使婚姻居所成为金融机构拒绝接受的担保物。

这一就规制政策的陈述清楚表明，通过执行担保以支持市场建设的目的必须优于涉及占有婚姻居所的分配问题。规制的分配任务被化简为对市场实践的规制，也就是说，要求银行披露关于合同性质的信息，并告知获得独立建议的必要。但是，这个陈述最让人吃惊的地方，而这并非什么不寻常的事情，是它明确宣示私法规制的工具性目的。该判决（judgement）的有效性或者合法性，有赖于其成功地界定规制任务并操作私法准则以有效地完成这一任务。

对私法中正在发生的事情的另一种描述是，私法推理和与经
济和社会规制相关的推理之间鲜明的区别变得混沌。当私法推理 52
设法弄清其规制在不同社会情境中的效果的信息，它就变得不那么自我参照和封闭了。当私法推理试图探知其规制在特定情境中的效率和效力，私法系统对哪些能被看作是相关信息的清晰限制变得漏洞百出。我们可以谈一下原先“非法律的”理由与法律推理过程的相关性。这些“非法律的”理由是关于规制的效果，以及那些受制于规制的主体，比如说银行，如何为了适应规制而改变其行为的实证性信息。这些“非法律的原因”通过重新解释私法原则，为新的私法规制提供了理由。

然而，我们不能得出结论说私法规制中的工具主义将其简化

为经济或社会推理的一种练习。法律准则保留了限制其对信息的获取和解读的特定的封闭规则和程序规则。从其他学科可得的洞见，像政治理论、经济分析、对市场实践的实证和社会研究，无法轻易地被构建成与准则性话语相关的事实。法律准则必须通过选择那些可以被转化成和法律话语相关的事实或者原则的知识，以重建其关于规制效果的信息。比如，关于效率的经济学争论，一般可以被转化成对某个交易的同意是不是在充分信息的基础上自愿作出的法律讨论（自由竞争市场和增加福利的交易的必要条件）。关于市场惯例的社会学观察结论可以被整合为协议的默示方面，在法律话语中就是默示条款或者补充性规则。法律中的一般条款，例如对“合理”（‘reasonableness’）和“善意”（‘good faith’）的宽泛要求，可以作为通道，允许社会科学的视角成为法律准则的相关信息来源。合同行为如果有利于自由竞争市场或者遵从已经确立的市场惯例，就可以被认为是合理的。然而，即使私法推理可以运用这些方法，私法话语对大量关于其效果的信息仍然是封闭的。这些信息往往局限于恰巧在法院被提起诉讼的系列事例。这些信息从而局限于看起来和采用法律规制相关的呈交的证据。所以，私法仍然是有着严重结构缺陷的特定的规制工具，这阻碍了其对工具性目的的追求。

53 私法的有效瓦解

在这一章中，我们一直试图理解作为一种话语的对合同进行的法律规制，也就是合同私法的主要形式。出于其规范性目标的复杂性，私法系统提供了极为精妙的规制。但是，它们也可能由于自我参照的特性和封闭规则，而提供缺陷严重的合同规制工具。我们尤其注意到，合同法子系统区别于私法其他分支中的不同，尽管致力于降低复杂性，却阻碍了私法规制的分支或者类别之间相互有效学习的可能性。

然而，我认为私法正在经历着其话语的转换。私法推理模式这种转变最直接的原因是其不可避免地与经济和社会规制话语发生冲突，后者的设置是为了应对私法作为一种分配规制由于缺乏对合同实践的不同社会情境区别对待而产生的不足。话语之间冲突的结果是私法推理的重塑，从而其规范性目标中的工具性或政策考虑成为其进化轨迹的主要动力。当私法推理试图将社会和经济推理整合到其规范性目标中，它失去了许多特殊的属性。私法推理更加地靠近政策分析和执行。

虽然我认为私法推理的这一转换正在所有发达的法律系统中发生，考察适用于欧盟成员国的一些特殊因素将会很有意思。在那里，协调法律以创造一个单一市场的计划导致在欧洲的层面上对合同实践进行社会和经济规制。这一普遍的规制接着要被转化成更具体的可以契合各国国内私法和规制传统的规则。由于欧洲的规制可能不会被国家立法充分执行，国家法院承担着通过操作包括私法在内的各种国内法的渊源，以努力实现和谐的任务。私法中的推理因而要尽可能进行调整，以协调于欧 54
洲的规制目标。因此，欧盟的宪法协议（constitutional arrangements）的内在逻辑对私法系统的自我参照特性带来了两个重要的挑战。首先，私法系统必须调整以遵从欧洲的社会和经济规制的目标，其次，要求将结果主义或者工具主义的推理作为私法的主要指引。但由于这些目标常常比较模糊，国内私法系统必须考察其他法院，也就是欧盟法院（European Court of Justice）和其他国家的私法法院，是如何诠释这些目标的，以便确保法律之间的和谐。其结果是私法推理在一定程度上成了一种比较法上的练习，其目的在于理解不同成员国的法院如何解释和执行欧洲规制的目标。[24]

但是，我并不是在暗示私法可以被简化成经济或社会规制的

---

[24] Collins, H., 'The Voice of the Community in Private Law', *European Law Journal* 3 (1997), 407-21; Joerges, C., 'The Impact of European Integration on Private Law: Reductionist Perceptions, True Conflicts and a New Constitutionalist Perspective', *European Law Journal* 3 (1997), 378.

另一种话语。私法的封闭规则和自我参照的概念仍然是其为了规制目标而构建对合同行为的理解的关键因素。在我们关于家庭担保人的例子中，比如说，私法仍旧通过其准则类别，像防止不当影响的规则或者防止家庭感情扭曲选择的规则，进行思考。但是，发生的改变是这个规则在多大程度上可以根据社会和经济规制所追求的相似的政策和规范性方向进行解释。这种重新整合私法推理中的福利规制的探索，迫使私法放松其封闭的规则以确定一些事实或者事件，这些事实或者事件可以评估私法规制的效果是否协调于社会和经济规制的目标。私法不能对分配政策和效率的需求无动于衷，但是它必须把它们约束在自己的话语之内。

对私法推理进化的这一说明描述了一个不确定的结果。未解决的问题是，私法是否可以整合社会和经济规制的话语而不使自身瓦解成这些话语。表述这个问题的另一种方式是，法律推理是否可以避免仅仅成为经济分析或者理性选择分析的一个分支。我的观点是私法保留了充足的规范复杂性以抵御这样一种简化。它有能力从社会和经济规制的话语中有效学习，并同时保留其他的规范性参照，像正义的政治概念。就私法而言，我并不赞成将法律刻画成中立的裁判员，凌驾在一众相互竞争的话语之上，并试图通过逐渐形成关于科层、调查程序和冲突解决的规则，以及寻求内在的法律连贯性，来规制这些话语。[25] 我更倾向关于约束的比
55 喻：私法系统约束经济和社会规制的推理，并在其自己的运行之内对这一推理重新定向。在这种意义上，我同意 Teubner 对系统理论的分析：

> 法律的运行依赖于其非常奏效的封闭性，作为一个原则，不得延伸到非法律领域。其结果是，法律只能内在地通过封闭的自我参照的运行重塑其环境。这一对外在世界的内在重塑永远不会等同于事件在外在世界所发生的样子。即使它们

㉕ e. g. Habermas，J.，*Between Facts and Norms*（Cambridge：Cambridge University Press，1996），ch. 9.

> 的实质看起来是等同的，其不同在于它们被重新语境化（re-contextualized）了。比如说，当法律内在地重塑道德论争的那一个时刻，后者就丧失了它们与普遍性标准和道德编码（moral code）的联系。它们现在要遵循平等/不平等对待的机制，被挤压进法律的编程（规则、原则、准则）并最终链接到合法的/非法的这个二元的法律编码。对成本的计算和对权力的计算，政策争论和科学的构造（scientific constructs），法律以同样的方式对待它们。它们全都变成奇怪的杂交品种，然而，这些杂交品种现在却是法律话语的唯一责任。[26]

这一公式（formulation）的问题是要去理解法律话语这些混合形式的特性。

我们的答案是在私法规制合同的语境中，这些混合物并没有变得如此相异于我们用自我参照和封闭性来描述的传统私法推理模式。将经济和社会规制整合到私法话语中，使得各种合同实践私法规制中出现更显著的区别对待。私法不得不以更语境化的方式改造自身，由此它能够依据像消费者交易这样的新类别和像雇佣这样更重要的旧类别在其进路上区别对待。与此同时，私法整合了各种结果主义的考虑因素，这些因素使得在经济和社会规制中创造了像保护消费者对抗精明的交易行为和保护雇员对抗滥用管理权力这样的类别。私法原来的一般规则由此开始瓦解，并被由目的性更强的规制进路所激活的更局部性的（local）规制所取代。然而这些发展丰富了法律话语，它们让法律话语在区别对待和规范定位方面更为精细。此外，私法在应用时从其环境中学习到其规则对被规制对象的效果。这一观察从而使进一步提炼法律规则以改善其效果（以它们被法律所理解的样子）的递归过程（recursive process）* 得以发生。这一私法的新模式也许确实可以被表述成其有效的瓦解。

---

* “递归过程”是从数学和计算机科学中借用的概念，指一个直接调用自己或者通过一系列的过程语句间接地调用自己的过程。——译者注

[26] Teubner, G., ‘Altera pars Audiatur: Law in the Collision of Discourses’, in R. Rawlings (ed.), *Law, Society and Economy* (Oxford: Clarendon Press, 1997), 149, 166.

56

第四章

私法的能力

合同私法作为规制市场和合同的一种技术，其效率（efficient）和有效（effective）程度如何？既然提出这个问题，我们必须作出两个有争议的假设。首先，我们假设私法是一门规制技术，相当于其他对商业的社会和经济规制的技术，尽管它在形式、特征和能力方面有所不同。我们的第二个假设是私法正如对市场的其他法律规制一样，也追求工具性的目标，因而私法实现其目标的比较功效是可以衡量的，并且这种规制的成本可以与其他的技术相比较。对私法的传统理解将它视为支撑市民社会私的秩序而不是试图去组织或者操纵社会的一种机制，这看起来会和这些假设发生冲突。

在这一章中，我们探讨将私法视为一种规制技术进行分析所隐含的意义。和其他规制形式相比，对合同的私法规制的特殊能力将就其“反身的”（‘reflexive’）能力方面进行分析。我们接着考察私法作为一个规制工具的结构性弱点。我们特别感兴趣的是考察私法能力中的这些弱点如何能够被克服，以及私法自身如何进化出应对这些弱点的机制。

私法作为规制

无论私法在其自身的内在话语中如何看待自己，它也可以从一个外在的视角加以考察，被看做国家试图规制市场的一个机制。私法在调控市场行为方面，无疑和商业活动的其他社会和经济规制有着相似的效果。市场的参与者可能为了遵循私法规则而改变他们的行为。如果这些参与者试图缔结具有法律约束力的合同，那么他们可以将其合同变成书面的以遵循法律的形式要求，或者他们可以进行象征性的交换，比如象征性地租（peppercorn），以遵循普通法的对价准则。我的主要问题是处理如下争议，就其有效性和成本而言，私法相比其他的商业规制形式表现如何。[①] 承认 57
私法可能包含其他目标，例如提供一个明晰的理由以认可市民社会的公民彼此所负有的根本义务，和这一进路是相容的。然而，只要私法追求工具性目标，理应探究它是不是一门令人满意的技术从而实现那些目标。此外，如我在上一章的主张，工具性目标日益驱使着私法话语可以被接受，那么评估私法实现那些目标的效能（efficacy）和有效性就变得更加迫切。

即便如此，一些法律人可能还是不满意我的进路。这可能和他们对私法理解的根本，将私法视为一个支撑市民社会中私的秩序的前政治系统，背道而驰。这种对私法的传统解释设想国家领域和市民社会是分离的。在市民社会中，个人通过参与到与他人的承诺中的方式处理其事务。这些私人协议形成社会的私的秩序。国家的角色纯粹是支持这种私的秩序，至少当其达到与一般的惯常道德标准兼容的程度是如此。这种功能主要是通过赋予大多数此类私人协议以法律执行力和保护财产权利来实现的。法律执行合同的目标不是操纵私的秩序，而是通过法律的强制力使得缔结具有约束力的合同成为可能从而对私的秩序加以支持。然而，作为这种功能的一部分，法律规则可能会被设计成保护私的秩序免于像欺诈和暴力这样的滥用行为。[②] 这些规则的目标被认为是保障私的秩序不被滥用，而不是将政策目标强加在参与者的头上。

对私法的这一传统解释紧密契合于有关国家角色和正义要求的一个自由主义的（liberal）甚至是自由意志主义的（libertarian）

① See generally: Daintith, T., 'Law as a Policy Instrument: A Comparative Perspective', in T. Daintith (ed.), *Law as an Instrument of Economic Policy: Comparative and Critical Approaches* (Berlin/New York: Walter de Gruyter, 1988) 3.

② Raz, J., 'Promises in Morality and Law', *Harvard Law Review*, 95 (1982) 916.

观念。它强调私的个体的选择和自由的重要性。国家的角色最小化为保持各方遵从其私人协议，而不是试图将一个关于什么是好什么是不好的观念强加给市民社会。私法的价值纯粹是一些维持人们遵从被认真许下的承诺的基本的道德理念，或者保护对私人承诺所产生的合理预期。

因此，考察私法作为一种规制形式似乎误解了它的本质，而
58 且，也许更糟糕的是，对它的自由主义或者自由意志主义假设提出了挑战。我承认这一整本书有悖于对合同私法的传统理解。它将私法看做国家依据各种相互竞争的政策目标控制和塑造私的秩序的一个工具。这本书还假定法律对于私的秩序的分配结果不可能采取中立的姿态。然而在这种情况下，问题的症结不取决于这些对私法本质的一般认识。关键点反而是私法是否包含我在上一章中所描绘的规范复杂性。一旦承认私法规范性话语中有一个分支涉及工具性政策目标，对私法作为一个工具或者规制技术加以评定就是公允的。

要排除私法作为规制技术的有关问题，只有彻底否认私法受到政策目标的影响。可能有一些法律学者坚守这样的观念，私法是密封的、自我参照的话语，仅仅链接于基本的道德理念，像承诺应当得到遵守的观念。对他们而言，对私法社会效果的观察必定是一个极其无足轻重的问题，私法准则公式化中的结果主义考虑因素必定极其让人厌恶。但是，我不相信这样的法律学者真的存在。即便是对合同私法最传统的阐述，也会在它们的篇幅里提及工具性考虑因素，尽管它们仍然只是粗略地被加以阐述而且未经实证检验。这些篇幅实际上密布着诸如法律中对“确定性”（‘certainty’）的需求这样的考虑因素，以便商人们可以筹划他们的事务。当然，在对确定性（它有别于准则的完整性，因为一个清晰的规则有可能跟准则系统的价值取向不相容）的诉求的背后，是默示地拒绝一些用于衡量私法效果的其他标准或政策，比如说公正性。为了容纳结果主义的考虑因素而打破自我参照的封闭，表明即便是对私法最传统的阐述，也没有完全排除工具性的考虑因素。

当我关于私法作为规制工具的有效性的问题背后的假设激起传统私法学者的义愤，与此同时，它们也为运用经济学研究商业规制的现代法律人奉上了一道难题。这些法律人明白理应提问商业规制是否有效和节约成本。但是他们并不赞许就私法提出这个问题。

其原因之一似乎是这个假设，私法或多或少地包容着不受拘
束的合同自由。经济学比较由竞争这只看不见的手指引的市场和 59
由商业规制指引的行为受控领域时，这个假设常常出现。对市场和规制的这个比较在经济学中常常出现，而没有察觉到市场作为类别事实上也是一个受规制的领域，尽管它主要是由私法规制的领域。如果错误地假设市场在纯态（pure state）之下是近乎不受规制的，就可能在私法与其他形式的社会和经济规制之间进行鲜明的比照。他们假定只有后一种规制类型具有这种目标，通过增加不希望看到的行为的成本在市场中对自由施以限制。我的主张恰好相反，私法和商业规制也许在控制市场活动的程度上有所不同，但假定私法并不试图去规制商业是错误的。私法是看不见的手中的食指，指引着市场经济。

私法规则可以被描述为处理那些与规制所应对的相同的问题。如果商业规制的某些目标包括修正市场失败或者再分配财富，我们可以指出一些发挥相似功能的私法规则。比如，有关讨价还价过程的私法规则，像虚假陈述（misrepresentation）、胁迫（duress）和不当影响，可以被分析为修正市场失败[③]，或者再分配财富。[④] 此外，当我们考察某个特定的市场活动的规制的来源时，私法和商业规制这种功能上的平行便清晰浮现。比如说，在引人误解的广告的例子中，我们在大多数的司法管辖权中查获了一个

③ Trebilcock, M. J., *The Limits of Freedom of Contract* (Cambridge, Mass.: Harvard University Press, 1993).

④ Kronman, A. T., 'Contract Law and Distributive Justice', *Yale Law Journal* 89 (1980), 472.

共同的模式，那就是规制的来源兼有私法规则和特殊化的规制技术。[5] 这两种规制的来源协力运行。

私法规制区别于其他种类商业规制的地方仅仅在于规则的一般性，这一点只有在私的法院指令和判决对其加以适用时才会变得具体（which only become specific when applied by private ordering and adjudication）。Daintith 得出了一个关于财产私法的相似结论：

> 看来我们没有理由不将享有土地的安全视为国家治理经济中不可或缺的要素加以对待，其在一般性、重要性和历史久远的程度上区别于其他政策，而没有任何性质上的区别。[6]

60 私法和商业规制之间的差异同样是由其他错误的假设支撑的。这两类法律性质上的区别经常被认为是基于法律的不同来源。在普通法的司法管辖权内（Common Law jurisdictions），一个常见的假设是将私法法院指令中的基本促进规则（the basic facilitative rules of private law ordering）等同于法官法，将干预主义的规制等同于立法。这个对比在民法司法管辖权（Civil Law jurisdictions）内显然土崩瓦解，在那里他们的法典是立法的产物。[7] 但是，即便在普通法的背景下，当我们考察立法如何随着时间的推移被整合到普通法的准则架构中，这一形式上的差异同样会崩塌。一个例子是 1677 年的反欺诈法（Statute of Frauds 1677），它开始是一个规制措施，但是在几个世纪后成为精巧地搭建关于合同形成中的手续的私法规则的基石。在普通法中，大量的立法也尝试将现存的普通法法典化和加以厘清，1983 年货物买卖法（Sale of Goods Act 1893）和 1882 年票据法（Bills of Exchange Act 1882）就是例子。这种立法被认为契合于普通法的准则架构，创造和促进了基本的财产权利和交易形式，其结果是无法在私法和商法规

---

⑤ Trebilcock, M. J., 'Private Law Remedies for Misleading Advertising', *University of Toronto Law Journal* 22 (1972) 1.

⑥ Daintith, T., 'Regulation', *International Encyclopedia of Comparative Law*, xvii (1995) ch. 10, 35.

⑦ Daintith, T., 'Regulation', *International Encyclopedia of Comparative Law*, xvii (1995) ch. 10, 9.

制之间划出清晰的界限。

对私法和商业规制的传统比较还受到另一个隐含的比较的影响，被比较的双方之一是通过合同促进私人利益的作为工具的私法，之二是作为公共利益化身的公法规制。在这里，私法与商业规制的区分被阐释为后者有其公法来源，一个形式上的区别，这又以一种晦涩的方式链接到对私人利益和公共利益的比较。这种观点无非重申了一个站不住脚的主张，私法缺乏涵盖对公共政策的工具性考虑的规范复杂性。它对商业规制的内容和运作的看法也相当幼稚。任何对商业规制实践的仔细考查都会揭示，所采用的规制标准是公共官员和被规制的商业利益之间讨价还价的产物，丝毫不能保证定义不明的所谓公共利益能占上风。⑧

最后一个将私法撬离于商业规制的引人误解的假设，专注于规制的形式。作为一门法律技术，私法完全不同于法律人通常称为商业和市场规制的那些实践。不像依靠专业机构和强制性的专业守则（codes of practice）的现代商业规制，合同法作为一般法 61
律的组成部分，由普通法院执行。不像那些现代规制，合同法缺乏颁布细致的行政性规则和整顿行为的权力，而只能等待原告提起请求，然后运用合同的一般规则来解决争端。因此，法律人传统上会对以下两者进行比较，一是对诸如公用事业（utilities）等特定商业部门的专业化的强制性规制，二是促进交易和形成阻隔工具性规制的屏障的私法一般规则。

然而，恰恰是就技术的这种对比引起了我的兴趣。我们将要探讨的主题不是无法比较的差别，而是技术上的差异。问题是私法作为一门商业规制的技术，对比其他规制技术，是否有特殊的优势和劣势。规制方法的重要差别会给这个分析带来挑战，但是不会形成根本的障碍。

考察私法作为规制工具的尝试早已有之。在 20 世纪 70 年代，消费者法律学者（consumer lawyers）的著作，尤其是 Leff 和

---

⑧ Stigler, G. 'The Economic Theory of Regulation', *Bell Journal of Economics and Management Science* 2 (1971) 1.

Cranston 的著作，不懈地抨击私法作为保护消费者的工具，理由在于它是无效率和无效的。[9] 比如说，Leff 就格式合同中"显失公平"条款的私法规制评述说：

> 显失公平的概念或者条款的功能是什么？简而言之，它看起来是一种控制交易质量的技术，当自由市场的控制被认为是无效的。它是以政府规制取代当事人规制的一种方法。[10]

在涉及消费者的背景中对私法的批评所引出的结论是必须以公共规制实现任何有效的消费者保护措施。这个结论可以一般化：私法的社会效果是无足轻重的。[11] 对私法的这种批评受到了以理查·波斯纳为先驱的法律经济学的芝加哥流派的反对[12]，它主张私
62 法实际上比起公共规制实现了形式和内容上更有效的规制。这种批评同样受到法律历史学家的质疑，像 Morton Horwitz，他主张私法规则的分配效果是意义深远的。[13] 这两种立场都言过其实了。私法作为一个规制工具，由于其效率和反身性，比起公法规制有着某些显著的优势，但是，在任何特定的场合中，像保护消费者，规制形式的组合往往被查获是就效率和功效而言最优的规制方案。

反身的规制

我们的第一个任务是为比较私法与其他形式的经济和社会规

---

⑨ Leff, A. A., 'Unconscionability and the Crowd—Consumers and the Common Law Tradition', *University of Pittsburgh Law Review* 31 (1970), 349; id., 'Injury, Ignorance and Spite—The Dynamics of Coercive Collection', *Yale Law Journal* 80 (1970), 1; Cranston, R., *Consumers and the Law*, 2nd edn. (London: Weidenfeld and Nicholson, 1984).

⑩ Leff, A. A., 'Unconscionability and the Crowd, n. 9 above, 350.

⑪ Epstein, R. 'The Social Consequences of Common Law Rules', *Harvard Law Review* 95 (1982) 1717.

⑫ Posner, R., *Economic Analysis of Law*, 4th edn. (Boston: Little Brown, 1992).

⑬ Horwitz, M. *The Transformation of American Law*, *1780-1860* (Cambridge, Mass.: Harvard University Press, 1977).

制建立一个分析框架。一个简单的模型刻画了任何规制系统的三个主要因素。我们需要进一步改善这个模型，但是在眼下的阶段它足以容纳规制技术之间的比较。此外，这个简单的模型能够让我们理解私法规制的一个关键特征，我称之为反身的规制。

这个简单模型的核心要素由对要求的或禁止的行为进行界定的规则或标准组成。这些规则可能来自各种各样的过程，从议会的决定到市场参与者的自我规制。第二个要素是这样的机构，它负责监督对标准的遵守和查获违反的行为。最后一个要素是执行机制，它被赋予权力施加制裁于对标准的偏离。通常法院肩负着职责决定应否施加制裁，但是其他机构可能被授予类似的权力，像撤销贸易许可证的权限。

这个规制三要素的模型很容易契合规制像公用事业等特定商业部门的现代制度安排。在这些背景中，一个国内的立法机构设定一般标准和政策目标，然后行政机构或者规制者以规则的形式提供具体指导、绩效指标（performance targets）和禁止事项。相同的机构往往还负责监督对这些标准的遵守，为此它会开展调查和检验。这个机构可以质疑任何在监督过程中查获的对这些标准的违反。对规则的遵守通常可以通过教育或者与违反者的协商来实现，讨价还价的武器是启动法律程序以施加惩罚的威胁。这个 63
威胁往往能为协商与规制相容的行为提供充分的激励，如果对违反规制所威胁的罚金设定在足够严厉的水平并且能常规地得到执行，理性的经济选择就会使得商业主体放弃该行为。商业规制一般通过普通法院实现施加这些制裁的目标，但是也可能设立懂得技术性的信息和规制规则框架复杂性的具备专门知识的专业法庭。

同样是标准、监督和制裁这些类目，可以用做分析合同私法的制度和实践的工具。

标准

私法所设立的标准既包括强制性标准也包括“自我规制”（‘self-regulation’）。

强制性标准通常可以在民法典或者普通法中相对应的先例里查获，某些情况下也可以在立法里查获。这些强制性标准包括规定合同有效性的规则、强制性条款和规定缔结可执行合同的程序的规则。这些强制性标准的主要功能是为有效地行使缔结法律上可执行合同的权利设立基本的条件。这些条件包括了实体和程序两方面的要素。在实体方面，强制性规则对交易客体的类型设定限制，正如奴役，出售濒临灭绝的物种，以及出售人体的一部分等合同是无效的。程序要素包括一些关于形式的规制，像对书面文件和特殊誓言的要求，以及规定协商中不公正行为的规则，像欺诈和暴力。

一个特定交易的大部分具体规则是由当事人他们自己设定的，作为一种“自我规制”，这些标准被称为合同条款。在某些情况下，这些标准是协商的结果，但是更为典型的，它们由当事人中的一方设定并包括在格式合同中。在这种情形中使用“自我规制”这个词可能显得很奇怪。在对商业规制的研究中，自我规制的概念用于描述某个工业部门的成员同意遵从一组特定的标准，像业
64 务守则或者特定的格式合同。这种自我规制其后可能被某个规制者批准为合适的标准，能够被规制者执行。这种自我规制是整个工业部门设定标准的集体机制。相反，私法支持对仅适用于双方当事人之间某个孤立交易的标准进行私人协商。除了将标准议定为合同条款的特定属性，像商业规制中的集体模式那样，私法所批准的行为有着具有约束力的自我规制这种同样的性质。

作为自我规制的补充，私法常常提供一组示范规则，用以治理某个特定类型的交易，像买卖货物。这组示范规则在缺乏明确的自我规制时提供规制的细节。这些规则服务于降低交易成本的目标，因为它们可以节省当事人设计他们自己的规制制度的费用。其例子包括关于买卖货物中的质量和权利的默示条款，有限责任公司的公司章程，以及将过失损害的风险分配给服务的提供方。私法所提供的这些“缺省规则”将这个自我规制系统区别于某个工业部门集体自我规制的行为。

监督

双方当事人他们自己被授权监督对私法这些规制标准的遵守。他们有自由裁量权决定是执行这些规则还是协商以修改这些标准。不存在管束和执行的机构，反而是合同的双方当事人有权自由决定通过普通法院的程序以执行这些标准。私法至多可能要求一方当事人在采取行动执行这些标准之前必须告知另一方其已经构成了对标准的违反。

制裁

普通法院对违反标准所采取的制裁依据被违反的规则类型而有所不同。有一些强制性规则，像形成有效合同的要求，其制裁是宣布合同无效或者不可执行。换言之，法律系统拒绝承认该交易曾经产生任何有约束力的承诺，因此包含在协议中的自我规制是无效的。至于其他的强制性规则和自我规制，其制裁往往是要求对被损害方支付赔偿的责任规则。至于对某些规则的违反，像禁止欺诈，两种制裁都可以被采用，所以，基于欺诈而发生的合 65
同会被宣告无效，并且要求欺诈方根据某个责任规则对所导致的损失支付赔偿。不像公共规制系统为了施加制裁而常常使用的专业法庭，私法规制系统依靠普通法院。这些法院非常精于私法规则的知识，但是通常对被规制的特定市场缺乏任何专门知识。

反身性

对规制技术的学术探讨，经常会比较“命令和控制”式的规制和“回应的”（responsive）（或者反身的）规制。[14] 前一种规制

---

⑭ Ayres, L., and Braithwaite, J., *Responsive Regulation: Transcending the Deregulation Debate* (New York: Oxford University Press, 1992). “反身的”这个术语是在系统理论中使用的，有着更为技术性的含义：Teubner, G., ‘Substantive and Reflexive Elements in Modern Law’, *Law and Society Review* 17 (1983), 239。我更倾向于反身性这个术语，因为它承认规制的根本问题在于法律规制和合同协议这两个在运行中封闭的系统彼此之间的互动。其结果是，反身法的理论对下面将要讨论的“规制中的三难”的问题很敏感。然而，我的论证几乎不取决于这些术语上的区别。

方式接近于刑法。规制者（或者议会）强制实施这些规则；监察者监督遵守的情况；法院和专家法庭（specialist tribunals）对违反规制强制实施威慑性的制裁。相反，回应的规制试图在被规制的对象中实现协作（collaboration）和合作（co-operation）。在设定标准时，它倾向采用自我规制，从而在立法所确定的一个宽泛要求里，参与人可以通过协商来决定管理该交易的具体规则。寻求协作的优点在预期中是参与人能够更好地掌握规制某个特定市场的技术问题的相关知识，比起这个市场部门的规制者，他们将处于更优越的位置从而能更精确地量身剪裁规则，并且他们能更确定地意识到哪些标准是切实可行的。同样，对于监督和执行，回应的规制促进了一种保证市场参与者合作的策略。合作在预期中可以大体上实现更高水平的遵守，其代价是在极少数场合下，在监督时查获了违约行为，无法严格地执行规则。保证合作的设计在预期中会降低监督和执行的成本，并保留规制机构的资源用
66 于极其恶劣的个例。尽管大概没有一个规制系统会符合这些范式中的任一种，政策上的对策是增加回应的规制以作为实现规制目标的更有效率和有效的方法。

私法作为市场规制系统的惊人特征是其契合于这种回应的规制的模型的程度。它既在标准的设定过程也在监督和执行机制上实现了这条规制进路。

在设定标准时，私法往往克制着不具体设定双方当事人的义务，而是把它们留给以合同中明示条款表现的协商和协议来解决。有一些强制性规则适用于所有法律上可执行的交易，另一些更多的强制性规则治理像买卖等特定交易类型。除了这些要求，私法通常只使用缺省规则，它们包含的规制仅仅适用于双方当事人自我规制不完全的情况。自我规制这种宽泛权力的主要优点在于双方当事人可以按照他们对市场的信息，根据其特定的商业需要调整规制。利用这种信息，比起国家机构发布的一般规则，规制可以被更好地就特定的交易环境加以剪裁，因为一般规则往往被证实涵盖不足或者涵盖过度，并且该机构可能缺乏足够的专业知识

以提供一个可行的规制框架。因此，自我规制的程度能够调整以适应新类型的交易关系，这些交易关系可以通过自我规制来构建。经过随后的同意，双方当事人还可以改变或者修改规则的内容，因此这种规制技术提供了很多的灵活性和适应变化的环境的潜力。另一个表示这种灵活性的方法是宣称私法规制授予了商业交易双方当事人可让与的权利。这种自我规制方式还很可能实现有效的规制水平，因为双方当事人只会就保护他们利益的关键的规则讨价还价。由于所涉及的交易成本，合同的双方当事人不会去协商每一个细节。双方当事人部分地依赖于风险不会发生的假设，还部分地依赖于这样的观念，双方当事人的自利会引导他们在需要的情况下进一步根据改变了的环境具体协商规则的内容。

当执行规制标准（包括强制性规则和自我规制）的自由裁量权被下放给双方当事人他们自己，私法规制的回应特性进一步得到增强。这种权力可以用于执行规则，或者，更普遍地，在违约以后的讨价还价中为协商对可行标准的调整提供框架。法院只有在一方当事人要求另一方遵守规则时才采取行动执行
协议。在这个意义上，合同私法在规制系统中独一无二地提供 67
了一种自我执行的自我规制。这是回应的或者反身的规制的极端例子。正是私法的这一方面，常常被用于和普通商业规制进行比较，因为一般认为将执行标准的自由裁量权授予双方当事人自己与为公共利益而规制市场是矛盾的。但事实上这个区别并非那么鲜明，因为经济和社会规制往往必须依赖于像消费者或工人这样受到不利影响的当事人揭发对标准的违反。缺乏这种信息供应，规制机构往往没有能力充分地监督其规制的效果。然而，向规制者提供这种信息的决定，是受到影响的当事人的一种自由裁量的决定。消费者可能不愿费工夫联系相关的贸易标准官员，工人也可能因为害怕报复或者蒙受经济损失而不愿曝光不安全的工作条件。因此，更近距离的考察可以查获，私法系统下的自我执行和商业规制下的公共执行之间的差异，比起一般所假

设的情况要模糊很多。

私法规制合同的巨大能量显然在于其回应或者反身的特性。它将宽泛的自我规制裁量权下放给双方当事人。在协商一致的条件下，所产生的规则将通过普通法院这个机构例行地得到执行。通过授予双方当事人自治权设计他们自己的规制，私法实现了可观的灵活性，这又达到了良好的效果，该规制容许对可能促进生产效率的新型商业交易进行试验。但是反身的法律最大的潜在优点是，它容许被规制的对象，在这个例子中是合同双方当事人，以他们自己的语言表达他们对于该关系的预期，从而他们的私的规制得以最小化可能由某个规制框架强加的对沟通的扭曲。

私法规制的这种反身特性在双方当事人协商合同条款的时候表现得最出色。对格式合同的采用并不能阻碍这一过程，如果双方当事人有机会协商不同于范本的变化。然而，当商业主体将格式合同强加于消费者，这些条款很可能仅仅表达商业主体的预期。附合合同（adhesion contracts）只能部分地实现反身性。比如说，考虑为消费者提供助行器的合同中的如下条款。

68 公司在任何时候保留权利变更或者修改销售说明书中描述的设备的任何设计规格和包装，并且无须告知。[15]

第一眼看上去，这个条款产生了一个单方合同，因为制造商似乎有权利用另一个产品替代合同所承诺的那个。然而，从制造商的角度看，为了保持竞争力，它必须从事一个不断完善其产品的过程，而如果这个策略是成功的，销售说明书无疑会落在后面。由于设计上的变更旨在为消费者带来好处，制造商并没有预见任何不公平会产生。这个合同条款是反身的，因为其精确地描绘了商业形势。问题在于这个条款的声明太广泛，消费者可能会担心新产品的设计会变得更差或者更不适合其需要。格式合同无法反映这些预期，尽管真正的利益冲突并不会出现。公平交易署的不

---

⑮ Office of Fair Trading, *Unfair Contract Terms*, Issue No. 3, (London: March 1997), 72.

公正条款合同处（Unfair Contract Terms Unit of the Office of Fair Trading），英国的一个公共规制机构，对此干预的结果是该条款被修改成具有充分的反身特性。

> 公司将尽最大努力为消费者提供与预订一模一样的产品，但是当不能实现，公司将尽快告知消费者销售说明书中描述的设备在设计、规格和包装上的任何改变，当这些改变对于预订的产品是根本性的，消费者可以终止这一合同并且任何已支付的订金将被返还。[16]

部分反身性是消费者附合合同的一个弱点。合适的反应，不是通过对所有买卖合同施加强制性的公共标准以抹杀根据交易中确切的市场条件裁剪合同条款的权力，而是重新协商该条款，使其具有充分的反身特性以整合消费者的预期。

私法从而通过试图最大化双方当事人以自己的条款表述治理
规则的机会，解决其准则性话语的自我参照的问题。合同的这些
条款仍然必须根据法律来解释，这重新引入了自我参照的问题，
但是准许自我规制的策略会努力最小化规制的扭曲。换言之，合
同私法对“规制三难”（regulatory trilemma）的问题开辟了一条
特别的进路。正如 Teubner 所描述的，这一三难困境是：要么法
律规则可能无法影响社会实践，要么它们可能作出不切实际的要 69
求从而摧毁了可取的社会实践，要么法律可能因为试图在其推理
中整合进社会的和经济的角度而丧失了其分析框架的连贯性。[17] 私
法规制通过授予广泛的自我规制，可以最小化三难困境中第二个
的威胁。然而，这样做的结果是它不得不与保存自身连贯性的问
题（第三个）抗争，并为自己的实施带来了重要的结构性弱点
（第一个），我们下面将注意力转向这些问题。

---

[16] Office of Fair Trading, *Unfair Contract Terms*, Issue No. 3, (London: March 1997), 72.

[17] Teubner, G., 'After Legal Instrumentalism? Strategic Models of Post-Regulatory Law', in G. Teubner (ed.), *Dilemmas of Law in the Welfare State* (New York/Berlin: Walter de Gruyter, 1988) 299, 309.

标准设定

众所周知，私法是实现经济和社会规制的一门脆弱的技术。毕竟，对更有效的规制技术的寻求导致了现代公共规制产生。这一教训在消费者保护的问题上又重温了一遍，私法权利的改变并不足以调整市场实践很快就变得显而易见。准确地说，私法为什么是一门无效的规制技术？

一个简单的答案指向接近正义（access to justice）的问题：大多数人缺乏普通法院维护他们的私法权利的资源，因此他们的权利始终没有得到执行和被忽略。尽管这个答案包含了事实的一部分，在我看来，私法作为一门规制技术的有效性和效率的问题远远超出了正义的代价这种程序障碍。接近正义的问题仅仅是私法确立一个有效的机制以监督对标准的遵守和执行标准所遇到的困难的一个方面。在我们考虑私法规制如何处理这个问题之前，我们需要考虑私法的标准设定这个更为复杂的问题。在表述引导市场参与者的标准时，合同私法受困于几种结构性的弱点。这些弱点包括在设定标准时整合外部性的困难，为了提供有效的指引而以适度的明确性设定标准的困难，以及缺乏在标准之间作出选择的专业知识。

在这个讨论中，我的兴趣并不特别在于为私法作为一个规制系统的结构性弱点分门别类列清单，而是去关注私法如何发展出
70 弥补这些弱点的能力。当私法经历着上一章所描述的有效的瓦解的过程，它进化出新的能力来处理自己的规制失败。它通过与公共规制互动或者“冲突”来学习这些能力。

外部性

合同私法规制一个根本弱点在于第三人的从属地位，他们的利益可能受到自我规制的交易的影响。由机构所施加的规制制度，必须考虑所有受影响的各方利益和其他的外部性，私法规则不一

样，以合同协议所表现的自我规制否定有需要考虑任何溢出效果。私法缺乏一个让这些利益发言的清晰机制。确实，正是私法规制系统的这个弱点，常常为干预主义强得多的规制方式提供了正当理由，这些规制被设计用于迫使交易的双方当事人内部化溢出效果的成本，像环境损害、对其他人的安全和健康增加的风险。

以规制保护消费者的倡导者的一个重要洞见是，私法作为一个救济系统的弱点在于争议的原子化。私法将每个消费者对某种产品或者服务的不满作为一个单独事件来处理，孤立于对相同产品或者服务的类似控告。对违反消费者合同的每一个决定，通过考察制造商或零售商与个体消费者的冲突利益来处理问题，而不考虑法律规制对处于相似境况的其他消费者有什么影响。为了解决将第三人效果整合到对规制的表述的问题，保护消费者的倡导者试图“将少许的不正义重新定义为集体的伤害”（reconceptualise little injustice as collective harms）[18]。

传统合同私法对外部性的盲目在构建市场中起到了重要的作用。市场使得个体在从事交易时仅仅依照他们的利益行事，从而充分满足个人偏好。如果市场的参与者在从事交易之前永远必须考虑其他人的利益，那么这种满足偏好的卓越机制就会受到阻碍。比如说，当我购买一台洗衣机的时候，如果我必须优先考虑其外部性，像其废水对水资源的污染或者其消耗能源对环境的损害，71
那么我可能最终决定不购买这台机器。如果这种行为一般化，那么对外部性的考虑将妨碍市场运作以满足偏好。通过将外部性的考虑因素从其规制中排除出去，合同私法因而促进了有效市场的构建。

然而，商业的现代规制坚持我们可以两者兼修。我们可以保留满足偏好的市场机制的大部分效率，并同时运用公共规制达到防止最令人生厌的外部性的目标。这种策略提议划分两者的功能，

⑱ Nader, L., ‘Disputing Without the Force of Law’, *Yale Law Journal* 88 (1979) 998, 1021.

私法支持自利的行为，公法则迫使市场的参与者考虑外部性。比如说，在洗衣机的例子中，合同私法为执行供应洗衣机的合同提供规制，而一些特定的公共规制确定标准以减少废水排放和能源消耗。但是，宣称私法在规制市场时缺乏考虑外部性的能力的这种私法分析，究竟有多准确？

我的主张是私法正在进化出这样的能力，将外部性考虑因素整合到其规制标准的表述和其救济的适用当中。法院往往拒绝对公共政策和合同的一般规制这匹烈马采取任何虚饰的行动，反而倾向于限制对诉讼人的冲突利益和他们原本意图的争辩。然而，在私法准则的缝隙之间，第三人的利益可以被加以考虑。[19] 在确定这些规则的具体内容时，法院可以将交易的双方当事人视为某个群体的代表成员，像消费者、承租人和雇员，从而考虑外部性。私法推理的这种策略是从公法规制中习得的，后者特有地依据市场参与者的分类设定其规制标准的边界。

法院可以设计规则在处理特定案子的同时保护作为整体的群体的利益。举例来说，通过行使自由裁量权让一个缺省规则成为默示条款，从而有利于某个特定租赁合同中的承租人，法院可以
72 有效地为所有类似的租赁提供补充性的规制。我们在上一章讨论 *Liverpool City Coundil v Irwin*[20] 的案子时说明了这个过程。在那个决定中，法院使得高层大厦公寓的租约当中隐含了这样一个条款，出租人应当采取合理的注意以保持通道的共有部分处于“合理的维修和使用”（reasonable repair and useability）状态。我们注意到，在这个特定的案件中，争辩说该缺省条款是双方当事人的共同意图是相当无力的，因为有证据表明出租人在设计格式合同的条款时怀着相反的意图。这个条款也不能通过“经营上的必要性”（business necessity）推出来，后者是一种法律检验（legal test），试图确定双方当事人为了追求他们自己的利益可能会明示

[19] 这些主张在 Collins，H.，‘The Voice of the Community in Private Law’，*European Law Journal* 3 (1997)，407-21 中得到了进一步的发展。

[20] ［1977］AC 239，［1976］2 All ER 39，HL.

地达成什么协议，推得这个条款。出租人的自身利益和所提议的默示条款是对立的，同样不清楚的是任何特定的承租人更喜欢以下哪一个，是支付更高租金并获得默示条款，还是原先所签订的实际的协议。缺省规则的正当理由更确切地是出于对外部性的考虑，比如说高层建筑物承租人的一般利益以及改善住宅的公共利益。在这个案子的私法推理中，对外部性的考虑被伪装成对“合理的必要性”（reasonable necessity）这个缺省规则所进行的法律检验。这个检验同时兼顾两个方面：它表现了对自我利益的行为的认可，与此同时，合理性的限定又允许法院在其推理过程中加入外部性的考虑因素。这一检验使得合同私法有能力避开排他地支持自我利益行为的限定。

从考虑诉讼双方当事人的利益转向他们所代表的分类的利益已经成为私法推理的标准技术。这一转向从而为私法提供了能力将外部性考虑因素整合到其标准确定和救济提供中。从公共规制习得的一个典型例子包括将一个诉讼当事人归入“消费者”的类别。法院设定一个标准以适合于这个分类所有成员，而不仅仅是个别的该协议的双方当事人。比如说，在 *Smith v. Eric S. Bush* 这个案件中[21]，问题涉及检验人通过合同条款限制其自身就财产检验过失而未能提醒潜在的购买人房子有结构性的缺陷而获责的权力。责任限制使检验人可以提供更廉价的服务，尽管它为购买人带来了风险，购得的财产的价值可能远远低于销售价格。1997 年的不公平合同条款法（Unfair Contract Terms Act 1997）授权法院基于责任范围条款是否“公平和合理”而确定其有效性，这提
供了考虑外部性的能力。当确定该责任范围条款无效，法院依据 73
合同双方当事人的特征，对此类条款无效的那些合同分类进行界定。一边是有责任保险的专业人员，另一边是以有限的手段获取其最为贵重的资产的购买人。Griffiths 大法官在其结语中揭示了被规制合同的分类：

---

[21] ［1990］1 AC 831，［1989］2 All ER 514，HL.

> 然而，必须谨记这是一个关于价值适中的住宅的决定，就此检验人普遍承认购买人实际上依赖于他们的注意水平和技能。该决定无疑会在大致相似的情况下被广泛采用。但是，当为了抵押的目标而评估颇为不同类型的财产的价值时，像工业财产、大型公寓楼和非常昂贵的房子，我明确地保留我的意见。

这一段意味着旨在限制检验人责任范围的对条款的私法规制，在依据接受建议的当事人类型和被检验的财产建立的不同的交易分类中会有所差别。依据分类进行区别对待是在私法推理中加入外部性的标志。

一旦私法发展出考虑外部性的这种能力，它就为评估规制的影响带来了很多问题。一个问题涉及确定其利益将影响到标准的设立的相关分类。对分类的选择隐含地确定了在法律推理中哪一种外部性会被优先考虑。比如说，*Co-operative Insurance Society Ltd v. Argyll Stores (Holdings) Ltd*[22] 中的问题是，法院是否应当发布一个禁令，要求一个大型购物中心里的超级市场在其他承租人打烊之前一直营业。上诉法院发布了这个禁令，为的是保护大型购物中心里的其他承租人，如果超级市场在某个时段里关闭，他们的生意会蒙受损失，而且他们不可能就收入的减少获得赔偿。但是上议院推翻了这个决定，其根据是真正应当被考虑的分类是超级市场的承租人，如果被强迫即使做着亏本生意也要保持其超市营业，他们将会不情愿从事这样的交易。对相关分类的选择确定了哪些种类的外部性将指引着法律推理。上诉法院强调大型购物中心的商业参与人作为相互依赖的商业整体的利益，并试图保护该市场的运作。然而，上议院倾向于作为一个商业实体分类的超级市场的利益，并从而试图保护零售租赁人的市场。

---

[22] ［1966］Ch 286，［1996］3 All ER 934，CA；revsd，［1997］2 WLR 898，HL.

将外部性整合到私法推理中的一个更为常见的问题在于普通 74
法院缺乏考察市场运作的能力，而且无法理解这些信息并将其转化到实际的规制中。[23] 法院无力对其他治理方式的后果进行实证调查。这一限制是私法推理封闭规则的结果。比如说，法院无法知道“适宜居住”的默示担保会改善承租人的处境，还是会带来相反的效果，减少出租的居所从而抬高租金。即便这样的信息是可得的，它们包含了统计数据，必须被转译为私法规制的话语。类似地，在 *Smith v Eric S. Bush Ltd* 一案中，法院并不确定其对于检验人的规制的效果。然而，Griffiths 大法官这样解释他关于规制效果的假定：

> 在这个案子的情形中，否定检验人有权免除责任，他将通过增加其收费以支付保险从而将过失的风险分配给所有的房子购买人，而不是使整个风险落在一个不幸的购买人身上。

这一主张假定收费的增加不会如此严重，以致妨碍受到保护的购买人这个分类聘用检验人。Griffiths 大法官无视这种风险，尽管呈现在法院面前的一些证据表明，无限制责任的检验的要价远远超过标准收费。私法中的推理没有能力通过实证和系统的经济分析查获何处能确立新的均衡，并以此为标准考察这一证据。相反，私法规制参照关于规制效果的经济假设来设立标准，然后等待着从随后的诉讼中获取进一步的信息，以确定该假设的有效性。其信息来源，当然，是偶然的和不可靠的。

一些批评者可能总结道，私法应当返回其原先的立场，拒绝在推理中考虑外部性。它应当将出于分配目标的规制留给那些有能力对规制效果开展系统调查的机构。但我的观点是私法考虑外部性的能力的演化现在不能被颠覆，并且其有效规制市场的能力的强化，需要进一步放松其封闭规则，而不是停止这一进程。

---

[23] Henderson, J. ‘Judicial Review of Manufacturers Conscious Design Choices: The Limits of Adjudication’, *Columbia Law Review* 73 (1973), 1531.

75

公共产品

私法规制的一个导向性假定认为国家制裁的目标应当是赔偿对个人的损害。如果没有对特定个人的可确认的损失，就不存在可给予的损害赔偿。这一要求不得用于宣告交易无效的救济，尽管常常需要对像不当影响这种对衡平法标准的违反的指控提供损害的证据。强调对个人的损害无疑紧密地契合于将国家的主要角色定位为威慑对他人利益造成损害的行为的一种自由主义政治哲学。

然而，作为对规制范围的一个限制，这种对损害发生的强调使得私法无法处理交易中特定的不正当行为。[24] 比如说，考虑商店橱窗里宣布“减价销售”商品的广告牌。这意味着降低价格，并且显然意在吸引顾客进入商店。一旦进去了，他们可能同意买这些“便宜货”而且对他们的采购很是得意，尽管事实上他们支付的是正常的市场价格。在这样一个例子中，损害在哪里？购买者以一般的市场价格得到了想要的货物；这并不能被称作损害。如果有任何人受到了损害，那就是处于竞争地位的商人，他们可能由于这些引人误解的广告失去了销路，但这些竞争者作为第三方同样不会得到赔偿。[25] 私法缺乏查获伤害的能力的另一个例子涉及到消费者信用交易。当个人被说服接受长期来看他或她实际上无力偿还的信贷协议，除非利息率是“高利贷的”（extortionate），私法就无法找到伤害。这个信贷代表着在竞争条件下经同意达成的一个普通的市场交易。使得个人和受其赡养者破产、无家可归和被社会排斥这些伤害，无法被私法规制所承认。因而，私法规制无法触及市场中的许多不正当行为，尽管这些行为的蔓延要么侵蚀了其竞争性，要么导致了社会瓦解。

许多私法规则确实保护市场的制度安排及其竞争特性。比如

---

[24] Rice，D. A.，‘Remedies，Enforcement Procedures and the Duality of Consumer Transaction Problems’，*Boston University Law Review* 48 (1968) 559.

[25] Trebilcock，M. J.，n. 5 above.

说，对抗欺诈和虚假陈述的规则起到威慑说谎和提供引人误解的信息的作用，这些行为会侵蚀市场的竞争性和降低信任。但是这些规则在私法中的发展是由于法院可以确定遭受了经济损失的特定个人。私法无法在其话语中实现的是保护抽象的集体利益，除 76
非这些公共产品刚好和私人伤害重合。

不充分的特定性

私法规制的功效和效率的另一个系统性问题，是由它在程序和实体两方面对一般性的传统恪守所引起的。就程序而言，私法倾向于采用统一的程序和证据规则，以处理落在整个合同争议范围内的诉讼。这些规则主要地被设计用于处理最为复杂的商业争议，因为私法法院的大部分事务就是这些案子。这些规则接着同样地被用于消费者就不满意的产品所提起的简单请求。在后一种情形中，处理程序性对抗的精细规则，像证据开示（disclosure of evidence）的要求，所耗费的成本似乎与争议中的赔偿总额完全不成比例。

这个无效率的问题可以通过将普通法院区分为专业化的分支而部分地加以解决，像商业法院，小额索赔法院（small claims courts），或者对诸如雇佣、房东和承租人等特定交易类型有特殊专门知识的法院。然而，私法对一般性的恪守会破坏这种区分。私法程序的一般原则将会在所有这些法院中得到遵守，如果不存在特定的法定免除情形，而且，没有采用这些一般规则将引发对下级法院决定的成功上诉。其结果是，更便宜而且有效的法院常常因为不必要的法律形式和程序费用受到批评。

对下级法院墨守法律的攻击，在我看来是一种无谓的不分青红皂白的指责。这些程序规则的部分目标是保证双方当事人都有公平的机会陈述他们的主张，而这些因素的任何弱化将会失去裁决的重要的合法性来源之一。当这些规则妨碍法院获取关于特定交易和它所发生的背景的信息，对墨守法律的顾虑则可能是对程序规则的一种公允的批评。但是我怀疑一般程序规则是否会在显著的程度上产生这样的效果，因为在对证据呈现的人为限制之外，有着很多解决之道。

至于私法的实体方面，规则趋于一般性的势头也会给规制的功效带来问题。任何规则的规制领域的特定程度的理想水平，总会给平衡以下的考虑因素带来问题，它们包括表述的透明度，在
77 易于自行适用的意义上规则的可接近性，以及它们与政策目标的一致性。[26] 合同私法对这个问题的巧妙解决之道，在于将一般规则和体现为合同条款的协议所实现的广泛而具有特定性的自我规制结合起来。然而，这一策略并没有消除规制功效的困难。只要规制目标仅仅能通过一般规则而不是自我规制实现，私法对一般性的恪守就会妨碍规制中充分的特定性。

我们在上一章讨论格式合同免责条款时注意到这个问题。其关于一般性的问题是，在商业情境中，免责条款往往是为分配风险而自我规制的一个有效行为，但是在消费者格式合同中，加插小号字的免责条款的行为反而被认为是市场失败的一个标志。私法推理无法产生以干预式规制为目标而区别对待这些合同分类的法律推理。偏向于合同自由的一般规则被适用于商业交易，也适用于消费者格式合同。

确实，在很长的一段时间里，法律准则为反复出现的、人们熟知的某些合同类型，像买卖货物合同，发展出专门的规制。这些有名合同往往有着特殊的规制，像标准的一套缺省规则或者默示条款或者一种特定的救济方式。但是，比起各种各样可能的商业交易，有名合同的清单仍然是很短的。因此，我们查获了很多像特许这样的现代商业关系，在那里特定的规制还没有发展出来。另一个效果是，法律推理常常试图在传统的类别中以一种不恰当的方式对这些现代商业关系进行分类，因为新颖的安排是一些混合物和对新的商业目标的适应。

---

[26] Diver, D. S., ‘The Optimal Precision of Administrative Rules’, *Yale Law Journal* 93 (1983), 65; Baldwin, R., *Rules and Government* (Oxford: Clarendon Press, 1995) 175-85.

现代立法常常与合同私法传统的一般性明确决裂，其方式是以个别地处理特定的合同类型或者双方当事人有特定性质的合同为目标进行规制。在这条脉络上，举例来说，对雇佣合同的广泛规制将它和传统私法规制区分开来。类似地，消费者保护立法为消费者合同引进了单独的强制性规则。这一立法可以被看做对私法无法就新的政策目标区分其规则的规制失败的回应。其效果是 78
缩小主要由合同私法规制的交易范围，并且使选择的类别从属于经过大量修改的私法领域。

现代私法回应这些对其一般性的挑战的方式是发展其在规制中容纳更多区别对待的能力。这是我们称之为私法的有效瓦解现象的一个部分。我们现在可以说，为什么治理合同的私法规则中的更多的区别对待可能是有效的，其理由之一在于这促进了对特定合同类型更富成效的规制。

尽管私法规则中更多的区别对待有助于更富成效的合同规制，私法并不能在这条道路上远远走下去而不面临合法性的危机。规则更强的特定化使得清楚阐述法律准则连贯性的任务变得更令人生畏。如果规则依据合同的类别而有所不同，那么私法就需要能够为类别化提供合理解释并且为区别对待的规制提供理由的原则。对私法准则的连贯的合理化的寻求，同样会破坏那些作为例外的规则的稳定性。我们之前在有关合同的公平原则中讨论过这个问题。一旦规制容许在许多特定的情形中对合同的公平条款进行评估，像消费者合同、雇佣和租赁，就很难宣称私法的一般原则拒绝评估合同的公平性。合同的一些其他类别是否也应当服从公正性的要求，这是一个常常出现的问题。然而，如果私法原则不是对评判公正性的一种拒绝，就很难说它究竟是什么。一个特定性的和无原则的私法规制因而会被攻击为在对与人类关联的基本原则的理性阐述方面缺少合法性基础，也就是法律中完整性的理想。私法规制因此顽固地抵抗增大其规则的区别对待的需求以保持其自身的合法性。换言之，私法抑制其可能的规制功效，为的是避免“规制三难”中第三方面的问题。

没有充分的特异性来实现规制功效的这个问题，最为有效的处理办法是发展补充自我规制的缺省规则。这些补充性规则或者默示条款，通过作为特定协议的缺省规则的形式出现，避开了一般性的问题。然而，与此同时，这些规则可以发展成适用于整个一类的合同，正如我们已经讨论过的，举例来说，租赁高层公寓楼的情形。

然而，作为补充性规则，这一规制由于系统地使用格式合同
79 中的明确的合同免责条款而冒着无效率的风险。私法对此的解决办法是发展这种观念，某些补充性规则完全不能被放弃，或者除非明确、故意地达成协议则不能被排除。前一个关于强制性条款的观念会遭遇准则完整性的另一个问题，也就是缺省的规制原则上永远应当让位于明确的自我规制。在英国，此类强制性条款迄今曾经要求立法干预以便为它们的特殊对待提供正当的理由。在美国，某些缺省条款，比如说在住宅租赁中对可居住性的默示担保，被宣称为基于公共政策，也就是在居住健康和安全方面的公共利益，而不得放弃。[27] 第二个方法是，私法可以在排除缺省规则的道路上设置程序障碍而不需要对其规则进行重大修改。要求在格式合同中就任何“异常的和义务繁重的”（unusual and onerous）条款采取合理的步骤通知另一方，这被解释为确立合同条款内容的一般准则性要求的一部分。[28] 在美国合同法重述的第二版中，这一规则是判定包含在格式文件中的条款转为协议内容的适用性的一个方法。[29] 程序要求越强，也就是说构成合理通知所要求的步骤越多，就越难排除缺省规制。

㉗ *Fair v Negley*，257 Pa. Super 478，390 A. 2d 240 (1978).

㉘ *Interfoto Picture Library Ltd v Stiletto Visual Programmes Ltd* [1989] QB 433，[1988] 1 All ER 348，CA；在美国，该条款是没有约束力的，如果卖方没有使买方注意到并且理解地明白它：*Henningsen v Bloomfield Motors*，*Inc*. 32 N. J. 358，161 A. 2d 69 (1960)。

㉙ s. 211 (3)“当另一方有理由相信明示同意的这一方不会表示同意如果他知道文件中包含着一个特定的条款，该条款不是协议的一部分。”

指导

将私法视为规制系统遭到的一种反对是由于其相对缺乏清晰的政策正当理由。在公共规制中，立法常常声称其目标是作为规制机构的前奏或者方向。但是在私法准则中，对原则的表述刻画的是一个义务秩序而不是一套工具性目标。当然，可以将某个政策目标归于特定的私法规则，然后考虑它们实现该目标的效率。但是，总可以反对说这并非划归于该规则的正确的政策目标，甚 80
至说划归政策性目标是对私法话语的误解。

关于政策目标的这种含糊和不确定，既是私法规制的优势又是其弱势。优势源于其留下了让每一代人根据当时的政策目标重新解释私法规则的可能。弱势在于私法不断地回避对其作为对市场的规制系统的有效性和功效的批评。

私法从其政策目标的不确定性中得到的优势，可以通过展现其抽象的概念如何能被操纵以偏向相互竞争的政策目标来加以说明。合同法常常包含判断合同的法律可执行性的一般标准，像在普通法中要求"对价"以及在紧密筑建于罗马法基础上的系统中要求"约因"。这种要求以十分抽象的条款加以陈述，因而在解释的时候它既可以接纳偏向无限制自由市场的政策，也可以接纳偏向对交易的公平和正义进行控制的政策。在普通法的对价准则的例子中，它要求双方当事人都同意进行交换，因此每一方在预期中都应当放弃一些有价值的东西以换取互惠的承诺。这里的模糊性在于法律是否认为所放弃的东西"在法律的心目中"（in the eyes of law）是有价值的。偏向合同自由的政策可以简单地假定无论被请求的是什么，出于这些目标都是有价值的东西，因而即使要求交付像象征性地租这样微不足道的事物，也能满足对价的要求。但是同一个法律原则也可以成为控制不公平的正当理由，在这里法院可以宣称，履行一个先前存在的法律义务的承诺完全不造成任何损失，因而对价的要求没有得到满足。同一个法律要求因此可以被用于截然不同的工具性政策目标。私法规则这种抽象和一般的特性使得它们在长时间之内持续下去，而在外表上无甚变化，尽管在其解释和适用中政策目标会变化不定。[30] 以抽象规则和原则的形式出现的私法规制有这样的优势，它无须为了根据规制市场的政策变化作出调整而重写其表述。

与此同时，当然，这种规制方式带来了一些不足，使得在事前确定法律规制的要求变得更为困难，并且它阻止了对规制缺乏
81 效率的批评所能为法律带来的挑战。没有人能预先知道法院是否会决定适用对价准则来约束交易中的不公平。如果法院没有这样做，并不能在此基础上批评这个决定，因为法律规制从来没有明确宣称其目标包括对公平进行规制。

况且，私法判决的自我认知（self-perception）使它关心的是解决争端而不是通过设定标准来规制市场，这很容易产生无法指导市场行为的标准。一旦私法为了确定某个特定案子的结果而背离了其抽象原则，判决所确定的标准常常会和一个特定交易的事实绑定在一起，由此，将其适用一般化到其他合同中就变得很困难。"系统的政策发展的内在含意是重要的：我们从普通法院至多只能得到零散的、事后的规则（ad hocery）。"[31]

强调解决单独的案子中的争议也导致私法无力广为宣扬其标准。私法所产生的具体规制标准只能点滴收集于对法院决定的报告，它们只有在极少数情况下才是完整的。这些决定随后只能以关于法律的书籍和文章的方式通过杂乱无章的私人发布传播开去。举例来说，确定汽车质量的合适标准的问题。一般的法律告知参与交易的双方当事人，汽车必须具备"令人满意的质量"，但是几乎无法再获取进一步的细节了，尽管购买汽车无疑是产品质量的消费者请求这个领域的诉讼的主要来源。[32] 英国法院对这些问题的

---

[30] Renner, K., *The Institutions of Private Law and their Social Functions*, O. Kahn-Freund (ed.) (London: Routledge, 1949).

[31] Belobaba, E. P., 'The Resolution of Common Law Contract Doctrinal Problems Through Legislative and Administrative Intervention', in B. J. Reiter and J. Swan (eds.), *Studies in Contract Law* (Toronto: Butterworths, 1980) 423, 444.

[32] 对这个例子的讨论，参看 Ramsay, I., *Consumer Protection: Text and Materials* (London: Weidenfeld and Nicholson, 1989) 430-8。

决定并不公开，除非案子被上诉，而即便因上诉而公开，要获取对标准的要求的任何有用指导，还需要支付昂贵的费用以得到法律专家的建议。有效的标准设定显然需要这些要求的信息得到散布，如若不然，严格的遵守只可能是偶发的。但是私法系统极少能将其标准充分地散布于其所规制的产业或者市场。

如果我们采纳这种观点，任何规制形式的优点必须总是取决于其比起别的规制技术实现政策目标的相对成功，私法规制的政策目标的模糊性很容易使任何对规制功效清晰的评估无法实现。私法对其具体标准的保密同样阻碍了这样的评估，并且为遵守和执行造成 82
了巨大的障碍。公共规制技术通常有着相对优势，它们的政策往往被清楚地阐述并且它们的具体标准会被公开，因此我们可以评估它们作为干预的优点以及它们在受到人们遵守方面的成功程度。

当私法采取一种特定的推理模式，它能够发展出这种设定可以指导市场参与者的标准的能力。它必须放弃其抽象原则的灵活性，转而支持对法律背后的政策更为明晰的理性化。政策声明和一般原则的结合从而能够产生更为明确的指导，这些指导可以在一系列的交易中推广。我们在 *Smith v Eric S. Bush*[33] 一案中看到过这种推理方式，该案子涉及检验人对一个房子的过失估值。通过声明过失责任的设立背后的政策目标，以及声明在和通过责任保险系统确定损失分配相结合的重大投资的消费者保护方面不得排除这一责任，法院可以提供一个有效的规制标准。对于绝大多数平常的房子购买，法院清楚表明检验人必须服从合理注意的标准，而且还必须申请责任保险以弥补违反该标准的成本。这种私法推理所提供的规制标准的清晰程度，有赖于对施加该规则的决定的政策目标作出清晰的阐述。

专门知识（Expertise）

普通法院是设定私法标准的重要机构。在普通法管辖范围内，

---

[33] ［1990］1 AC 831，［1989］2 All ER 514，HL.

法院通过先例系统创造私法。在民法法系中，普通法院则提供从
83 民法典一般的、抽象的条款中引出的具体规制。法院对于私法细节有着无可比拟的专门知识。与此同时，它们对于为规制市场设定标准的任务缺乏一切必需的各方面专门知识和信息。我们已经遇到了一些这样的问题。私法试图规制所有的市场，这在获取关于这些市场的运作以及合同在这些市场中的功能的信息方面造成了极大的困难。因为任何商业关系，从琐碎的消费者购买到复杂的长期国际商事交易，都落在这个管辖范围内，法官不大可能理解呈现在法院面前的所有争议的自我规制的特定背景。使这个问题变得更为困难的是，法院可利用的主要信息将来自诉讼的过程(litigation proceedings)，这对于市场实践所提供的样本是失真的和不具有代表性的，因为人们会出于好讼而参与到诉讼过程中。[34]比起肩负着规制某个特定市场的任务的规制机构，它们有权力获取关于某个市场的运作的系统信息，私法法院在形成令人满意的标准方面完全是低能的。

尽管私法缺乏专门知识，法律经济学的芝加哥学派喜欢宣称说，比起其他规制形式，商业交易的私法规制在经济效率并有时甚至在贯彻经济政策方面更为优越。[35] 这种论证的第一步坚称商业规制的许多种类容易损害经济效率，因为这些规制，通过限制市场活动，减少了从事增加财富的交易的机会。第二步是论证许多规制干预有可能适得其反，实际上伤害了他们原本想保护的群体。[36] 这个问题的一个例子也许是控制消费者信贷的利率，这会使得贷方不情愿放贷给像穷人这样的高风险群体，最终的结果是穷人根本无法赊购。这种论证的第三步是指出存在这样的风险，规制干预将会因政治过程而被扭曲并远离其名义上的目标，甚至会造成风险，使那些本来要被控制的庞大商业主体实现了对规制内容的支配。尽管有时候颇为夸张，其主张的这些步骤确实为质疑商业规制提供了理由。然而，恰恰是该论证的最后一步在这里最

[34] See below Ch. 14.

[35] Posner，R.，n. 12 above.

[36] 下面的第十一章会批判性地考察这种论证。

使我们感兴趣。其结论宣称合同私法常常提供为促进效率而设计的最好的规制，并且，对私法权利和义务稍加调整往往被证明是设定标准的优越的规制策略。

对普通法院具有专门知识以设计令人满意的商业交易规制的信念，似乎有赖于这种理念，那就是法院在极大程度上最大化自我规制和合同自由。私法只在很少数罕见的情况下才限制从事增加财富的交易的机会，从而躲过了该论证第一步中对规制的指责。最小化对商业交易的强制性规制无疑是普通法院一个相对简单的 84
任务，所以，假定它们能像大多数规制机构一样出色地完成任务似乎是合情合理的。私法极少试图追求保护市场中特定群体的名义上的政策或者重新分配财富，因而同样满足该论证的第二步。其规制因而不会适得其反，因为它将支持财富最大化作为最首要的目标。确实，当私法尝试偏离这条合同自由的道路，正如在与消费者的买卖中控制免责条款的例子，芝加哥的法律经济学派就会批评私法规制，其相同的理由恰恰是这既容易在财富最大化的意义上损害经济效率，也容易弄巧成拙地损害消费者。从这个角度看，私法规制的最后一个长处是普通法院相对免于动荡的政治压力的影响，因此势力强大的利益集团无法获取有利的特权。这种感受，认为法院诉讼程序能免于政治影响而自治，毫无疑问是没有根据的，因为像保险公司这样的压力集团直接就使用诉讼作为获取有利的规制的一种技术。然而，比起立法机关和规制机构，普通法院相对免于政治压力这一点倒是真的。

这种对私法规制优点的表述所遭遇的主要反对意见只是财富最大化作为一个规制目标被赋予优先地位可能与规制市场的首选政策目标不一致。一旦引入某个其他的规制任务，比如消费者保护，而不将财富最大化看做唯一的目标，那么普通法院缺乏专门知识的问题就变成私法规制的一个结构性弱点。

另一种反对芝加哥学派的论证的意见，质疑要确定那些规则，它们能通过交易最大化财富，事实上不是那么简单的一个任务。一旦注意到自由市场并不永远是充分竞争的，而是包含了各种各样的市场失败，比如那些因缺乏信息或者因不可靠的信息而发生的市场失败，旨在减少或者消除市场瑕疵的规制任务就变得复杂起来。举例来说，私法应当在多大程度上控制引人误解的信息？我们一方面可以主张说只有和引人误解的信息相对立的虚假信息
85 才会在私法中受到被认定为无效的制裁，因为只有当信息是虚假的时候，我们才可以肯定它扭曲了市场。另一方面，我们可以认为引人误解的信息，像暗示说产品正在以一个折扣价格而不是正常的市场价格出售的广告，确实通过妨碍价格比较而扭曲了市场，因此它应当受到私法制裁。要确定将规制的边界划在什么地方以补救市场失败，并不能通过某个简单的私法推理过程来实现，而是需要对市场扭曲的结果以及规制可能的有益效果进行调查。在规制的外围边界画出如此精准的线条，即便当政策目标仅仅是增加财富，也将被证明是一项超越了普通法院专门知识的任务。

普通法院在规制市场中缺乏专业知识，这是私法推理的自我参照特性的无可避免的必然结果。只要一个鲜明的区别被划定，法律推理在一边，社会和经济调查（enquiry）在另一边，法院就缺乏将规制效果的信息整合到其推理过程中的能力。通过将经济和统计信息引进裁判过程以降低法律推理的自我参照特性的办法可以缓解这一问题，但是只能以毁坏法律准则自身的完整性作为代价。这一紧张关系深入到规制三难的核心。当法院冒险在其推理过程中引入和评估社会和经济信息，这一“物质化”（materialization）法律的举动便遭到给法院权威的合法性制造麻烦的批评。[37]

通过裁判进行规制的过程同样受困于信息的严重短缺。一个有效的规制系统需要一个“反馈”（feedback）环道，由此它可以

㊲ 由私法的“物质化”而引起的关于合法性危机的争论在德国一直历久不衰：Weber, M., *Economy and Society* (G. Roth and C. Wittich eds.), (Berkeley: University of California Press, 1978), ii, ch. 8; Habermas, J., *Between Facts and Norms* (Cambridge: Cambridge University Press, 1996) ch. 9; Teubner, G. (ed.), *Dilemmas*, n. 17 above。

观察到其规制的效果，并从而作出反应对遵守中的不足进行再规制。普通法院只有一个并不可靠的反馈机制。这一机制由来到法院面前的诉讼案件组成。在双方当事人试图就规制内容展开争辩的案子中，法院可以观察到其私法规制的效果。在销售汽车的例子中，法院可以观察到它们要求新车没有任何缺陷的规制有什么后果，然后根据这对汽车商所造成的任何困难而调整该标准。这种反馈机制的缺点是它提供了非常具有选择性的信息。对私法规制效果的反对意见，只会被那些喜欢诉讼的市场参与者提出来。在消费者交易的情境中，比如说，法院很可能只接收到商业主体的抗议，因为消费者通常都缺乏资源和激励去质疑一个法律问题，也就是说，去挑战既存的规制。这种反馈机制因此很可能将关于规制效果的一个扭曲的信息来源提供给法院。所以，即便法院在 86
其法律推理中引入了对规制背景的更为背景化的评估，它们对有关该背景的可靠信息仍然是如饥似渴。

从缺乏专门知识这个问题中所得到的一个可能结论是，法院应当干脆放弃以私法提供工具性规制的任何企图。哈耶克甚至主张，即使机构具有专门知识，市场的运作永远是过于复杂并不为规制所理解的，因而无法成为一门精准的科学。[38] 至多，规制机构进行试错，在这个过程中，当规制被观察到对其政策目标而言无效率或者起到反作用，它就不断地被修改。哈耶克接着声称这一持续的改变过程本身对经济是有害的，因为它妨碍了私人交易中的长期规划和投资。它还为滥用通往规制的政治过程制造了机会，要么是由于利益集团的扭曲，要么仅仅是由于任意使用权力。他总结道，商业规制应当被推翻因为它威胁到法治，他所指的法治意味着控制国家权力以尊重个体的自由。经济的私法规制，如果它是稳定的、普遍的，而且不受制于政治压力，在这种观点中是唯一令人满意的规制方式。因为没有人具备有效规制商业所必不可少的专门知识，次优的解决办法是选择像私法所提供的这种简

㊳ Hayek, F., *The Constitution of Liberty* (London: Routledge, 1960).

单的、稳定的规制。

我对这种观点的不同意见将我们带回到这一章的开始。尽管私法常常表现为一种不含规制目标的对私的秩序的前政治支持，我的主张是私法在形成标准时总是在对工具性的考虑因素作出回应。私法的一般规则因此具有隐含的政策目标，它们可以和商业规制的工具性目标进行比较。我们在这里曾经考虑过的问题是法院是否具有专门知识和信息以设计一般的、稳定的规制，它能为一个繁荣的市场经济提供充分的支持。私法系统如此让人忧虑的地方在于它缺乏获取关于规制信息的效果的机制，并且其推理过程需要将这一信息整合到其话语当中。哈耶克坚持说规制市场是一项将人类制度的能力推到极限的极端复杂的任务，这一点是对的。然而，令人惊讶的是他试图将这项任务仅仅交付给普通法院，
87 而这一制度在获取和处理其环境的信息的能力方面有着如此严重的缺陷。

然而，私法可以生产获取专门知识的工具。通过更为系统的方法，允许参与诉讼的双方当事人提交统计的信息和其他形式的专门证据，可以获取相关的信息。提供信息的权利还可以授予作为“法官的顾问”（amicus curiae）的有利害关系的压力集团，它们可以被允许向法院提交处理设定有效标准问题的书面陈词。使用这些来自压力集团的包含统计信息和承认信息（admitting information）的“布兰代斯陈词”（Brandeis brief）的实践，在美国关于宪法权利和公法问题的诉讼中已经广为出现。我的主张是它们也应当系统地运用于私法诉讼，从而赋予普通法院以能力来克服其设定标准时缺乏专门知识的问题。

监督与执行

私法系统将监督与执行自我规制和强制性规制标准的任务留给了参与交易的双方当事人。这种机制将规则看作是在授予可转让的权利，因而符合最大化规制的灵活性和反身性的策略。这里

和我们有关的问题是，依赖于对市场参与者的资源的利用而不提供公共支持，私法系统无法为监督和执行标准供应充足的资源。没有公共金融资源支持对规制的遵守，容易限制对那些拥有大量财富的人执行规则的能力。如果违反行为所造成的损害只给原告带来较低的成本，诉讼成本常常会阻碍对标准的执行。比如说，当消费者遇到产品或者服务上的小麻烦，他们极其不可能求助于私法执行机制，甚至不会联系律师。相反，他们会试图通过抗议或者寻求经非正式途径获取赔偿的办法来解决问题。[39] 但是就私法权利提起更多的诉讼并不见得是一件好事，因为它给市场的参与者带来了成本。我们如何来确定并实现一个最优水平的监督与执行？

执行的有效水平 88

执行的适当水平可以用成本—收益分析来描述。要对执行的成本和通过提高遵守规制的水平所实现的收益两者进行权衡。私的诉讼人缺乏资源的问题从而可以表述成由于执行程序不充分而无法实现最优的遵守水平。在消费者合同的案子中，这种主张意味着在这个请求就劣质的商品和服务获得赔偿的法律诉讼中，私法执行程序没有能实现最优的遵守水平，因为在单个的案件中，诉讼成本超过了所能获取的收益，尽管在加总的层面上，遵守规制标准而生产令人满意的商品所得的收益超过了对制造商和零售商遵守标准提供充分的激励所需要的加总的诉讼成本。这一分析因而描述了私法规制消费者合同中核心的集体行动问题。

要解决私法规制中的这个问题，一个公共的或者集体的团体（比如消费者组织）必须存在以汇聚资源。这样一个有权提起诉讼的消费者组织能够通过从事足够数量的判例案件（test cases）从而为遵守规制提供正确的激励。消费者团体在某些欧盟成员国的

---

[39] National Consumer Council, *Seeking Civil Justice—A Survey of People's Needs and Experiences* (London: National Consumer Council, 1995).

管辖权内，像德国和意大利，享有这样的权力。这种权力看来很可能会扩展到整个欧盟，从而使其遵守规制的水平和旨在保护消费者的欧盟指令（European Directives）相一致。[40]

然而，我们必须小心地不要犯错误认为私法规制的缺乏资源必然会导致无法实现最优水平的执行。这种错误是会发生的，当我们忘记了遵守规制的主要激励并不取决于法律制裁，而是取决于其他非法律制裁，例如商人的商誉的损毁。法律所提供的执行机制往往是遵守规制的激励中的一个次要考虑因素。比如说，商
89 品的零售商通常会遵守标准，提供具有令人满意的质量的商品，以便确立良好的商誉，这样消费者还会再来购买。因此，对花费在执行机制上的资源的最优水平进行评估，必须依据当不存在法律执行时遵守标准的实际水平。当遵守的情况看起来低于最优水平，并且执行机制看起来提供了较弱的附加激励，这时我们必须应对在设计私法的自我执行机制中固有的缺乏资源的问题。

查获

提供给执行机制的资源同样必须加以调整以应对证明违反规制标准已经发生时所遇到的困难。[41] 在许多违反合同规制的例子中，可能很容易认定其没有遵守。如果商品是损坏了的或者无法正常发挥作用，那么其缺陷可以通过一般的观察来认定。然而，在合同的情形中，证明的问题确实常常发生。当发生的问题是遵

---

[40] 委员会绿皮书，'Access of consumers to justice and the settlement of consumer disputes in the single market'，Com（93）576，涉及提议的 Directive on Injunctions for the Protection of Consumers' Interests，OJ C389，22. 12. 97，p. 51。根据所提议的指令，这一指令预期会在 1998 年年底被采纳，成员国将能够指派一个或者更多的独立的公共消费者团体或者私的消费者团体作为“有资质的实体”，它们能够根据九个欧盟消费者政策指令，包括涉及不公平条款的指令，在其他成员国的法院中寻求禁令以阻止商人损害消费者权利。Department of Trade and Industry，*Widening the Scope for Action under the Unfair Contract Terms Regulations*：*A Consultation Paper*（London：DTI，January 1998）. 大法官也宣布了这样的计划，考虑通过公法和私法更广泛地允许代表行为的可能性。

[41] Landes，W. M.，and Posner，R. A.，'The Private Enforcement of Law'，*Journal of Legal Studies* 4（1975）1.

守符合过失标准，也就是说，服务的提供者是否采取了合理的注意，这个问题也许只能通过对不能直接观察到的过往行为进行长时间的考虑来解决。类似地，当争议涉及代理人的忠诚度，证明其腐败或者没有将委托人的最优利益放在第一位的证据可能是很模糊的。

查获问题的一个解决办法是提供公共资源以支持私的诉讼人。某些规制标准同时还是刑事违法行为，像欺诈和欺骗性的交易行为，因此国家资源能用于查获对标准的违反以及强制其遵守。但是刑事执行机制只能用于那些难以查获和证明违反标准的合同争议的一小部分。

查获问题的另一个解决办法是将证明遵守的负担转移给被指称的违反者。这种对举证负担的倒置在公共规制中很常见，商业主体可以就刑事指控为自己辩护，争辩说即使尽到了应有勤勉(due diligence)，违约仍然不可避免。为了证明对应有勤勉的辩护，商人必须揭露其运营和管理的方法，而这使得法院有机会辨明规制标准是否被遵守。私法规制有能力实现类似的查获方法， 90
尽管谁主张过错谁首先举证的原则会成为障碍。但是如果法院认为关于令人不满意的产品或者不胜任的服务的证据能充分证明对规制标准的违反，那么该法律过程可以模仿公共规制，在实际上要求商人论证其不存在过错。比如说，在像 *Smith v Eric S. Bush* 这样的案子中，一旦购买人证明该勘验和估值是显然错误的，法院就可以把举证责任转移给检验人，要求其证明即使经过仔细的检查，财产上的缺陷仍然不可能被发现。私法查获违反规制的能力关键在于采用这些倒置举证责任的技术。

制裁的贫乏

私法规制系统的另一个主要弱点在于其对违反规则的惩罚不足。就合同而言，对违反私法规制的惩罚通常仅限于宣告该交易无效并采取恢复原状的救济（restitutionary remedies)，或者根据合同条款和缺省规则中对违反自我规制的表述给予补偿性赔偿金

(compensatory damages)。这些救济方式比起公共规制和非法律制裁所提供的其他救济很是无力。比如说，后两种惩罚系统都有可能将一个商人驱逐出市场。公共规制还有可能在市场行业中推行强制性的格式条款，或者在某个行业中对格式条款进行缔约前的清查使得那些不当的条款从来就不会被使用。[42]

对合同无效的私法救济很难实现政策目标。宣告无效仅仅适用于某个特定的交易，因此，不像撤销许可或者驱逐出市场，这种惩罚几乎不能为克制违反强制性规则的行为提供激励。该激励的力量又进一步因有效的非法律制裁的存在而被冲淡了。举例来说，药物的非法交易可能被法律无效所阻吓，因为卖方除非事先收到了货款就不愿意发货，但是买方同样不愿意交付金钱除非已
91 经获得了药物。然而，正如很多罪犯所发现的那样，解决问题的方法是制造足够的非法律制裁，像可置信的暴力威胁，以保证合同的遵守。因而，在这个例子中，法律上的无效对阻吓这些类型的市场交易是无足轻重的。

另一个主要的救济是支付损害赔偿金的责任，以补偿由违反强制性规则和自我规制而造成的损失。责任规则对商人的违反规则强加了一个成本，因而提供了一个遵守的激励。当然，该激励的强度取决于对责任的衡量方式。在私法的传统视角下，损害赔偿金的衡量方式几乎总是限于对可证明的损失的恢复或者赔偿。这种校正正义（corrective justice）的衡量方式认为救济的目标是恢复双方当事人的财富的平衡，要么是根据合同形成之前的状态，要么是根据如果合同得到了适当的履行所能达到的状态。由于这一狭窄的政策目标，也就不可能在实现对规制标准最优水平的遵守的层面上设定衡量责任的方式。

最优水平的遵守这种理念意识到，在某些时候，为了遵守而履行的成本会超过从履行中得到的任何收益，这些收益可能被另

---

[42] Cranston，R.，*Consumers and the Law*，2nd edn.（London：Weidenfeld and Nicholson，1984），80-1.

一方当事人或者整个社会获取。责任规则的目标也许是提供激励，使得履行不超过附加的遵守成本高于履行的收益这一点。责任规则所代表的激励的强度，还必须考虑就责任提起的请求成功的可能性。由于私法主要是自我执行的，在某些情况下，比如说消费者交易，受到制裁的责任风险相当得小。为了抵消这种对遵守激励的弱化，在那些成功提起诉讼的案子中，应当增加其责任，以便在一系列的交易中实现适当水平的激励。然而，威慑性或者“惩罚性的”（punitive）损害赔偿金，人们有时冠以这些责任方式这样的名称为了将它们和校正正义的赔偿目标区分开来，往往是私法系统所不愿采用的。私法系统缺乏这样的机制来升级制裁从而可置信地威胁对其标准的系统或持续的偏离。[43] 这再一次体现了在私法可采用的救济中，存在一个重大的结构性弱点，难以对遵守规则提供激励。

法律制裁的贫乏迫使受到损害的当事人退而求之于非法律制
裁。最好的办法是拒绝就服务或者商品进行支付，或者拒收有缺 92
陷的商品并且要求退还货款。然而，私法对这些非法律的制裁颇存疑虑，因为这种伎俩显然可以被机会主义地加以利用以逃避合同义务并且以另一方的利益为代价不当地获利。作为一个普遍原则，除非违约相当严重，法律不会允许这种自助救济，因此，受损害的一方往往仍然负有义务对商品或服务进行支付。由于非法律制裁不得适用于轻微的缺陷，受损害的一方只可能通过昂贵和无效率的程序寻求赔偿。正如 Reynolds 所说的：“英国法的困难因而在于如果商品没有坏到能被拒收的程度，根本就不存在救济（除非特殊的合同条款提供了救济）。”[44]

私法就违反其规制所施加的制裁的种种弱点，有人根据以下理由为它们辩护，私法的一个本质特征应当是它完全专注于参与

---

[43] Ayres，I.，and Braithwaite，J.，n. 14 above.

[44] Reynolds，F.，‘The Applicability of General Rules of Private Law to Consumer Disputes’，in S. Anderman *et al*.（eds.），*Law and the Weaker Party*（London：Professional Books，1982），ii，93，100.

诉讼的双方当事人的争议，而不去考虑诸如我们之前提到的外部性或者公共产品等更宽泛的问题。私法正在发展其能力将这些考虑因素整合到标准设定中去，这样看来，赞成把私法救济限定于传统方法的主张会站不住脚。问题反而变成了救济是否能为遵守规制标准提供充分的激励以实现规制的目标。如果支付损害赔偿金的责任无法提供这种激励，也许是因为原告没有办法证明受到了任何伤害或者因违反标准的收益超过了责任的风险，那么私法就需要调整其赔偿金的水平。在某些情况下，法院会采取相应的变化，比如说有的救济方式要求其交出部分收益，从而应对有利可图的违反标准的问题。[45] 尽管私法有能力改变其救济性的制裁，英国法院并不愿意偏离补偿性的损害赔偿这个传统。[46] 这种不情愿部分地出于传统，部分地出于将私法看做一个校正正义原则的系统而不是一个规制系统的观念，但是也部分地出于一种更为正当的担忧，那就是超过补偿的赔偿金可能会对市场参与者缔结合同
93 起到阻吓作用。[47] 我们会在下一章中考察这种担忧的正确性，我们会主张说它总是言过其实。

结论

前面所列举的私法作为一个有效率和有效的市场规制系统的种种结构性弱点提供了很大的余地去质疑其相对于别的规制方式，优点何在？如果我们将探讨的范围延伸到效率和功效的标准之外，无疑还可以把这张弱点的清单列到更长。比如说，私法标准的形成并不经过民主程序，这可以作为一个理由质疑该规制系统的合

[45] *Wrotham Park Estate Co v Parkside Homes Ltd* [1974] 1 WLR 798，[1974] 2 All ER 321；*LAC Minerals Ltd v International Corona Resources Ltd* [1989] SCR 574，61 DLR (4th) 14.

[46] *Surrey County Council v Bredero Homes Ltd* [1993] 1 WLR 1361，[1993] 3 All ER 705，CA.

[47] Smith，L.，'Disgorgement of the Profits of Breach of Contract：Property，Contract and "Efficient Breach"'，*Canadian Business Law Journal*，24 (1994-5) 121.

法性。但与此同时，我们不应当忽略私法规制的巨大能量，也就是我们所确认的其反身特性。况且，假定其他的规制形式，像由规制机构所掌管的公共规则，不存在缺陷或者不包含它们自身的结构性弱点，是错误的。

我的主张是合同私法有能力克服或者消除其规制系统中的许多结构性弱点。这种能力可以通过当今的许多趋势的演进，也就是前述的私法的有效瓦解，加以实现。某些这样的能力的发展需要进行程序性的调整，像接纳法官的顾问，授予集体的团体以起诉权，准许统计的证据，以及利用举证负担达到查获是否存在对规制标准的违反的目标。私法的其他能力要求其推理进化以整合对外在性、公共产品以及就服务于规制的政策目标的表述的参照。这些发展可以得到控制而不削弱私法规制比起公共规制极其重要的优势，也就是我们所描述的其规制市场和合同的反身性。

我的主张并非在暗示说市场的公共规制是多余的。在强调合同的私法规制的结构性弱点时，我们常常谈到公共规制如何能够克服这些设定标准、监督和执行中的困难。更确切地说，我的结论是，比起公共规制的倡导者们通常所设想的，私法规制要更为精妙并且有着更大的潜力。

第三部分　市场构建中的规制

第五章 97

市场的构建

社会行为是如何从掠夺走向交易的？为了得到我们想要的东西，我们可以把它夺取过来，即使它已经为其他人所占有，或者我们可以试着拿我们所有的物品去交换想要的对象。掠夺仅仅要求运用暴力或者欺骗的能力。抗拒使用这些能力是出于对一个规范的财产权系统的尊重。毫无疑问，法律通过刑事规制，像关于盗窃和欺诈的法律，以及分配财产权利的私法，在确立和管理这个系统方面发挥了举足轻重的作用。但是，确立这些关于所有权的条件还不足以构建交易关系。商品或者服务的交换需要复杂的社会互动。交换或者合同关系的成功取决于交流、合同以及共同的规范性标准或预期。

因此，合同关系不可避免地包含失望或者背叛的风险。在一个交换中，每一方都总是容易因对方决定误导其预期或者不去实现这些预期而受到伤害。在一个简单的购物中，买方可能对产品的质量感到失望，或者可能被广告误导以为产品有一些其实并不具备的性能，或者遭到出尔反尔，从来就没有收到过该商品。卖方也可能遭遇背叛，没有收到货款。在一个长期合同中，比如说雇佣关系，雇主希望得到一个高产的雇员的期望可能会破灭，或者雇员可能发现这份工作并没有像预期的那样令人满意。

是什么让人们去承担交易中的风险？他们如何选择一个特定的合同伙伴？他们如何确定什么时候失望和背叛的风险被充分克服以保证进入一个交换关系是合理的？用博弈论的语言来说，人们如何克服协调（co-ordination）和先动者（first mover）的问题？更宽泛地，互换交易如何变得司空见惯，从而我们可以把它们的盛行和频繁描述成市场的形成。

这些宽泛的问题无疑可以写成一本书。我们特定的关注点在于法律促进交换关系的作用。法律对于那些形成市场的日常交换
98 模式的演进是必不可少的吗，或者市场能在国家以外存在吗？即使法律并非不可或缺，法律系统、制裁和法院是否为市场构建提供了有价值的因素？如果是这样，哪些法律规制对于构建成功的市场贡献最大？这本书第三部分的各章会对这些问题展开回答。

信任和制裁

因失望和背叛遭受损失的风险永远不可能被彻底清除。当合理的预期，就是那些预期能从交易中得到的收益，没有实现，失望就会产生。当互惠的行为根本没有发生，就意味着出现了背叛。这些风险在同时和即时履行的交易中可能比较低，像在商店里购买商品的情况，但即使是这个时候，商品可能不具备预期中的质量从而会引起失望。当买卖货物发生在地理距离遥远的双方当事人之间并且延期付款或者赊购，这是国际贸易的通常情况，这些风险就会很高。因此，每一个交换代表着去承担一个经过计算的风险，也就是从交换中获得的可能收益的可能性大于因失望或者背叛而蒙受损失的概率。

对风险的计算是决定缔结合同的轴心。这种计算包括了一个等式的两端。一端是估计从交易中预期得到的收益，也就是，所能创造的利润或者对需求的满足。另一端是对背叛或者失望的恐惧。在计算的时候，一个关键的变量永远是依附在预期收益上的价值。当面临令人目眩的利润诱惑或者像饥饿这样必须满足的迫切需求，更大的损失风险可以被容忍。除了依附在预期收益上的价值这个变量，两个其他的重要的变量也决定着计算的结果。我们称之为“信任”和“制裁”。说到“信任”，我指的是这样的情形，每一方都相信另一方会履行交易并且避免或者最小化令人失望的结果。说到“制裁”，我指的情形是每一方都可以作出惩罚对方的可置信的威胁，通常是在出现背叛和失望时给对方造成经济

损失。尽管信任和制裁两种都朝着有利于缔结合同的方向改变对风险的计算，但它们影响等式平衡的方式并不一样。

信任在等式的两端，损失的风险和预期的收益，都起到作用，
而制裁仅仅降低了背叛或者损失的风险。在一个信任关系中，双 99
方当事人希望确保双方的预期收益都能实现以避免失望的结果。然而，在制裁的情况下，当出现背叛则惩罚的威胁仅仅降低了损失的风险。以雇佣关系为例，如果雇主和雇员之间存在信任，双方都试图避免因无法完成工作或者无法按时付薪所造成的背叛，但是他们还会试图通过某些行为避免失望，比如说雇员确保工作是谨慎地完成的以及雇主消除工作场所中不利的危险因素。如果制裁独自支撑着交易，那么“不干活，没钱领”的隐含威胁很可能保证雇员完成工作，但是该激励并不能延伸到鼓励将工作按照可能的最高水准来完成。基于信任在计算风险的等式的两端产生影响的方式，它很可能为市场的构建提供更良好的基础。然而，比起制裁，信任在市场关系中的确立和持续要困难得多，因此在实践中制裁为背叛或失望的风险的问题提供了次优的却是更普遍的解决办法。

信任的核心思想是每一方都相信对方会履行交易并且避免或者最小化失望。这种相信对方并非来源于一般的传统道德标准，比如说承诺应当得到信守的理念，而总是对双方关系的私人判断。信任意味着要信赖自己关于对方的品质的知识。这种知识要么来自过往的交易或者社会互动中确立的熟识，要么来自某人的身份的某些特性。

基于过往的知识，这个人可以推断，至少在和自己的交易中，对方会关切地避免交换中的背叛和最小化任何失望。这种过往经验可能包括之前被证实是令人满意的交易。值得信任的推断同样可能来自其他的社会互动，像礼物、协同工作或者令人尊重的行为。

基于某人身份的知识，这个人可以发现某些特性同样能得到以上的推断，至少在和自己的交易中，对方会关切地避免背叛和

最小化失望。重要的特性包括某个群体或者协会的成员资格而且交易的另一方也是成员之一，或者成员资格赋予其值得信赖的声誉。某个血缘群体或者贸易协会的共同成员资格向双方当事人表明存在着一个能鼓励他们信任对方的特性。一方作为规制行为标
100 准的某个职业群体的成员的资格，像建筑师或者会计师，同样会提供支持信任的特性。当然，只有该群体自身确立了值得信赖的声誉，并且延续成员资格对于其成员的自尊和成功十分重要，该成员资格才能提供这样的特性。

在这两种信任的来源之中，过往的交易和个人特性，Lorenz正确地评论道无疑“声誉很重要但并不能替代经验”[①]。

当信任可以作为某个有意图的交易的基础，它有三个主要的效果。第一，它指导着对合同另一方的选择。人们总是强烈地偏好和那些他们曾经有过正面经验的人进行交易，并且喜欢他们胜过陌生人。认为市场是由大量陌生人之间的交易组成的，这种观念是错误的。更深入的分析证实市场是由一系列在熟悉的当事人之间重复发生的交易模式所组成的。

信任的第二个效果是克服先动者易受损害的问题。容易受到背叛的损害这一点并没有消失，但是信任的存在促使双方当事人将这种风险看作是小概率的，从而缔结合同并开始履行。卢曼描述了信任作为对可得信息的复杂性的化简的运作方式。通过就关于另一方的既存信息进行推断，相互信任的市场参与者通过认为另一方履行义务的行为有着高度的可预见性来降低该交易所要考虑的信息的复杂性。[②] 换言之，当决定进行一个交易并开始履行，信任的存在得以排除对背叛和失望的风险的担忧，从而使双方当事人将他们的注意力集中在预计中的合同的经济收益上。

---

① Lorenz, E. H., 'Neither Friends nor Strangers: Informal Networks of Subcontracting in French Industry', in D. Gambetta, (ed.), *Trust: Making and Breaking of Cooperative Relations* (Oxford: Blackwell, 1989) 194.

② Luhmann, N., *Trust and Power* (Chichester: Wiley, 1979).

双方当事人之间的信任的最后一个效果是它降低了细致的明确互惠承诺的精确内容以及其后严密地监督其履行以防范失望的需要。如果信任存在，人们就会假定最小化失望的意图会促使另一方完成合理的预期，而不需要对那些预期的每一个方面提供详尽的细节以及其后核查对合同条款的遵守情况。换言之，合同的特定化和监督的交易成本将会由于信任的存在而减少，而这将降低进行交易的可能的壁垒。简而言之，信任就是消减交易成本的 101
一道良方。

尽管信任有助于减少交易中需要考虑的信息的复杂性，制裁却由于需要构建一个可置信的惩罚威胁以防止背叛或者失望而倾向于增加复杂性。一个有效的制裁必须改变激励，其方法是使得以背叛或者引起失望来违反合同的选择，比起提供预期中的履行，在任何情况下都毫无吸引力。然而，可能的制裁不能太严重以致人们由于害怕它而根本不敢缔结合同。如果对引起失望所威胁的制裁是死亡或者破产，人们就不会欣然地缔结合同。使得自己易于受到惩罚意味着其经过计算的风险是引起失望和受到制裁的机会看起来比从交易中获得预期的收益的机会要小。惩罚违约的能力会鼓励各方进行交易，因为背叛或失望的风险被大大降低了。但是这种激励结构的代价是招致新的风险，也就是另一种制裁。

我们可以区分三种制裁。法律制裁包括一个以法院的命令为终结的程序，其命令要么是履行合同，以不服从则惩罚的威胁为支撑，要么是支付违约赔偿金，以没收与应付的赔偿价值相等的财产的威胁为支撑。威慑背叛或者失望的法律制裁的有效性取决于很多因素，包括启动法律程序的费用，法院实施制裁的可预见性，以及制裁违反义务的一方的成本。当法律程序证实是昂贵的、不可预见的并且只会导致很小的制裁，法律制裁就不能起到鼓励人们进行交易的作用。

第二种制裁形式可以称之为非法律制裁，因为它可以不通过启动法律程序来实施。非法律制裁试图不启动法律程序而施加经济成本（以及在某些情况下像悲痛这样的心理成本）。也许最普遍和有效的非法律制裁是拒绝在将来和另一方进行交易。这种制裁并不在背叛发生时作出惩罚，而是消除了将来从双方随后的交易中获得任何收益的可能性。这种制裁的有效性依赖于以下可能性，取消将来的交易比起继续冒着将来被背叛的风险缔结合同不会招致更大的损失。另一种有力的非法律制裁是通过在市场的参与者中间散播其负面的信息以损坏违约方的商誉的能力。这种制裁的
102 目的在于劝阻其他人不要接受背叛或者失败的风险，从而使得违约方无法在将来从大范围的可能交易中获取收益。本质上，损坏商誉的制裁与信任起到相反的作用，其方式是作为信号表明背叛或者失望的风险应当被认为充分地大以致无须考虑交易的可能收益。

描述在商业交易中十分重要的第三种制裁是很有用处的。这种制裁是通过运用法律规则构建起来的，但是其强制施加要么并不引起法律程序的成本和不确定性，要么只用到一个例行公事、可信赖并且廉价的法律程序。一个例子是与典当商的交易。借方将像戒指这样有价值的物品交由典当商占有从而获得一笔贷款。如果借方无法偿还贷款，典当商可以出售戒指然后留下等于债务数额的收益。法律规则有助于形成这种制裁，因为根据财产法典当商有权利出售这枚戒指而不会负上盗窃或者侵占（conversion）的责任。然而，出售这枚戒指的惩罚方式的发生并不需要借助一个不确定而且代价高昂的法律程序。像在典当商的例子里，这第三种制裁的主要形式包括一个“典当物”（hostage），也就是，背叛者因违约而损失给受害方的一个有价值的资产。我们可以将这第三种制裁看做由法律设立，但是其实现无须启动法律程序而是以自助作为担保（security）。

所有三种类型的制裁，法律的，非法律的，以及担保，可能在一个特定的情况下出现，并起到为按照预期履行合同提供激励的作用。在商事关系中，高度的信任支撑着缔结合同的行为，各种制裁都能够加以使用并作为一种保险或者对背叛的制止，而并非认真地预期惩罚需要被启动。通过信任和制裁的相结合，背叛

或者失望的风险能够被抵消到足以为与其他人缔结合同提供必要条件的程度。然而，如果没有信任或者制裁，自愿的交易不大可能发生，除非预期收益的价值是如此巨大以致小心谨慎完全被抛诸脑后。信任或者有效制裁（或者两者的相结合）的存在，为市场的构建提供了必要条件。

无须国家的市场

法律人常常自负地以为法律制裁是抵御合同承诺中的失望和背叛的一道至关重要的壁垒。这种认为法律作为国家权力的工具以保 103
证市民社会的秩序的观点同样包含了一个关于西方政治思想的核心假设。霍布斯的《利维坦》中的一个著名片段体现了这种思维：

> ……先行履约的人，并不能确保另一个人之后会履行契约；话语的约束太过脆弱，如果不是出于对某种强制力的恐惧，它是无法束缚人类的野心、贪婪、愤怒和其他激情的；在单纯的自然状态下，人人平等，无法设想由裁判者去断定人们自身恐惧的正当性。③

至关重要的“强制力”（coercive power）必须由一个外在的力量或者像国家这样的机构借助其法律以提供。我们在现代法学中同样能发现这一主题，比如 H. L. A. 哈特对“自然法最低限度的内容”（minimum content of natural law）的描述，刻画了将社会凝聚在一起所必不可少的基本法律制度。除了财产所有权制度以外，

> 除了最小的群体，其他的群体都必须逐渐发展劳动力分工以获取充分的供给，动态的规则随之成为必要，所谓动态是指这些规则容许个人创设义务并改变其范围。其中包括那些使得人们能够转让、交换或者销售其产品的规则；因为这

③ Hobbes, T., *Leviathan* (Oxford: Oxford University Press, 1955) (first published 1651), 89-90.

些交易包含着对界定了最简单的财产形式的初始的权利和义务的范围作出变更的能力。同样是必然发生的劳动力分工，以及对合作的永恒需求，也是使其他动态的或者创设义务的规则在社会生活中变得必不可少的因素。它们确保承诺被认定为义务的一个渊源。通过这种机制，个人凭借口头的或书面的诺言，能够让他们自己在没有以某种约定的方式行事时受到谴责或者惩罚。当利他主义不是无限的，一个常规的程序（standing procedure）以提供这种自我约束的运行方式，能够创造出一种对其他人未来行为的最低信任，并确保合作所必需的可预见性。如果将被交换或者共同规划的东西是相互提供服务，或者如果将被交换或出售的货物并非同时或者即刻可得的，这种程序的必要性最为显著。④

在这个段落中，哈特论证了一个“常规的程序”以实现基于劳动力分工这一自然事实的合同的必要性。由于个人的利他主义是有限的，该程序必须是一种外在的强制力。得到的结论是法律的或者类似法律的合同执行是任何社会秩序一个不可或缺的特征。

合同的法律执行对于市场和劳动力分工必不可少这一命题同
104 样注入到许多社会学思想的经典著作中。迪尔凯姆的分析认为现代社会主要地是由“有机的凝聚力”结合在一起，与此相对，以往的社会秩序是由“机械的凝聚力”结合起来，该分析就是以不同的法律类型为基准展开的。他比较了以下两种法律，一种是通过增强“集体意识”（conscience collective）来实现机械团结的“刑罚法”（penal law），另一种则是支持现代形式的“有机团结”的“合作性的”（co-operative）和“恢复性的”（restitutive）法律。这种合作性的法律的主要例子就是合同法：“合同是，出类拔萃地，对合作的司法表达。”⑤ 迪尔凯姆似乎从合同法在现代法典

④ Hart，H. L. A.，*The Concept of Law*，2nd edn.（Oxford：Clarendon Press，1994），196-7.

⑤ Durkheim，E.，*The Division of Labor in Society*（New York：Free Press，1933）（originally published 1893），123.

中占据着主导地位的事实推断出这一法律现象反映了“有机团结”在结合现代社会和它们的市场经济中的重要性。

然而，若是更严谨地考察，这些关于法律在构建市场经济中的重要性的假设并不是万无一失的。当我们仔细地考察人们决定进行交易的方式，法律所发挥的作用看来至多是外围的，甚至在很多情况下简直是可有可无的。为了克服背叛和失望的风险，信任和制裁至关重要，但是在这些机制当中，应对违约的法律制裁似乎只是一个边缘角色。致力于构建信任和非法律制裁的其他机制在促使双方当事人克服先动者或合作问题方面起到了更为显著的作用。

在无须以法律形式出现的国家权力支撑的市场中，我们可以最为清楚地观察到法律制裁的相对无足轻重。在传统社会中，社会人类学家曾经观察到无须任何像国家法律这样的制度而发展出来的精妙的交换模式。20 世纪初，社会人类学家马林诺夫斯基（Malinowski）被迫滞留在世外桃源般的南太平洋特罗布里安德群岛（Trobriand islands），他描述了无须法院、合同法规则和法律制裁而进行的鱼类、薯类和其他基本商品的广泛的贸易模式。⑥ 这些交换主要依赖于信任，预期中要进行交换的每一份礼物都起到加固信任的作用。在现代社会，我们可以在第三世界的穷人聚居的贫民窟里发现无须国家的市场，这个世界上身无长物的游民在那里并未借助国家权力而创造了他们自己的当地经济秩序。

Keith Hart 研究了阿克拉（加纳的首都——译者注）边界的贫民窟在 1965 年～1968 年发生在“狄更斯笔下的乌合之众，包括挑水工、面包摊主、铲粪者、出租车司机、扒手，以及妓女”之间的交易，这个研究很有趣，因为这些交易者既没有传统社会 105
中的血缘纽带，也没有法律惩罚可用。⑦ 在寻找生存之计时，这些

⑥ Malinowski, B., *Crime and Custom in Savage Society* (London: Routledge & Kegan Paul, 1926).

⑦ Hart, K., 'Kinship, Contract, Trust: The Economic Organization of Migrants in an African City Slum', in D. Gambetta (ed.), n. 1 above, 176, 177.

贫民窟居民“缺乏有效的制裁；国家在贫民窟中的出现是时断时续和惩罚性的（偶尔的警察突袭）”[8]。这个情景中的市场经济的运作很大程度上是基于被哈特描述成友谊的个人关系，尽管为了促进交易和进入市场，参与者显然会老一套地夸大其友谊和亲密关系。出于类似的原因，礼物和贿赂也被例行公事地用于促进交易，它们被用于发出友谊和信心的信号。对友谊的矫饰能鼓励信任而在各方之间确立交易。以下这个例子揭示了当没有法律和非法律的制裁时，信任扮演了什么样的角色：

Atia 曾经端着他的相机四出兜客，但生意是时有时无：问题在于这是一架 35mm 相机，他的顾客们通常不愿意等到这卷胶片全部用完。事情出现了转机，当他去一所有着 600 个学生的女子中学并说服校长让他在周末给这些女孩拍摄照片。很多其他人做过类似的尝试却失败了；但是，正如他自己说的，他甜蜜的攻略起到了作用。他给校长送的鸡、鸡蛋和红包超过了 10 个英镑，她才同意把这个学校的摄影权独家享有地交给他。

生意很红火；每个周末他为女孩们拍照能用掉两到三卷胶片……他常常试着在可能的情况下收取预付款，通常是价钱的一半。他让那些预付的女孩把名字写在一个本子上，尽管他自己本身是个文盲。这是为了防止任何人冒充付了款；但总的来说，他努力去获得一定程度的相互信任。如果没交预付款而他冲洗了两份，女孩拒绝付钱，他不能强迫她们付钱。如果他试图强迫她们，他说，可能她们会团结起来对付他，根本不在他这里买任何照片了。因此他友善待人。一些女孩会付钱把难看的照片买下来，然后撕掉。如果他知道了这种事情，他会为她们重新拍一辑，完全免费。有时他会“彻底搞砸”，弄坏了整卷底片，这时他就得返还所有的预付款。[9]

---

⑧ Hart, K., ‘Kinship, Contract, Trust: The Economic Organization of Migrants in an African City Slum’, in D. Gambetta (ed.), n. 1 above, 176, 177.

⑨ Ibid. 181.

这个故事的有趣之处在于，任何一方都不可能对违背信任施加制裁而交易却进行得相当顺利。

然而，阿克拉贫民窟里交易的双方当事人常常是通过信用维系在一起的。因为没有固定的收入来源，如果没有高水平的信用，将无法购买像食物这样的日常用品。违约从而冒着消融信用关系的风险，而债务人正是靠着它来获得基本的商品和服务。对信用关系的维护，这需要高度忠于合同协议，提供了以非法律制裁威慑不支付货款的背叛的激励。在这种信用关系中，我们发现了一 106
种长期的商业关系，它要是能存续下去，就会成为真正的信任和信心的基础。这个研究揭示了无须法律支持的稳定的交易关系模式，尽管这些商业关系总是很容易受到欺骗、机会主义以及对市场的外部冲击的损害。信任和非法律制裁的脆弱结合使得这种经济秩序一路蹒跚而行。

Hart 就其研究进行总结而提出："什么取代了法律作为经济关系中的惩罚的主要来源的问题?"[10] 他发现系统地使用暴力的现象是很罕见的。"名声、姓名、荣誉、男子汉情结为债权人和食利者提供了更大的余地，希望唤起他们的顾客的羞耻感从而进行支付。"[11]

> 首要地，经济生活有赖于去发现互补的或者共同的利益，它们能使商业协议在短期或中期内得到自我执行。
>
> 然而，这整个精明交易的重要组成部分取决于由共同经历、共有知识而生的友谊和信任，以及出于选择而非身份义务而自由地形成某种关系所生的情感。无论何时，当我的房东给我介绍他的一个"好朋友"，我知道他几乎毫无疑问是个无赖，很可能属于另一个种族，是某个有着几十年历史的以赌窝、警察突袭、监狱、钻石走私、贩毒集团以及其他种种

---

⑩ Hart, K., 'Kinship, Contact, Trust: The Economic Organization of Migrants in an African City Slum', 185.

⑪ Ibid., 185.

> 为背景的犯罪团伙（criminal fraternity）的成员。当他需要去信任某个人，他将转而求助这些人而不是他的族人。[12]

这个片段说明了之前的主张，在情势危急之时，基于经验的信任比起基于某个社团的成员资格而产生的信任更让人放心。

这种不可靠的市场经济和依赖强大国家权力的西方市场经济之间的差异实际上并没有设想中的那么大。在Greenberg对美国一个贫穷居住区的消费者商品市场的研究中，信用将双方当事人绑定在或多或少的信任关系中的方式与此有着引人入胜的相似之处。[13] 他考察了Walker-Thomas家具公司的运营，这是一个由销售代表上门推销诸如家具和电器等货物的“低门槛信贷”（easy credit）零售商。这个商店大约有20 000个信用账户属于这样的消费者，他们几乎全部是穷人和失业者，在其他零售店里无法获得
107 信用。事实上，对于大多数货物，信用是唯一的支付方式，这使得收取的价格远远高于那些在普通零售店出售的货物。销售代表可以就信用供应货物来改变顾客的生活水准，从而确立了一种友谊的联结，赠送小礼物给那些定期支付的顾客并且维修服务非常及时，这些都加固了该联结，然后这种关系还让他们比起其他债权人享有偿付的优先权。销售代表通过兑现政府的救济金支票并在源头就扣除了偿还的贷款来确保这一优势。这种信用关系从而确立了一种依赖关系。销售代表可以批准灵活的支付，像临时的折扣，这强化了顾客觉得他们必须依赖和信任这些代表的感受。销售代表同样凭着支付记录以判断关于产品的投诉会否得到矫正。然而，一旦偿还的贷款超过了成本，这些灵活性消失了：

> 当他们“失败了”，也就是，无法说服销售人员宽延支付时，顾客们最能体会到商人——而不是法律——是主宰者。

---

[12] Hart, K., ‘Kinship, Contact, Trust: The Economic Organization of Migrants in an African City Slum’, 185.

[13] Greenberg, D. I., ‘Easy Terms, Hard Times: Complaint Handling in the Ghetto’ in L. Nader (ed.), *No Access to Law: Alternative to the American Judicial System* (New York: Academic Press, 1980) 379.

从那个时刻起，Walker Thomas 开始各种骚扰动作：其恶心程度不断升级的恐吓信；催款经理在清晨和深夜打来电话要求立刻还款并发誓当天就派卡车过来；联系顾客们的朋友和亲属企图以此迫使其支付（这些人的名字能十分方便地从所有顾客在购买任何东西之前都必须填写的“买方财力声明”中找到）；以及趁顾客们不在的时候从他们家里取回这些商品……顾客们把这些伎俩告诉我以后，我问他们这样做是否违法。他们无一例外地全都回答说——无论他们曾经有多愤怒或者恼火——“噢，不是违法的，我自己错过了支付。”⑭

因此，在这个零售市场里，最初的合同关系是靠信任来确立和支撑的，但是当这种关系变味，非法律的或者甚至是非法的制裁会被例行公事地加以运用。为了避开法律系统也要花费很多努力，因此如果有顾客威胁说要到外面的消费者保护机构投诉，销售人员可能会同意由他来支付维修费用。⑮ 以这种方式，销售人员既修复了信任以及其在市场上的声誉，又躲开了对诸如过高的利息率和违反商品的质量保证（breach of warranty）等非法行为的法律审查。维修的成本无疑早已包含在价格当中，但是消费者觉得维修是一种恩惠。尽管这种零售市场在西方经济中并不典型，它揭示了一个市场是如何在法律之外，甚至是违背法律，而基于信任和非法律制裁构建起来的。

市场无须国家或者在国家之外运行的证据意味着认为法律作为一个外在的执行者在构建市场中扮演着关键角色的假设是错误的。鼓励人们从事交易的主要因素是信任和惩罚的存在，但是这些惩罚无疑并不是非由法律系统提供不可的。法律惩罚是否得以被利用是鼓励双方当事人进行合法交易的重要决定因素，而法律惩罚也不是当事人寻求保护自己免于失望的风险的主要方式。如 108

⑭ Greenberg, D. I., ‘Easy Terms, Hard Times: Complaint Handling in the Ghetto’ in L. Nader (ed.), *No Access to Law: Alternative to the American Judicial System* (New York: Academic Press, 1980) 385-6.

⑮ Ibid., 388.

果我们考察当事人对与特定的人进行交易所给出的理由，这些理由往往最强调信任的重要性，接着第二位的是我们称之为非法律制裁的实际的经济考虑因素，这也是一种有效的惩戒。当双方当事人之间几乎不可能履行合同以及往后持续商业关系，可得的法律制裁至多被视为所要诉诸的最后手段，如果真用到的话。另外，我们在第十四章考察合同诉讼的发生频率（incidence），我们将发现，诉诸法律程序对于大多数的市场参与者而言是超出其财力的奢侈玩意。

关于法律制裁的无关紧要的洞见，可以从发达经济的普通交易中得到更多的证明，这些交易往往由可靠的国家权力支撑，但是其法律的有效性却值得怀疑。尽管法律制裁可能无法适用，信任、非法律制裁或者两者的结合，确保失望很少发生。在一个对50年代美国的合同行为的开拓性的问卷调查中，Macaulay列举了几个例子，不可执行的合同被常规地用于管理合同关系：

> 此外，很可能商人们对规划他们的交易使之成为法律上可执行的合同这一点漠不关心。举例来说，威斯康星州的需求合同（requirements contract）——供应的数量是某个公司对产品的需求量而不是一个事先确定的数量——很可能是法律上无法执行的。七个受访人介绍说他们的公司在威斯康星州的交易中经常使用需求合同。没有一个人认为法律制裁的缺失会造成任何影响。这些人当中有三个是公司的法律顾问（house counsel），他们被采访之前已经知道威斯康星州的法律。对法律制裁不甚关切的另一个例子可以在汽车制造商和他们的零件供应商之间的关系中发现。制造商们起草了一份精心设计的协议，但是据此供应商对制造商只有最低限度的法律权利，甚至根本没有。纸张制造商与杂志出版商交易所采用的格式合同当中的价格条款十分模糊，以致很可能使得合同在法律上无法执行。最大的纸张生产商之一的法律顾问
> 109 说这个行业的每一个人都明白这个事实，因为一个发生在纽

约的诉讼涉及这种合同，但是没有人在乎。[16]

在这些关于商业关系的例子中，双方当事人的长期经济利益将他们绑定在一起，无论是否存在任何可能的法律制裁。另一个无须法律制裁的经常性合同关系的例子是商业产品的“报价单”（quotations）；法院很可能认为这些估价甚至并不算是一个正式的要约，更不要说是一个有约束力的合同了，但是商人为了保护自己的声誉，通常认为自己受到这些报价单的约束。[17] 这些现象并不是什么新鲜事：1677 年的反欺诈法要求价值超过 10 英镑的商品买卖应当书面记录并且签字，但是这一要求在 19 世纪的专业市场和交换中无疑根本不会被遵守。[18]

市场不需要对违约的国家制裁的这些例子还可以延伸到消费者交易。尽管酒吧老板不能就消费者的欠债提起诉讼[19]，英国的酒吧凭着当场付款的简单原则焕发生机。类似地，彩票经销点在英国的每一条主要街道上越来越多，尽管这些交易无法执行。制造商附在产品盒子里头的消费者质量保证书（consumer guarantee）可能对其同样没有法律上的约束力，除非消费者可以证明该质量保证书的存在是从零售商手里购买该特定产品的一个理由。然而，制造商总是会遵守他们的保证，尽管严格按照不利于消费者的方向解释，因为不遵守将会对他们的商誉造成损害。

国际贸易，也就是在两个不同国家的公民之间发生的超越国界的贸易，总会为参与者奉上一道难题，如何在缺乏可靠的国家

---

[16] Macaulay, S., ‘Non-Contractual Relations in Business’, *American Sociological Review* 28 (1963) 45, 60.

[17] Macaulay, S., ‘The Use and Non-use of Contracts in the Manufacturing Industry’, *Practical Lawyer* 9 (7) (1963) 13, 17.

[18] Ferguson, R. B., ‘Commercial Expectations and the Guarantee of the Law: Sales Transactions in Mid-Nineteenth Century England’, in G. R. Rubin and D. Sugerman (eds.), *Law and Economy: Essays in the History of English Law 1700-1920* (London: Professional Books, 1984), 192, 201. See also Comment, ‘The Statute of Frauds and the Business Community: A Re-Appraisal in Light of Prevailing Practices’, *Yale Law Journal* 66 (1957), 1038.

[19] Under the ‘Tippling Act’, 24 Geo. 2, c. 40, (1750).

权力的支持下创造一个市场。失望或背叛的风险更为突出，因为当其自己的国民被外国人起诉，这个国家可能不会就违约施加制裁。从事国际贸易的商人通过发展广泛的基于血缘和个人知识的
110 国际信任网络来克服这些困难。建立在这些关系之上，商人们发展出信用的法律机制，像中世纪的“汇票”（tratta）或者付款书(letter of payment)，它们进化成现代的汇票。这些单据是可转让的（negotiable）（或者可转让的 alienated），因此当债务要被结清的时候，债务人和债权人处于同一个司法管辖权之内，而债权人也可以运用很多法律和非法律的制裁（像损害声誉）。[20] 普通国家法院在承认跟单信用证（documentary credit）协议的有效性方面常常滞后，但是商人们自己的法庭可以执行它们。[21]

在经济全球化的背景之下，当今国际贸易的一个显著特征是合同在很大程度上试图通过商业仲裁条款确立它们自己的非国家裁决系统和规范标准。[22] 合同的条款使得双方当事人能选择他们的法官（仲裁人）和适用于其交易的规则，它们可以是任何国家的法律，或者不属于任何国家法律体系的一组规则，即所谓的“商事习惯法”(lexmercatoria)[23]。只有当债务人选择不服从仲裁人的裁决，并甘冒能将他们有力地排除于国际贸易之外的损害声誉的风险，债权人才可能寻求国家法的帮助以执行仲裁人的裁决。

这些观察结果详尽地阐述了法律在市场构建中所起作用的一

---

[20] Braudel，F.，*Civilization and Capitalism*，ii，*The Wheels of Commerce*，trans，S. Reynolds（London：1982），142；Trakman，L. E.，*The Law Merchant*：*The Evolution of Commercial Law* (Colorado：Rothman，1983)，109 (samples of medieval bills of exchange *etc.*)

[21] Postan，M. M.，*Medieval Trade and Finance*（Cambridge：Cambridge University Press，1973），49-54.

[22] Teubner，G.，‘Global Bukovina：Legal Pluralism in the World Society’，in G. Teubner (ed.)，*Global Law Without a State*（Aldershot：Gower，1997) 3.

[23] Mertens，L.，‘Lex Mercatoria：A Self-applying System beyond National Law?’，in G. Teubner (ed.)，n. 22 above，31；Trakman，L. E.，n. 20 above；Dezalay，Y.，and Garth，B. G.，*Dealing In Virtue*：*International Commercial Arbitration and the Construction of a Transnational Legal Order*（Chicago：University of Chicago Press，1996)，85-91.

般问题。它们表明信任存在的地方市场就会欣欣向荣，制裁是无关紧要的。但是，如此高水平的信任只可能在一个小范围的封闭团体中存续。更为普遍地，市场通过结合信任和非法律制裁以威慑失望和背叛。因此，我们可以在不存在有效的国家权力以施加法律义务的地方发现繁荣的市场。即使当强大现代国家存在，法律制裁也很可能在威慑带来失望的行为方面只发挥着微弱的作用。

构建信任

注意到这一点很重要，信任是通过社会互动来构建的。信任最为丰富的来源是以往的交易或经验。当交易发生在血缘群体或 111
者其成员身份能在更广阔的社会里被确认的某个种族群体之中，信任也很可能出现。[24] 许多研究细致地考察种族群体创造信任纽带的方式，比如纽约的犹太人钻石商[25]，以及在新加坡和西马来西亚销售橡胶的小胶农的中国族群。[26] 血缘或者种族群体的成员资格是一个表明其值得信任的信号，也是一个其可靠性的声誉的象征，前提当然是交易发生在同一群体的两个成员之间。用经济学的术语来说，将交易限制在血缘或者种族群体内，双方当事人消除了确定对方的可靠性的成本，虽然其代价是放弃一些可能值得的和陌生人之间的交易。群体的成员之所以服从这些预期，不仅是出于对血缘关系的社会义务，还由于隐含的威胁是使预期落空会被驱逐出该群体，这导致既被排斥于市场之外，也被排斥于某个社会团体之外。

此外，市场的参与者有可能采用深思熟虑的社会互动模式以

㉔ Whin, J. K., 'Relational Practices and the Marginalization of Law: Informal Financial Practices of Small Businesses in Taiwan', *Law & Society Review* 28 (1994) 193.

㉕ Bernstein, L., 'Opting Out of the Legal System: Extralegal Contractual Relations in the Diamond Industry', *Journal of Legal Studies* 21 (1992) 115.

㉖ Landa, J. T., 'A Theory of the Ethnically Homogeneous Middleman Group: An Institutional Alternative to Contract Law', *Journal of Legal Studies* 10 (1981) 349.

提高信任水平。[27] 他们可以设计种种制度，比如贸易协会，产业部门的业务守则，"总括合同"（umbrella contracts），或者描述预期中的商业关系过程的框架协议。以制度创造信任的一种尤为精心设计的方式发生在交易所（exchanges or 'bourses'），其成员资格只能通过展示值得信任的行为来获取和维持。这些"俱乐部市场"（club markets），像证券交易所、期货市场、伦敦的波罗的海航运交易所（Baltic Exchange）、19 世纪的利物浦棉花市场[28]，以及纽约的钻石商[29]，有着正式的行为守则，解决争端的私人仲裁和调解系统，以及剥夺成员资格和对背离的行为施加惩罚性制裁的权力。对于其成员而言，优势不单只是其所产生的信任促进了交易，还因为能够非正式地进行交易从而节省了交易成本。加强信任的另
112 一个机制在于设定产业部门的产品质量和安全标准，对于它们，所有的市场参与者都同意遵守。

在先进的工业社会，确立和加强信任的制度的存在，可以提供一个竞争优势（competitive advantage）。[30] 其竞争优势部分来自降低了缔结合同的成本，也就是交易成本。如果有信任，很可能双方当事人会免去那些精心设计的合同，不去仔细监督履行的情况，而且不需要制造像担保权益（security interests）这样的经济激励和惩罚以防止不履行。也许更为重要的是，在一段信任关系中，双方当事人可以预期彼此在履行合同时会相互合作，比如说，就创新提供有用的信息或者建议。[31] 这种相互合作会提高交易双方当事人的盈利能力。有一个比较研究考察德国、意大利和英国的相

---

[27] Zucker，L. G.，'Production of Trust：Institutional Sources of Economic Structure，1840-1920'，*Research in Organizational Behavior* 8（1986）53.

[28] Simpson，A. W. B.，'The Origin of Futures Trading in the Liverpool Cotton Market'，in P. Cane and J. Stapleton（eds.），*Essays for Patrick Atiyah*（Oxford：Clarendon Press，1991），Chapter 8.

[29] Bernstein，L.，n. 25 above.

[30] Deakin，S.，*et al.*，'Contract Law，Trust Relations，and Incentives for Co-operation：A Comparative Study'，in S. Deakin，and J. Michie，（eds.），*Contracts，Co-operation，and Competition*（Oxford：Oxford University Press，1997）105.

[31] Collins，H.，'Quality Assurance in Subcontracting'，in S. Deakin，and J. Michie，（eds.），n. 30 above，285.

同的市场部门中的交易，揭示了贸易协会、质量保证组织以及产品的质量和安全的行业标准对于形成信任的重要贡献。[32] 这些制度安排在德国和意大利比在英国要发达，它们会弱化价格竞争，但是似乎能促进合作和提高适应变化着的环境的能力。[33] 它们促使商业伙伴参与长期的合同承诺而更少戒备风险分配和投资保护。

商人和个人所面临的一个问题是如何向市场中的其他人制造一个信号，表明他们在这个意义上确实是值得信任的。如果没有过去的密切的知识或者不属于同一个商业协会，所需的信任很难令人心悦诚服地确立起来。然而，若能形成一个公平交易的好商誉，也能得到几乎完全相当的收益。这需要进行经济投资，而如果往后其不履行合同的行为被公之于众，声誉的受损将会让这些投资付诸东流。[34] 商人们一个常用方法是为产品取一个商标名，然后大手笔做广告。如果产品被曝光是不可靠的或者质量很差，这种投资就会白白浪费，从而就有了力求获取值得信任的声誉的强烈的经济激励。对于个人而言，他们投资于良好信用等级的方式 113
可以是定期还账，和努力表现以从过往的雇主和房东那里得到令人满意的推荐。发送值得信任的信号的另一种常用办法是直接收取一个相对较高的价格。产品制造商还给消费者附送产品保修单，试图发出信号表明其值得信任以及产品质量良好，但是这种办法被证实并不成功，因为质量低劣的生产商可以轻易地仿制产品保修单，却没有履行其维修义务的意图。[35] 零售商也能够通过处理投

㉜ Lane, C., and Bachmann, R., 'The Social Construction of Trust: Supplier Relations in Britain and Germany', *Organisation Studies* 17 (1996) 365; Lane, C., 'The Social Regulation of Inter-Firm Relations in Britain and Germany: Market Rules, Legal Norms, and Technical Standards', *Cambridge Journal of Economics* 21 (1997) 214.

㉝ Arrighetti, A., *et al.*, 'Contract Law, Social Norms and Inter-Firm Co-operation', *Cambridge Journal of Economics* 21 (1997) 182.

㉞ Klein, B., and Leffler, K. B., 'The Role of Market Forces in Assuring Contractual Performance', *Journal of Political Economy* 89 (1981) 615.

㉟ 高质量的生产商也可能弱化他们的保证以对付"道德风险"的问题，也就是，消费者可能会粗心地使用产品和提出不诚实的索赔：see Lutz, N. A., 'Warranties as Signals Under Consumer Moral Hazard' *Rand Journat of Economics* 20 (Summer 1989) 239; Arrow, K. J., 'The Economics of Moral Hazard: Further Comment' *American Economic Review* 58 (1968) 537。

诉和退货来建立值得信任的声誉。那些企图建立值得信任的声誉的商店，其首要目标是与公众维持良好的关系，这导致了毫无异议地接受退货的行为。[36]

愿意首先履行自己在交易中的义务而承担失望的风险也提供了一个清晰的值得信任的信号。事实上，先动者呈送给对方一份礼物，就像阿克拉的贫民窟居住者一样，这同时发出了一个值得信任的信号，而且还将接受者置于一个发散性的社会义务之下，作出互惠之举。[37] 类似地，在一个大型的商事交易中，承包人可能甚至在正式的可执行合同交换以前就开始履行，并对特定地适用于预期合同的工厂和机械设备进行不可挽回的投资。Paley 所举的例子，一个两百万美元的投资是基于交易历史所产生的个人信任以及预期商业关系将长期存续，而不存在任何正式的可执行合同权利以防止其投资被白白浪费。[38] 作为回应，后动者可以只履行其所承诺的义务，或者，为了发送信任将会得到回报的信号，后动
114 者可以承担更重的义务，比如说合作地和灵活地履行合同。类似地，损失沉没投资或者不可挽回的投资风险可以发出值得信任的信号。特许人之所以要求被特许人进行不可挽回的资本投资，其中一个原因也许是为了挑选或者筛选申请人[39]，因为那些愿意进行投资的人发出了他们值得信任的信号。因此，对信任的追求激励双方当事人优先考虑商业关系，而不是将他们的注意力局限在明确的合同义务上。

---

[36] Kamkas, A., and Rosenwasser, R., 'Department Store Compliaint Management', in L. Nader (ed.), n. 13 above, 283.

[37] Blau, P. M., *Exchange and Power in Social Life* (New York: Wiley, 1964); Rose, C., 'Giving, Trading, Thieving, and Trusting: How and Why Gifts Become Exchanges, and (More Importantly) Vice Versa', *Florida Law Review* 44 (1992) 295; Posner, E., 'Altruism, Status and Trust in the Law of Gifts and Gratuitious Promises', *Wisconsin Law Review* (1997) 567.

[38] Palay, T. M., 'Comparative Institutional Economics: The Governance of Rail Freight Contracting, *Journal of Legal Studies* 13 (1984) 265, 277.

[39] Dnes, A. W., '"Unfair" Contractual Practices and Hostages in Franchise Contracts', *Journal of Institutional and Theoretical Economics* 148 (1992) 484, 496.

非法律制裁的构建

非法律制裁的有效性取决于它们给导致失望或背叛的合同一方当事人强加经济损失的可能性。举例来说，当欺骗者从合同的另一方获得其大部分的交易或者收入，拒绝在将来和违约方进行交易的制裁将会非常强有力。在消费者合同中也一样，正如 Waler-Thomas 家具公司的顾客所深刻体会到的，一个不支付账单的顾客承担着在将来无法获取必不可少的商品和服务的风险。也许尤其是在质量方面忠实地履行合同的主要激励源于从一连串未来的交易中挣取收入所得的收益超过不履行合同所得的一次性收益。酒吧老板拒绝在啤酒里掺水的诱惑，是因为害怕失去老顾客。

另一个重要的非法律制裁是对商誉的损害，以及随之而来的失去信心和信任。损害另一方商誉的惩罚将被加重，如果关于不履行的信息可以迅速地散播到市场的其他参与者那里。[40] 散播对声誉的损害性消息的能力，再加上驱逐出市场的非法律制裁的威胁，是“俱乐部市场”取得成功的关键要素。这些贸易协会联合起来监督行动并接着施加制裁，比如驱逐出市场。纽约钻石经销商俱乐部（New York Diamond Dealers Club）规制着美国大约百分之八十的未加工钻石交易，其仲裁系统管束着公平交易的行为并提供了一个对经销商声誉的监督系统。[41]

但是这样一个协会并不是建立一个曝光骗子的机制的根本。115
交易者之间非正式的“合谋”（coalition）同样足以确立一个机制以散播关于欺骗的信息。[42] 根据这种解释，合谋的核心要素是一个分享有关代理商声誉的信息的隐含和长期的协议。这种信息交换

㊵ Klein, B., and Leffler, K. B., 'The Role of Market Forces in Assuring Contractual Performance', *Journal of Political Economy* 89 (1981) 615.

㊶ Bernstein, L., n. 25 above.

㊷ Clay, K., 'Trade Without Law: Private-Order Institutions in Mexican California', *Journal of Law, Economics and Organization* 13 (1997) 202.

接着可以成为依据，拒绝与声誉恶劣的其他当事人进行交易。Grief 所阐述的一个例子是关于这种合谋的，11 世纪犹太商人在整个中东经商，不需要任何有效的国家制裁来保护他们精心设计和富于风险的由远方的代理人管理的商行（merchant ventures）：

> 马格里布商人彼此之间互雇为代理人，对于任何欺骗了合谋的一个成员的代理人，他们全体进行报复。他们的社会和商业网络为威慑和公开欺骗提供了所需的信息，并且这种多边惩罚是自我执行的，与所有马格里布商人未来交易的价值因而使得代理人保持诚实。[43]

相对而言，一个俱乐部市场对于形成恶劣声誉的成员有着实施正式制裁的制度。

然而，合同的双方当事人并不需要第三方的太多协助就可以设计出强有力的非法律制裁。[44] 举例来说，他们可以安排一方或双方当事人预先承担大量的费用，如果合同的履行没有令人满意地完成，这些费用就会白白损失掉。我们已经谈到过这种“沉没投资”在特许合同中的应用；希望获得某个特定的商号（trade name）和商业模式（business format）的特许使用权的被特许人，会被要求对工厂和机械设备进行大量的投资，而如果特许关系无法蓬勃发展并且使用商号的权利被收回，这些投资就会付诸东流。

我们之前曾说过，在商事交易中形成制裁的一个常见方法是以“担保”（security）或者财产收益权（proprietary rights）来获得惩罚违约者的能力。这种制裁运用法律系统中关于财产所有权配置的规则，但是不必借助法律过程以施加惩罚。比如说，为了借贷金钱，人们经常被要求将某个有价值的财产的附条件的名义
116 所有权（conditional title），像房子的抵押权，交予银行，或者将

[43] Grief, A., ‘Institutions and International Trade: Lessons from the Commercail Revolution’, *American Economic Review, Papers and Proceedings* 82 (1992) 128, 130.

[44] Kronman, A. T., ‘Contract Law and the State of Nature’, *Journal of Law, Economics and Organisation 1* (1985) 5.

一枚贵重的戒指作为担保物交给典当商。如果无法偿还贷款，借方就可以出售该资产而收回其借款。类似地，为某项服务预先支付的保证金将被没收，如果余额没有按时结清。担保物可以是一个“丑公主”（an ugly princess），也就是只对债务人有价值的东西，也可以是有着与债务的数额相等的一般市场价值。贷方不需要遵循法律过程以取得赔偿，却可以简单地挽回损失和在市场上出售该财产，在这个意义上，这种对担保的使用是一种非法律制裁。（在消费者信用交易中，这种传统的法律地位现在一般有所变动，因此在实现一个担保利益之前必须经过一个法律过程，尽管我们之前说过这些程序在 Walker-Thomas 家具公司的例子里并没有得到遵守。）给予担保权利的行为让借方对贷方许下了一个可置信的承诺，不仅是由于提供了一个履行的保证，还因为限制了借方获取其他过多的借款的能力，借贷过多会降低其遵守合同的可能性。[45]

这些例子说明合同这个个别交流系统的一个重要维度能如何影响到有效的非法律制裁的构建。双方当事人的目标是让合同“自我执行”，因为经济激励严重倾向于勤勉履行而不利于违约和背叛。[46] 法律系统可以在引导这些非法律制裁的构建中发挥边缘性的作用，比如说，承认包含在担保利益中的财产收益请求权（proprietary claims）的有效性。合同法还可以提供一个正式的仪式，像古罗马的“要式口头契约”（stipulatio）行为，使得互惠的承诺公之于众并确保在不履行的情况下对声誉的损害变得更为巨大。如果运用了非法律制裁，法律系统还可以确认采用这种制裁的结果。比如说，在一个雇佣合同中，如果雇员无法完成被指派的工作，雇主可用的最强有力的制裁就是直接拒绝支付薪水。法律系统可以通过承认“不干活，没钱领”的原则使得这一行为生

---

[45] Mann, R. J., ‘Explaining the Pattern of Secured Credit’, *Harvard Law Review* 110 (1997) 625.

[46] Klein, B., ‘Self-Enforcing Contracts’, *Journal of Institutional and Theoretical Economics* 141 (1985) 594.

效，从而雇员被拒绝使用任何反对雇主行使其经济权力的法律制裁。在普通法中，支持这种制裁的方法是构建合同以发现规定双方当事人履行顺序的那些“条件”（conditions）。对合同的这些解释似乎密切地取决于双方当事人所表现出来的相对的信用风险，因此表现出更高的不履行风险的一方，比如说雇员，作为合同的
117 一个条件被要求首先履行。[47] 违反这一条件使得另一方有权拒绝履行和终止合同。类似地，在买卖法中，法律通过赋予买方对货款请求的抗辩权以支持因数量或者质量不足而拒收货物的非法律制裁。然而，这种拒收的自助救济是如此强有力，对请求赔偿的抗辩权很容易失效，比如当货物短缺的数量非常微小从而法院认为拒收是不合理的[48]，或者当买方在获得检查货物的缺陷的机会以后一段合理的时间内没有拒收货物。[49]

对非法律制裁为遵守合同提供激励的重要性的这些观察，意味着法律系统在建立市场方面只起到了次要的作用。在市场中确实存在很多法律上可执行的合同，但是对违约的制裁并不见得是合同得到履行的关键。这些合同往往却效劳于另一个目标，就是形成包含有效的非法律制裁和担保的激励和惩罚的混合物。可以只是略带夸张地说，缔结合同的首要目标在于避免依赖于合同法。

法律制裁的重要性

这些关于信任和非法律制裁使市场得以建立的重要性的结论，让法律扮演着一个次要的角色。在决定双方当事人会否承担缔结合同的风险时，由非法律制裁的可得所支撑的信任的出现看起来要重要得多。因此，我们应当提问的是，在市场的构建中，就违约而在

---

[47] Patterson, E., ‘Constructive Conditions in Contracts’, *Columbia Law Review* 42 (1942) 903.

[48] Sale of Goods Act 1979, s. 30 (2A), as amended by Sale and Supply of Goods Act 1994, s. 4.

[49] Sale of Goods Act 1979, s. 35 as amended by Sale and Supply of Goods Act 1994, s. 2.

法院可以运用的法律系统和制裁有着多大的，如果有的话，重要性？

法律制裁所发挥的作用部分地取决于它们的强度。私法对违反合同关系的常规救济是旨在补偿该方因违约所导致的经济损失的损害赔偿。在普通法系统，这些损失会被计算为“净损失”(net loss)，也就是，抵销掉与其他人进行另一个交易所得的任何收益之后的损失。[50] 如果货物和服务的市场是充分竞争的，这些净 118
损失可能证实是很小的，因为可以在类似的价位缔结另一个合同。一般来说，法律不会就违反合同给予超过净损失的惩罚性损害赔偿，也不会允许合同的双方当事人对可能超过净损失的损害赔偿计算方式达成协议。这些制裁因此是相当无力的，并且只有在例外的案子中，当市场中不存在其他的替代选择，损害才可能证明是实质的。违反合同的私法制裁的软弱无力意味着它们对履行合同难以提供激励，尽管同样甚或更为重要的是，法律制裁的可能性也难以阻止人们缔结法律上可执行的合同。法律作为勇猛的合同执行者的流行意象因而是令人误解的。正如 Macaulay 曾经说的，“合同法在运作中是一个有缺陷的产品，所允诺的比起它所能交付的要多得多”[51]。

在某些管辖权区域内，刑事规制，尤其是在与消费者合同有关的情况下，对引人误解的交易行为作出了更为强大的威慑。类似地，一些管辖权区域通过行政机构监督和阻止对消费者或者像雇员和承租人等其他受保护群体不利的不公平合同行为。这些措施总的来看在阻止它们所瞄准的那些不正当行为而言是有效的，无疑是因为它们处理了接近正义和制裁的无力这两个孪生的问题。它们在控制市场中的行为方面所达到的程度，是由法院判定的普通私法对损害的补偿性措施所无法企及的。这些规制措施仅仅在市场的边缘产生影响，威慑极为恶劣的不当行为，但是它们必定

---

[50] Harris, D., ‘Incentives to Perform, or Break Contracts’, *Current Legal Problems* 45 (2) (1992) 29, 34.

[51] Macaulay, S., ‘Long-Term Continuing Relations: The American Experience Regulationg Dealerships and Franchises’, in C. Joerges (ed). *Franchising and the Law*, (Baden Baden: Nomos, 1991) 179, 189.

在某种程度上有助于尤其是消费者进行交易的意愿。

尽管这种洞见认为法律制裁在市场构建中只发挥着次要的作用，对合同法的某些经济分析，有时称为芝加哥学派并且与 Richard Posner 的著作联系最为紧密，常常将法律制裁视为其中心焦点。这种观点始于以成本/收益分析看待进行交易。收益在于履行交易的预期所得，而成本在于违反合同所承担的法律制裁的风险。这一表述和我之前的分析有所区别，收益是相似的，但是我所描述的成本是背叛或者失望的风险。在这种经济分析中，法律制裁
119 被认为是履行合同的主要激励。这一潜在的成本被看做完全衡量了背叛或者失望的成本。实际上，法律制裁被视为缔结合同的潜在成本的一个可靠的替代品。对法律制裁的准确衡量因此成为调查的主要焦点，因为其目标是获得一个能确保履行合同的有效水平的法律惩罚，这被认为是收益超过成本的一种模式。这种经济分析产生了两个强有力的洞见。

第一个洞见是如果合同的“有效违约”（efficient breach）得到容许，共同体的总财富将会增加。尽管总的来说按照预期充分地履行合同将会为双方当事人以最小的成本带来最大的收益，在某些情况下，法律系统必须容忍不履行作为最能增进财富的结果。有效违约（根据帕累托标准）在这些情况下发生，如果一旦赔偿被支付则不履行不会让任何一方的处境变得更差，并且比起履行合同所产生的结果，会使至少一方当事人的处境变得更好。从这一分析可以推断，依据有效率的规制政策，当一方当事人经过适当的成本/收益计算决定违约并支付赔偿金，法律不应当试图强迫对合同的履行。这一结论排除了强制性履行这种救济方式的可能性，比如说禁令和实际履行（specific performance）的命令，并且还表明惩罚性的损害赔偿一般不会被允许。[52]

---

[52] Posner, R., *Economic Analysis of Law*, 4th edn.（Boston：Little Brown，1992）131；在 Atiyah，P.，*Essays on Contact*（Oxford：Clarendon Press，1990）131；Friedman. D.，‘The Efficient Breach Fallacy’，*Journal of Legal Studies* 18（1989）1 中受到批评。

这种经济分析产生的第二种洞见意味着法律制裁的目的应当是确保任何一方都不会因为违约而处境变得更差，因此救济应当恰好等于损失。这个标准产生了一个复杂的（而且富于争议的）公式以计算包含被浪费的支出（wasted expenditure）、不可挽回的投资的成本、机会成本等的补偿性损害赔偿金。这个公式排除了增加或减少损害赔偿金的其他考虑因素的可能性，例如考虑财富的再分配，促进对不择手段的行为进行威慑的规制目标，或者保护社会中易受伤害或被社会驱逐的群体。简而言之，制裁的有效水平，以参与交易的双方当事人的净财富作为判断依据而忽略所有其他的考虑因素（将它们都称为外部性），倾向于私法的补偿性救济。

这种经济分析的重要性何在呢？有趣的是它十分符合法律准则所得出的结论，尽管不时出现的不和谐，像实际履行的命令和 120
进行惩罚性赔偿，它们是经济分析无法摆脱的困扰[53]，为比起简单的经济模型更为精妙和复杂的法律推理提供了有趣的线索。但是如果假设中的对法律制裁的成本/收益分析在实践中只是极少发生，因而引导双方当事人行为的更可能是商业关系中信任的准则以及潜在的非法律制裁的考虑因素，那么经济分析毫无疑问把我们带进了一条死胡同。法律制裁不能被视为进行交易的成本的精确替代品，也就是，背叛或者失望的成本，因为最重要的制裁包含在非法律救济和担保的实现当中。举例来说，在需求合同的例子中，根本不存在法律制裁这一点是无关紧要的，从而缔结合同时并没有处于风险中的法律成本，因为重要的制裁是拒绝在将来进行交易的非法律制裁和对商誉的损害。商人们对法律地位不感

[53] Goetz, C., and Scott, R., 'Liquidated Damages, Penalties and the Just Compensation Principle', *Columbia Law Review* 77 (1977) 55; Rea, S., 'Efficiency Implications of Penalties and Liquidated Damages', *Journal of Legal Studies* 13 (1984) 147; Clarkson, K., *et al.*, 'Liquidated Damages v Penalties: Sense or Nonsense', *Wisconsin Law Review* (1978) 351; Kronman, A. T., 'Specific Performance', *University of Chicago Law Review* 45 (1978) 351; Schwartz, A., 'The Case for Specific Performance', *Yale Law Journal* 89 (1979) 271.

兴趣，因为他们不得不将摧毁对方的生意这种更为强大的制裁能力交出去。

通过拓宽其假定的成本/收益分析而包括非法律制裁，可以在一定程度上拯救这种经济分析。举例来说，如果最为强大的威胁和违约的最大成本在于存在着这种风险，受损害的一方当事人未来将拒绝和这个合同伙伴进行交易，那么可以主张说双方当事人选择通过这种经济激励而不是任何可能的法律制裁来支持他们的交易，从而法院应当拒绝施加法律制裁。这种分析可能，比如说，为拒绝执行需求合同的法律规则提供正当理由，尽管它们是常规的商事交易，因为非法律制裁或者激励通常足以确保双方当事人遵守他们的协议。经济分析还可能建议，当非法律制裁能有效确保合同履行的预期证明是没有根据的或者是错误计算的结果，法律制裁应当被采用。[54] 法律制裁在这里的角色是提供双方当事人原先相信已经存在于他们的交易中的东西，也就是，充分的经济激励以最小化失望的风险。

121 然而，这种经济分析似乎还是误解了合同关系是如何形成的。该模型把法律和非法律制裁视为在不履行的情况下将被采用的惩罚。但是在市场关系的构建中，非法律制裁所提供的并不限于惩罚的威胁。它们就承诺的可置信性和双方当事人的可靠性发出信号。在特许的例子中，双方沉没投资的成本确立了他们力图进行合作以实现商业关系的善意。要是没有这样的信号，双方当事人可能根本不愿意缔结合同，即使能够运用充分的法律制裁以补偿违约所导致的任何损失。强调这些激励结构、信号和构建市场中的投资的重要性，这种经济分析被称为“制度经济学”[55]。

制度经济学更好地领会了这一点，合同的激励结构，像担保

---

[54] Charney, D., Nonlegal Sanctions in Commercial Relationships', *Harvard Law Review* 104 (1990) 373.

[55] 下面的文献提供了一个概览：Wiggins, S. N., ‘The Economics of the Firm and Contracts: A Selective Survey’, *Journal of Institutional and Theoretical Economics* 147 (1991) 603; Goldberg, V. P., *Readings in the Economics of Contract Law* (Cambridge: Cambridge University Press, 1989)。

物和沉没成本这样确立可置信承诺的机制，以及像治理结构这样维持合作的技术，不应当被视为潜在的制裁的来源，而毋宁是双方当事人实现进入合同关系所必需的信任程度的基础。失望或者背叛的风险受到抵制所凭借的主要并不是展示更具威胁力的制裁，反而是合同的双方当事人试图最小化对那些风险的感知从而引致有利的合同关系出现。

并不是说就违约获取经济赔偿的可能性从来就无助于市场的构建。但是我们要谨慎地作出这样的假设，认为是法律制裁或者等同于法律损害赔偿大小的支付提供了履行承诺的激励。在对商业争议的非正式解决的研究中，我们发现所请求或者预期的赔偿极少等于法律权利。非正式解决反而会关注像执行订单中被浪费的开支等问题而很少考虑利润损失的大小。[56] 优先选择的解决办法是金钱无须换手，并且损害赔偿的形式是用于未来交易的信用。[57]
我们可以从这一证据中推断，即使当可能施加的金钱惩罚有助于 122
构建市场关系，法律制裁仍然是无足轻重的，因为它不能指引或者决定关于可得的损害赔偿的数额或者形式的预期。因此，某些合同法的经济分析的假设，认为法律制裁的大小决定了履行合同的激励水平，例如有效违约的理论，看来与商事当事人的实际行动关系不大，对于他们而言，预期中的赔偿数额通常要少得多。

因此，我们应当坚持之前的主张，法律制裁在市场构建中只起到了一个次要的作用。经济分析的芝加哥学派所提供的洞见应当局限于他们对设计规制市场的策略的贡献。他们揭示了私法救济密切地与保证市场效率的某种特定政策相呼应。我们接着必须估量这一规制政策和其他考虑因素的轻重，比如将经常发生欺骗性行为的交易者驱逐出去，这些因素可能意味着其他种类的威慑

[56] Comment, 'The Statute of Frauds and the Business Community: A Re-Appraisal in Light of Prevailing Practices', *Yale Law Journal* 66 (1957) 1038, 1061-2.

[57] Beale, H., and Dugdale, T., 'Contracts between Businessmen: Planning and the Use of Contractural Remedies', *British Journal of Law and Society* 2 (1975) 45.

性救济。但是更为一般地设计市场的法律规制时，更重要的目标必然是要确立一些条件、设施（facilities）和法律制度以帮助作出可置信的承诺和在双方当事人之间形成信任。

在这一目标中，法律制裁的地位看起来极为模糊。在这里我们遇到了信任和法律制裁之间自相矛盾的关系。一方面，如果存在对抗不履行合同的易于利用的施加制裁的强大系统，无疑有助于在双方当事人之间确立信任。Keith Hart 所描述的凭着威吓、羞辱和经历频繁的失望这些伎俩而无须国家的市场，表明与之相对的以国家制裁支撑的市场有助于建立信任的环境。在一个存在有效的法律系统的市场内，自身受到法律制裁约束的可能性毫无疑问有助于没有交易信誉的新晋商人以鼓励对他们承诺的信任。另一方面，根据 Macaulay[58]，还有 Beale 和 Dugdale[59]，以及其他人的研究，很显然，对法律制裁的援用，对违约进行起诉的威胁，能迅速地消除信任和合作的规范并且以对抗性的自利的权利主张替代它们。对违约施加国家制裁而使当事人受损害这一点有助于确立承诺的可置信性并成为信任的一个来源，但是一旦法律程序被任一方启动，对信任的依赖就断裂了并且会被对运用法律制裁的权利的合同推理或者对非法律制裁的采用所替代。

123 一旦我们认识到合同的双方当事人即使在违约的情况下也不太可能愿意寻求法律制裁，那么我们也就能发现他们对于协议首先是否法律上可执行的问题并不热心。远为重要的问题是另一方当事人看起来是否值得信赖。如果存在信任，双方当事人就不会乐意坚持确保交易在法律上可执行从而暗含着对失望进行法律制裁的威胁，而使得这种信任被替代。当信任不存在而且没有清晰的激励（非法律制裁）以达到预期，法律上的可执行性才会成为一个被担心的问题。举例来说，一个美国的研究是关于康涅狄格州的制造商是否遵守销售合同采取书面形式的要求，调查发现只

---

[58] Macaulay, S., n. 16 above, 45.

[59] Beale, H., and Dugdale, T., n. 57 above.

有当要么不能从之前的交易中了解消费者，要么制造商“对消费者的诚实缺乏信心”，制造商才会坚持要书面的合同或者承认。[60]法律制裁在这种商业情景中显然是无足轻重的：

> 几乎所有的制造商从不借助诉讼作为解决争端的方法，并且除了少数几个，所有制造商通常要么根本不寻求赔偿，要么满足于比依据法律权利的补偿要低的数额从而解决问题，他们显然对其从事交易的相对方的承诺的法律上的可执行性这一点漠不关心。[61]

裁判过程

某些经济分析另一个常见的错误是将对法律在市场中作用的考察局限于法律制裁的运用。尽管国家制裁的运用提供了关于法律制裁的有时是激动人心的结论，法律系统在调控社会行为方面更为普遍的效果来自于将其法律推理散播到其他的交流系统中。这一影响涉及法律如何看待问题，如何表达其推理，以及这些想法在什么地方被提出来。

在关于合同争议的法律过程中，法律系统提供了一个推理系统以选择有关已经发生的事件的信息。正如我们在第三章中讨论过的，法律推理选择性地收集信息，将许多问题看作是无关的并将某些要点看作是关键的，在这种意义上它是封闭的。这种推理最终在法院的背景中发生。法院对发生了什么事情提供一个权威的声明。这个声明往往被共同体认为是可靠的，是事实、是真相。此外，这是一个公共的声明，可以被交易共同体的所有成员获悉 124
和据之行事。

当市场的构建严重地依赖于商业信誉作为信任的一个来源，法律过程的这些特征尤为重要。对某人违反合同的司法判决将含糊的

---

[60] Comment，n. 56 above，1054.

[61] Ibid. 1062.

相互指责和谣传转变为关于不值得信任的权威宣称。共同体的成员由此可以采取典型的非法律制裁，拒绝和声誉被如此损毁的商人进行交易。在这种情境中，不是法律制裁而是法院关于对和错的宣称
125 服务于为履行承诺提供激励的目的。换言之，法院的功能在于收集和散布被市场的参与者认为可靠的关于谁值得信任的信息。[62]

法律过程的这种功能不需要经由一个具有现代法院的所有虚饰和权力的制度来实现。所需要的毋宁是这样一个实体，它被交易共同体尊为公正和可靠的对事实和真相的发现者。这个实体可以是交易协会的委员会，像中世纪的行会（medieval guild），仲裁者，或者肩负着消费者看门犬角色的监察专员（Ombudsman）。特别的，这个实体并不需要其自身具备施加有效制裁的权力。它对合同行为的影响反而来自于市场参与者对其关于商誉的权威判断的自主的反应。在博弈论中，这一制度因而被称为“信誉机制”（reputation mechanism），因为在个人无法执行合同的重复博弈（交易）的情况下，一个观察行为并就遵守合同给予或好或坏的商誉的信誉机制可以被用于帮助确立不在某个特定的交易中进行欺骗的可置信的承诺。[63] 在中世纪，举例来说，很多国际贸易集市拥有它们自己的法庭，像香槟法庭（Champagne courts）。这些法庭对被发现违约的交易者并没有施加制裁的真正权力，因为商人们来自整个欧洲而且可能仅仅是集市上时来时去的交易者。然而，这些法庭被尊为对真相的裁断者，因此不利于某个交易者的判决要么必须迅速和公开地加以处理，要么该交易者会被其他商人的私人行动驱逐和排除出去。法庭的宣告激活了一个在所有交易者之间的多边的信誉机制。[64]

---

[62] Bendor, J., and Mookherjee, D., ‘Norms, Third-party Sanctions, and Co-operation’, *Journal of Law, Economics & Organization* 6 (1990) 33.

[63] Clay, K., ‘Trade Without Law: Private-Order Institutions in Mexican California’, *Journal of Law, Economics and Organization* 13 (1997) 202.

[64] Milgrom, P. R., *et al.*, ‘The Role of Institutions in the Revival of Trade: The Law Merchant, Private Judges, and the Champagne Fairs’, *Economics and Politics* 2 (1990) 1.

法律过程，或者与之相当的仲裁人，因此可以在构建市场中的信任和促进非法律制裁的运用方面发挥重要的作用，而从来不借助权力以施加法律制裁。正是这种裁决机制，也许是法律系统对市场构建最重要的贡献。即便如此，它并不是一个不可或缺的机制，因为法律裁判的替代品也可以提供相当的服务。此外，交易可以在根本不存在任何此类机制的情况下发生。在 Walker-Thomas 家具公司的例子中，我们发现这个公司为了防止消费者求助于任何此类权威机制而采取了大量的措施，从而对于什么时候它违反了自己的义务这一点，它保留了坚持自己的看法的权力。只要消费者保持对销售代表的信任，他们就准备好了接受这些对权利的单边界定。

结论

这一章处理的是法律对市场构建的贡献这个大问题。我们还会几次回到这个主题。在下一章中，我们将更细致地考察合同关系中个人行为的决定因素，这将会进一步解释法律系统怎样与进行交易的社会行为发生互动。后面几章的研究包括法律人的作用，现代经济中市场构建无须国家这一点的重要性，以及市场规制的最佳形式。然而，在目前这个阶段，我们可以得出一些尝试性的结论。

市场是由个人进行交易的各种模式组成的。当意识中交易的收益超过了意识中失望或者背叛的风险，他们就会选择这样做。当交易发生，失望或者背叛的风险并没有被消除，但是它们被替代了，因此它们不再是进行交易的令人生畏的障碍。如果双方当事人基于私人关系或者商誉而存在信任关系，替代就会发生。与合同有关的许多行动应当被看做是在创造条件使这种信任得以确立。要让一个承诺可置信，一方当事人必须证明其易受损害的商誉置于危险中，或者所作的投资将会付诸东流。另一个选择是，126
双方当事人可以形成非法律制裁或者担保，从而因背叛或者失望遭受损失的显而易见的风险被提高了，该承诺变得更为确凿，而合同也就能有效地自我执行。

除了构建财产权利的规范系统，它是一切交易的先决条件，法律系统对市场的构建贡献甚微。法律制裁极少对信任的构建作出重要贡献，而援用法律过程常常会摧毁信任的感觉。另一方面，就像其他权威的裁定权利的系统，法律制裁可以通过参与执行有关商誉的非法律制裁而促进信任的构建。尽管与许多政治理论和经典的社会思想的假设相左，国家所提供的执行机制看来只是市场构建的一个可有可无的因素，这一点已经被无须国家的市场的许多例子所阐明。

127

第六章

合同行为的理性

对于外部的观察者，市场行为常常显得令人费解。一个法律上可执行的合同破裂了，但是受损害的一方却无法主张任何法律权利。合同一方要求额外的金钱以履行某个原先商定了固定价格的合同承诺，另一方欣然接受而没有对这种明显的勒索提出抗议。① 两个商人协定了一个合同，他们的法律顾问警告说这很可能是无法执行的，但是他们对此漠不关心。② 许多合同得到了履行，尽管其中一方承受了经济上的损失。③ 某些商人，像大型的零售商店，愿意退换货物，尽管这些货物原先供应的时候并没有缺陷并且严格符合书面的合同。④ 原材料的买方要求的数量比合同所约定的要少，而供应方并不反对也不调整价格就同意减少数量。⑤ 这些都是对合同行为的一般观察，而且，第一眼看去，它们显得很是古怪。

尽管合同承诺常常被视为理性的自利行为的典型形式，这些对合同行为的观察结果似乎发现了一种相反的动机，可以称之为利他

---

① e. g. *Williams v Roffey Bros & Nicholls (Contractors) Ltd* [1991] 1 QB 1, [1990] 1 All ER 512, CA.

② Macaulay, S., 'Non-Contractual Relations in Business' *American Sociological Review* 28 (1963) 45 (关于需求合同，在前一章中讨论过)；Palay, T. M., 'Comparative Institutional Economics: The Governance of Rail Freight Contracting', *Journal of Legal Studies* 13 (1984) 265。

③ Schultz, F., 'The Firm Offer Puzzle: A Study of Business Practice in the Construction Industry', *University of Chicago Law Review* 19 (1952) 237.

④ Kamkas, A., and Rosenwasser, R., 'Department Store Complaint Management', in L. Nader (ed.). *No Access to Law: Alternatives to the American Judicial System* (New York: Academic Press, 1980) 283.

⑤ Daintith, T., 'Vital Fluids: Beer and Petroleum Distribution in English Law', in C. Joerges (ed.), *Franchising and the law: Theoretical and Comparative Approaches in Europe and the United States* (Baden Baden: Nomos Verlagsgesellschaft, 1991) 143.

的甚至是非理性的。为什么双方当事人不坚持他们的合同承诺？为什么他们不要求对方履行合同或者坚决只限于自己明示的合同承诺以追求眼前的私利？为什么在对方违约时他们不威胁要执行合同？
128 合同行为似乎充满了看来和理性的自利行为相悖的举动。

我在这一章中的第一个目标就是解释这些举动如何能被理解为理性的行为。这些行为可能确实不会总是符合合同当事人眼前的经济私利，但是这并不应该成为理性行为的唯一衡量标准。在依据交流系统之间的竞争来分析合同行为的理性之后，我们接着考察市场参与者看似不在乎正式的合同关系这种现象的重要性。我的分析同时还会和基于对关系型合同这种现象进行观察所得的一种不同解释进行比较。在这一章的结束之处，会考虑合同行为相互竞争的理性标准这个复杂的画面对法律规制的含义。和以往一样，这些探索的潜在目标是去发现法律规制如何能更好地实现其支撑交易和市场的目标。

合同行为的三种框架

我们可以区分行为发生所处的框架或者参照点，以开始辨析合同行为这些方面的理性所在。大多数人类行为是以某个特定的规范系统为参照的。它通过致力于满足特定的标准而获得其意义和目标。这些标准组合在一起对特定的行为提供系统性的指引。行为通过使用这些标准作为参照获得其意义和目标。足球的规则，举例来说，为踢球入门这一动作提供了参照标准，这赋予了其意义（得分）和目标（赢得比赛）。然而，不同于游戏这个简单模型，进行交易的社会互动通常涉及多个参照框架。

对于合同行为，我认为我们可以有用地，尽管是大略地，区分治理行为的三个维度或者规范系统：商业关系、经济交易（economic deal）和合同。合同行为的这三个参照点为当事人指引他们自己的行为和评价另一方的行为提供了标准。这些规范系统所描述的社会互动模式使遵循占据支配地位的参照点的当事人之间的各种交流产生了区别。换言之，合同的双方当事人能够以三种截然不同的方式看待和讨论他们之间的关系。

商业关系 129

双方当事人之间的社会和商业关系既先于交易，又被预期将在履行以后持续下去。它包含着双方当事人之间的交易关系，由无数的互动组成，其中的一些可能涉及合同，但是通常包括了调查，讨论计划，以及解决已经发生的问题。围绕并支撑着交易关系，我们还可能发现非正式的社会关系，像商业午餐，家庭或者友谊的社会网络所形成的纽带，俱乐部的成员资格，以及种族特征。

我们曾经说过，这种商业关系为鼓励双方当事人进行交易提供了一种重要的信任的渊源。这一维度中起指引作用的规范系统主要涉及信任的发展和维持，尽管在背叛的情况下它也可以指引控诉和惩罚的行为。这种规范背景的一个重要组成部分就是交易的惯常标准，因为遵守这些标准和支持它们的制度框架将会起到在双方当事人之间创造信任的作用。

致力于商业关系的行为，其首要目标是维持和促进信任。在这个框架底下，行为将被理解为要么是展示其值得信任，要么相反，是背叛的信号。在一段长久的商业关系中，带着友好标志的某个承诺，如果不去遵守它，就可能被认为是一个蓄意的信号，表明这段商业关系再也不能被视为信任的一个来源。同样的，遵守某个承诺，即使双方当事人都明白这会导致经济损失，展示了其肯定该商业关系在双方当事人之间的交易中将会被优先考虑，从而信任将会加强。商业关系的交流系统以这些行为支撑或者颠覆当事人之间的信任纽带的程度来考察合同关系。

经济交易

接着，是双方当事人之间的交易或者协议，它明确了由这个个别的交易所创造的互惠义务，并且还设立了经济激励和非法律

制裁。经济理性为市场交易中的合同行为的这一维度提供了规范的参照框架。它要求对短期和长期的经济利益都加以计算，据此
130 衡量和评估合同行为。双方当事人之间的这个交流系统依据理性的自利行为来考察其举动。

在这个参照框架之内，对行为的评估仅仅依据经济私利。为了避免损失而违反合同是对这个标准的理性运用，尽管违约会导致背叛和信任的丧失。关键的衡量尺度在于与预期收益所承载的价值相比履行的价格或者成本。依据这一标准的理性行为，只有当收益超过违约的成本加上在市场中进行其他交易的成本，合同履行才会被要求。

这个框架底下的经济计算必须同时整合长期和短期的利益。对于某个特定的当事人，为了从合同关系中得到长期的收获，接受短期的损失也是值得的。描述这个同时包括短期和长期利益的框架的一个有用的模型是重复的非合作博弈。

在一个非合作博弈模型中，双方当事人都寻求他们的经济私利，但是无法控制对方的行为，从而也就无法支配结果。他们的行为必须依据对另一方的理性行为的预期，而另一方也是在相同的不确定性条件下和无法控制结果的情况下展开行动。双方当事人之间的交流总是可能的，但是不能保证这些声明是真实的或者任何承诺将会得到遵守。缺乏可靠性的这种特征使得博弈是“非联合行动的”（non-co-operative）。博弈的经济理论有时认为在法律可执行合同的情形中我们必须去探索合作博弈的领地。但是我们之前关于法律制裁在调控合同行为方面的无足轻重的洞见表明这样的假设是错误的。法律上可执行合同的存在对承诺的可置信性几乎毫无影响。

双方当事人对另一方未来行动的预期因而最为重视对另一方私利的分析。工人之所以完成工作是因为她需要薪水以生存下去；只要所要求的工作完成了，雇主就会支付承诺中的薪水。双方都依靠这种私利来预期另一方的行为。创造非法律制裁是引导这种私利如何决定行为的一种办法，行为因此变得更具有可预期性。

这种理性行为的模型强调，要评估自利行为，像有缺陷但是更便宜地履行合同，必须考虑合同另一方可预期的反应所产生的成本，例如另一方实施非法律制裁而拒绝全额支付商定的价格。

这种来自博弈论的模型必须构造得更为精细才能深刻领会这一点，大多数交易发生在一个长期存续的交易关系之中。消费者 131
在商店里购买货物的交易，比如说，很可能是一种双方之间不确定的系列交易。重复博弈的理论认为这一系列交易总是天然地不稳定的。在这个系列中的最后一个交易，存在着欺骗的激励，像店主提供有缺陷的货物这个例子，因为退出交易关系的制裁在系列交易的最后一期已经被消除了。[6] 如果知道这个问题，消费者将不会愿意进行每一次交易，担心店主将它视为系列交易中的最后一次从而进行欺骗。这个问题的解决办法在于保证在不定期系列的每一次交易中，店主从延续这个系列所得到的收益超过就该特定的交易进行欺骗。在零售的例子中，这个条件很容易满足，因为就某个特定的交易进行欺骗所得的收益一般会远远小于从不确定的系列中所得的利润率。因此，根据这个模型，不确定的交易系列情景中的长期利益通常要求适当地履行合同承诺。重复交易博弈之所以实现稳定或者均衡，是因为长期利益几乎总是要求牺牲进行欺骗的短期利益。因此，在这个模型中，合同行为所得的纯粹自利的短期收益不大可能成为行为的决定性影响因素。

合同

合同行为的第三个规范性框架是由包含在合同中的自我规制所提供的标准组成的。这个参照框架指引行为契合于由任何正式的文件、明示的协议和公认的惯常标准所确立的权利和义务。它指引着当事人主张权利和请求相关的履行或者支付赔偿的义务。自我规制提供了另一种参照框架以判断另一方是否未履行或者实

---

⑥ Telser, L. G., ‘A Theory of Self-enforcing Agreements’, *Journal of Business* 53 (1980) 27.

施了欺骗。

律师常常会被聘请以进行指导和阐明由这种合同取向（contractual orientation）所产生的话语，因此它可以称为是法条主义的（legalistic）。但是这个框架并不完全等同于法律如何看待双方当事人的行为。合同话语并非专属于律师。交易的双方当事人也许会决定以正式的方式解决可能存在分歧的问题的细节是明智之举，这并不是因为他们真的预期会有法律纠纷，而是为了澄清该
132 问题并事先确定风险和责任的分配。对规划细节的这种关注并不必然和法律执行的可能性相关。举例来说，Palay 对美国铁路货运合同的研究中，当事人所协商的大多数合同很可能由于支配州际贸易的规制而无法执行，但是其不可执行丝毫没有打击当事人把交易的某些复杂方面写进书面协议的热情。[7] 履行合同时也一样，双方当事人可能以这种法条主义的模式提出争议。一方当事人可能争辩说她从来就没有同意过这个合同，因为她从来没有签署过文件。另一方可能援引格式合同中小体字印刷的附则，希望利用免责条款将自己从违约中解脱出来。其实，律师远不会像外行那样以法条主义的方式解释具体细节，因为他们知道法院可能对法律规则和合同条款采取一种相当宽松的、目标导向的，或者“常识性的”（common-sense）解释。[8] 法律如何看待合同条款因而有别于外行解释这个合同框架的方式，尽管外行们可能以为自己正在循着法律推论的途径。

因此，这第三种框架可以更为准确地描述为法律如何看待双方当事人之间的关系。它强调由正式协议设定的自治的、非情景化的（unsituated）义务。协议的形成在双方当事人之间创造了一

⑦ Palay，T. M.，n. 2 above.

⑧ e. g. Lord Hoffman，*Investors Compensation Scheme Ltd v West Bromwich Building Society* [1998] 1 WLR 898，HL；Lord Wilberforce，*Reardon Smith Ltd v Tngar Hansen Tangen*（*The Diana Prosperity*）[1976] 1 WLR 989，HL；Sir Robert Goff，‘Commercial Contracts and the Commercial Court’，*Lloyds Maritime and Commercial Law Quarterly*，[1984]，382；Lord Steyn，‘Contract Law and the Reasonable Expectations of Honest Men’，*Law Quarterly Review* 113（1997）433.

个新的交流系统，它有别于由商业关系和经济交易所确立的交流系统。合同看待争议的方式是一个将交易与其经济和社会背景隔离开来的框架。合同的交流系统将所允诺的义务看做绝对的承诺，坚定的承诺，除非通过协商而修改合同自身这一过程，它是不能被更改的。正是这第三个框架描述了合同关系所代表的个别的交流系统。

合同行为的相互竞争的规范

通过区分经济交易这三个维度，我们可以理解合同行为许多令人疑惑的特征。每一个维度都有它自身的规范标准，双方当事 133
人依据它们指引自己的行为。这些维度每一个都可以形容为是封闭的、自我参照的交流系统，对处理信息和化解冲突的合适的规则和标准，它们有着独特的“内在观点”(internal point of view)。行为依据某一套规范标准是理性的，但依据其他的则是非理性的。在这一章开始时给出的关于合同行为的例子，展现了某个框架被认为起着决定作用的一些场合，尽管它所引导的行为在其他标准之下既不是最优的也不是理性的。简而言之，这种行为在其他交流系统之中是难以解释的。

交易的双方当事人参与到看似简单的事件中，像在市场的摊位上买卖苹果。但是他们的行为将会在某种程度上同时受到所有三种框架的指引。双方当事人必须从这些相互竞争的指引系统中开辟出一条道路来。他们对合同行为的意义和重要性的理解，依据他们对相互竞争或者相互冲突的交流系统之间形成一个科层的方式而有所不同。

考虑一个明显违反合同预期的简单例子，比如说交付货物。商业关系可能会支持失望的一方忽略这个违约，从而维持和谐的商业关系。类似地，商业关系可能会鼓励引起失望的一方作出赔偿，即使依据书面合同的某个免责条款事实上并不存在任何赔偿的法律义务。至于交易，经济利益的考虑因素则处于支配地位，因此在考虑如何对失望作出反应时，必须权衡短期的和长期的经济利益。这些计算往往会建议就利益作出一些折中的妥协，这种解决办法能保护交易的双方当事人经济利益，尽管是在一个有所降低的水平上。当一方无法按时交付货物，在交易的交流系统之下的反应，是依据私利的计算可能会接受迟到的交付或者完全拒绝这些货物。任何争议的解决都会通过折中利益从而以保持双方当事人交易的经济活力（economic viability）的方式决定。合同的规范性情景提供了交易的最后一个维度，其中的双方当事人依据协议主张相互冲突的权利。这些权利不容许折中，而是由赢的一方取得全部。买方主张拒绝延迟交付的货物的权利，或者坚持要求完全的和即时的合同履行的权利。卖方则援引合同中小字印刷的附则，其中包含了对责任的免除或限制。

交流系统之间的这些区别能解释合同行为的一般观察结果中
134 发生了什么事情，因为行为人可能遵循某一个规范情景而排斥其他的。在 Macaulay 对美国的商业合同的研究中，他描述了当某个老主顾取消一个“订单”时会发生什么事情。销售代表不会采取任何行动，并且，经调查，并不认为发生了违约。[9] 此时销售代表的行为主要是遵循长期的商业关系。这种对维持信任的强烈追求完全将合同框架排除于有意识的考虑之外。另外，在商业关系中还会有这样的计算，威胁要对违约提起诉讼可能会损害支撑交易关系的信任。销售代表的行为同样符合经济交易的重复博弈模型。尽管卖方接受违约而不要求赔偿的做法显然有悖于其短期经济利益，但预期中买方对提起诉讼的威胁的反应可能是作为非法律制裁的退出交易。基于这种预期，卖方的行为就变得符合理性，他会避免行使将激起这种反应的请求权，并一直等到以后解决一个未来的争议时可能会将这个让步纳入考虑的范围。

在另一个引人注意的例子中，Beale 和 Dugdale 叙述了在一个商业关系中如何处理对产品缺陷的投诉。如果该投诉被认为是合

---

[9] Macaulay，S.，n. 2 above.

理的，将会提供免费的修理，或者愿意在未来的交易中降低价格。[⑩] 这些反应维持了该特定交易对双方当事人的价值，并且同时试图为未来保持这段商业关系。在这些例子中，几乎肯定存在违约，就此是可以请求经济赔偿的法律制裁的。但是，看来行为人自己并没有采取这种行为方式。事实上，并没有金钱易手。他们的行为刻意地回避致力于权利和相关义务的合同取向，反而是优先考虑商业关系，其次考虑商业交易。

还是在这些研究中，研究对象们认识到诉诸合同权利或者包含着法律合同的书面文件，很可能会被视为一种恶意或者背叛。对事件的这种解释之所以发生，是因为如此诉诸法律权利意味着转换到一种敌对的规范情景。商业关系的规范以及对交易的经济利益的计算被抛弃了而转向一种厌恶利益和要求绝不妥协的权利 135
的冲突性主张。

在对合同行为这些相互冲突的规范的进一步考察中，Daintith描述了将铁矿石销售给钢铁厂的长期合同的行为。这是一个买方和卖方都很少的国际市场，当中的商业关系在极大程度上是长期的。在70年代初期，购买铁矿石的合同有着固定的期限（大概10年），固定的数量（或者一个最小的数量），和固定的价格。但是币值波动和钢铁市场的崩溃使这些协议变得不切实际。为了应对币值波动，双方当事人起初同意调整价格，接着将协议修改为每年一次议定价格。然而，为了应对需求的下降，在很长一段时间内却不曾变更在合同中确定一个最小数量的办法。相反，卖方仅仅允许买方根据他们的需求下订单，尽管这种形式有时反映在合同随后的修正中而包括一个吨数浮动的条款。虽然外部的危机使得出现了很多违约，但并没有发生借助诉讼或者仲裁的现象。这些问题的解决有赖于商人之间的合作和灵活处理。以合同形式表现的自我规制，其中所包含的严格的法律权利对双方当事人行为

---

⑩ Beale, H., and Dugdale, T., 'Contracts between Businessmen: Planning and the Use of Contractual Remedies', *British Journal of Law and Society* 2 (1975) 45, 59.

的重要性远逊于来自维持商业关系的愿望和来自使交易对双方都可行的需要的那些规范。正如 Daintith 所评述的：

> 在大多数情况下，如今，双方当事人在实行一种有别于写在合同上的关系，其中的非合同规范，像减少数量的正当性，可能比合同规范更重要。[11]

原有的正式合同，尽管在实践中并不决定双方当事人的行为，对它残留的一点坚持也许能被维持对长期商业关系的明示承诺这种行为的象征性意义所解释。

在更大的商业组织中，我们可以发现公司的不同部门可能选择相互竞争的规范情景。销售代表也许认为商业关系无比重要，法律部门可能在合同框架下将事件解读为应当对其采取法律行动的违约。总经理可能从经济角度看待同一个事件，在决定对违约
136 的适当反应时进行短期和长期经济利益的计算。生产部门会专注于技术规格（technical specifications），交货时间的长短，以及令人满意的履行是否从来可行。在诸如公司这种集体行为人的内部存在着这些敌对的角度，可以解释为什么在争议当中主导的规范取向会突然发生转变。[12]

除了这些对商业合同的研究，我们可以考察消费者购买的情形中合同行为相互竞争的规范。当一个消费者对商店投诉说最近购买的货物有缺陷，大多数零售商所采取的规范框架是致力于商业关系和交易的。双方当事人的法律权利极少出现在彼此的交谈中。举例来说，在一份对阿尔伯达的埃德蒙顿的零售商的调查问卷中，没有零售商提及法律权利和义务与他们处理投诉的方式有关。重要的因素是商誉和通过重复购买保持长期商业关系的意愿。确实，在一些商店中，大多数的退货完全没有法律根据，比如当

---

⑪ Daintith，T.，‘The Design and Performance of Long-term Contracts’，in T. Daintith and G. Teubner（eds.），*Contract and Organisation*（Berlin：Walter de Gruyter，1986）164，186.

⑫ Macaulay，S.，n. 2 above，66.

消费者认定她不喜欢该物品的颜色，但是这并没有改变零售商接受退货的政策。[13]

一旦我们认识到当事人可能遵循相互竞争的合同行为规范，显然令人迷惑的合同行为变得容易理解。对商业行为的研究揭示了关系和交易所提供的参照框架很可能比严格的合同观点影响更大。然而，一旦双方当事人察觉商业关系本身已经破裂而且交易无法通过折中利益来挽回，形势就会颠倒过来。过早地作出合同视角下的主张而转向合同中严格的权利，这被视为一种敌意的行为，因为它传递了如下信息，商业关系不再被尊重并且折中利益已经不再可能。

合同的“闲置”(Non-Use)

根据这些合同行为的实证研究所得的一种解释是合同并没有被商人们所采用，或者说合同在商业交易中是无足轻重的，或者甚至认为合同实际上阻碍了商业交易。这种关于商人们闲置合同 137
的解释最为强有力的表述是 Macaulay 自己作出的：

> 大多数商人对合同所持的态度可以最佳地描述为漠不关心甚至是充满敌意……他们评论说：“合同是浪费时间；我们从来没有遇到过任何麻烦，因为我们了解自己的顾客和自己的供应商；如果我们和这个人需要一份合同，我们就不会跟他交易。律师就是在碍事。”[14]

对商人们的态度的这种解释在我看来是令人疑惑和误解的。这种解释的一个问题在于混淆了作为参照的合同框架和为了

---

⑬ Ramsay, I., 'Consumer Redress Mechanisms for Poor-Quality and Defective Products', *University of Toronto Law Journal* 31 (1981) 117, 129.

⑭ Macaualy, S., 'The Use and Non-use of Contracts in the Manufacturing Industry', *Practical Lawyer* 9 (7) (1963) 13, 14. 在合同行为的社会学中对这一主题的重要性的考虑参见 Campbell, D. 'Socio-Legal Analysis of Contact', in P. A. Thomas (ed.), *Socio-Legal Studies* (Aldershot: Dartmouth, 1997) 239。

执行权利而使用法律。毫无疑问，法律系统极少被合同用于执行自我规制，但是这并不意味着包含在合同协议中的自我规制在指引合同行为方面是可有可无的。不采取诉讼的原因非常广泛，包括成本，对败诉风险的计算，以及对商誉和长期商业关系的损害，等等。在很多场合，法律执行之所以行不通不过是因为债务人的经济形势不妙。因此，合同所确立的自我规制中很可能含有双方当事人关键的规范取向，尽管他们极少怀着运用法律系统以执行该规制的意图。他们在协商争议的解决办法时以合同作为一个参照点，尽管他们并无意诉诸法律。

宣称这些实证研究揭示了合同被闲置，这一断言更基本的问题在于其没有意识到在一切的合同情景中都存在着全部三种规范框架。合同的双方当事人会在每一个思想系统之内处理其话语，但是在许多场合，一种话语会优先于其他的话语。当受损害的一方偏向于忽略违约而宁愿强调衍生自商业关系和经济利益的规范，合同框架并没有消失。合同框架可能在任何时刻被启用。如果双方当事人察觉到长期关系将要终结或者经济私利的考虑因素现在趋向于就该个别交易进行严格的合同执行，合同框架就会复苏。然而，如果不存在这些条件，这通常是成功的交易关系中的情形，我们可以预期合同框架将暂时被遮蔽。需要记住的一个要点是，
138 所有三种框架一般都能够成为论证的手段，双方当事人通过它们可以协商以改善其处境。

然而，我们却可以在这些对商业行为的问卷调查中发现关于以下事实的确凿证据，精心计算以后决定不去创造法律上可执行的合同或者至少是一份正式的合同文件，因而它就不能成为协商和争议的另一种话语的基础。此时，合同的“闲置”，至少是在使用详细的书面合同和订单这种意义上，其目的在于排除关于权利的争议。对某个纸张制造商负责销售的副总管进行采访的记录解释了为什么该公司不与其任何客户签订书面合同，尽管涉及的价值很高：

> 实际上，[以前使用的] 合同全都是单方的。它们给我们

> 带来约束却没有任何回报。我们不能让出版商或者印刷商吃掉多余的纸张或者让他们在无法使用的时候接受这些纸张。此外，当一个出版商或者印刷商取消了一个纸张订单，他就是刚刚失去了一个大订单或者他的杂志陷入了麻烦。这个时候他自身难保无法赔偿。另一方面，我们和大客户之间不需要合同——他们会接受这些纸张并且付账。所以一个合同不能给我们带来任何东西，还会妨碍我们把纸张留给我们想要照顾的客户的灵活性。⑮

最后一句话揭示了避免使用正式合同文件的决定性目的：在处理所有顾客的需要和利益方面它容许灵活性，因此受到重视的顾客可以被优待并且这些商业关系得到强化。

对合同被闲置这种断言的另一个反对意见是，以 20 世纪 50 年代和 60 年代的美国工业为背景的这些独创性研究的发现并不能被一般化。时代改变了，战后的繁荣已成过去，在全球竞争的压力下很可能商人们对于合同的行为会发生变化。这些压力也许能说明为什么美国的律师显著增加，为什么在煞费苦心地设计重大交易的时候律师们深深卷入其中，以及为什么他们作为职业者无疑入侵到商业规制和争议解决的所有形式当中。⑯ 此外，美国商人的态度是不是可以复制到诸如德国或者日本这些其他的文化中，这一点也值得质疑。这些研究是不是仅仅为我们提供了一个偏颇的观点，或许其侧重于制造业而忽略了建筑业和像银行业和专业服务之类的服务业，而在后者中合同也许是合同行为的主导性规 139
范框架？然而，我自己的观点是，一旦 Macaulay 关于合同的闲置的论题按照我所提出的方式进行解释，这些证据倾向于支持其在

---

⑮ Macaulay，S.，*et al.*，*Contracts*：*Law in Action*（Michie Co.，Charlottesville，1995），415.

⑯ Dezalay，Y.，'Between the State，Law，and the Market：The Social and Professional Stakes in the Construction and Definition of a Regulatory Arena'，in W. Bratton，*et al.*，*International Regulatory Competition and Coordination*（Oxford：Clarendon Press，1996）59，64.

不同的市场和不同的时代一般化。

关于商业行为其后的研究在我看来很大程度上验证了之前所描述的相互竞争的规范框架的存在。我们仍然发现大多数来自范围十分宽泛的各个工业部门的商人都愿意根据交易行为，长期的商业关系，或者为了维持某个特定的交易，而接受实质性的合同修改。[17] 考察中的调查问卷现在确实是由公司的法律顾问而不是商业经理所完成的，这也许表明了律师对管理系统的广泛介入，但是这些法律顾问似乎以和他们的前辈同样的方式行事。他们强烈地否认他们比起其他非法律背景的管理人员可能更关注法律权利这种说法。[18] 这个发现在我看来有几分道理；律师们特别擅长于运用合同话语，但他们也始终是交易的撮合者（deal-makers）和疏通者（fixer），极其胜任于掌握和开展其他的理性观点。成为一名律师并不意味着无时无刻像律师一样思考。即使是律师，也可以在相互竞争的合同行为规范之间进行切换。

在不同的商业文化中略有一些差异，但是也可以发现大量的相似之处。[19] 在德国，有证据表明正式的合同承诺在形成商业交易中更受重视，因此商人们对文件的关注程度更高。[20] 另一方面，合同文件并不必然被视为会限制承诺，因此，依照商业关系和交易进程而灵活地解决问题和调整承诺这一点是可以预见的。相反，在日本能听到的一种担忧（通常来自外国的评论人）是缺乏“合同意识”（contract consciousness），那里的商业关系和交易据信是侵蚀了合同规范。但是旨在检验这一观点的调查问卷似乎并没有
140 发现明显的差异，也许在日本是稍微有一点侧重于商业考虑因素

⑰ Weintraub，R. J，‘A Survey of Contract Practice and Policy’，*Wisconsin Law Review*（1992），1，19.

⑱ Ibid.，26.

⑲ Blegvad，B.，‘Commercial Relations，Contract，and Litigation in Denmark：A Discussion of Macaulay's Theories’，*Law and Society Review* 24（1990）397；Macaulay，S.，‘Elegant Models，Empirical Pictures，and the Complexities of Contract’，*Law and Society Review* 11（1977）507.

⑳ Arrighetti，A.，*et al.*，‘Contract Law，Social Norms and Inter-Firm Co-operation’，*Cambridge Journal of Economics* 21（1997）171.

而忽略了合同权利。[21] 也许唯一的真正区别是普通法国家，比起日本，在形成合同的过程中律师们的参与程度更高，而这可能反映了私法规制更大的复杂性。[22] 关于日本的合同行为一个更好的解释会强调其非法律制裁更为重要，比如说损害声誉，这会趋于替代合同条款和法律制裁的重要作用。还有证据表明日本的法院对这些商业关系维度更为警觉，因此其法律过程的设计，比起相对的西方国家，更多的是出于延续商业关系而强化其规范标准。[23]

所以，我对所谓合同的"闲置"的解释是，合同框架这一参照将会被启用，一旦这样做是理性的。然而，在描述了大多数交易关系的一连串重复博弈中，采用合同话语的做法极少是理性的。合同话语偏离了在长期商业关系中构建信任和使得交易对双方都可行的愿望，它通常会对眼前的和长期的经济利益都构成威胁。合同的闲置并不是由对律师的非理性仇恨或者商业规划中的褊狭无能所促成的，而是良好的商业判断力所导致的。

关系型的和个别的合同

在 Ian Macneil 影响颇巨的一系列著作中，他主张说传统的法律准则从一个特定的角度理解合同关系，那就是个别的交易。合同私法看待行为的方式是将其和合同中精准明确的义务进行比对。传统法律假设合同条款（以双方当事人之间默示的协议作为补充）提供了一个全面的规范框架，据此可以指引和判断双方当事人的行为。然而，Macneil 认为这种传统的法律模型在规制他所称的

---

[21] Nottage, L., 'Bargaining in the Shadow of the Law and the Law in the Light of Bargaining: Contract Planning and Renegotiation in the US, New Zealand and Japan,' in Feest, J., and Gessner, V. (eds.), *Interaction of Legal Cultures* (Onati: Onati International Institute of Sociology of Lawy, 1997).

[22] Kitagawa, Z., 'Use and Non-Use of Contracts in Japanese Business Relations: A Comparative Analysis', in H. Baum (ed.), *Japan: Economic Success and Legal System* (Berlin/NewYork: Walter de Gruyter, 1997) 145, 148.

[23] Haley, J. O., 'Relational Contracting: Does Community Count?', in H. Baum (ed.), n. 22 above, 167, 169.

"关系型合同"（relational contracts）时被证明是差强人意的工
141 具。这些合同的特征在于履行将持续一段时间并且合同对义务的详细说明是不完全的。对于这些关系型合同，合同条款提供了完整的自我规制这一传统法律假设（或者像 Macneil 所说的"presentiation"），显然是站不住脚的。[24]

法律准则作出回应，试图调整其规制以适应关系型合同。这一调整的首要条件是引入对合同内容更大程度的规制，以处理自我规制不完全的问题。这种规制的内容也需要修正以适应经济关系的长期性。我们在下一章中考察法律对不完全规划的回应这个问题。在下一章中，我们还会考虑这些规制合同方法的更改在多大程度上表明传统合同法发生了转变。现在我们处理一个预备性的问题，涉及以关系型合同解释合同行为这种主张。

个别的合同和关系型合同之间的差异是对令人迷惑的合同行为一个可能的解释。它认为在个别的合同中，也就是，孤立的、短暂的交易中，比如说从加油站买汽油，合同行为将会被极其明确的承诺和权利所支配。相反，在关系型合同中，比如说长期的需求合同或者一个重大的建筑项目，合同行为就会致力于双方当事人之间长期的商业目标，并且认识到为了实现这些目标有进行合作和调整的需要。个别的合同和关系型合同之间的对比确实解释了合同行为的一些差异。然而，我之前的分析暗示了关系型合同和个别的合同之间的对比不幸地易于模糊合同行为分析中最重要的特性。这种对比忽视了参照的三种框架，其结果是，有碍于透彻地分析合同行为的理性，而这又可能导出难以令人满意的规制结论。个别的合同和关系型合同的比较证实并不足以成为分析的工具，因为它的隐含之意是这些维度相互对立。

---

[24] Macneil, I, 'Contrats: Adjustment of Long-term Economic Relations under Classical, Neoclassical, and Relational Contract Law', *Northwestern University Law Review* 72 (1978), 854; Macneil, I. R., *The New Social Contract: An Inquiry Into Modern Contractual Relations* (New Haven: Yale University Press, 1980); Macneil, I., 'Values in Contract: Internal and External', *Northwestern University Law Review* 78 (1983) 340.

我的主张却是全部三种维度总是出现在合同关系当中，尽管在任何特定的例子中合同行为可能认为这个或那个维度占据着主导地位。举例来说，考虑每周从一个超级市场中购买杂货。这个 142
交易包含了指引合同行为的三个维度或者参照点。作为一个商业关系，超级市场的预期和希望是消费者每一周都来光顾。它对商业关系进行可观的投资，试图提供一个舒适的购物环境，高效和友好的消费者服务，获得折扣的忠诚卡（loyalty cards），以及欣然接受消费者退货而不要求他们证明货物存在任何缺陷。这个交易同样代表着一个买卖，其中的消费者寻找相对低的价格，超级市场则要保证利润率，不一定是在某个特定的周里，而是在一系列的合同中。这里头还有合同，作为个别的交易的货物买卖，其中每一件物品以一个固定的价格出售，并且产品质量标准的缺省规则还补充了这种自我规制。我们无法把这种交易描述成个别的或者关系型的，因为这两种维度都存在：合同形式也许是个别的，是一个孤立的交换，但是超级市场的合同行为的主导性取向很可能会趋于关系的角度。对于某个物品的价格所发生的争议，合同框架很可能成为主导的参照框架，因此双方当事人会赞成正确的价格是贴在货架或者货物上的标签所显示的价格。对于质量所发生的争议，超级市场的行为很可能面向商业关系以便维持信任，或者面向与消费者之间一系列的交易所得到的长期盈利。因此，我的分析认为所有交易都同时含有个别的和关系型的维度，并且这些分类模糊了规范取向的三种不同维度当中重要的变量。

我的分析还认为履行合同可能需要的时间长度并不应当被视为分析合同行为的重要因素。一个长期合同在它的合同条款中可能有着个别合同般的准确、完整的自我规制。比如说，合同可能会详细规定在几年之内所交付的货物的确切数量、质量和价格。这个合同维度在指引双方当事人的行为方面的重要性，取决于它相对于交易的其他维度和长期商业关系的优势。在 Daintith 关于长期的铁矿石合同的研究中，原先的合同符合完整的自我规制的模式，并因而与交付所经历的时间长度无关，这类似于一个孤立

的货物买卖。然而，他的研究揭示了，当双方当事人必须适应境
143 况的变迁时，商业交易视角的规范框架占据了优势，因此维持一个对交易双方都有利可图的商业关系支配着他们的行为，而合同所提供的规范框架则被搁置了。同样的，在一个短期的、孤立的交易中，例如从加油站买汽油，尽管法律可能通过它对货物销售合同的规制而提供一个完整的表述系统，至少是加油站方面的合同行为很可能严重倾向于商业关系和从一个长期的系列合同中所得的收益。其商标和商誉对于保护信任很是重要，而交易的长期重复博弈的维度会促使加油站避免将交易视为一组确切的权利，而宁愿倾向于维持良好的顾客关系的关系型维度。

就个别的和关系型的合同所作的比较如果旨在成为分析合同行为的工具，我的意见是它并不管用。该困难的原因在于它试图将合同行为的模式与真实的现象，也就是交易的类型联系起来。我的进路是将合同行为与交流系统，也就是指引行为的规范参照点联系起来。不同的交流系统在许多场合会指引行为趋于发散的各个方向。这些发散方向在关系型合同中可能更为强烈，其中的商业关系交流系统看待行为的方式可能与作为参照的合同框架所指示的方向恰好相反。但是，我曾经提议说，全部三种交流系统总是会出现在合同关系中，并且要适当地解释每个场合中的合同行为理性就需要调动全部三种系统。

合理的预期

这种对合同行为理性的分析对于合同的法律规制有什么含义吗？我们曾经评论说，法律看待合同关系的方式与合同的交流系统十分相似。合同框架所体现的对权利（rights and entitlements）的理解几乎可以毫不费力地由法律转译成它自己自我参照的话语。买方投诉说所供应的货物有缺陷，可以变成法律中相似的主张，也就是卖方违反了供应质量令人满意的货物的明示或者默示的合同条款。此外，类似的终结规则（closure rules）也适用于合同框

架和法律分析。与合同框架有关的事实，像合同的条款和已经作 144
出的履行，往往和法律调查（legal enquiry）中所考察的事实一模一样。当然，这种契合并不是偶然的：法律系统遵从合同实践，而合同的双方当事人遵从法律推理。它们的论证策略和终结规则相互滋养和模仿。

这种契合的主要效果是法律推理倾向于强化合同框架并同时推翻商业关系和交易这些话语。法律对合同行为的这种影响有关系吗？对法律规制和被称为商业关系和交易的合同行为的维度之间的紧张关系所作的分析，是否意味着私法话语规制市场行为的进路是根本错误的？法律规制是否应当重新定位以获得理解合同行为中相互竞争的规范驱动力的能力？当具备了这种能力，法律规制在裁决话语之间的冲突时，在某些场合下会偏向严格的合同权利，而在另一些场合下则偏向基于交易或者商业关系的隐含的义务。如果法律规制肩负起这个任务，那我们就必须知道它如何发展出标准以在相互竞争的规范框架间进行裁决。

我们可以在一个特定案子的背景下探讨这些相当抽象的问题。在 *Williams v. Roffey Bros and Nicholls*（承包人）一案中[25]，作为原告的木匠向作为被告的建筑承包人承诺会完成翻新 27 套公寓的工作，价钱是一个固定的总数20 000英镑。原告的工作进度滞后了。这一延迟影响到被告，因为根据该建筑工程的主合同的某个条款，延迟完成翻新工作将会降低报酬。被告承诺向原告支付额外的10 300英镑，每完成一套公寓获得 575 英镑，以促使其加快工作进度。被告还意识到原先的价格证实是太低了，这个交易对于原告是无利可图的。原告完成了八套公寓的工作，但是被告只支付了1 500多英镑。原告于是提起诉讼要求按照修改的协议结清余额。

这个案子的判例（legal report）没有透露双方当事人之前的商业关系的性质。在法律分析的终结规则中，这个信息是无关紧

㉕ ［1991］1 QB 1，［1990］1 All ER 512，CA.

要的。但是，我们可以猜测，某个地区的建筑业的参与者很可能彼此熟悉。实证研究表明，尽管存在着激烈的投标行为，合同常
145 常只签给那些和主承包人之前有过交易的分承包人。[26] 因此，我们可以推断，一个持续的商业关系很可能对指引双方当事人的行为影响颇大。考虑这些事实的主要效果是防止双方当事人因逃脱合同承诺而破坏其关系。

同时，从过去的事件可以明显地看出来，商业交易在双方当事人的心目中是一个重要的考虑因素。对原来的固定价格的合同进行修改的原因，其前提是有需要确保交易对于双方当事人都有利可图。主承包人需要按时完成交易，从而避免因惩罚延迟所导致的利润下降。与此同时，分承包人的需求是就其工作收到充足的报酬，否则，专心于其他更赚钱的工作就更有吸引力。解决的办法是达成修改的协议，使得交易对于双方都重新变得有利可图。

商业关系和交易的这种结合一直指引着合同双方当事人的行为，直到诉讼开始。在那个时刻之前，原有的合同所设的固定价格实际上毫无用处。它不会影响到木匠的工作进度或者主承包人预期中实际上要支付的数额。然而，一旦就额外报酬的争议进入了法律推理的领地，突然间合同框架变得至高无上。被告坚持说设有固定价格的原有合同是具备约束力的，因为缺乏新的考虑因素这一技术性基础，任何其后的修改都是无效的。被告宣称不存在新的考虑因素以修改合同，因为分承包人只不过是承诺去做对于被告而言本来就受合同约束的工作。换言之，这是一个法院不应当执行的机会主义的涨价。原告反驳说，该修改作为合同关系一个有效的修订或者变更是具有约束力的。因此，争议集中于对合同框架两种相互竞争的解释，而交易和商业关系这些原先激励着双方当事人的考虑因素则被忘却或者忽略了。

关于法律如何处理对这类争议的规制的一种观点认为，法律

[26] Eccles, R., 'The Quasifirm in the Construction Industry', *Journal of Economic Behaviour and Organization* 2 (1981) 335.

话语应当排他地专注于合同框架。法律规制应当支持合同作为指引行为的规范框架的权威。按照这种观点，偏离这条正统道路将会是一个错误。让双方当事人根据他们如何看待其所处的环境而通过相互协议以决定转换他们的规范取向将会更合适。如果他们 146
决定维持其关系或者认为该交易对于他们比起坚持就合同条款适用合同框架更重要，我们可以设想这是一种理性自利的行为，并让他们这样做而承认任何妥协或者调整的法律有效性。然而，让法律以自己的判断来替代合同框架什么时候应当依照其他的规范框架进行修改将会是很危险的，因为这一举动冒着错误估计何谓双方当事人的最佳利益的高度风险。比如说，法院可能会觉得根据环境的变化或者新的信息，一方当事人不应该坚持其严格的合同权利。但是，法院不应当试图以自己的判断替代双方当事人的想法，因为这很可能至少对一方当事人，也可能是双方当事人，强加一个逊于最优的结果。换言之，法律规制应当在合同框架及其本身的自我参照的推理和终结规则之间建立排他性的联系。法律不应当试图去直接推断出现在交易的社会关系中的其他交流系统。

对立的观点批评这种去情景化（decontextualization）的法律话语。它反对排他地参照合同框架。这个商业关系和交易对这些商业关系的构建和维持贡献得最多。运用蓄意地排除所有关于该商业争议所处环境的信息的自我参照的话语和终结规则，只是拙劣规制的诀窍。无论何时，只要其理性基于该商业关系和交易的规范框架，法律将不可避免地妨碍理性的合同行为。按照这种观点，法律在考察合同行为的时候有必要变得更为老练。它不应当只盯着关于合同框架的信息，而应当修改其终结规则，以便在其推理当中将根据商业关系或交易对是否需要支持关系型的合同行为所作的估计整合进来。可以通过在法律话语中加入更宽泛的或者开放性的标准以收集关于规范预期的信息从而实现这种修正。

这个更宽泛的标准可以称之为“合理的预期”（reasonable expectations）。不同于完全参照包含在文件和明示协议中的合同框架以确定权利的法律话语，“合理的预期”标准的计算在于扩大那些对支配合同协议的标准作出描述的信息的范围。举例来说，以下可能是一个合理的预期，尽管存在着一个固定价格的合同，双
147 方当事人预期在错误估计成本或者发生不可预见的费用时调整价格。如果法律系统想要帮助市场克服不信任的问题，那么它就应该，根据这第二种观点，尝试对反映了双方当事人所有预期的其他规范取向作出反应。一个法律系统如果无法支持这些合理的预期，它就不可避免地将会削弱其对于构建市场的贡献。

如果这第二种策略被法律规制所采用，法律规制将难以理解双方当事人之间关于在商业关系中确立信任和在交易中实现经济私利的交流。预期的这些来源必须通过诸如开放性的标准将此类技术穿插到法律规制的话语中，这将无法避免地降低法律结果的可预见性。举例来说，法律可能调整其规制以要求对合同作出履行，并非依据合同的字面意思而是依据善意与合作的标准。这一调整也就会使法院得以评估合同双方当事人的预期是否包括以下标准，在环境转变时可能要求进行变更，如在预期的履行中附加义务。

但是，比起书面合同这种刻板的证据，要从双方当事人的行为中引出他们基于交易或者商业关系的规范标准的内容，法院将会遇到麻烦。最好的证据有希望从过去的行为中发现，像之前的交易或者在实践中对合同的自我规制的背离。但即便是这种证据也总存在不同的解释。一方当事人曾经放弃坚持对方按照指定的准确日期支付而是接受迟延的支付，这个事实对规范标准的内容的意味很是模糊。可以主张说对违约的免除应当被解释为一个孤立的事件，不影响将来的预期，也可以认为它发出了以下信号，同意基于商业关系或者交易的经济私利修改适用于该交易的标准。

合同律师之间一个主要争议的术语就是由这两种观点界定的。一方面，那些偏爱规制中的确定性和可预见性的律师，坚决认为法律规制应当尽可能遵循合同框架，与此同时当然也放任合同的

双方当事人以他们的判断力和自我执行来解除对方的法律义务。另一方面，是那些赞成法律推理采取情景化进路的律师，引导理性的合同行为的全部三种规范标准的有关信息在这一进路中都被整合到法律推理之内。根据这后一种观点，法律推理的任务是在每个特定的合同争议中，确定规范情形的科层划分。

然而，我的看法是，这一争论依赖于一个若是更仔细地考察 148
便会发现有误的两难推理。如果我们再看一看 *Williams v Roffey Bros*，双方当事人都迫于传统的法律话语而依照合同框架进行他们的争辩。争议集中于对合同框架两种不同的解读，原有的固定价格合同，和以设定更高的价格提供激励的非正式的修改。法律争议总是采取这种形式，因为法律自我参照的话语要求它们以这种方式表现。双方当事人的主张总是要以合同框架的语言进行表述，这种语言是以协议内容的狭隘的终结规则为基础的。有趣的问题是法院如何消除这些冲突。除非法院得出结论说就合同框架的其中一种解读没有证据支持，那它就必须依据其他的标准对这两种解读作出取舍。在这个案子中，上诉法院认为修改以后的合同就合同权利有着明确的陈述。它支持修改以后的合同，因为被告通过同意提高价格而保障了其商业利益（因此，值得怀疑这是一个新的考虑因素）。这些利益包括改变原告的工作方式，从而至少可以按时完工部分公寓以避免惩罚，还省去了不得不转向其他合同关系的成本。这些考虑因素直接将交易的规范框架的方方面面带入法律话语中，以便消解合同框架的相互竞争的解读之间的冲突。

因此，我的观点是，私法系统将不可避免地被引领到对指导理性合同行为的规范框架更宽泛的考察中去。法院不可能仅仅参照合同框架而解决争议，除非对合同的一种解读没有证据支撑。确实，私法规制的话语不愿意承认有必要放弃其密闭的终结规则，转而采用招摇地整合了其他规范框架的开放性标准。通过将法律准则重新塑造成像“合理的预期”这样开放性的标准从而更明晰地扩充规范性的参照点，要评估这种做法的长处和短处，必须对相关的特定规制问题进行更细致的考察。在下一章中，我们要考察传统进路的一个问题，就是它倾向于优待对合同框架的书面声明。在接下来的一章中，我们要处理最富争议性的问题，经济效率的考虑因素是否支持法律话语对合同框架传统的、排他的强调。

第七章 149

规划与合作

合同律师都从事一些什么工作？他们被聘用时主要有两个任务：第一，帮助去规划一个交易，还有第二，参与争议的解决。规划的角色在他们的工作中比重更大。在这一章中，我们首先考虑这种规划角色对于创造和履行合同的行为的重要性。规划对合同实践的有限作用表明了法律应当如何看待和规制规划。我们接着考察律师在为商业关系设计适宜的规划时所遭遇的困难。主要的困难涉及合同规划无法避免的不完整性。对于法律规制合同的目的而言，重要的问题是法律系统应当如何理解和应对不完全的自我规制。此外，作为长期、持续的合作的规划工具，合同有着天然的缺陷，法律规制有必要就解决这个问题提供帮助。合同关系的潜在意义总是和它们的暂时性有关，总是受制于其“无时无刻不在的消亡的威胁”①，并因而受制于承诺的有限范围。当面对着这样一个经济关系，它故意让存续的期间不确定并且特地就其中的义务作出不完全的描述，法律系统只能将合同的一般含义转化为法律话语从而提供适当的规制支持。

律师作为工程师

合同律师试图将经济交易转化成一个法律上可执行的书面协议。律师们这样做的时候有助于交易的形成，因为他们可以援用以前与之相似的交易经验，从而就表达双方当事人的经济利益提

---

① Selznick, P., *Law, Society and Industrial Justice* (New York: Russell Sgae Foundation, 1969) 59.

出模范的条款或者义务。这个时代有文字处理软件和计算机网络，律师们主要地依靠公司关于先前合同的资料库，然后根据该交易的任何特质定制其方案。对于复杂的或者不熟悉的交易，这些先例可以被描述成商业关系的一种“工程”（engineering），因为它们为双方当事人建议了一个特定的途径，他们可以藉此以最低的交易成本实现其经济目标。② 援用先前交易的经验，律师还可以提醒双方当事人注意那些可能会发生或者以前没有在当事人身上发
150 生过的情况，然后建议如何通过合同条款有效地处理这些情况。律师们之间关于交易细节的协商无疑会暴露交易内容的模糊和分歧之处，而双方当事人的明智之举或许是在进入交易之前就解决问题而不是等到一个激烈的争议产生。

因为这个规划角色对执业律师的重要性，毫不奇怪许多对合同行为的主要研究曾经考察过商人在多大程度上规划他们的交易。像 Macaulay③，还有 Beale 和 Dugdale④ 所进行的这些问卷调查，意在获得关于这个问题的信息，商人是否使用合同作为一种规划工具。这就是从律师的角度看之所以需要合同的原因：为可能的情况作出规划。这些研究的一般结论也许并不让人吃惊，尽管律师们还是会颇为震动。商人们的注意力集中在经济交易而非合同上。他们感兴趣的是货物和服务的核心交易，并不太关心就可能的情况进行规划的任务。从双方当事人的角度看，关键的因素是价格、货物（质量和数量）、期限和值得信赖的程度。就可能的情况进行规划的任务留给了公司的法律部门或者外面的律师，他们通常会提供一份商人们不经过深思熟虑就签署的格式合同。对于那些受到采访的商人而言，书面合同的主要用途是帮助澄清商业

---

② Bernstein, L., ‘The Silicon Valley Lawyer as Transaction Cost Engineer?’, *Oregon Law Review* 74 (1995) 239.

③ Macaulay, S., ‘Non-Contractual Relations in Business’, *American Socilolgical Review* 28 (1963) 45.

④ Beale, H., and Dugdale, T., ‘Contracts between Businessmen: Planning and the Use of Contractual Remedies’, *British Journal of Law and Society* 2 (1975) 45.

交易的内容。

> 如果你清楚明白地说出自己的意图，就不会有任何麻烦。人们会履行他们所理解的承诺。[⑤]

剩下的那些被律师们典型地归入书面合同的问题往往只得到交易双方当事人的些许关注，尽管并不总是这样。

合同律师所执行的规划任务包括很多可分的事务。首先，律 151
师们也许会就能为经济交易提供更多细节的明确的合同条款提出建议，从而消除约定的履行中的任何模糊之处。其次，律师们试图在双方当事人之间就可预见和不可预见的情况分配风险。风险分配可以通过很多合同机制实现，包括免责和排除条款（disclaimer and exclusion clauses），这些条款实际上能使一方当事人被免于认定为违约，如果其没有履行的原因是出于条款中所描述的情况。设计一个宽泛的条款从而使履行在法律中实际上变成几乎是可选择的，这是可能实现的，尽管在商业关系的语境中并不当然是这样。再次，律师们使用合同构建非法律制裁或者像担保权益（security interests）这样自我执行的法律制裁。最后，律师们细致地关注争议应采用的解决方式和任一方当事人可利用的救济类型。在这个清单中，第一个因素是交易的双方当事人会仔细审查的，但是其他三个因素通常地将会组成文书的大部分。

律师们所发挥的规划功能的作用和重要性有多大？因为商人们常常聘用律师从事这个规划角色，尽管服务费用不菲，我们必须推断他们认为收益比成本要高，至少在一系列的交易中是这样。收益是什么呢？对互惠义务更准确的描述以及解决随后的小争议的机制可以清除完成交易的一些障碍，从而，尽管双方当事人之间存在着困难和争议，商业关系和交易都能得到保护。在分配权利时理清这些文书，还可能有助于在发生争议的情况下达成和解，因为这样一来，就相关预期和条件进行似是而非的争辩的空间更

---

⑤ Macaulay, S., 'The Use and Non-use of Contracts in the Manufacturing Industry', *Practical Lawyer* 9 (7) (1963) 13, 14.

小了。有比较研究的证据表明，德国的商业实践始终采用正式的合同文书和制度化的交易标准以确定预期，这种行为让人们在预测可能的法律结果时信心更足，反过来又减少了诉讼和有利于和解。[⑥] 然而，对商业行为的实证研究从来都表明，双方当事人通常并不愿意援引法律文书，担心这样会损害商业关系并为交易的完成带来额外的障碍，因此当商人们寻求解决争议之道时，可能根本不会借助这种精心的规划。事先分配风险还可能有别的好处，
152 双方当事人可以就他们承担风险的情况向第三人购买保险，这能实现一个有效水平的保险范围。对非法律的和部分地属于法律的制裁所作的规划，可能证明是正式合同最有价值的特征，尽管，正如我们所看到的，最强大的非法律制裁的实行往往根本不需要正式合同。

最后，当然，律师们会提供一份在法律上理应能够执行的协议，符合法律对形式主义的一切要求，像书面的文书或者登记，尽管当事人之间任何非正式的协议也很可能是法律上可执行的。形成一份法律上可执行的合同的价值，关键地取决于是否存在有效的非法律制裁，因为如果非法律制裁能有效地威慑违约，那么额外的法律制裁的收益几乎是可以忽略的。其结果是，在许多场合中，律师给出的最好建议是告诉双方当事人采用一个不具有约束力的协议。[⑦]

这种建议并不那么常见，但是会出现在诸如"意向书"（letters of intent）、"安慰函"（letters of comfort）和框架协议等商业例子中。意向书初步表明了继续进入一个商业交易的意愿，尽管还要经过具体的协商以形成正式的具有约束力的合同。安慰函一般是母公司向债权人出具的，承诺会协助其正在试图从债权人那

---

⑥ Arrighetti, A., *et al.*, 'Contract Law, Social Norms and Inter-Firm Co-operation', 21 *Cambridge Journal of Economics* (1997) 171, 187-8.

⑦ Bernstein, E. A., 'Law and Economics and the Structure of Value Adding Contracts: A Contract Lawyer's View of the Law and Economics Literature', *Oregon Law Review* 74 (1995) 189.

里获得资金的子公司清偿债务，而这一信函或者保证本身并不成为法律上可执行的对债务的担保。在一个框架协议中，商业交易的双方当事人描述他们关于未来商务的开展的目标，但并不给出具有约束力的承诺。法律上可执行的承诺只会随后由另外的合同规定。*Rose & Frank Co v JR Crompton Bros*⑧一案中的诉讼主题正是这样一个框架协议。

> 所达成的安排，以及所形成的书面备忘录，并不是一个正式的或者法律上的协议，也不应当服从于无论是美国还是英国的法院的司法管辖权，它只不过是清晰地表达和记录相关的三方当事人的目标和意图，就此他们每一方都以最大的信心荣耀地保证——依据他们与对方过往的商业往来——三方当事人中的每一方都将以相互的忠诚和友好的合作履行这一协议。

法院通常认定这些“君子协议”（gentlemen’s agreements）在法律上不可执行，认为其目的显然是依赖对方的善意和荣誉，或者，如我们所说的，依赖从过往交易经验中产生的信任以及终止可能有利可图的长期商业关系的非法律制裁。因此，当能够采 153
取其他的非法律制裁或者当背叛和失望的风险由于信任而降低，法院承认可能存在将法律制裁作为一种可能的救济方式排除在外这种理性。律师们可以规划交易，从而只有当额外的法律制裁对建立承诺的可置信性确实必要时，才作出具有约束力的承诺。

商业交易的非正式性

尽管律师的规划角色对商业的潜在效用并不大，在规划的正式性和常常作为商业交易的发生特征的非正式性之间存在着一种紧张的关系。交易的各方当事人集中注意力悉心打造其经济交易，并视其主要的因素为他们之间的合同。法律系统承认这种口头或

⑧ ［1925］AC 445，HL.

者非正式的协议，但是通常更受到其后包含在规划文书中的交易的文本证据的影响。书面正式协议诱人的吸引力在于它给出了一个更全面的关于自我规制的方案，这也许确实能够就作为诉讼主题的争议提供一个准确的答案。然而，对书面文书如此的重视往往并不符合交易的双方当事人他们自己的意图和预期。他们可能并没有看过或者考虑过这些文书，或者他们可能错误地假定他们自己的标准交易条款会支配该交易。他们交易是由关于价格和技术规格等主要因素的口头协议确立的；据报道，一个商人曾经说过，“我们希望达成的是协议，不是合同”⑨。法律系统认为这些文书对于合同框架是最为重要的，但是当事人他们自己视这些文书为可有可无：合同背面的标准商业条件（standard business conditions）“不意味着任何东西”⑩。交易的协议是重要的，因为它传达了对履行的确切预期，但是规制当条件变坏时将发生什么事情的那些合同文书最好不要提起，免得会损害信任或者阻碍交易。

法律系统致力于执行合同中的自我规制，但是商业协议的非
154 正式性和对规划文书的采用之间的紧张关系给法律系统带来了确定哪一个协议代表着合同的难题。我们可以区分协议中的非正式性和规划文书的正式性这一紧张关系的三个情形。第一个问题涉及如何处理口头协议时间顺序上的优先性和其后规划文书中更完整的自我规制之间的冲突。第二个问题是由过多的规划文书之间的相互抵触引起的。最后一个问题是非正式的协议和经同意的规划文书的内容之间可能的冲突。

有顺序的协议

采用律师的贡献的时机是一个巨大的难题。在交易的协商过

---

⑨ Deakin, S., *et al.*, 'Contract Law, Trust Relations, and Incentives for Co-operation: A Comparative Study', in Deakin, S., and Michie, J. (eds.), *Contracts, Co-operation, and Competiton* (Oxford: Oxford University Press, 1997) 105, 122-3.

⑩ Lyons, B., and Mehta, J., 'Private Sector Business Contracts: The Text Between the Lines', in S. Deakin and J. Mitchie (eds.), n. 9 above, 43, 58, quoting a business contractor.

程中，商人们很可能讨论交易的买卖方面（deal aspect of the transaction），但是把“文书工作”（paperwork）留在以后。一个握手或者在电话里下一个订单，在双方当事人的心目中可能意味着买卖确定完成了。就买卖达成协议，接着准备好文书工作，然后还可能在书面文书上签字。Macaulay 报告说：

> 七位来自律师事务所的有商业实践的律师接受了采访。其中的五位认为商人们常常缔结合同而只有最低限度的事前规划。他们抱怨说商人们希望“让它保持简单而避免繁文缛节”，即使交易涉及大数额的金钱或者重大的风险……另一位律师说商人们在讨价还价的时候通常只会融洽地谈到大体的事项，他们觉得他们有一个合同，但是没有就任何艰难的、让人不快的问题达成协议，直到律师迫使他们这样做……商人们很可能将更多的注意力放在描述这个交换中的履行上，而不是为可能的情况或者有缺陷的履行进行规划或者为他们的合同获得法律上的可执行性。[11]

法律系统以其自己的分析术语来评价这一行为。私法很可能得出结论，认为非正式的交易代表了一个法律上可执行的合同。它满足“要约”和“承诺”的一般要求。与其后的文书和签字相关的问题由此产生。它们应当被视为具有约束力的合同的一部分吗？

书面文书有异于口头协议，前者补充了后者所约定的那些义务甚至在某些方面和它们有冲突，在这种意义上，或许可以主张说这些文书并不代表合同的一部分，而毋宁构成了在未取得另一 155
方同意的情况下改变合同条款的单方面的企图，这种企图不会得到法律的承认。这种法律推理的奇怪后果是律师所提供的大量规划在诉讼时可能会被法律认为不存在法律上的相关性。但是另一种推理思路同样地毫无吸引力。允许这些文书推翻口头协议将会

---

⑪ Macaulay，S.，n. 3 above.

打击对非正式协议的信赖，从而导致交易成本的上升。

潜在的问题是双方当事人在某种意义上缔结了两个合同：包含交易中的商事细节的口头买卖，以及设定规划要素的书面文书。前者有时间顺序上的优先性，并且在塑造双方当事人的预期方面作用更大。后者则更为完整和具体，因此它可以被看作是对自我规制更清晰的说明，如果这份文书有签字，它还可能由于签字仪式所惯常地被赋予的意义而被认为更加重要。然而，当发生争议，法院在这两种合同不一致的情况下必须作出抉择。

在商业情境中，普通法解决这个问题的办法是援引那些致力于查明反映双方当事人之间信任程度的参数的规则。换言之，就合同框架发生的争议，是通过援引交易所处的其他规范框架来解决的。某个规则考察先于受争议合同的商业关系，以确定该书面文书在过去是否被看做交易的组成部分。按照这个原则，如果之前的交易过程表明书面文书被视为对合同关系是相关和必要的，那么法院将认为它们被默示地包括进了受争议的协议当中。举例来说，在 *Henry Kendall & Sons v William Lillico & Sons Ltd* 一案中[12]，动物饲料的卖方每个月会接到买方打来的电话下三到四个订单。卖方在电话交谈结束以后会迅速给买方发一份书面的合同单据（contract note）。卖方的标准商业条款将潜在的产品缺陷风险分配给买方。法院认定，根据双方当事人之间的交易过程，该书面合同单据默示地成为口头协议的一部分。按照这种推理，商业关系中信任的基础被法院用于论证将其后的文书纳入合同的法律分析的正当理由。然而，这种论证在涉及消费者的情形中证
156 实并不那么成功，本着保护消费者的精神，法院通常要求出示先于合同形成的文书。[13]

---

⑫ ［1969］2 AC 31，HL.

⑬ *Hollier v Rambler Motors*（*AMC*）*Ltd*［1972］2 QB 71，［1972］1 All ER 399，CA；*Parker v South Eastern Rly Co*（1877）2 CPD 416，CA；*Chapleton v Barry UDC*［1940］1 KB 532，CA；*Thornton v Shoe Lane Parking Ltd*［1971］2 QB 163，［1971］1 All ER 686，CA.

确定规划文书与合同关系的相关性的另一种方法是将那些文书视为代表着交易传统。按照这种法律推理，法院假定在商业合同中，商人之间关于该交易的非正式协议将默示地包含交易的惯例，因为这些惯例代表着双方当事人进入非正式交易时的预设。一旦确立了这样的做法，认为书面文书和市场参与者所采用的标准商业条款之中包含着惯例，法院就可以把默示的书面文书嵌入到口头交易之中。在一个涉及该行业中两个公司之间租用一个起重机的案子中，在电话中协定价格以后文书也被传送过去，并且这个文书成为了合同的一部分。其证据是这个行业里的所有商人都使用标准条款，而且这些条款除了一些细微的差异以外基本上是完全相同的，因为它们全都基于"承包人设备协会表格"（Contractors' Plant Association Form）。法院得出结论是标准的商业条件被默示地植入到合同当中。[14] 按照这种推理，确实，即使书面的文书从来就没有提交或者传送也没有关系，因为这种以交易惯例作为信任基础的论证总是会成功的，即使这些文书由于某种疏忽而从来没有传送。

这些说明意味着当规划文书在商业交易中被忽略时，法院可以很娴熟地把它们重新放入合同关系中。这种法律推理相当地勉强，因为法院必须克服时序的问题，也就是这些文书的传送仅仅发生在协议早已达成以后。但是这些准则的优点在于它们容许商业交易的双方当事人利用规划文书的好处而无须花费于将它们虚饰地放入非正式的、低交易成本的商业交易中。

这种非正式交易对双方当事人的好处还与在他们之间构建信任有关。基于握手或者电话交谈而行动的这种意愿，尽管书面文书随后会送出，提供了一个强烈的信号说明行为是值得信任的。坚持如下立场，认为达成和签署书面合同以后才产生具有约束力的承诺，恰恰相反，表明有理由怀疑存在可能妨碍交易的不信任。 157

---

⑭ *British Crane Hire Corporation Ltd v Ipswich Plant Hire Ltd* [1975] QB 303，[1974] 1 All ER 1059，CA.

当事人因此并不愿意坚持先完成正式协议才让交易产生约束力，这会给法院带来偶然发生的就书面合同的协商最终破裂的情形，尽管与此同时，双方当事人一直以信赖交易的态度行动。法院面临的问题是应不应当根据非正式的承诺确定存在具有约束力的合同，尽管双方当事人明确表示在创造一个法律上可执行的合同之前必须就规划文书达成一致。如果法院认定对规划文书持续协商的存在必然会导出双方当事人并没有达成协议的结论，那么它就必须坚持认为合同从来不存在，尽管预期中的义务或者交易可能已经被履行了。法院能够为信赖非正式交易提供一定的保护，其方法是根据私法上的不当得利要求买方就其所得的收益支付一个合理的数额。[15] 对这种返还性救济（restitutionary relief）的反对意见是，它忽略了规划文书自身所可能提供的解决办法。但是该准则的优点在于它为先动者提供了法律支持，并因而为通过在完成正式合同之前就开始履行来发出其值得信任的信号的当事人提供了一些有限的保障。

规划文书的过剩

先就买卖达成非正式协议然后在交易中插入规划文书，这一做法所导致的显著问题涉及“文书之争”（the battle of forms）。在这些案例中，双方都试图将他们相互抵触的规划文书加插到合同框架中。法律推理的问题在于，当任何一方都没有明确同意遵守另一方的标准商业条款时，就要在两个文书之间作出抉择。

在一个典型的案例中，双方当事人就经济交易口头讨论和很可能是达成协议之后，买方发出了一份“订货单”（order form），在其正面指定了产品的技术规格并在其背面含有标准的商业条件。供方发出一份确认价格和技术规格的文书从而认可了这份订单，

---

⑮ *British Steel Corp v Cleveland Bridge and Engineering Co Ltd* ［1984］ 1 All ER 604.

但是其背面载有一组不同的并与之矛盾的商业条件。这一通信可能还会继续，但与此同时，协议将会开始履行而货物也会被送达。如果在那个时刻发生了争议，典型的法律分析将会寻找双方当事人之间的协议。法律推理寻找一个和承诺严密契合的要约。如果 158
该文书包含了一个事实上提出了不同条款的明显的承诺，法律分析就会坚持认为这一文书代表了一个新要约或者“反要约”(counter-offer)。如果协商不再继续，那么法院将从相关的事实中发现双方当事人从来没有就哪一方的标准商业条件应当支配该关系达成协议。从而，要么是法院被迫得出法律结论，由于缺乏条款完全一致的要约和承诺，双方当事人从来就没有缔结过法律上可执行的合同；或者，更常见的，法院会企图根据行为推断出其中的一组条款依照协议是占据上风的。

这些决定往往显得很武断，因为法院无法从关于交易或者商业关系的进一步证据中就哪一个版本的合同框架应当支配其关系这个问题获得指导。这种证据通常毫无帮助，因为双方当事人并不觉得标准格式的“文书工作”（paperwork）有多重要。这种非正式性以及标准格式的规划文书过剩所产生的后果是，正如 Macaulay 曾经所挖苦的，“大量的交易是通过一个要约和反要约来完成的”[16]。

法律推理似乎也明白它所关注的是双方当事人他们自己觉得不大重要的问题，因为它并不愿意遵循自身的逻辑，也就是，由于双方的标准商业条件不相同，所以不存在法律上可执行的合同。然而，法律推理还是继续其对协议的文书证据的迷恋，因此，为了与协议确实已经达成的市场预期保持一致，法院必须操作文书证据以便符合其对法律上可执行合同的要求。对于法院来说，也许一个更有说服力的解决办法是纯粹依据口头的或者非正式的协议来确定合同的内容。规划文书可以被整合到这一协议中，只要这些文书相互一致并且与口头协议也一致。

⑯ Macaulay, S., n. 5 above, 17.

倘若当事人一般都对文书工作不感兴趣，这条进路无疑更符合他们的意图和预期。

非正式协议和正式协议之间的冲突

关于文书之争的这样一条进路所引起的最后一个问题是如何解决非正式协议和正式文书之间的冲突。尽管商业当事人可能会在大概都没有把它完整读完一遍的情况下签署一份书面文书，当
159 存在对律师草拟的书面文书加以限定甚至与之抵触的各种口头保证，这种情况有可能发生。

为了防止这些口头保证变得具有约束力并破坏规划文书，律师们常常会使用一个“完整协议”条款（‘entire agreement’ clause)，依据这个条款，书面协议声明它构成了双方当事人之间完整的合同而任何口头承诺不应当被视为具有拘束力。这个声明很可能与双方当事人的预期相左，他们会将注意力集中在界定经济交易的口头保证上，而不是文书中小体字印刷的附则。这种不当地将形成商业交易的功能归于规划的作用的企图，当法院要确定口头保证是否具有约束力的时候，应当对它抱有怀疑的态度。将这些有形的、正式的文书视为关于合同条款更优越的证据的做法对于法院很有吸引力，但是这将曲解这些文书在商业交易中的有限作用，它们只是对可能的情况作出规划而不是要构建交易。

赋予规划文书以优先地位的行为在普通法中称为“口头证据规则”（parol evidence rule)。这个规则倾向于拒绝口头声明和非正式的文书作为证据，像与契约的条款相异或者抵触的信件或者其他由双方当事人签字的书面文书。这个规则并非绝对排除外来的证据，但是它提出了一个强烈的假设，那就是经签字的文书构成了合同的全部。然而，当能够提出令人信服的证据表明存在着施加限制的并行的口头合同[17]，或者能够成功论证口头的或非正式

---

⑰ *De Lassalle v Guildford* ［1901］ 2 KB 215；*City and Westminster Properties (1934) Ltd v Mudd* ［1959］ Ch 129.

的文书同样是意在构建合同的一部分[18]，这个假设是可以反驳的。

在得出无须改革口头证据规则的结论时，英国法律委员会（English Law Commission）论证说这个假设是如此的无力以致它不会带来不公正的结果。[19] 尽管这个结论可能是对的，它并没有意识到一条更好的进路在于承认非正式交易和规划文书两者有着不同的优先性。关于交易的主要方面，像价格或者将要交付的货物，倘若交易的双方当事人在口头或者非正式的协商中将注意力集中在这些要点上，那么，更好的办法是执行当事人的自我规制从而赋予非正式协议优越于书面文书的地位。如果该争议涉及律师们 160
加进去的就罕见情况下的风险或者其他方面作出的规划的细节，根据排斥外来证据的假设赋予书面文书以优先性就显得合理。

规划文书的不完全

合同总是不完全的。尽管律师们通过合同条款规划各种情况，这种规划从来不是完全的。然而，我们应当区分关于合同不完全的三种截然不同的概念。

第一种关于不完全的概念关注的是人类预见力的局限性，认为并非所有可能性都能被预见。预料之外的或者难以置信的事件可能会发生，从而摧毁曾经作为交易基础的事实假设。在法律分析中，问题在于哪一方承担意外事故的风险。其答案通常会涉及规划文书或者书面合同的意义或者构成。这些文书一般会使用的是概括性的话语分配所有的风险，无论这些意外事故是如何地不在意料之中，比如“卖方对无论何种情况引起的交付迟延概不负有责任”。但是这些概括条款（general clauses）不一定被视为对

---

⑱ *Evans (J) & Son (Portsmouth) Ltd v Andrea Merzario Ltd* [1976] 2 All ER 930, [1976] 1 WLR 1078, CA; *Amalgamated Investment & Property Co Ltd v Texas Commerce International Bank Ltd* [1981] 3 All ER 577, CA.

⑲ Law Commission, *Law of Contract: The Parol Evidence Rule*, Report No. 154, Cmnd. 9700 (1986).

问题起着决定性作用，如果已经发生的不大可能的事件被认为超出了规划文书所属意的范围。这个论证变成了，当规划文书得到适当的解释，它就是不完全的，因为它要么在处理某个特定的意外事故时存在着缺口，要么其覆盖范围并不能延伸到已经发生的事件。

第二种关于不完全的概念考虑的是如何应对事前无法准确预期的可预见事件。比如说，合同的双方当事人知道通货膨胀将抬高长期供应合同中的货物的生产成本，但是通货膨胀的准确数字只能靠估计。合同的规定在处理通货膨胀时不能就价格作出精确的调整以弥补产品成本的变化：这些条款对未来状况的分类太粗糙了，在这种意义上，合同是不完全的。[20] 规划文书在此并不存在缺口。问题
161 更确切地是规划文书无法精确地符合至少是一方当事人的商业意图。该论点是“买卖”（deal）和书面合同之间缺乏一致性。

第三种关于合同中不完全的概念可能成为意定的不完全。当双方当事人意识到他们希望随着时间的过去，依照变化的市场条件和技术修改其协议，该合同就会回避严密的、固定的承诺，反而会强调需要灵活性和运用自由裁量权。在一个建筑工程中，举例来说，修改可能是设计师授意的，而在雇佣合同中，雇主会保留最低限度的决定权，要求变更生产方法和重新调配劳动力。合同在这里略去了重要的细节，留待以后的协商、某种治理机制，或者单边的自我规制来解决。双方当事人在他们的协议中实现了灵活性，其代价是就义务的详细说明并不确定。这里所产生的规制问题是一方当事人其后的履行可能与另一方的商业预期不相符。意定的合同不完全通常不会指出如何解决此类争议。

风险

第一种不完全引起了一个分配风险的问题。如果缺乏具体而

---

[20] Schwartz, A., ‘Relational Contracts in the Courts: An Analysis of Incomplete Agreements and Judicial Strategies’, *Journal of Legal Studies* 21 (1992) 271.

明确的条款以管理所发生的意外事故，可以主张说，合同的规制功能并没有仔细考虑和分配由所发生的事件所导致的损失风险。然而，通常也可以截然相反地争论说合同的概括条款事实上已经把风险分配给了其中一方。举例来说，一个“固定价格”（fixed price）合同意味着无论发生什么情况该价格都不应当改变。为了处理这个分配风险的问题，法律系统面临着一个棘手的选择。它可以采纳合同协议已经慎重地尽管也许是默示地分配了风险的假定，或者它也可以授权法院溯及既往地分配风险。

在前一种进路中，法律推理假定所有风险都已完全“现时化”（presentiated）在合同协议中[21]，因此，这些条款应当解释为默示地将风险分配给了其中一方。比如说，在一个固定价格合同中，法院一般会推断卖方默示地承担了生产成本上涨的风险。[22] 其论证 162
是这一结论必然和双方当事人的意图相符，因为他们过去总是可以在合同加入一个明示的规定以改变这种风险分配。当缺乏可以解释为提供了全面的风险分配方案的规划文书，默示条款和补充性法律这些机制让法律推理得以在标准的交易类型中发展出分配风险的缺省规则，例如货物毁损的风险随货物所有权转移的原则。[23] 当不存在相反的明示条款，双方当事人被假定为有意采用这种风险分配方式。比起对规划文书进行严格或者字面的解释，这些缺省规则的潜在好处在于能够整合任何可能更贴切符合双方当事人预期的可适用的市场惯例。

溯及既往地分配风险的第二种进路发生在法律过程的两个阶段。当法院估算赔偿的范围时，它们可以确定风险的配置。有一些损失将被认为太罕见而不能得到赔偿，其根据是在形成合同的时候它们是意料之外的风险。通过否定原告的损害赔偿请求，关

[21] Macneil, I.,‘Contracts: Adjustment of Long-term Economic Relations under Classical, Neoclassical, and Relational Contract Law’, *Northwestern University Law Review* 72 (1978) 854.

[22] *Davis Contractors Ltd v Fareham UDC* [1956] AC 696, [1956] 2 All ER 145, HL.

[23] Sale of Goods Act 1979, s. 20.

于赔偿范围的这些规则将风险分配给原告。[24] 这些拒绝对罕见的损失进行赔偿的规则提供了一个例外，如果原告在合同形成之前已经通知被告存在着不寻常的风险。尽管这类通知很少见[25]，它使得法院能够准许双方当事人就商业交易进行口头的讨论，以决定对意料之外的风险给予什么救济。

溯及既往的风险分配一种更直白的形式，是根据环境的转变对合同条款进行司法修正。民法系统的“不可抗力”（*force majeure*）准则不允许就对方违反合同条款获得损害赔偿。普通法系统的合同落空准则（doctrine of frustration）自动终止合同并且不允许损害赔偿。美国的一些法院走得更远，出于恢复“买卖”（deal）对合同双方当事人的可行性的目的，它们修正合同的条款。对合同条款的司法修正常常遭到合同律师的批评。这一行为漠视双方当事人在规划文书中就风险分配所表现出来的意图。因
163 此，它冒着推翻当事人对风险配置的真实意图的危险。此外，反对这些司法干预的另一个理由是，经同意的风险配置可能已影响到关于价格的协商结果。其主张是如果不同时调整价格以恢复谈判的平衡，法院就不应该更改风险的配置。

然而，就合同双方当事人对规划文书的重视程度所进行的实证研究表明，更可信的假定是双方当事人并不在他们的合同中完全现时化各种风险，而是避免过虑许多不大可能的事件的风险配置。不情愿处理商业交易中极少见的风险的态度，部分是由于协商的交易成本，但是更重要的，这种克制是由于根据商业关系和市场惯例所产生的预期，那就是当出现严重的外部冲击，双方当事人会重新协商交易的条款。通过提出对合同条款进行司法修正，法院也许从而支持了双方当事人的默示的协定，这将迫使被告依照原来的商业预期重新协商。

---

[24] Shavell, S., ‘The Design of Contracts and Remedies for Breach’, *Quarterly Journal of Economics* 99 (1984) 121.

[25] Danzig, R., ‘Hadley v. Baxendale: A Study in the Industrialization of the Law’, *Journal of Legal Studies* 4 (1975) 249, 282.

法院常常，尽管不总是这样，更偏向对合同明示合同的字面解释而不是重新分配风险的机制，因此流露出抗拒情景化合同关系的态度。这种法律准则因而制造了激励使双方当事人聘请律师以合同条款规划每一种意外事故。商人们也许不会太留心合同的文书工作，但是那并不意味着他们不投资于对各种意外事故进行合同规划这种昂贵的防范风险的保险方式。[26] 因此，我们能够观察到合同厚得像书本这种现象，其中精心炮制的规划试图处理将来每一种可能的事态。这些合同中的条款经常试图以其一般性和抽象性来排除对范围尽可能大的将来或许会妨碍履行或者增加履行成本的各种情况所承担的责任。一个典型的例子是不可抗力条款[27]，它声称排除任何不在负有义务的当事人控制之下的事件所产生的责任：

> ［运输货物的船只的提供方］有权取消其规定在此合同中的履行而无论装货完成与否，如果出现了不可抗力，天灾(Acts of God)，海上的风险或者危险和意外事故，战争行为，类似战争行为，公敌行为，君主、当权者或者人民的拘禁， 164
> 或依法扣押，检疫限制，民众骚乱，封锁，罢工，关闭工厂，苏伊士或者巴拿马运河关闭，港口拥挤或者无论任何其他情况，导致额外的迟延和类似的事件和/或情况，价格和工资的非正常增加，燃料不足和类似的事件，它们可能合理地妨碍、阻止或者延迟对合同的履行。[28]

法律规制带来了这些交易成本，否则这些成本也许可以经由情景化的解释或者逐渐发展出司法修正的权力来避免。

基于对商业行为实证研究而得出的支持司法修正的主张是，

---

[26] Weintraub, R. J., ‘A Survey of Contract Practice and Policy’, *Wisconsin Law Review* (1992) 1, 17.

[27] 在1988年一个对大型的美国企业的问卷调查中，在长期合同中大约40%回答说使用了不可抗力条款：同上。

[28] 在 *J Lauritzewn A S v Wijsmuller B V* 一案中，不可抗力条款被提起诉讼。*The Super Servant II* ［1990］ 1 Lloyd's Rep 1, CA.

声称提供了全面的风险配置的规划文书应当被视为一种与原来的商业买卖的构建相区别的话语。买卖很可能构筑于这样一个商业惯例中，那就是如果某个事件根本地改变了每一方的可能收益，任一方当事人都不会预期交易完全根据那些条款进行。仲裁员，也就是，由双方当事人选择的专家裁决者，恰恰是因为他们拥有对这些惯例的知识，我们可以从他们所作出的裁决中大致地看一下分析这些事件的另一种方法。

在一个重要的英国的案例中，*Davis Contractors v Fareham UDC*[29]，仲裁员接受建筑商的主张，那就是为议会建造 78 幢房子的固定价格合同由于原材料和熟练工人的短缺而变得无利可图，在这种建筑交易的情形中，默示的做法是可以预期会有一些额外的支付以弥补这些增加的成本。法院完全推翻了仲裁员的决定：他们的依据是规划文书，里头并没有提到对固定价格可能的变更，从而推断成本增加的风险已经由合同分配给承包人。但是，在其他的案件中，法院可能会尊重

> 商业仲裁员关于商业惯例的结论和商人们关于所承诺的事情和在变化的环境中如今将会被履行的事情两者在商业上的差异的重要性的看法。[30]

比起普通法院，这些仲裁员并不那么着迷于律师所起草的规划文书当中迂回的托辞，而对双方当事人关于交易的预期更敏感。

165 实际上，这些案子中就风险分配所提起的问题在于是否应当优先考虑构成了正式合同的规划文书，或者是否应当更着重强调商业买卖及其背景。依据不可抗力、合同落空以及“商业上的不可行性”（commercial impracticability）等准则而实施的司法修正，论证其干预正当性的理由往往是在双方当事人之间实现正义的需要。然而，这一原则无法对在商业买卖和规划文书这些不同

---

[29] ［1956］2 All ER 145，HL.

[30] Lord Diplock，*Pioneer Shipping Ltd v BTP Tioxide Ltd*，*The Nema*［1981］2 All ER 1030，1036.

的框架所设定的标准之间进行抉择提供指引。正式文书看起来常常在法院占据优势，无疑是因为它们以法条主义的话语表述从而将自己和法律推理直接联系起来，反之，商业买卖的模糊预期无法如此容易地以权利的法律用语表达出来。但是，如果法院希望在当事人之间实现正义，而不是鉴定律师设计全面的风险分配的能力，他们就不应当如此重视文书工作，而是集中精力调查该背景，市场惯例，以及双方当事人在设计他们的核心交易时所作的假设。这样的考察也许会得出如下结论，律师所设计的规划文书并没有抓住当发生了少见的意外事件时双方当事人所预期的分配风险的方式。根据这个结论，那么法院对于就规划文书进行适当程度的司法修正就不应当犹豫。

自我规制中不足的特定性

当配置风险的机制证实是对意外事件过于简陋的描述而无法符合双方当事人的商业预期，第二种不完全将会发生。举例来说，长期合同一般会加入一个价格指数条款以应对通货膨胀[31]，但是该指数只能就供方的成本上涨提供一个大略的指标。如果供方的生产要素遇上了不寻常的价格上涨，供方的真正成本可能严重偏离总指数（general index）。价格指数的这个问题发生在 ALCOA 一案中。[32] 按照一个期限为 16 年并且可以选择再续约 5 年的合同，ALCOA 同意将 Essex 所供应的氧化铝转化成液态铝。这个合同包含按照批发价格指数提高价格详细的规定，但是这个指数没有考虑到 ALCOA 的能源成本的急剧上升，这份合同从而变得不再 166
有利可图而损失也开始不断增加。

也可以设想，一个得以反映真实成本的价格机制能够避免自我规制中精确度不足的问题。但是，由“成本加上”（costs plus）

---

[31] 在 1988 年一个对大型的美国企业的问卷调查中，在被使用的长期合同中，据报告其中的 72%出现了价格指数条款：Weintraub，R. J.，n. 26 above，17。

[32] *Aluminium Co of America v Essex Group*，499 F Supp 53（WD Pa 1980）.

的公式所决定的合同价格同样显露出它们的缺陷，正如 20 年代发生在 General Motors 和 Fisher Body 之间的争议所表明的那样。[33] Fisher Body 为 General Motors 提供一种特定的密闭式汽车车身。该合同所设定的交易以 Fisher Body 为独家供应商，以保护它对生产设备的大量投资。为了保护 General Motors 不遭到其独家供应商机会主义式的提价，合同将价格的基准定为成本加上 17.6%（其中的成本并不包括投入资本的利息）。当 General Motors 对密闭汽车车身部件的需求急剧上升，它开始不满意这个价格机制。General Motors 抱怨说 Fisher Body 现在大幅度提高了每一单位投入资本所产出的车身部件的数量，并从中获益，但是这种规模经济并没有反映在收取的价格中。由于该价格机制缺乏特定性，General Motors 最终强行合并了这两个商业主体，从而它能够获得大规模生产所节省的成本。

这第二种形式的不完全为法律系统的规制带来了尤为困难的问题。表面上看来，合同作出了精心的安排以确定合同的价格和一些其他的具体事项。这种不完全再一次让法院面临如下选择，要么严格执行规划文书中明确的规定，要么根据双方当事人的非正式协定修改它们。在法院中占据主导的正式解释按照规划文书而不是商业预期来确定双方当事人的权利。ALCOA 一案是个例外，因为法院将合同弃置一旁而实行了一个新的定价公式。尽管这种对合同的司法修正受到了很多批评，认为它没有支持双方当事人所约定的风险分配，从而损害了合同作为一个规划工具的功效，对双方当事人的风险预期进行更情景化的分析也许能为该裁决进行辩护。在这份长期供应合同中，双方当事人很可能被经济一体化的关系联结在一起，因而每一方都没有激励破坏这份合同。双方当事人知道交易必须在几年的期间之内对双方都有利可图，否则处于下风的一方将试图从合同中抽身而出。规划文书所设定

---

[33] Klein, B., *et al.*, 'Vertical Integration, Appropriable Rents, and the Competitive Contracting Process', *Journal of Law and Economics* 21 (1978) 297, 308-10.

167 的价格指数是为了部分地解决这个问题。但是这种解决方法失败了，规划是不完全的，因此法院回归到双方当事人潜在的经济目标，以之作为对条款的司法修正的标准。

双方当事人可以试着提供自我规制以应对那些在规划文书中过于粗线条（尽管其中有诸多细节）从而无法充分表现商业预期的意外事件。在德国一个常见的条款是艰难情事条款（hardship clause）。这个合同条款要求双方当事人在出现使得合同对于其中一方无利可图的不可预见的意外事故时重新协商。英国、美国或者意大利的律师们基本上不使用这个条款。[34] 这种不情愿的一个原因可能是感到该条款太过模糊以致在法院里是不可执行的。这个判断也许是对司法行为正确的预期，但是该行为本身是由于司法不愿意考察规划文书以外的因素从而按照双方当事人的商业预期补充这些文书。

规划文书越是精细和详尽，法院看似越是不可能加以干预以更改这种自我规制的产物。我的论证批评了这种看法，因为精心制作的规划就双方当事人的商业预期提供了具体的洞见，由此可以推断规划文书在解决预期问题上是不完全的。在 ALCOA 一案中，法院意识到该规划是为了保护公司防止其供应方面的价格上涨，因此它改变了这个具体的规划以便使之符合这种意图或者期待。

灵活性

不完全的第三种概念，也就是，为实现灵活性的意定的不完全，给法律系统带来了最棘手的问题。律师所扮演的规划角色和灵活性对双方当事人的便利两者之间存在着紧张关系。灵活界定那些所要求的履行，有利于发掘新的市场机会，采用设计和技术

---

[34] Arrighetti, A., *et al.*, 'Contract Law, Social Norms and Inter-Firm Co-operation', *Cambridge Journal of Economics* 21 (1997) 171, 187.

方面的创新，以及使得交易在遭遇到外来冲击从而使原先的协定对于一方或双方当事人变得在经济上令人不满意的情况下还能继续下去。极为详尽地确定义务内容的合同会妨碍这种灵活性。要解决这个问题，双方当事人可以让那些关键的合同条款，像有关
168 价格和数量的，规定得不完全，或者设计出启动重新协商条款的条件。但是，这些举动容易削弱双方当事人之间任何确切的、可衡量的承诺，因而法院可能会认定该协议由于缺乏确定性或者缺少像价格这样的实质条款所以在法律上是不可执行的。要实现灵活性，从而就要冒着无法利用法律制裁的风险。

由于模糊和不确定等缺陷所引致的不可执行的风险，其严重性主要地取决于法院是否能够从以前的商业往来或者交易惯例中找到证据，并从中推断出必要的默示条款使该协议具有充分的确定性而得以被执行。*Hillas & Co Ltd v Arcos Ltd* 一案[35] 的裁决很有启发意义。买方购买了一个期权，其仅仅声称：

> 买方还拥有与卖方缔结合同购买于 1931 年交付的 100 000单位的期权。这个合同规定无论情况如何，买方将获得货物，其条件和价格是在 1931 年的任何时间所发布的官方价格表中的离岸价格打九五折。

表面看来，这个期权极其不确定：其性质、数量和货物的规格都很模糊，价格含糊不清，剩下的条款也悬而未决。然而，这个期权只能是不精确的，因为它是关于下一季的木材的“期货的”（forward）合同，因此双方当事人不可能准确知道可得的东西是什么，它以多大的数量生产出来，以及主导的价格是多少。上诉法院拒绝执行这个期权；它纯粹是一份“同意在以后某个日子缔结合同的协议”。但是上议院执行了这个期权，其方法是参照双方当事人先前的俄罗斯木材买卖和“交易的过程”来填充剩下的条款。但是，要是缺乏合同镶嵌于其中的这样一个市场惯例框架，

---

[35] *The Times*, July 29, 1931, CA; (1932) 147 LT 503, HL.

一份模糊的协议将被视为在法律上不可执行。

当预期中的交易涉及一个将持续一段时间的商业合营企业(joint business venture)，不可执行的风险变得更大。在这里，法院所面临的任务不止是在一个个别的交易中填补空隙，它们必须评估，合同行为是该交易框架之内可接受的运用自由裁量权，还是推翻该框架的机会主义的一种情况。正如 Hadfield 对特许合同所作的评述：

> 法院无法区分那是在损坏不完全合同中的承诺还是在运用作为该承诺一部分的灵活性，在这种意义上，不完全合同 169
> 对于许多复杂的交易不能充分起到固定之锚的作用。[36]

规划灵活性对律师带来的挑战可以被处理但是不能被完全解决。一个办法是双方当事人就关于他们的关系的一个治理结构达成共识，它能够根据变化的环境补充或者修改书面合同。一个中立的第三方可以被授权在某个将来的时刻使其中的一些义务变得更明确，并决定如何解决任何争议。比如说，商业财产（business property）的租赁价格通常会周期性地提高，当双方当事人无法就新的租金达成一致，一般会通过中立的专家估值来确定租金。如果这样一个治理结构提供了一个方法来解决合同中所有各方面的不完全，那么在某种意义上，合同根本上就不再是不完全的了。比如说，在一个建筑工程中，如果建筑师被赋予权力修改工程的具体细节并决定适当的支付总额，那么实际上所有的不完全问题将会被解决：

> 建筑师或者仲裁员的权力，无论它们是什么，是由合同授予的。对我而言，更确切的说法是，双方当事人达成协议，建筑师或者仲裁员将他们的合同义务解释成什么，他们就接受什么。在这种情况下，法院或者其他任何人关于合同有什么要求的观点完全是毫不相干的。[37]

---

[36] Hadfield, G. K., 'Problematic Relations: Franchising and the Law of Incomplete Contracts', *Stanford Law Review* 42 (1990) 927, 928.

[37] Lord Hoffmann, *Beaufort Ltd v Gilbert-Ash Ltd* [1998] 2 All ER 778, 783, HL.

然而，还存在着一些残留的不确定性，涉及中立的第三方应当如何运用合同所赋予的自由裁量权。

当这个治理结构将自由裁量权赋予合同的一方当事人，自由裁量的行使标准不明确的问题变得尤为显著。举例来说，在一份雇佣合同中，授予管理人员权力以最富于生产力的方式分配劳动力，这解决了工人的履行义务的定义不完全的问题。但是这种治理结构制造了一个给管理人员的机会主义带来很大空间的权力关系。可以行使这种自由裁量权以要求工人们履行一些依照合同不在他们预期之中的任务，尽管，通过对赋予管理人员这种自由裁量权的条款进行简单的解释，这些意料之外的义务可以被认为属于修改和补充工人义务的合同权力的范围。因此，在这些情况下
170 合同并非那么不完全，而更多的是一边倒的，因为它授予了一种单边的自我规制权力。我们会在第十章中考虑如何规制这种由治理结构所产生的权力。

以合同解决灵活性问题的另一个方法在于双方当事人就以下条款达成一致，那些仅仅是概要地表述义务的条款，以及表明他们希望合作、善意地履行和避免对交易的任一方强加困难或者不公的条款。这样一个“框架”（framework）合同清楚地表述了由商业关系所引起的预期，并描述了双方当事人所设想的交易的性质。然而，当缺乏更明确的条款，法院可能无法指出任何清晰的合同承诺被违反了或者因而应当受到法律制裁。撇开任何治理结构来创造灵活性的问题在于，合同在字面上很可能会破坏双方当事人之间任何确切的承诺。然而，他们会预期未来的协商将使得交易变得更为完全和明确。不要在一开始就仔细地规划各种意外情况，免得对权利和义务的详述为往后的协商提供了机会主义的余地，这通常是明智的。[38] 可能发生的机会主义是拒绝放弃某个合同权利，除非获得补偿，而这无异于企图从交易中获取不成比例

[38] Hviid, M., ‘Relational Contracts, Repeated Interaction and Contract Modification’, *European Journal of Law and Economics* 5 (1998) 179.

的收益（寻租）。

显然，在实践中，决定是否同意修改交易的要求时，正式的合同要求往往被当事人所忽略。从问卷调查中所得出的证据证实，当这个要求依据贸易惯例看起来是合理的，大多数商人会同意修改长期合同中的价格，或者调整未来的商业义务。[39] 我们在 Daintith 所讨论的长期供应铁矿石的合同中看到相同的灵活行为，愿意在合同条款以外接受低于合同约定的最小数量的订单。

> 一个买方，甚至，到了这种地步，在采访中说这是一条不成文的规则，买方只能被要求偿付他在合理的预期中所能消费的吨位，无论他的合同承诺是什么。[40]

类似地，我们可以找到很多例证说明一方当事人承担了额外 171
的成本，这些成本不是合同所要求的履行的一部分，而被看做对巩固长期商业关系起到了重要的作用。[41]

如果法院要对一个双方当事人打算在他们的关系中加入灵活性的合同进行解释，那么显然存在着这种危险，法院在解释合同时不能充分重视该意图。比如说，双方当事人的争议可能涉及预订的供应数量；合同的条款可能没有说明固定的最低数额，而仅仅要求买方应当根据双方的持续关系善意地确定其需求。当供方向法院抱怨买方忽略了其商业关系，向其他的供应商下了订单，以及实际上停止了向原告下订单，法院可以指出合同条款中事实上允许这种行为的灵活性，除非可以就根据双方的持续关系善意地下订单这个承诺给出某种特殊的意义。假定所有的风险可以充分地现时化，一切的权利和义务已经在事前被明确，在有着如此假设的法律准则所确立的框架下，对该条款的解释很可能会否定

㊴ Weintraub, R. J., n. 26 above, 19.

㊵ Daintith, T., 'The Design and Performance of Long-term Contracts', in T. Daintith and G. Teubner (eds.), *Contract and Organisation*, (Berlin: Walter de Gruyter, 1986) 164, 184-5.

㊶ e.g., Palay, T. M., 'Comparative Institutional Economics: The Governance of Rail Freight Contracting', *Journal of Legal Studies* 13 (1984) 265, 277.

供方的预期。正如 Campbell 和 Harris 所提议的：

> 正如现时化之下静态的和据称是固定的风险分配激起了理性的效用最大化的个体之间竞争性的讨价还价，开放式书面合同中的似是而非使得他们对如何在适当的时间解决当初留下的开放式问题采取一种合作的态度。没有这样的态度转变，对灵活性的正式规定是徒劳的，因为合作的态度不可能通过写下这样的条款说当意外事故发生时采取这样的态度就得以实现。人们需要的是合作的态度从而使写下的东西变得有意义。[42]

简而言之，传统的基于现时化和风险完全分配的解释合同的进路，使得构建一个以灵活性为核心的法律上可执行的协议几无可能。更好的解释会要求法院考虑这种可能性，双方当事人的预期包括一个促进合作和灵活性的承诺。如果预期看起来对交易动态至关重要，正如它在许多像特许这样的长期商业关系中一样[43]，
172 那么合作的义务应当补充甚至凌驾于合同的明示条款之上，以便为这类交易的财富最大化的可能提供法律支持。

法律规制的一个相关问题在于如何评价额外的自我规制的有效性。按照合作和灵活性的精神，双方当事人可能同意对他们先前的正式协议进行非正式的修改。这些修改可能对双方都有利，在这种情况下，法律规制通常很容易将它们解释为原协议的变体。但是同样的，这些修改可能对一方当事人强加额外的负担而并没有相称地增加其收益。一个雇员可能被要求承担额外的义务，或者一个被特许人要对商业模式进行繁重的更改，而没有对他们增加任何报酬。这些修改可以解释为促进了灵活的合同关系这一目标，或者，恰恰相反，它们可以解释为在讨价还价中处于优势一方的机会主义的"寻租"或者"敲竹杠"（hold ups）。

---

[42] Campbell, D., and Harris, D., 'Flexibility in Long-term Contractual Relationships', *Journal of Law and Society* 20 (1993) 166, 173.

[43] Hadfield, G. k., n. 36 above, 927.

在普通法的私法系统中，由对价准则和经济胁迫准则对这些修改的有效性进行评估。对价准则无法完成这个任务，因为它总是要求“新的对价”（fresh consideration），也就是一个互惠的商业收益。对价准则排除了有效的不利修改这种可能性。经济胁迫的准则更适于这个任务，因为它直接地考察机会主义的问题。更确切地说，问题在于明确制定一个妥善的检验标准，能够区分机会主义和特意被设计成不完全的合同中所需要的灵活性。确定这个检验标准时的政策目标应当是鼓励双方当事人的自我规制，以便当他们获得更多信息和经验以后进一步明确他们的合同承诺。这个目标意味着，经济胁迫问题应当受到对所提议修改的原因进行情景化的调查的指引。如果修改是为了适应新的信息，技术的变革，或者市场的状况，那么在特意被设计成不完全的合同中，修改应当被视为自我规制的有效工具。

结论

我们考察律师在构建合同和交易中所作的贡献时，聚焦于他们确切阐述分配风险的规划文书的首要角色。法律规制的主要困难涉及法律在确定合法权利时应当如何看待这些规划文书。法律 173
推理被包含在正式文书这种由双方当事人签署的令人信服的证据中精确表述的权利所吸引，但我认为这是一种危险的吸引力，因为规划文书并没有充分表达合同双方当事人的商业预期。换言之，规划文书所获得的优先性偏向于合同框架，然而，双方当事人非常可能更看重基于商业关系和商业交易的预期。法律推理通过重新情景化合同协议而对这个问题有了一定的敏感度。讽刺但并不令人惊讶的是，法院证实其最为娴熟的任务是将包含相关市场惯例的标准文书整合到非正式协议中。然而，当其任务需要修正规划文书或者解释那些试图在履行中实现灵活性和调整的宽泛条款时，法院往往难以领会要点，那就是，为了使基于长期关系和交易平衡的商业预期起作用，法院不应当如此迷恋规划文书的字字句句。

174

第八章

形式主义和效率

哪种对合同的法律规制对于是商业有好处的？我的论证一直在逐渐地接近这个最根本的问题。如果我们假定法律规制的首要目标是支持市场的构建，因而暂时将分配问题搁置不顾，从我们之前对法律的角色的观察中可以得出什么样的结论？

起点是我的第一个论点，法律规制在市场构建中通常是无足轻重的。尤其是，法律只对构建双方当事人的信任起到边缘的作用，尽管它也能够以某些方式作出一定贡献，比如说创设担保权或者其他的可置信承诺。违约的法律制裁一般也不如其他的非正式制裁重要，像损毁声誉，尽管法律过程作为一种有组织的声誉机制，可能会有助于这种非正式制裁的实施。我的第二个论点是，对与合同有关的商业关系的考察表明，存在着指引行为的三种不同的理性或者规范框架。在这些理性当中，双方当事人强调商业关系或者其所处的社会关系的优先地位。第二位的，但也是重要的考虑因素，是对双方当事人而言商业交易的成功程度。理性的商业行为并不那么重视合同参照框架，也就是，详细描述的权利。我们发现，对合同权利的强调很容易被另一方解释为是对信任的背叛，这会损害交易和市场的构建："任何以合同规定为挡箭牌的企图，甚至是频繁地援引合同条款，将会非常迅速地摧毁该公司的声誉。"① 合同框架和与之竞争的商业关系和商业交易之间的紧

① "如果你不得不诉诸一份合同的准确的字眼，这段关系已经超过了无法挽回的地步(英国采矿机械设置的供应商)。" Beale, H. and Dugdale, T., 'Contracts between Businessment: Planning and the Use of Contractual Remedies', *British Journal of Law and Society* 2 (1975) 45, 47; 'If you have to have resort to the precise wording of a contract, the relationship is beyond the point of no return (British mining machinery supplier)', Deakin, S., *et al.*, 'Contract Law, Trust Relations, and Incentives for Co-operation: A Comparative Study', in S. Deakin and J. Michie, (eds), *Contracts, Co-operation, and Competition* (Oxford: Oxford University Press, 1997) 105, 123. Cf. Macaulay, S. 'Organic Transactions: Contract, Frank Lloyd Wright and the Johnson Building', *Wisconsin Law Review* (1996) 75, 114.

张，在我们对律师提供的规划文件所进行的探讨中，变得更为显 175
著。我们考察了法律系统在解释事件的时候如何倾向于优先对待这些规划文件，然而这些文件是双方当事人的预期中最为无关紧要的一方面。回忆那句轻蔑的评价：合同“不意味着任何东西”②。

在探讨支持当事人预期的目标和让人分心的规划文件两者之间的紧张关系时，我们注意到法院有些时候如何能够改进它们对待合同的方式，以便更注重以商业关系和商业交易为基础建立起来的预期。这个观察结果为这一章的中心论题铺平了道路，那就是最符合商业利益的合同法律规制是在进入交易时支持商业预期的规制。这一论题只有以如下方式理解才存在争议，就是认为它意味着法律规制应当遵守双方当事人自身基于他们的预期而对规范框架所进行的理性的排序。换言之，法律规制应当试图优先考虑商业关系，其次关注商业交易，而将合同降级为一个边缘的角色。

要理解为什么这个论题会引起很多律师的讨伐，我们需要意识到他们在合同规制中加之于确定性这一价值之上的无与伦比的重要性。在大多数律师的头脑中，确定性是好的合同法的首要优点。清晰的规则，这一点常常被反复提到，让双方当事人知道他们所在何处，让准确的规划文件得以被制定，并使得关于争议的解决办法可以迅速达成。常见的观点是，商人们希望最低限度的规制，从而他们可以充分利用一切可得的市场机会，而无须付出遵守规制的代价。依照这种观点，他们还希望关于法律权利的最大限度的确定性，从而明晰界定何时缔结了具有约束力的合同，以及承担了哪些准确的义务。从这个角度看，商业所深恶痛绝的是一套详细的规制要求，加上修正或者重新解释合同承担的司法裁量权。在这个关于哪种法律对商业有利的假设背后，隐藏着一种市场的社会构建的幻想。这种幻想假设商业主体不断地和大量新的对象进行交易，就每一个交易的协商都是要实现市场的出清价格，以此作为其明确列出的承诺的回报，因此商人们消息灵通

② 引自一个商业承包人。

地追求他们相互冲突的利益时，很可能既最大化他们自己的财富又最大化社会的总财富。这幅景象包含了我们熟悉的对由试图通
176 过交易来最大化其私利的个人所组成的非人化的市场进行的经济分析。以这种市场交易分析为前提，下面的种种设想变成了常识，商人的利益在于一部在所有各个方面都允许合同自由的合同法，从而每一个交易都可以精确地按照供给和需求的力量进行调整，再加上清晰的法律规则所提供的确定性，因而交易一旦达成，它能向双方当事人确保他们在协议中所精确描述的权利具有法律上的可执行性。

这种对正式法律的依附受到了其他人的质疑，尤其是 Kennedy，因为它倾向于使法律偏离对分配目标的追求。[③] 在后面的章节中我们将会看到，确实是这样，要有效率和有效地执行规制以防止合同中的不公平和不公正的权力关系，需要更多开放性的标准。但是我的论证指出，由清晰的规则所实现的确定性，律师们对其优点的传统的忠诚，存在着更为隐秘的威胁。

我的论点是，对市场构建和繁荣经济贡献最大的那种法律，会避免以合同框架为基础的轮廓清晰的权利，而赞成对以商业关系和商业交易为基础的商业预期进行更为情景化的考察。为了实现这种法律推理，必须减少其形式主义，而使法院更注重调查合同镶嵌于其中的关系和预期。在这一章中，我的论证将会更为细致地展开，而起到支持作用的证据也会来自好几个源头，尤其是商事仲裁的例子。最后，我们考虑这个问题，私法是否一直在调整其推理方法，远离正式的规则以便更好地契合商业利益，正如我们在这一章中所确认的那样。

法律准则的形式

极力主张有必要通过正式规则实现确定性的传统观点包含着

---

③ Kennedy, D., 'Form and Substance in Private Law Adjudication', *Harvard Law review* 89 (1976) 1685.

重要的洞见。当商业主体发展新型的经济关系，他们希望法律能够调整其规则，从而将新的交易形式包括到法律可执行的领域里。为了满足这种需要，法律系统必须从执行像买卖货物这样的标准交易模式进化到就其规则达到高度的抽象性。规则的一般性避开了特定类型的协议的限制，以便能够规制双方当事人为了促进其 177
商业利益而设计的任何特殊的交易。也许在私法中对这种抽象的一般性的第一次正式的、权威的声明发布于 1804 年法国民法典的第 1108 条：

> 以下是合同有效成立的四个必要条件：
> (1) 负担义务当事人的同意
> (2) 缔结合同的能力
> (3) 确定的交易标的
> (4) 合法的原因

尽管该法典接着为特定类型的交易提供了更详细的规则，这个简短、抽象的声明，包含了一般性的理想，因为它仅仅要求双方当事人就他们的交易达成一个清晰的协议（受制于非法的目的和儿童的无缔约能力等因素）以完成一个可执行的合同。一般性并不要求对所有类型的合同适用一套统一的规则，但是它确实需要高度抽象的一般原则，使法律得以支持新型的交易。这种一般性是合同自由理念的重要组成部分。

传统的观点还意味着法律系统应当提供便宜的、常规的合同执行机制。这要求法律系统将形式主义降到最低限度，并且以合理的诉讼费提供易于利用的法院和执行程序。这些特征是在中世纪欧洲十分兴盛的当地的商人法庭对商人们的主要吸引力。④ 通过支持和执行像仲裁这样的私人裁决和执行程序所产生的结果，法律系统可以实现同样的效果。必须有可靠的法律制裁对付违约，对这一点的强调通常是夸大其词的，因为，正如我们所注意到的，

---

④ Trakman，L. E.，*The Law Merchant*：*The Evolution of Commercial Law* (Colorado：Rothman，1983)，ch. 1.

其他的制裁往往为履行承诺提供了更强的激励。然而，只要进入一个法律上可执行的合同有助于建立可置信的承诺，这在缺乏先前的交易历史从而无法使信任在此基础上构建的情况下尤为重要[5]，为了让承诺有更多实质意义，法律系统提供常规的、便宜的执行显然是必要的。

传统的观点还坚持认为，一旦当事人缔结合同，法律系统应当尽力降低他们的交易成本，这一点也是正确的。为了这个目的，
178 法律应当执行非正式协议并最小化法律服务的需要。就标准的交易类型发展出“缺省规则”同样可以促进这一目标，从而，除非双方当事人明示地就相反的情况达成协议，缺省规则将确定法律上所负的义务。如果默示的义务符合这样一些条款，它们是双方当事人假若投入费用制订出协议的所有细节时将会选择的条款，法律就可以节省这种交易成本。

一般性、常规的可执行性以及交易成本最小化这些属性成为服务于商业利益的合同法的重要指引。马克斯·韦伯将前两种属性结合为法律权利的“可计算性”（calculability）这一衡量标准。他主张说最能实现可计算性的，是由一组精准的规则所确立的固定权利组成的法律系统。作为其资本主义进化的一般社会学的一部分，韦伯认为市场经济之所以在西欧纷纷兴盛起来的一个原因是，它们吸收了罗马法的规则和原则以及一种形式主义的法律传统等智力资源，从而创造出一个最大化可计算性的合同法系统。[6]

> 那些对商品市场感兴趣的人，对他们而言，法律普遍地理性化和系统化以及，之后会提到某些限制，尤其是法律过程的运行的可计算性不断增加，成为希望稳定地运营的经济企业（economic enterprise）和尤其是离不开法律保障的资本

---

⑤ Weintraub，R. J，‘A Survey of Contract Practice and Policy’，*Wisconsin Law Review*（1992），1，24.

⑥ Trubeck，D. M.，‘Max Weber on Law and the Rise of Capitalism’，*Wisconsin Law Review*（1972）720.

主义企业得以存在的最重要的条件之一。⑦

马克斯·韦伯将这种最大化法律权利可计算性的合同法称为形式逻辑的法律理性（formal logical legal rationality）。他比较了由大量系统性的规则所实现的可预见性和行使法律中的实质理性（substantive rationality）所产生的不确定性。当法院依照实质理性裁决案子，它会顾及所有相关的规范性考虑因素，包括法律准则，还延伸到道德、经济利益、公共政策和实践中的问题。运用系统论的语言，韦伯认为一个封闭的、自我参照的合同法律话语最能够实现一种可计算的规制话语。这种主张貌似有理，因为实质的法律理性意味着法院应当具有自由裁量权以斟酌每个案子中数量庞大的各式各样的因素，然后通过这种不透明的过程决定如何平衡争议中的是是非非。相反，如果法院的角色被限定于运用一个事前颁布的遵循特定法律推理模式的规则系统，这种理性应当会带来更具可预见性的结果。在证实这个假设时，韦伯分析了形式逻辑的私法系统——像德国民法典——产生背后的政治历史，其时商业利益竭力推动这种法律的出现。尽管许多利益团体结成同盟倡导形式的法律理性， 179

> 其中最为显著的是资产阶级的利益，它们必须要求一个明确和清晰的法律系统，免于非理性的行政专断和结集的特权阶级的非理性干扰，并提供合同在法律上具有约束力这种特性作为坚实的保障，并且，作为以上特征的结果，这个法律系统以一种可以计算的方式运行。⑧

韦伯对于形式逻辑的法律推理和商业利益之间的联系同样感兴趣，因为他希望在以德国民法典为范例的占主导地位的法律推理和他关于作为现代社会特性的“理性化”的一般主题之间确立一种相似性。

---

⑦ Weber, M., *Economy and Society* (G. Roth and C. Wittich, eds.), (Berkeley: University of California Press, 1978) ii. 883.

⑧ Ibid. 847.

韦伯接着处理英国和美国这些先进资本主义社会所采用的普通法式的推理对其论题所造成的困难。[9] 普通法，不像基于罗马法的法典化系统，似乎并不遵守形式逻辑理性的范式，而是类推先前就相似的事实所作的判决，这一过程看起来包含了大量实质理性的要素。在韦伯对这个问题难以令人信服的探讨中，他不仅研究了普通法确实包含一种不同的形式逻辑理性这种可能性，还考察了一个相反的假设，那就是普通法例行公事地偏袒商业利益，从而使实质的法律理性变得可以预见。当这个论证曲折旋绕起来，显然，形式和实质理性之间鲜明的概念差异开始土崩瓦解，因为所有的合同法系统都在它们的空隙之间呈现出一种塑造该法律的形式和内容的实质性的意识形态。[10]

尽管在韦伯的见解中有这些模糊之处，他为律师们认为权利的形式规则对商业利益最为有利的直觉提供了经久不衰的支持。在进入市场的时候，商人们要求他们的承诺中具有可计算性。依
180 照韦伯的看法，这种可计算性能够通过一种独特的法律推理最好地加以实现。这种推理运用清晰的一般规则，它们不受任何实质性的自由裁量权干预而适用到争议的事实中。这样看来，为了支持生机勃勃的市场经济，合同法必须由按照其普通含义加以适用的清晰的一般规则组成。

封闭与预期

然而，根据我的论证，韦伯指出可计算性在商业中很重要这一点是正确的，但是他误解了商业合同当事人所追求的可计算性的本质。他们希望法律能够支持他们对交易的预期，但是正如我

---

⑨ Weber, M., *Economy and Society* (G. Roth and C. Wittich, eds.), (Berkeley: University of California Press, 1978) ii. 889-92.

⑩ Cotterell, R., 'The Development of Capitalism and the Formalisation of Contract Law', in B. Fryer *et al.*, (eds.), *Law, State and Society* (London: Croom Helm, 1981) 54.

们在讨论围绕合同话语的相互竞争的规范性框架时所看到的，这些预期包含了大量复杂的标准。除了以合同承担（合同框架）中的明确承诺为基础的预期，当事人也根据“商业交易”和“商业关系”的规范形成预期。从商业关系中产生的预期来自之前所描述的经济交易的嵌入性的两个维度，也就是，双方当事人所承认的特定市场惯例的情形，以及双方当事人之间的私人关系。我的意见是，可计算性以保护商业交易中的预期为条件，并且这些预期同时建立在三种相互竞争的合同话语的规范框架之上。

法律规制商业交易的任务从而变得对全部三种相互竞争的规范框架反应敏感，并试图通过一种评价性话语（evaluative discourse）来调和它们对合理预期的主张。法律需要将适当的分量给予在合同话语中形成的明确的承诺，与此同时还要承认基于经济交易和双方当事人的交易历史所产生的预期的力量。形式逻辑的法律理性也许有着成功地理解和规制合同规范框架的强大能力，因为它可以将明确的承诺转变为由固定的法律权利所支撑的自我规制。形式逻辑的法律理性的抽象原则可以在一个留给自我规制（形成有效合同的规则）的清晰界定的空间之内严格地执行当事人的自我规制。应用一般规则于合同的过程所不能实现的是一项更复杂的任务，那就是评估作为预期产生基础的相互竞争的规范性框架。这个任务需要诸如以下的举动，将当事人基于过往交易历史或者某个特定市场情形所产生的预期纳入考虑的范围，从而限定或者扩展基于明确的合同承诺的预期。满足商业预期的法律规制因而会避免排他地只关注该个别的合同话语。

Devlin 法官讲了一个故事，尖锐地揭示了以正式法律执行权 181
利和保护商业预期两者之间的悬殊差异：

> 曾经有一些商人坐在我的办公室，当我还是律师的时候，他们，当发生了某个特定的分歧，说的是根据交易中的传统实践这个问题将如何得到解决。“不过”，我插了一句，“合同上可不是这么说的”。“哦，合同，让我看一看”，当他的注意力转移到他已经签过字的那份文件，而且他很可能是第一次

仔细地考虑它，他脱口就说："那我也没办法；我告诉你的方式是事情一向就这么办的。"[11]

在这个冲突中，我们注意到商人们采用交易习惯作为规范框架，而受过法律推理训练的律师将合同视为权利和义务的唯一来源。如果合同不将它所镶嵌于其中的商业关系的规范整合进来，依照一个形式权利的系统来执行书面合同，将会使商业预期落空。

为了使法律结果和商业预期达成一致，法律推理必须避免法律话语那种在韦伯的形式逻辑理性范式中被理想化的与世隔绝的封闭。相反，法律推理必须允许惯例或先前的交易模式这些事实被视为与争议的判决是相关的。举例来说，坚持以习惯来补充和限定对合同权利的解释的做法就可以实现这一点。类似地，采用像"善意"或者"合理"等开放性的标准，可以将法律调查引导到在商业关系之内考察和确定惯例和预期。允许关系作为非正式的标准在法律推理中起决定性作用，作为这种策略的一部分，合同法必须抗拒形式逻辑理性对每一种交易都应用相同的规则这种普遍化的趋势，因为单个规则可能无法按当事人的预期区分各种交易和商业关系。这些论证意味着商业所青睐的那种合同法不会是由大量僵化和系统的规则组成的。最恰当的法律规制会缓和它的形式主义，而对案子的特定事实尤其是过往交易的历史反应灵敏，并理解支配着商业关系的非正式惯例（以及正式的交易标准，当它们可得的时候）。[12]

182 对商业利益最有利的法律规制，其主要特征必定具备这样的能力，通过创造一种能够同时评估商业关系、交易和合同这三种相互竞争的规范性框架的法律话语来保护商业预期（或者可计算性）。要具备这种能力，必须情景化合同的争议，有能力根据习惯

[11] Devlin, P., 'The Relation between Commercial Law and Commercial Practice', *Modern Law Review* 14 (1951) 249, 266.

[12] 由同业公会颁布的正式标准在一些国家中，像德国，是可得的：Arrighetti, A., *et al.*, 'Contract Law, Social Norms and Inter-Firm Co-operation', *Cambridge Journal of Economics* 21 (1997) 171, 188。

和规矩.（usage）和当事人的经济利益来区分不同的情景，以及有权力根据市场中规范标准的修正来重新形成规制。

哪些证据可以用来支撑这个假设？我们如何动摇韦伯关于资产阶级利益怎样推动了法典化和形式逻辑的法律推理这个动听的故事？最有力的证据无疑可以在对选择解决争议的法庭中发现。如果我们发现商人们乐于将他们的争议提交给采用形式逻辑理性的普通法院，那么我们也许可以猜测，韦伯所赞赏的可计算性的狭义解释确实是商人们关于法律规制形式的主要偏好。如果，另一方面，我们发现商人们使尽浑身解数以回避那些法院，不仅仅是因为它们收费昂贵而且拖沓，还因为它们采用形式逻辑的法律推理从而使商业预期落空，我们就有了一个令人信服的反驳。支持这个假设的进一步证据可以在法律管辖权的竞争中发现。如果形式逻辑的法律理性是商人们的偏好，那我们应当可以预想那些最为接近其理想状态的法律系统会在国际商业交易中被选择适用。如果，反过来，商人们追求的法律规制有着更宽泛的预期范围，那我们可以认为他们更偏爱法律系统能够回避这种封闭而支持一种可变通的实质性的法律推理。

商事仲裁

对法庭的选择代表了对规制机构的挑选。假如合同的当事人永远无法在明确的合同条款中实现他们完整的自我规制，他们需要一个机制来解决由不完整性而生的争议。通过选择一个裁决的法庭，当事人也选择了将被适用的规制系统。如果当事人选择法院，那么他们就要服从普通的合同私法。然而，如果他们选择了另外一种其专门知识和规制标准有所不同的法庭，那么他们就默示地拒绝了普通的私法推理而转向另一种渊源。

仲裁就是由这样的选择组成的，当事人选择他们自己的裁判者依据双方同意的程序和标准解决争议。在实践中，当事人不会 183
列出所有的这些程序和标准，而只是把争议提交给一些既定的仲裁人。在特定的贸易或者产业部门中，商人们会选择由他们自己的协会所创造的仲裁系统，往往将它设立为该协会的一个委员会。在纽约钻石贸易商的仲裁系统的例子中：

> 仲裁人解释说他们裁定复杂的案件所依据的是贸易习惯和规矩，一点常识，一些犹太法，以及，最后是，普通法的法律原则。[13]

在航运争议和国际贸易中，更常见的是双方当事人自己各选择一个仲裁人，在属于某个已设立的自我确认的机构的专家仲裁人里进行选择，而这些仲裁员他们自己可以选择第三个“首席仲裁人”（umpire）。无论选择仲裁人的方法是什么，关键之处在于这个选择同样包括了对适用于争议的专门知识、程序和规范性标准的挑选。

要发现关于商业主体法庭选择的可靠证据是很困难的。我们可以找到法院的统计数据，它能对商业主体在多大程度上选择法院来维护其合同权利提供一个大致的指标。遗憾的是，无法获得那些处于竞争地位的解决争议的法庭的准确和可比较的数据，部分地是由于它们的多样性和数量庞大，也部分地是由于它们的保密性。然而，从伦敦找到的证据表明，某种形式的仲裁是解决商事合同争议的主要法庭，除非争议仅仅在于请求偿付所欠的债务或者金钱。这是许多商业律师基于可靠信息得出的见解。[14] 关于美国的情况也有类似的考察结果：

> 美国仲裁协会现在每年处理近 10 000 件这些争议［也就是商事合同争议］。此外，没有透露具体数字的一些争议依照私的行业协议作出类似的处理。[15]

---

⑬ Bernstein，L.，‘Opting Out of the Legal System：Extractual Contractual Relations in the Diamond Industry’，*Journal of Legal Studies* 21（1992）115，127.

⑭ Devlin，P.，‘The Relation between Commercial Law and Commercial Practice’，*Modern Law Review* 14（1951）249，258：“很多商事争议首先是通过仲裁解决的。”

⑮ Sander，F. E. A.，‘Alternative Methods of Dispute Resolution：An Overview’，*University of Florida Law Review* 37（1985）1，5.

还有一个事实可以进一步支持仲裁是解决商事争议的主要法庭这种观点，那就是商业合同中几乎总会加入一个仲裁条款，尽管当事人当然可以一致决定最终不提交给仲裁。或许最有力的证 184
据在于处理重大合同争议的高等法院（higher courts）工作量很轻。在英国经过审理裁决的涉及合同争议的案子，高等法院（包括商事法院（Commercial Court））[16] 和官方仲裁人法院（Official Referee' s Court）一年只处理大约 300 个这样的案子。[17]

官方仲裁人法院自身就是法院和仲裁的混合物，因此它的职责代表着对普通私法规制的部分拒绝。官方仲裁人创设于 19 世纪，目的是在需要对有关会计的文书、科学调查、现场勘察等进行长时间考察的案子中不采用陪审团审判。[18] 就像在仲裁中一样，官方仲裁人的管辖权取决于双方当事人的同意（尽管现在是由原告选择管辖法院而被告有权根据众多理由提出反对），而且除了涉及专业上的过失或者欺诈的案子，对事实问题的上诉受到限制。然而，不像仲裁，其审理过程有着法庭的形式主义。这种法庭的主要职责涉及与建筑业相关的争议，其中往往包含了大量的文书和许多专家证人。涌向这个法庭的案件的数目高达每年 1 500 个，而以审理方式解决的只有 86 个[19]，显然，对建筑诉讼而言，这个专家法庭在诉讼人的眼中比起普通法院有着明显的优势，尽管该优势并不在于成本而在于仲裁人的专门知识。除非商业主体得以近乎完全成功地避免使争议升级到裁判的阶段，我们由此必须推

---

[16] 商事法院事实上是普通法院系统的一部分，但是有一些法官专门从事涉及航运、保险、货物运输、国际贸易、银行和金融业、购买和销售商品的争议，以及对仲裁的法律监督：Lord Chancellor's Department，*Judicial Statistics 1996* Cm *3716*（London：HMSO，*1997*）*33*。

[17] 同上。32，33，41. 如果考察的是诉讼的提起，情况会有所不同，因为在高等法院里很大一部分争议是通过和解解决的。高等法院一年可能会发出大约 9 000 个涉及合同争议的令状。

[18] Judicature Act 1873，s. 83，被 Arbitration Act 1889，s. 14. 所修改。根据 Courts Act 1971 s. 25 和 Supreme Court Act 1981 s. 68，行政上的改变现在意味着特别任命的巡回法官被授予特定任务从事正式仲裁人的职责。Fay，E.，*Official Referees' Business*（London：Swect and Maxwell，1983）.

[19] Lord Chancellor's Department，n. 16 above.

断大多数因商业合同而发生的争议是在传统的法院系统以外解决的。

这并不是什么新鲜事。Ferguson 描述了商事争议仲裁如何被大量适用于 19 世纪特定的市场部门，并且现在成为对重大合同运
185 用裁决方式解决争议的主导系统。[20] 他主张说，成本和速度等考虑因素使仲裁相对诉讼有着比较优势，但是更为重要的因素驱使商业远离法院而转向仲裁：

> 但是它的决定性的优点在于，仲裁人之所以被选择是由于其个人的知识和对发生争议的贸易的经验，因此他们具备必需的技术性专门知识和对商业实践的细致掌握。[21]

这里对专业知识和实践的提及，我们可以理解为意味着仲裁人能够既将普通私法的形式合同权利又将其他的规范情景带进裁决。

通过将合同的个别交流链接到协议镶嵌于其中的关系和多重标准的网络中，仲裁人可以重新情景化该协议。换言之，仲裁人很可能实现双方当事人的商业预期，这部分地取决于对援引自市场惯例和商业关系的规范的服从，即使当这些规范和形式的合同权利相左。正如 Sugerman 和 Rubin 关于现代英国法律史的评述，

> 商业和产业可能会看重确定性和可计算性。但是它们通常也更喜欢它们自己的裁判者（因此，广泛地采用仲裁或者要求特殊的“商业的”陪审员）；而且他们重视制定他们自己私的或者“自产的”（home-made）立法的能力，而反对那些由议会或者法院设定的立法。[22]

---

[20] Ferguson, R. B., 'The Adjudication of Commercial Disputes and the Legal System in Modern England', *British Journal of Law and Society* 7 (1980) 141.

[21] Ibid. 145.

[22] Sugerman, D., and Rubin, G. R., 'Towards a New History of Law and Material Society in England, 1750-1974', in G. R. Rubin and David Sugerman (eds.), *Law, Economy and Society: Essays in the History of English Law 1750-1914* (London: Professional Books, 1984) 1, 9.

私的自我规制之所以受到青睐，原因无疑在于其实质性推理的特征。仲裁人小组并不能毫无限制地进行实质性推理。它将自己的规范性框架限定于贸易的合同、规则和预期。但是在这种分析之内，它并不优先考虑个别的合同交流，而是对从共同体中得出的相互竞争的规范性参照点采取一种开放的态度。这些仲裁人保护广义的商业预期而不是执行所担负的准确的承诺。

在授予仲裁人权力的标准格式的合同规划文件中，这个目标变得很清晰：

> ……仲裁人应当，在不损害其一般权力的情况下，有权
> 修正合同从而使它准确地反映雇主以及合同所设定的真实的 186
> 协议，按照他认为适当的那样进行这些衡量和/或评估，从而确定双方当事人的权利，查明和判定给予作为任何单据的主题的或者包含在任何单据中的任何数额，以及开放、评价和修改任何单据、观点、决定……要求或通知，并确定一切有争议的问题，这些问题提交给他的方式应当如同从未提供过这些单据、观点、要求或通知。[23]

一般的普通法本身在规制商业协议时抵制这种多元论。它试图消除竞争并使私法仲裁受制于普通私法的形式逻辑的理性。这个并不是从它们争夺工作量的角度提出来的，却反而是一个宪法性原则的问题。举例来说，Devlin 法官坚持认为必须通过司法审查仲裁人的决定以确保它们与私法规制保持一致，从而防止商业仲裁的离心趋势破坏法律系统的完整性：

> 如果每个市场的每个交易制造它自己的法律，将不会存在一致性并且可能不会存在公开性。对某个特定案件的诉讼当事人而言，其成本可能更低，但是这对作为一个整体的共同体而言是有害的，因为没有公民可以根据法律安排他的事

㉓ The JCT Standard Form of Building Contract (1980 edition) Private without Quantities, clause 41.4.

> 务，无论是商业上的还是其他的，除非法律的原则是固定的和可查明的，并且禁止为了迎合某个案子而偏离这些原则。[24]

值得注意的是，为以形式主义为基础的确定性所作的辩护现在和恳切要求法治的那些辩护结合到一起了：法律应当是公开的，可查明的，和固定的。合同法中的形式主义变得不仅仅对商业至关重要，而且还是自由的宪法秩序的组成部分。

然而，市场力量往往会痛击这种所谓的宪法性原则。商业主体选择他们自己的缺省的规制系统以及拒绝私法系统的形式理性的强烈渴望证实是一股无法动摇的力量。法律职业一直致力于捕获仲裁的成果。企图让仲裁的实践和规则服从普通合同法的立法从来都是他们的目标之一。近年来，却在英国出现了一系列对仲
187 裁的立法改革，其目的在于限制司法审查。[25] 这些规定使仲裁适用于商业争议的规范性标准变得更富于灵活性。这些改革背后的压力来自于国际规制的竞争。[26] 不同的仲裁中心相互争夺以裁决方式解决重大合同争议这种有利可图的业务。每一个仲裁中心实际上创造了一个关于正义的俱乐部市场。这些俱乐部市场以程序和规范性标准的灵活性以及对商业问题的专业知识为基础进行竞争。法律人现在的回应必须是开拓大多数的商事仲裁系统而不是把它们整合到普通的法院系统里。[27]

这种解释阐明了通过仲裁解决商业争议之所以盛行的原因，

---

[24] Devlin，P.，'The Relation between Commercial Law and Commercial Practice'，*Modern Law Review* 14 (1951) 249，260.

[25] 例如，Arbitration Act 1996. S. 9 (4)，要求法院在一方当事人的请求下保持在法院进行的法律诉讼程序，唯一的例外是当仲裁协议本身是无效的，不起作用的，或者无法执行的（但是根据 s. 86，法院对于国内的（和国际的相反）商业协议可能被授予更宽泛的自由裁量权）。

[26] Dezalay，Y.，'Between the State，Law，and the Market：The Social and Professional Stakes in the Construction and Definition of a Regulatory Arena'，in W. Bratton *et al.*，*International Regulatory Competition and Coordination* (Oxford：Clarendon Press，1996) 59，85.

[27] Flood，J.，and Caiger，A.，'Lawyers and Arbitration：The Juridification of Construction Disputes'，*Modern Law Review* 56 (1993) 412.

它表明商业主体在几个世纪以来一直对普通法院所提供的设定标准的规制流露出明显的厌恶。尽管这种厌恶部分地来自普通法院的收费和延误，一个更深层的问题涉及规范性标准的渊源自身的问题。在形式合同自身所提供的个别交流系统以外，有着支配合同行为的相互竞争的规范性考虑因素，而私法推理对它们是比较封闭的。导致的结果是，它不能将根植于商业关系和交易惯例的预期轻易地转化成其规制的缺省标准。商事仲裁之所以受到青睐，看来恰恰是因为它能够提供一个更复杂的推理过程，将裁决的结果和商业预期更紧密地结合起来。然而，仲裁人所采用的推理模式并没有贬损结果的可预见性和可计算性。相反，有证据表明，仲裁人的裁决比起那些采用私法形式主义的法官的裁决更能被预见，很大程度上是由于仲裁人试图确保他们的裁决首先必须服从贸易中既以确立的习惯和规矩。㉘

普通法推理

在比较商事仲裁和普通法院时，我们曾经假设所有私法系统都在它们的形式逻辑理性中表现出高度的封闭性。根据这个假设， 188
它们认为习惯和商业关系中的规范和预期作为其渊源与设定标准的任务毫不相干，从而同样很可能破坏商业预期。作为一个概括，这种观点可能已经足够了，但是我想考虑以下的可能性，法典化的系统（codified systems）和普通法之间推理方式的差异揭示了后者降低其封闭程度的潜力。普通法推理对于实现法律结果和商业预期之间的和谐是不是能表现得更娴熟？

普通法的推理毋庸置疑与其他的现代法律系统一样有着一定程度的封闭性。一方面，法院力图保存其自身的私法准则系统的

㉘ Bonn，R. L.，'The Predictability of Nonlegalistic Adjudication'，*Law and Society Review* 6 (1972) 563，571-2（对涉及美国纺织业贸易的商事仲裁的律师的采访；然而，作者不接受文中的主张，而是强调对个人仲裁员的选择的重要性作为可预见性的主要来源）。

完整性，另一方面，需要对商人共同体的习惯作出回应，商法的历史展现了两者之间的紧张关系。存在着大量的历史证据表明在法律管辖权的竞争中商人们像躲避瘟疫一样绕开普通法院。在中世纪和近代的英国，商人们更喜欢诉诸遵守贸易习惯的当地法庭而不是国王法庭或者中央集权的国家法院（state courts）。[29] 中世纪的商人法庭的主要吸引力在于它们熟悉并且会执行当地的贸易习惯。[30] 直到19世纪，与当地的商人法庭竞争案源的普通法院往往处于下风。

在19世纪由于普通法院对所采用的私法进行了一些微妙的修改，这种形势有所转变。Mansfield法官因之而闻名的准则性解决办法是宣称“商法”（mercantile laws），也就是商人们的习惯，已经作为一种特别法融入普通法当中。这一举动使得法院能够把习惯和贸易标准加插到普通私法所保护的规范性预期里。然而，这种解决问题的办法并不完善，因为商法被重新阐述为形式理性的法律。习惯和贸易规则确定了新的法律标准，因此，当习惯发生了改变，像发明了新型的协商手段，普通法拒绝承认它们的有效性[31]：

> 我们绝不能被理解为在表示商业规矩，不管它有多广泛，如果与制定法相左也应当被允许流行下去，在制定法中包括这样的商业规矩，它们曾经成为法律裁决的对象，并且曾经
> 189 被法院制裁或者采用，通过这样的被采纳而成为普通法的一部分。[32]

大多数金融工具的发展史可以描述为一段法院始终没有承认这些机制的商业效用的历史，之所以不在法律上承认这些工具，

---

[29] Arthurs, H. W., ‘Special Courts, Special Law: Legal Pluralism in Nineteenth Century England’, in G. R. Rubin and D. Sugerman (eds.), n. 22 above, 380.

[30] Trakman, L. E., n. 4 above.

[31] Chorley, R. S. T., ‘The Conflict of Law and Commerce’, *Law Quarterly Review* CLXXXIX (1932) 51.

[32] *Goodwin v Roberts* (1875) LR 10 Ex 337, 357.

是因为它们无法楔入形式理性的私法系统的缺省类别中，然后最终需要立法机关介入以便在法律和商业预期之间恢复一定的和谐。[33] 其结果是，商人法庭迅速地被私的仲裁的兴盛所取代了。依照这段历史，对于向相互竞争的规范性框架保持开放性从而满足商业预期这一点而言，普通法系统看起来并不是一个强有力的候选人。

然而，我们要更谨慎地考虑普通法推理将合同争议情景化的能力。普通法推理的那些特征，韦伯认为它们展现了实质性推理某些令人疑惑的特性，确实具备一种放松其封闭性的特殊潜力。比起法典化的系统，它相对缺少对规则的形式化陈述，需要在考察类似的先例以后通过归纳的过程阐明规则，这创造了持续的机会来修正对这些规则的明确表述。普通法的分类系统这种相对的弱点，为我们先前称之为准则子系统，尤其是合同法和侵权法，的碰撞中进行的“有效的学习”提供了可能。但最为深刻的一点，普通法系统中法律和事实的不可分，以及规则永远只能在它们所处的情景中被陈述，这些都打破了法律学者发展准则抽象性的热望，而这种抽象性是形式逻辑理性实现高度的封闭性所不可或缺的。这些特征表明普通法以相对开放的态度对待 Karl Llewellyn 所称的“情景意义”（situation sense）[34]，一个让人迷惑的概念[35]，我们也许可以把它解释为根据对交易双方当事人的预期进行规制的惯例来考察某个案件的事实。[36] 这种推理方法可以适用开放性的或者不确定的规则，从而使这些惯例与法律调查相关，并且它可

---

[33] Chorley，R. S. T.，n. 31 above. 这个故事在下一章中将进行更细致的考察。

[34] Llewellyn，K.，*The Common Law Tradition：Deciding Appeals*（1960），60.

[35] Twining，W.，*Karl Llewellyn and the Realist Movement*（London：Weidenfeld & Nicholson，1973）216-27；Feinman，J. M.，'Promissory Estoppel and Judicial Method'，*Harvard Law review* 97（1984）678，698-705.

[36] 在隐含条款的情形中对于这个解释的一种详细的阐述：Rakoff，T. D.，'The Implied Terms of Contracts：Of "Default Rules" and "Situation-Sense"'，in J. Beatson and D. Friedmann（eds.），*Good Faith and Fault in Contract Law*（Oxford：Clarendon Press，1995）191。

以通过强调每个案子特定的事实根源（factual matrix）以区分不
190 同的市场情景。我们能够找到证据表明普通法系统在其运作中以更开放的姿态对待商人们复杂的预期，对待商人法吗？

值得回顾一下 *Hillas & Co Ltd v Arcos Ltd.* 的裁决。[37] 在那个案子中，英国国会上议院执行了一个缺乏明确标的和确定价格的购买货物的选择权。如此一个结果公然违反了形式法律理性，因为后者执行合同的基本条件总是要求这些关键的问题是确定和清晰的。上诉法院遵循这种逻辑，坚持认为当事人并没有缔结一个法律上可执行的合同。但是上议院依据的是“贸易的过程”，也就是当事人之间的商业关系的历史，目的在于保护买方的预期。换言之，普通法法院有能力援引商业关系和商业交易这些相互竞争的规范性框架，以描述和执行该商业合同的当事人的预期。仅仅采用形式法律推理的视角，上诉法院考察了孤立的合同话语，发现它含糊不清而且不完全，于是完全拒绝认定存在着一个可执行的协议。毕竟，这个协议声称其包含一个货物买卖，但是却没有“标的”和价格。但是上议院权衡了强调合同文件的确定性所提出的形式准则要求和从交易情景中所产生的预期，从而使必然不完全但是经济上符合理性的木材期货合同发生效力。

Lewis 对管理建筑业中分包业务的法律和商业惯例所进行的研究，对于揭示普通法的法律推理如何将商业预期纳入其判决当中同样富于启发性。[38] 法律改革者所面临的问题是，一旦总承包人以这个标价成功地赢得了整个工程，分包人是否应当在法律上受到这个对某个特定的建筑任务的确定的投标价约束。在美国，法院曾经通过巧妙地利用允诺禁止反言的模糊的法律准则，坚持分包人受到这个固定报价（firm offer）的约束。但是在英国，法律的立场似乎坚持分包人的投标是可以被撤回的，即使总承包人信

---

[37] *The Times*, July 29, 1931, CA; (1932) 147 LT 503, HL; see above, p. 168.

[38] Lewis, R., ‘Contracts between Businessmen: Reform of the Law of Firm Offers and an Empirical Study of Tendering Practices in the Building Industry’, *British Journal of Law and Society* 9 (1982) 153.

任它，直到一份关于该工作的正式合同经由接受要约的承诺所确立。有的提议赞成修改英国法以仿效美国的规则（进行一些修改），因为这在法律学者看来是公正和公平的。但是Lewis的研究表明美国的商业惯例有别于英国的实践。美国的法院是在对该产 191
业的惯例作出回应，这些惯例被法院所发现[39]，并且被调查证据所证实[40]，那就是投标不能被撤回除非存在着惯例所建立的充分理由，而且，对允诺禁止反言的准则的适用提供了开放性的标准使法院得以支持该惯例。相反，英国研究的调查证据并没有发现投标具有约束力这种惯例，因此法院不会去发展法律准则使投标变得可执行。法律改革的提议终于被放弃。

这些研究表明普通法的推理能够何等紧密地遵循商业惯例和预期，这是因为它相对乐意将交易情景化。教条主义的主张认为，一个理性的法律系统应当通过使分包人遵守其投标从而保护总承包人的预期。美国的法院展示了这如何与允诺禁止反言的衡平法原则保持一致。但是这种教条主义的主张只有在美国才能获得成功，因为在商业关系提供了关键的规范性情景的这个领域，其私法规则正好符合商业惯例和预期。[41] 然而，在英国，教条主义的主张被拒绝了，不是因为它不连贯，而是因为它会和不同的商业预期和惯例发生冲突。两个普通法的系统，由于不同的商业预期，因而在相同的商业情景下得到了相反的法律结果。

---

[39] 例如，“根据在新奥尔良建筑业流行的惯例，分包人对总承包人作出的接下工作的要约，在承包人以这个估计为基础对所有人提出要约并且所有人已经接受总承包人的投标以后，是不可撤销的”，*Harris v Lillis*，24 So. 2d 689，691（La. App.，1946）。

[40] Schultz，F.，‘The Firm Offer Puzzle：A Study of Business Practice in the Construction Industry’，*University of Chicago Law Review* 19（1952）237，260（一个在印第安纳州的研究）；Note，‘Another Look at Construction Building and Contracts at Formation’，*Virginia Law Review* 53（1967）1720，1740（一个在弗吉尼亚州的研究）。对“固定报价”的信赖程度似乎在行业的其他部门更高，在美国，在一份向大型商业主体的法律顾问进行的调查问卷中，高达95%的公司预期这样的要约会被信赖：Weintraub，R. J.，n. 5 above，28。

[41] Eccles，R.，‘The Quasifirm in the Construciton Industry’，*Journal of Economic Behaviour and Organization* 2（1981）335.

普通法准则对商业惯例的紧密追随可以通过考察美国私法规制的发展得到进一步的说明。充分利用私法规制中“合理信赖”的开放性标准，法院可以使它们的判决准确地符合商业预期。投标系统的一个固有特征在于分包人可能在太多的投标中获得成功，从而没有能力处理这大量的需求。由于投标系统本身被总承包人
192 选择为从事买卖的方式，似乎可以确认他们应当承担对分包人过度需求的风险，因此，如果分包人基于这个理由退出而没有不适当的延迟，这并不能被视为对商业实践的惯常标准的违反，因而也不会对其声誉造成损害。按照法律的术语，法院必须得出该信赖在这些情况下并不合理的结论。类似地，有证据表明分包人按照贸易的惯常标准将受到投标的约束，即使在他计算价格的时候犯了小错误[42]，尽管如此，如果这个错误是重大的因而总承包人必然已经意识到发生了差错，依照惯例，分包人很可能不必受到该投标的约束。[43] 这个结果的正当性必须以缺乏合理信赖的法律术语再次加以论证。另一方面，根据商业惯例，如果原材料的价格意外地上涨了，分包人通常会感到有义务完成投标。[44] 因此我们找不到一个为了在形势发生改变的情况下提供免责理由的嫁接到允诺禁止反言准则之上的法律例外。这个惯例的另一方面坚持认为，如果总承包人得标后，没有通知报价最低的分包人，而是向其他的分包人寻求更低的价格，则意味着他不能再信赖该投标。[45] 正如一个分包人所说的，“如果承包人本着善意行事，我们会完成任务

---

[42] 在弗吉尼亚州的研究中的 53 个分包人中，100%的分包人认为即使有错误他们自己也应当受到约束，Note，n. 40 above，1734。

[43] 在 *Albert v RP Farnsworth & Co*，176 F. 2d 198 (C. A. 5th circ.，1949) 一案中，总承包人意识到分包人犯了一个错误，给分包人一个机会在对主合同投标之前提高标价；在 Schultz，F.，n. 40 above，245，n. 25，and 253 中有讨论。在 *Williams v Roffey Bros & Nicholls (Contractors) Ltd* [1991] 1 QB 1，[1990] 1 All ER 512，CA，总承包人意识到存在这样的错误，随即同意调整价格；诉讼之所以提起是因为其想要反悔部分提高的价格。

[44] Schultz，F.，n. 40 above，267.

[45] *Preload Technology*，*Inc. v A. B. & J. Constr. Co.* 696 F. 2d 1080 (5th Cir. 1983).

的"[46]。利用原来的标价从其他的分包人那里寻求更低的价格以形成该任务的主要标价，被认为是等于抛弃了投标过程赖以运行的默示的互惠信任，因此它让总承包人不再有资格以信任为由提出一个机会主义的请求。

为了实现对商业预期的保护，推理系统必须对规范性情景的细微之处表现出这种敏感度。市场惯例必须被整合到对规制标准的细致阐述中。推理的系统必须有能力抗拒抽象性而支持规制的多样性或者标准的多重性。举例来说，在许多的商业和政府情景中，签订合同的投标系统是很常见的。形式准则推理系统总是敦促这些投标系统遵守同样的规则和原则。它倾向于坚持，比如说，无论在哪种情景中投标永远不具有约束力，因为它代表了合同的 193
要约，而不是承诺。一个成功地拒绝这种程度的封闭性的法律系统，会承认该情景可能揭示了应当由法律系统保护的相反的商业预期。在为公共工程投标的情境中，比如说，其惯例可能会截然不同，因为可能存在着对政府当局的善意和公正的预期[47]，或者政府当局可能会表明要遵守特定的公平程序。[48]

普通法的推理方法可以尤为出色地完成这个任务，抓住惯例的事实从而实现当事人的预期，依靠的是其拒绝将法律话语简化为一套系统的、高度自我参照的规则的特性，以及它对每一个特定案子的事实根源的强调。在这种意义上，普通法的推理方法能够尤为出色地调整从而在广义上实现可计算性或者对预期的保护，我曾经主张，这很可能是该概念更好的一种含义，如果我们要问的是哪一种合同法对商业有利。当然，其他更为形式化的理性法律系统也可以实现类似的调整。通过发展开放性的规则或者一般条款，像在德国法中要求"善意"，它们可以缓和准则系统的严格性。此外，在发展规则一般性的例外或者限制时，这些例外可以

---

[46] Schultz，F.，n. 40 above，267.

[47] *Heyer Products Co. v United States*，140 F. Supp. 409 (Ct. Cl. 1956).

[48] *Blackpool and Fylde Aero Club Ltd v Blackpool Borough Council* ［1990］1 WLR 1195，［1990］3 All ER 25 (CA).

明确援用实现与商业习惯的一致的重要性。比如，在法国法中，要约必须在“合理的延迟”(delai raisonable) 或者“基于道德的延迟”(delai morale) 中保持开放的例外，从而明确承认，对于确定要约在多长时间里保持不具有约束力的状态，市场惯例认为要约是多短暂的这一点是十分关键的。[49] 这些例子表明所有的法律系统如何需要对广义上的可计算性或者对预期的保护作出回应。我的主张只是普通法的推理模式在很多场合中展现了一种不寻常的强大能力，糅合相互竞争的规范性框架以形成由合同承诺而产生的商业预期。

194

形式主义的病毒

虽然我认为普通法的推理方式也许对权衡相互竞争的规范性考虑因素这一任务相对地开放，因为在其推理过程中法律和事实发生了重叠，但是，法律系统之间的差异并非如此地显著，以致在对国际商业交易提供争议解决系统的竞争中，给予了这一方或者那一方重大的优势。伦敦是一个商业争议解决的世界中心，但很显然这主要地不是由于普通法的优点，而更确切地是因为其仲裁系统的灵活性，这个系统在标准设定中确立了多元主义。普通法可能是商业协议所适用的法律中最受欢迎的选择，但是这一结果可以简单地用律师偏爱其熟悉的法律以及首先是英国其次是美国在国际贸易中占据了经济主导这些理由进行解释。法典化系统的推理过程的弱点，如果它们存在的话，也通过进一步区分法律系统内的子系统得到处理，因此商法典、银行守则等，是为了允许私法规制根据商业惯例进行调整而创造的。

我们还应当注意到，比起韦伯对形式主义和资本主义之间的联系产生疑惑的那个年代，法律系统遵守形式法律理性的程度的差别也许并没有那么巨大。举例来说，在德国，尽管私法的法律

---

[49] Cass. req. 27. 6. 1894, S. 1898. 1. 434; for a discussion, see Ghestin, J., *Traite de Droit Civil II Les Obligations*: *Le Contrat* (Paris: L. G. D. J., 1980) 167.

学者仍然令人目眩地展示着抽象的形式逻辑推理，因为每一个问题都服从法典严格的分类和解决方式，但必须注意到德国的法院对情景和商业惯例表现出高得多的敏感度，利用一般条款提供的机会扩大相关的规范性情景从而作出法律裁决。最突出的例子是民法典著名的第 242 条："债务人必须依照诚实信用并照顾交易惯例履行其给付。"这个规定使得法院在合同和私法权利所确立的标准以外，能够加入从其他的规范性情景中引出的标准。然而，与此同时，普通法显示出强烈得多的倾向于法律形式主义的趋势。

一旦集权的皇室法院（Royal courts）在英国开始取代当地的商人法庭承担对普通合同争议的司法管辖权，并且分化的职业律师群体实现了对处理这些争议的垄断控制权，精心制作一个形式理性的合同法的条件便就绪了。合同的普通法从民法系统中接受了一系列的移植，例如由要约和承诺构成协议的观念。[50] 这些移植的真正意义并不在于法律准则的实质内容，却反而在于这些概念 195
所要求的推理方法。输入的准则使得自我参照的推理系统发展进化，这强行切断了争议事实的相关性。换言之，这些移植包含了一个病毒，它在普通法法院的争议解决过程中发现了一个有益的寄主。这个病毒就是形式理性的推理模式，它像热病一样传遍了合同裁决的过程。

致力于法律的科学阐述的法律学者，他们的从旁协助只不过是致力于提升热度，增强自我参照的程度。[51] 比如说，Gunther Treitel 爵士深受爱戴的关于英国合同法的教科书[52]，无疑像任何德国的教科书一样，以诸多严格和细致的分类和其他形式逻辑理

---

[50] Simpson, A. W. B., 'Innovation in Nineteenth Century Contract Law', *Law Quarterly Review* 91 (1975) 247; Nicholas, B., 'Rules and Terms—Civil Law and Common Law', *Tulane Law Review* 48 (1974) 946.

[51] Sugerman, D., 'Legal Theory, the Common Law Mind and the Making of the Textbook Tradition', in W. Twining (ed.), *Legal Theory and Common Law* (Oxford: Blackwell, 1986) 26.

[52] Treitel, G. H., *The Law of Contract*, 9th edn. (London: Sweet & Maxwell, 1955).

性的特性表述法律。每一个案子，虽然植根于事实，却可以被安置于一个丰富的分类组织中，从而那些形式规则可以被表述成对每一个问题提供解决方案。比如说，缔约中所犯错误的相关性被划分为四个主要的类别，每一个类别接着又划分为许多有着它们自己独特规则的分类，大概总共有十八种之多。这些关于错误的准则几乎从来没有被法院适用过，这一点当然与对该准则的逻辑的细致阐述全然毫不相干。

商业主体富于策略地回应这种正在发展的法律自治。当基于规则系统的严格权利的话语看起来很便利，法院就会被选择为裁决争议的法庭。法院充满了要求从消费者或者其他小规模商业主体那里获得债务的小规模商业主体。[53] 然而，当商业预期的实现只能通过考虑情景化的争议，将市场惯例和对商业关系的默示理解纳入考察范围，他们的策略是寻求其他的法庭，通常是私人制裁
196 的形式。[54] 有着频繁贸易关系的缔约人之间的争议，或者那些涉及精细的长期合同承诺的争议，被送到交易所提供的或者当事人所选择的仲裁系统里。其目的在于找到熟悉市场惯例的裁决者，这些裁决者能够将商业争议的全部背景纳入考虑的范围。

现代法律系统在它们的合同法中埋藏着一个紧张关系。这种紧张关系出现在杰出的大法官 Steyn 勋爵的评论中："一个贯穿我们合同法的主题是诚实的人的合理预期必须得到保护。它不是一个法律规则或者原则。它是这样一个目标，过去是并且仍然是我们的合同法的一种主要的塑造力量。"[55] 法律由规则和原则组成，

---

[53] Rubin，G. R.，'The County Courts and the Tally Trade，1846-1914'，in G. R. Rubin and D. Sugerman（eds.），n. 22 above，321. Vincent-Jones，P.，'Contract Litigation in England and Wales 1975-1991：Transformation of Business Disputing?'，*Civil Justice Quarterly* 12（1993）377. See Chapter 14，below.

[54] Ferguson，R. B.，'The Adjudication of Commercial Disputes and the Legal System in Modern England'，*British Journal of Law and Society* 7（1980）141；Arthurs，H. W.，'Special Courts，Special Law：Legal Pluralism in Nineteenth Century England'，in G. R. Rubin and D. Sugerman（eds.），n. 22 above，380.

[55] Steyn LJ，*First Energy*（*UK*）*Ltd v Hungarian International Bank Ltd* ［1993］2 Lloyd's Rep 194，CA.

但不幸的是支持商人合理预期的目标不可能被化简成一个系统的法律话语。获得准则连贯性和将法律推理与道德的、政治的和经济的思想相分离的动力，促使法律系统趋于终止形式法律推理。然而，如果合同法要达到支持从交易及其周围的环境中所产生的预期的目标，这也是商业希望实现的目标，法律系统必须避开封闭的推理，而赞同使得这些预期的事实对于其裁决至为重要的那些准则。这个目标的实现只能依靠开放的规则，以习惯和预期补充和限制合同权利[56]，和依据那些预期对事件和条款进行解释。

法律准则的转化?

处于合同法法律推理核心的这种紧张关系，使得律师们在严格的形式主义和情景化的实质性推理之间永久但不稳定地左右徘徊。但是可以认为，在发达的工业社会中，生产和分配经济关系类型的变化有利于后者的发展。形式法律推理所产生的法律权利的可预见的法律结果对适于个别交易的可计算性可能更重要，而对我们在某些特定的长期合同中观察到的对灵活性和合作的预期的可计算性，则不那么重要。在一个借贷协议中，也许，商业利益恰恰有赖于借方会被要求严格按照合同条款偿还本金和利息这 197
个可计算性。然而，在一个特许协议或者任何一种委托代理关系中，坚持要求严格的权利可能会严重阻碍有益的调整，因此权利的可计算性可能并没有强调在履行合同中进行合作的预期那么重要。当这些介于个别合同和组织之间的中间状态或者混合型的经济关系在经济中增多扩散，可以认为法律准则要适当地接纳它们，就只能按照商业预期在法律推理形式方面进行机制转换，趋向基于开放性标准的情景化的实质性推理。

有必要进一步考察对合作在长期合同中的重要性的强调。

---

[56] Cornish, W. R. and Clark, G. de N., *Law and Society in England* 1750-1950 (London: Sweet & Maxwell, 1989) 206: "默示条款由此成为普通法小心谨慎地将个别的条款和一般预期统一起来的主要方法。"

Campbell 和 Harris 将合同的概念解释为在商业关系中长期的效用最大化的策略，其中的当双方当事人都知道对方维持和发展长期的商业关系是有利可图的。[57] 维持该关系的利益首先来自发展长期商业合同的原因：保护特异性的投资，也就是发展该商业关系所导致的支出，它如果不能在这个特定的关系中投入使用，就会白白浪费或者价值大打折扣。这种"沉没投资"（sunk investment）的例子可以包括为生产适用于该特定客户的产品所建造的机械设备，或者获得为履行某个雇主的特定任务所必要的并不能毫不勉强地用在其他工作中的知识和技能（人力资本），或者找到合适的商业伙伴的寻找成本。为了保证这些投资不会被浪费掉，投资人会确保一个长期的合同承诺，比如一个长期供应零部件的合同，或者一个"以成为职业为方向的"（career track）的雇佣关系，这提供了防止沉没投资损失的法律保护。但是一个长期合同通常不能精确地规定当事人对彼此的预期，因为会发生需要调整该关系的意外情况。此外，如果最大的收益将从沉没投资中获取，当事人必定愿意根据新的市场机会、新的技术和因共享信息而增长的优势来发展他们之间的关系。这些考虑因素表明，就他们的商业关系采取一种合同的态度是符合双方当事人的长期经济利益的。
198 坚持要严格地解释原来的协议也许最后会降低双方当事人从他们的关系中可能增长的财富。假如双方当事人冒着失去"沉没投资"的风险，他们就会有信心使这个长期的合作关系能够维持下去，虽然存在着短期机会主义的诱惑。举例来说，生产商可能会发现一个强行降低供应商的零部件价格的机会，而且这也可能是合同条款所允许的，但是这会危害和单一的供应商维持关系的种种可能的好处，像分担研究和开发的成本，发展创新的设计，或者发现进一步降低产品成本的新技术，因为供应商可能会撤回这种主要的合作形式，作为对所察觉到的违背信任的报复。

---

[57] Campbell, D., and Harris, D., 'Flexibility in Long-term Contractual Relationships', *Journal of Law and Society* 20 (1993) 166.

这种合作的长期合同关系的经典例子，发生在我们曾经所描述的“供应商合伙”（supplier partnerships）中。[58] 在这个例子中，一种零部件的供应商和一个产品的装配商进入了一个长期的合同关系。这被喻为合伙，因为每一方都预期另一方在发展其关系时充满灵活性，而不是因合同的字面意义限制其履行。Lorenz描述了这种商业关系：

> 为了回报分包人在质量和送货方面所作的改进，委托公司会尽一切努力保证一定的工作量；此外，任何对价格、数量和送货的调整是由双方当事人以非机会主义的方式作出的，并充分地披露相关的信息。尤其是，这意味着如果竞争对手的价格或者质量出现了变化，分包人并不可以无条件地退出。相反，委托人声明他们实行一个预先通告（advance warning）系统；允许他们的合伙人在一段合理的时间内跟上其竞争对手。它同样意味着委托人不会每次产品需求一下降就在内部减少工作量。很多公司遵守明确的共享规则以解决和无法控制的需求波动有关的问题。[59]

如果这种对长期合同关系的合作本质的分析是正确的，那么它意味着对此类合同的一种根据法律规则中准确陈述的权利来界定义务的法律分析，可能在某个重要的意义上会妨碍该协议最大化当事人财富的可能。传统的法律和经济视角认为合同在于确立权利从而为履行提供激励，这可能错误地理解了这些交易的中心特征，也就是要确立各种程序和一个情景以根据变化的条件调整 199
交换关系。[60] 内在的合作动态可能要求法律承认特定种类的发散性

[58] Coolins. H.，‘Quality Assurance in Subcontracting’，in S. Deakin and J. Mitchie（eds.），*Contracts*，*Co-operation*，and *Competition*（Oxford：Oxford University Press，1997）285.

[59] Lorenz，E. H.，‘Neither Friends nor Strangers：Informal Networks of Subcontracing in French Industry，in Gambetta，D.（ed.），*Trust*：*Making and Breaking of Cooperative Relations*（Oxford：Blackell，1989）194.

[60] Crocker，K. S.，and Masten，S. E.，‘Pretia Ex Machina? Prices and Process in Long-Term Contracts’，*Journal of Law and Economics* 34（1991）69.

预期应当被允许优先于协议的明确条款，或者至少明确的条款应当由更宽泛的合作标准加以补充。在一个雇佣关系中，举例来说，希望撤回合作的雇员可能选择“照章办事”（work-to-rule），也就是根据合同的明确条款来履行。“照章办事”是劳资纠纷（industrial conflict）中的一个有效策略，恰恰是因为它使处于合作关系中的雇主可能得到的种种好处都落空了，比如说，雇员愿意灵活地处事从而克服生产中意料之外的问题。倾向于支持合作关系的法律回应可能会宣称存在本着“善意”履行的默示义务，或者至少不能以一种处心积虑地破坏雇主的商业利益的方式行事。[61]

基于这种关于长期合同的动态发展的洞见，可以认为合同法一直在缓慢地进化其合同准则的形式，为的是对生产关系类型的变动作出回应。[62] 在19世纪占据主导地位的古典合同法，力图通过运用一组明晰的规则和准则的形式法律理性来获得一组固定的合同权利。这种法律形式主义适合于支持在发展中的市场经济里发现的那些经济关系中的商业预期，在这种环境中，小规模的商业主体进入许许多多以供应商和消费者为对象的个别合同。然而，在20世纪，长期供应合同，基于特许的分配系统，以及在职业科层（career hierarchy）中的雇佣关系，要求法律进化出承认和支持对灵活性和合作的预期的机制。对这些新的经济制度安排的法律回应，可以部分地在专业化的法定干预中发现，像对雇佣关系的规制，但是也可以在这样一些变化中发现，也就是采用更加开放的一般条款以规制合同义务的内容，并容忍合同义务的创设和修改过程中更高程度的非正式性。现代合同法中许多这样的主题，像本着善意履行的义务，可以在美国统一商法典和合同法重述第二版（Restatement of Contracts 2nd）中找到明确的陈述。[63]

---

[61] *British Telecommunications plc v Ticehurst* [1992] ICR 383，CA.

[62] Esser，J. P.，'Institutionalizing Industry：The Changing Forms of Contract'，*Law and social Inquiry* 21（1996）593.

[63] 这部分是 Karl Llwewllyn 特意地在统一商法典的规定和商业传统之间进行协调的结果：Wiseman，Z. B.，' The Limits of Vision：Karl Llwewllyn and the Merchant Rules'，*Harvard Law Review* 100（1987）465。

这种对生产和分配关系中的变更的法律回应是否意味着合同法的一个转化？在大量影响深远的著述中，Macneil 区分了作为形式法律理性化身的“古典合同法”（classical contract law），包含着对严格的规则和权利的某些修正以便令人满意地处理长期合同关系的中间阶段的“后古典合同法”（post-classical contract law），以及最后是“关系型合同法”（relational contract law），它近来更是迟疑不决地进化成这样一些法律准则，它们试图拓宽对经济交易的合作本质的视角，方法是承认经济交易嵌入在先前的经济关系中。[64] 尽管这是一种有趣并且说服力很强的意见，被吸收到经济理论中并且成果累累[65]，但它似乎对进化的轨道提供了一种过于激进的描述。主张根据生产和分配的经济关系的变更而进行改变的论点，极力催促更细化地区分合同法和拒绝在灵活和合作的商业关系背景中采取不适当的法律形式主义。无论如何，我们不应当期待一种简单的经济功能主义来解释法律准则的进化，因为我们已经注意到合同法如何同样受到其他因素的影响，包括政治理论和公共政策。围绕着法律准则的规范复杂性，有一个主要地是由知识分子精英进行的范围宽广的意识形态方面的争议，它只是间接地对社会中正在改变的潮流和社会力量作出回应。对合同法中任何转化的更好的理解必须要分析经济制度的变更，政治理论的变化，公共政策的新重点，以及对法律准则连贯性新的理性化如何全部结合在一起以创造交易的法律规制的一个新特征。[66] 200

---

[64] Macneil，I.，*The New Social Contract*：*An Inquiry Into Modern Contractual Relations* （New Haven：Yale University Press，1980）；id.，‘Contracts：Adjustment of Long-term Economic Relations under Classical，Neoclassical，and Relational Contract Law’，*Northwestern University Law Review* 72 （1978） 854；id.，‘Values in Contract：Internal and External’，*Northwestern University Law Review* 78 （1983） 340；Gordon，R.，‘Macaulay，Macneil，and the Discovery of Solidarity and Power in Contract Law’，*Wisconsin Law Review* （1985） 565. 在 Macneil 的著作中设想了合同法适应于新型的经济关系的进化故事，但是他也暗示其他因素在法律准则进化中的重要作用。

[65] Williamson，O. E.，‘Transaction Cost Economics：The Governance of Contractual Relations’，*Journal of law and Econmics* 22 （1979） 233.

[66] 在另一本书中，我试图发展这种可能性：Collins，H.，The Law of Contract，3rd edn. （London：Butterworths，1997），ch. 2。

尽管如此，在我们之前对规划文件的构建和解释的考察中，以及现在对最能保护从合同承诺中产生的商业预期的法律形式的讨论中，我们可以察觉到巨大的压力使法律推理放弃其法律形式主义，转而支持一种分化更细致的进路以规制合同。对权利的形
201 式法律规制在多大程度上能促进贸易关系的形成，这必定在可能的合同关系的范围内各不相同。私法系统的规制表现出援引合同惯例和商业关系的历史来填补设计时故意让它不完整的合同的意愿，这可以促进市场的构建，或者至少不去提供法律认可的机会主义从而妨碍信任的建立。

结论

哪一种合同法对商业有利这个问题不是一个简单的答案所能解决的。商业主体需要可计算性，但是决定计算内容的那些预期因它们嵌入在商业关系和市场惯例中的深度而有所不同。这些预期之间嵌入程度的差异，或多或少地可追溯到在生产和分配关系中发现的不同类型的合同。商业主体因此在裁决系统的规范性取向中要求多元主义，他们在很大程度上通过私的仲裁制度为自己创造了这一点。

普通法的推理方法，通过采用不那么严密的自我参照的准则系统，和总是对所发现的关于预期的证据的封闭规则加以削弱的判案方法，在实现规范取向的细分时可能比法典化的系统有着相对优势。但是法律形式主义的病毒，如此经常地因为其对确定性或者可计算性的贡献而被错误地加以提倡，总是有可能使普通法丧失其在封闭性和嵌入之间，合同话语和基于商业关系和商业交易的预期之间取得微妙平衡的能力。

第九章 202

合同作为事物

作为对我们的核心主题之一，市场的构建，的详尽阐述，我们现在开始考虑法律在构建特定类型的金融交易中所发挥的作用。我们会集中关注两种金融工具（financial instruments）：可流通票据（negotiable instruments）和期货合同。这些交易在商业中十分重要，但是它们在其创制和法律规制方面都带来了几乎是难以驾驭的问题。这些问题极其严重，可以认为私法在构建和规制这些交易时，被证实是无法提供任何有效帮助的，并且法律系统整个地几乎和这些贸易关系毫无瓜葛。情况远非是由法律提供必要的外部强制力以鼓励贸易者不要背信弃义或者放弃履行，在这些关于金融工具的例子中，法律表现得软弱无力。

货币

要介绍这些合同协议的独特属性，可以先考虑货币这个熟悉的例子。从商店里购买货物时，常见的支付方式是交付纸币或者硬币。这些小纸片和金属币没有什么内在的价值。它们的价值更确切地是在于它们可能在其他的交易中被用于支付。货币通过被持续地接受为对债务的有效支付而在经济中流通。在其出现之始，票据形式的货币代表着一个合同。它包含了银行或者类似的资金持有人的一个支付承诺。合同的双方是银行和“持票人”（bearer），也就是任何持有票据并且将它出示给银行以获得支付的人。因此，在商店中出售货物，作为货物的回报，店主要求获得并接收一份单据（document），它代表着银行和票据的原“持票人”这两个陌生人之间的一个合同。

我们先前讨论过信任和非法律制裁在市场构建中的重要性，从这个角度出发，接受货币支付看来是颇为引人瞩目的。它涉及是否可能就基于远距离的和非个人的允诺的可靠性作出可置信的承诺。店主从消费者那里接受的支付是陌生人之间的一个合同，
203 也就是银行和票据原持有人之间，除了一个支付的允诺，它没有包含任何更实质的东西。我们知道交易依赖于它们所包含的承诺的可置信性，这种可置信性则既取决于因过往的互动和声誉而在当事人之间确立的信任，又取决于阻止背叛和失望的强有力的非法律制裁是否可得。在货币的例子中，除了对银行兑现其承诺的声誉有所依赖，以上可置信性的渊源一个也没有出现。货币和其他金融工具无疑对市场经济的迅速膨胀十分关键，但是它们对信任和制裁的构建带来了几乎是无法逾越的难题。我们当下特别感兴趣的问题是，法律在致力于构建市场的这一方面时发挥了什么作用？

货币支付的第二个特征在许多方面甚至更令人迷惑。一个法律上可执行的合同通常在合同当事人之间创造了一组具有约束力的义务。法律将这种关系看作是私人的，是双方当事人之间的一种个人联结，并且这种孤立的和个别的联合形式对于合同的意义至关重要。然而，在货币和很多其他金融工具的例子中，这种个人义务被转化成一个财产。银行的支付承诺本质上变成了一个事物，一个可以出售、分割、用于担保，和赠送的事物，就像一罐豆子一样。作为一个事物，承诺变成了资本，而不仅仅是一个被消费的物品。两人之间所负的个人义务质变为一个财产，一个动产（chattel），一个流动的资本资产（capital asset），简言之——现金——要求法律系统在其分类系统之内发展出一种新的分化（differentiation）。除了传统地区分合同创造的个人义务和支配动产所有权的财产法，像家畜和家具等动产，法律系统还被要求承认一种混合物：以金融工具形式出现的合同，它在许多方面应当像一个动产，一个事物那样被看待。

货币的例子突显了以金融工具构建市场所带来的这对孪生问

题。要使不过是一个陌生人的支付允诺成为一个可置信的承诺，需要精心打造的制度安排以构建信任和非法律制裁。当需要对构建市场的这一方面提供协助，法律系统遭遇到一个根本的障碍，那就是它对事件的分类系统否定了合同可以是各种事物这种可能性。尽管这个障碍最终被关于某些金融工具的进一步概念分化所扫除，像货币、支票、汇票和本票（promissory notes），在某些商业实践的领域，像期货合同，法律系统从来就完全无法提供对交易的有效规制。这些专门化的市场因而为自身创造了它们自己 204
的超出法律范围的制度和规制结构，我们称之为“俱乐部市场”(club markets)。

货币是规制金融工具市场的一个特殊例子，因为国家（或者国家所支持的机构）是它的有效性和可替换性（fungibility）的保证人。暂且把这个运用公共权力进行规制的特殊例子搁置一旁，我们可以考察具有类似于合同被视为一个事物这种特性的其他相似的金融工具中的市场构建。单据最为常见的形式往往被称为可流通票据。

能够对持票人支付的可流通票据是一份承诺对持有票据的人支付一定数额的货币的单据。两个特征勾勒出这种金融票据。第一，请求该数额的货币的权利可以非常简单地随着持有的换手而转让。第二，无论在票据的创设之始和转手的过程中其有效性和可执行性有任何问题，单据的持有人都可以执行该承诺，只受制于善意的要求（支付了对价的善意购买人）。这些特征的累积效果（cumulative effect）是将包含该支付承诺的合同转化为一个事物本身，能够被出售或者像一个动产一样被处置。

到了 19 世纪的最后 25 年，普通法法院完全接受合同以可流通票据的形式作为事物这种法律可能性。但是使用可流通票据的商业实践至少从 15 世纪开始就已经流行开来。普通法法院曾经对这些合同心存疑虑，并且只是犹豫不决地准予商人们所计划和期望的法律效果。

形式（formality）

在对合同实践的观察中，我们注意到许多合同作为规划功能的一部分会被简化为书面文书。律师们倾向于坚持书面文书，部分地是作为一种澄清承诺内容的方式，并部分地是为了在后来任何关于合同义务的存在与否和范围大小的争议中提供证据。但是在可流通票据的例子中，我们遇到了对形式的另一种运用。这些合同不具备法律效力，而且实际上根本就不存在，除非它们包含在一个书面文书中。文书或者票据不纯粹是一种证据上的需要，
205 而是交易的构成要件。在协议中这样运用形式以构造一个事物，标志着与对形式的规制要求的传统目的分道扬镳。

要实现支持交易和市场的一般规制目标，几乎没有理由将对形式的要求作为获得法律上的可执行性的条件。创造一个单据来记录合同当事人的承诺其本身并不能直接促进信任的确立或者非法律制裁的构建。在单据上签字并不能降低背叛或者失望的风险。它也不能扩大失望一方使违约者承受更大的经济损失的权利。然而，关于承诺的单据证据确实能促进对诸如损害声誉等非法律制裁的适用，因为它能为宣称对方背叛提供证据上的支持。所以，当对失望的风险的恐惧被信任的关系取而代之，运用单据记录合同的可能性就小一些。以握手表示达成一致的口头协议，会被视为对一个严肃的承诺的充分表达，而对书面文书的坚持无疑可以解释为不信任和猜疑的信号。大概是出于这个原因，商人们往往宁愿在口头上达成交易，然后把文书工作留给律师。口头成交象征着信任，而不是不愿意受到约束。

然而，对这些授予口头协议同等效力的合同实践，法律系统心存疑虑。为了借助国王的权力执行义务，需要对合同承诺提供更确凿的证据。中世纪的诉讼形式（forms of action）总是关系到建立证据的方法从而确定哪些合同可以被执行。主要的形式包括“盖印契约”（covenant），也就是一份书面的、封印的文书，以及

“宣誓取证法”（wager of law）（一种使用许多宣誓证人的证明方法）所确立的收回原告被拖欠的金钱或者可替换物的一种债务诉讼。法院不能解决这些证明形式以外的合同争议，因此像待履行的合同（executory contracts）和根据口头合同对有瑕疵的履行提起的请求在这些法院中是无法执行的。[①] 在这个阶段，形式并不是有效合同的必要条件，尽管如果没有封印契约就很难在法院里执行大多数的合同请求。

然而，为了对争议作出法律裁决，一种往往很有吸引力的做法是以书面记录作为证明过去的决定性证据，并怀疑没有文件证据支持的对合同权利的宣称是否诚实可信。口头证据规则不允许诉讼人质疑该文件是不是对互惠承诺的准确记录。因此，一方当事人违反口头协议不履行义务所发生的债务，在国王法庭（King’s courts）里会被拒绝执行，并且其理由似乎涉及对义务和违反义务的证明问题。尽管普通法院在 16 世纪接受在陪审团面前证明的新诉讼形式而开始执行口头协议，对非正式的猜疑仍然持续着并导致了反欺诈法的产生。这种对法律过程的规制，要求某些合同以书面的证据加以证明，像那些就土地权益进行交易的合同，从而达到防止接受关于交易存在与否的错误证据的目的。

因此，在法律准则的进化中，诉讼形式、证据规则，以及证明方法，全部都是为了保护法律过程自身的完整和效率，而不是为了帮助构建和规制市场。所以，规则总是在被冲淡和稀释，因 206
为对基于信任而发生的重要却非正式的承诺，总会有令人信服的非文书证据出现，并诱使法院为了保护当事人的真正预期而放弃其对形式的要求。直到 19 世纪，保持法律过程完整性的形式要求和法律系统支持非正式交易的商事实践的需要，它们之间的紧张关系可以在关于口头证据规则和反欺诈法的例外的斗争中发现。这些案子代表了证据规则的例外，或者表现了这样一些时刻，当

① Baker, J. H., *An Introduction to English Legal History*, 2nd edn., (London: Butterworths, 1979) 271.

法院拒绝让反欺诈法本身被利用为欺诈的工具。

在金融工具的早期历史中，明显存在一条类似的关于形式的进路。一份盖印的契约（deed）或者合同文书，称为契券（bond），可以作为债务的决定性证据，因为它正式确认欠了一笔金钱。如果一份契券或者盖印的合同载明欠着一笔债务，那么这个记录会被法律诉讼视为关于事实的决定性证据。即使这笔金钱实际上已经偿还了，该文书胜过这个事实，因此法院会要求重新全额支付以取回契券。但是它所包含的契约（covenant）仍然是当事人之间的一种个人义务，只能通过当事人的协议发生变更。然而这种对形式的证据价值的理解并不符合商人们将文书看做合同的要素和看做在市场中被交换的事物的实践。

法律系统必须理解在其自身的概念结构中，商人们以这样一
207 种方式使用可流通票据从而形式的缺少会让交易变得无效，变成在法律的视野中认为事件并不存在，而不仅仅是交易的不可靠的证据。要缓和这种紧张关系，只能在法律话语中为可流通票据创造一个处于合同法的一般原则之外单独的分类，其中的形式是构成要素而不仅仅起着证据的作用。②

法律多元主义

如果法律系统在处理形式的时候遭遇到合同是否存在的问题，要进一步承认被商人们视为一个事物的单据其自身是可以用来交易的，这几乎是一个无法克服的难题。需要的是一个私法准则，承认对单据的占有的传递可以将它所记录的所有权和权利的可执行性转移给新的持有人。普通法法院直到 19 世纪晚期仍然抗拒这

② 对形式的一种类似的观点近来被引入英国涉及土地上的利益的交易，从而形式的缺乏显然会使得合同无效：Law of Property (Miscellaneous Provisions) Act 1989, s. 2。但是这种改革只有当不动产交易变得和合同法的一般原则截然不同时才可能成功。立法机关毫不迟疑地以一种自相矛盾的方式承认非正式的无效承诺在衡平法中根据允诺不得违反的准则却变得可执行，从而默示地承认这种区分是不可能的。

种合同向财产的转化。

合同承诺可以变成一种能够买卖的财产类型这种理念，与合同创造的是限于协议当事人的个人义务的法律分析是相抵触的。举例来说，在 19 世纪晚期，必须进行法律改革（statutory reform）以在法律中创造支付的承诺一般地可以转让给其他人的情形[③]，从而债务能够像一项财产那样被出售。在普通期票（simple promissory notes）的例子中，Lord Holt 在 1702 年作出了一个声名狼藉的判决，否认法律对把它们用做可流通票据的商业实践给予任何承认：

> 维持对此类票据的这些行为是普通法规则上的创新之举；而且它无异于设立一种新的特殊事物，它是普通法所未知的，并且是在朗伯德街（Lombard Street）里发明的，它企图在这些涉及汇票的问题中给威斯敏斯特宫（Westminster Hall）提供法律。[④]

换言之，Holt 是在反对仅仅依照银行家和经纪人（朗伯德街 208
里的常驻者）的实践，而无须经过议会立法（威斯敏斯特宫的占领者）的同意，就从合同中创造一种新型的财产（特殊事物）。

因此，表面看来，将金融工具当作是可流通的，这种实践常常得不到法律的支持。它看起来就像无须国家的市场。然而，这种解释忽视了近代早期（early modern period）的法律多元主义。商人共同体可以诉诸他们自己的法庭以承认金融工具的有效性从而创造财产。在中世纪（medieval period），这些法庭愿意执行口头协议达到使它们符合贸易惯例的程度，由此获得了大量商业合同的案源。它们在一个更小的商业共同体中的证明和证据标准并

③ Supreme Court of Judicature Act 1873，s. 25（6）.

④ *Clerke v Martin*（1702）2 Ld Raym 757；这个决定，尽管大概听起来好像是基于法律先例（Holden，J. M.，*The History of Negotiable Instruments in English Law*（London：University of London，Athlone Press，1955）79-84），但很快就被法规推翻：Promissory Notes Act 1704；Chorley，R. S. T.，'The Conflict of Law and Commerce'，*Law Quarterly Review*，CLXXXIX（1932），51，52-3。

不要求像国王法庭的诉讼形式般纷繁复杂。类似地，商人法庭 15 世纪就已经开始接受金融工具这种可能性，为的是认可商业共同体的需要。例如，在 15 世纪贸易市镇法庭（Staple Courts）所签发的“债券”（debentures），它们包含着欠有一笔金钱的声明，几乎可以像通货一样在商人们之间流通。[5] 朗伯德街里的那些人因此不但创造了他们自己的特殊事物，还创造了他们自己的法庭以按照双方当事人的预期执行这些权利。这些法庭的权力，正如我们之前所谈到的，并不依赖于它们请求国王的强制性制裁的能力，而更多的是作为一种商业共同体中的声誉机制。

但是这些金融工具似乎即使在没有任何商人法庭执行的情况下仍然剧增，依靠的反而是贸易共同体中的信任和非法律制裁。[6] 正是金匠和其他的放债人，他们发行汇票，并且认为持票人有权得到票据的面值，即使前手或者原合同当事人的权利可能有瑕疵，在这种意义上，他们将票据看作是可流通的。这些单据之所以有效纯粹是基于商业声誉。在 17 世纪初期的阿姆斯特丹，成立了一个汇兑银行，印刷可以在银行兑现的汇票。[7] 这些单据赢得了像金子一样值得信赖的声誉，因此它们可以在全世界范围内用于购买任何货物。比如说，利用这些汇票，17 世纪 20 年代的荷兰商人，
209 甚至在渔汛期开始以前，就和英国的渔民缔结了一个关于新西兰水域的全部鳕鱼的期货合同。在英国大约相同的时期，金业同业公会（Goldsmiths guild）的成员充当存款接受人，并作为交换，发行可以向持票人支付的期票，从而早在成文法支持的银行系统发展起来之前就创造了一种纸币形式。[8]

法律多元主义终于在 19 世纪晚期受到国王法庭的普通法控

[5] Postan, M. M., *Medieval Trade and Finance* (Cambridge: Cambridge University Press, 1973) 49.

[6] Ibid., 54.

[7] Barbour, V., *Capitalism in Amsterdam in the Seventeenth Century* (Baltimore: John Hopkins Press, 1950) 43.

[8] Holden, J. M., *The History of Negotiable Instruments in English Law* (London: University of London, Athlone Press, 1955) 72-3.

制，后者确立了霸权地位。其解决之道是将商业习惯或者法律视为这些合同的一种默示条款，交易的“不成文法”（unwritten law），所以在执行这些可流通票据中的权利时，法院可以解释说它们不过是在确认当事人的明示和默示协议。

> 所提及的与汇票和其他可流通债券有关的商人习惯法（law merchant），尽管组成了整个商业法（lex mercatoria）* 的一部分，有着相对新近的起源。它或多或少地是商人和贸易者在不同的贸易部门中的规矩，受到法院裁判的认可，这些规矩在他们面前被批准以后，为了贸易的利益和公共的便利，他们将其作为确立的法律加以应用，法院在这里遵照众所周知的法律原则，那就是，涉及不同贸易部门的交易，法院在赋予当事人的合同和交易（dealings）效力时，会假定当事人是依照普遍地盛行于该特定部门的任何习惯或者规矩彼此交易的。经由这个过程，那些之前仅仅是规矩，不会受到法律裁决的惩罚，已经被嫁接到或者整合到普通法之中，并从而也许可以说成了它的一部分。⑨

可流通票据的发展历史揭示了一个特定的市场，在没有国家法律支持或者认可的情况下，是如何构建的。信任和非法律制裁足以确保这类交易的存活，但是需要这种信用协议的商业共同体还创造了一种外在的权力，其形式是商人法庭，以监督和引导该实践，并作为一个集体的声誉机制以增强非法律制裁的效果。只有在几个世纪以后，国家法院才找到了将这个市场容纳到其准则系统中的方法，然后接管了监督和规制的角色。

---

* law merchant 更多地是指商人自治法，lex mercatoria 是一个拉丁语，在欧洲大陆的含义除了商人习惯法，可能还包括教会、国王和城邦颁布的和商业有关的法律，但是这两个词在大多数情况下意义相同，都是指商人群体之间自治的商事法律规则，包括商人行会制定的成文规则和习惯法。——译者注

⑨ *Per* Cockburn CJ，*Goodwin v Robarts*（1875）LR 10 Exch 337，Exchequer Chamber.

期货合同

货物销售合同往往考虑的是货物存在并且可特定化的（identifiable）情况。
210 一个远期的（forward）合同，却包含一个在将来某个日期的商品买卖，而且在合同形成的时候，该商品，像农作物或者渔民的捕获物，并不需要已经存在。这种与价格变动反向而行的“套期保值”（hedging）技术在商业共同体中很是常见。普通法法官，大概是采用一种罗马法的推理思路，对于买卖一个不存在的物品这种可能性带着强烈的怀疑。[10] 这种态度在 *Couturier v Hastie* 一案中有所显露。[11] 根据争议中合同，出售一船运输中的（in ship）玉米的卖方试图取得支付。这些玉米从来就没有交付，因为船长在合同形成之前已经为了防止玉米损坏而卸载并出售了它们。然而，卖方宣称报酬应当支付，其理由是，根据合同的条款，他并没有承诺供应玉米，而不过是要提供适当的装船单据，买方凭它们有权获得抵达港口的玉米。尽管卖方的争辩依照规划文书很可能是正确的（该方案规定一旦货物装船，损失的风险转移给买方），法院坚持认定“在这个案件中合同的基础是货物的买卖”。它遵循支配货物买卖的一般原则，无法供应货物就不能请求价款。法院似乎没有能够或者是不情愿接受这一点，这个交易涉及一个单据买卖而不是货物买卖。

不同于远期合同，期货（futures）合同创造了一种甚至更为抽象的权利。这些合同其本身可以被作为客体进行交易。每个合同包含一个权利，比照其他关于相同商品的期货合同的价值，这个权利能够被准确地衡量。举例来说，一个关于一百蒲式耳“A”级小麦的在某个特定到期日期满的合同，它可以被作为一个事物进行交易，其价值相当于一个规定了相同内容和到期日的合同。

---

[10] Sale of Goods Act 1979，s. 6.

[11] （1856）5 HL Cas 673.

在 Telser 敏锐的分析中，

> 期货合同是在有组织的期货市场中进行交易的一种金融工具，因此所有到期日相同的合同是彼此的完美替代品。所有到期日一致的远期合同并不是彼此的完美替代品，因为合同当事人的身份是相关的而且可能在各个合同中并不相同。期货合同的有效性不依赖于买方和卖方的身份。期货合同是高度可替换的（可流动的）。[⑫]

私法在处理此类期货买卖时将它们看做可转让的或可流通的，
会遇到一个根本的难题，因为它坚持其基本原则，所有权（own- 211
ership）的转移只能通过具备有效所有权（good title）的卖主完成（memo dat quod non habet——大意是，“你不能出卖你并不拥有的东西”），因此最初的卖主的产权（title）中的任何缺陷都会损害后续转让的有效性。由于普通法将期货合同分析为一般货物买卖的一个变种，它无法领会这种观念，在商人的眼中，这种合同相当于一种能够不受产权缺陷的影响而进行交易的可流通票据。

为什么在很多的商品上存在期货合同（或者金融衍生产品（derivatives））[⑬]？那些需要某种商品的常规供应的贸易者，像一个需要生棉供应的工厂主，必须能够确保他们自己获得常规的供应。和商品的生产者缔结长期合同是可能的，就像我们在铁矿石合同中所看到的。[⑭] 但是这些个人承诺严重地依赖于当事人的值得信赖性，并且很容易受到机会主义的损害。一个远期合同使制造

---

⑫ Telser, L. G., ‘Why There are Organized Futures Markets’, *Journal of Law and Economics* 24 (1981) 1.

⑬ 商品上的期货合同是一种金融衍生产品，因为金融衍生产品包含任何其收入取决于其他界定清楚的资产或者商品的（未来）价格的投资。金融衍生产品这一术语通常在与涉及金融工具，包括货币的期货合同有关时被使用。对于这些金融衍生产品，俱乐部市场是必要的，因为商品已经被界定了，要么是通过国家，像在货币的例子中，要么是通过一个存在的俱乐部市场，比如证券交易所，像在股票的例子中。因此，在金融衍生产品中，简单的交易关系（在柜台交易）是可能的。

⑭ Daintith, T., ‘The Design and Performance of Long-term Contracts’, in T. Daintith and G. Teubner (eds.), *Contract and Organisation*, (Berlin: Walter de Gruyter, 1986) 164.

商有权远在需要之前就获得特定数量的某种商品。它使得制造商能够防止价格的波动和避免对少量供应商的经济依赖。[15] 但是当远期合同所提供的超过了需求量，它们就不容易处理了。一旦期货合同被创造出来，它们可以被出售和重复出售，从而保证市场的参与者得到一个竞争的市场价格。这些参与者包括那些试图防止价格变动的人，他们必须为这种优惠支付少许的溢价（premium），以及那些准备冒着价格反向变动风险的投机者。[16] 合同从而变成了一个“事物”，一个可替换的物品，即买卖本身的标的。

从我们的观点来看，期货合同的显著特征在于法律系统无力构建一个它们能够在其中存活的市场。期货交易仅仅发生在有组织的市场之内，这些市场很大程度上在法律系统之外运行。大体上，当然，商品销售合同正好由法律系统在普通法院中例行地执行的交易类型组成。国家法律系统显然无法实现的是仿佛这些期
212 货合同其自身构成商品那样为它们的贸易提供便利。为了这种从合同到事物的转化，市场的参与者需要创造一个组织，通常称为“交易所”（“Exchange” or “Bourse”），我们一直将它们称为俱乐部市场。

俱乐部市场

俱乐部市场是由一群贸易者创造的，其目的是相互保护，并通过节省交易成本从而获得效率利益（efficiency gains）。如果一群人彼此经常有商业往来，那么他们主要地会依赖信任和非法律制裁以作出可置信的承诺。俱乐部市场的优势在于它使可信任的群体的成员有可能增加，并与此同时提高非法律制裁可能的严重程度。俱乐部市场的基本形式是成员们同意接受社团规则的约束。这些规则包含一个作为其主要组成部分的承诺，那就是尊重群体

---

⑮ Telser L. G., and Higginbottom, H. N., ‘Organised Futures Markets: Costs and Benefits’, *Journal of Political Economy* 85 (1977) 969.

⑯ Weller, P., *The Theory of Futures Markets* (Oxford: Blackwell, 1992) 2-3.

成员之间所许下的任何承诺。不遵守这个规则的制裁是从该群体中被驱逐出去，并从而被剥夺进入市场的资格。这个威胁相当于撤销贸易许可证的制裁，因此比无组织的声誉机制强有力得多，后者利用的是某个人拒绝在未来与违约者进行交易的一般威胁。此外，俱乐部可以迫使成员进行经济赔偿，通常对这种制裁的可行性的保护（不同于私法规制）是成员资格只限于授予个人，而不能授予承担有限责任的公司实体。[17]

在一个俱乐部市场中，贸易者还可以从其他方面得益。合同的缔结可能极其非正式，只有一个握手或者登记在计算机记录上的订单。这种非正式之所以可能，部分地是由于高度的信任，部分地是由于社团的规则通常会指定一组特地制作的适用于这种市场交易类型的缺省规则。这种非正式从而降低了交易成本。类似地，市场往往有制度上的安排，周期地计算和结清其成员之间的账目，支付的交易成本因此大大降低。通过最小化交易成本，提供了以小得多的价格差异进行合同投机的机会。

设立一个由该行业自身的成员进行管理的内部的仲裁系统，可以提高社团规则的价值。这个仲裁系统通常会提供一种便宜的 213
方法以解决涉及诸如质量等棘手问题的争议，但也许更重要的是，它比起普通法院的相对专业的知识，使得它能够以有效的规则作出判决从而治理市场。

俱乐部市场为它的成员创造的最后一个收益是它可以构建一个独立的法律实体，一个可以拥有市场及其资产的非公司社团（unincorporated association）或者一个公司。这些资产包括商业信誉（trading reputation）、专业知识和关于市场的知识。社团可以保护这些资产免于第三人的侵害，从而保护它们对于其成员的价值。一个例子是，如果不支付费用，俱乐部市场可能不愿意提供关于现行价格的信息，因为交易所的有效价格机制（pricing

---

[17] Pirrong, S. C., 'The Efficient Scope of Private Transactions-Cost-Reducing Institutions: The Success and Failures of Commodity Exchanges', *Journal of Legal Studies* 24 (1995) 229, 234.

mechanism）是其成员的一种主要收益。[18]

俱乐部市场最初不是为了将合同转化成事物而创造的。交易成本的节约和强化非法律制裁这种声誉机制，是大规模的市场形成这种社团的一个主要激励。例如，在股票交易（share dealings）中，买卖标的是从公司股份权益中获得不确定的收入的合同权利，证券交易所向它们的成员提供一个规制框架，以最小化这些小纸片（或者现在是电子记录的形式）可能证明是不存在的或者是一文不值的风险。类似地，在银行之间兑付支票和期票的清算所（clearing house）协议中，我们可以发现一个自我规制的系统，既提高了银行提供支票服务的声誉，同时又创造了一个惩罚违约者的声誉机制。比如说，所有的日本银行遵守如下规则，它禁止以任何方式与在六个月的期间之内两次拒付支票的客户交易。其结果是，几乎没有商业主体可以拒付支票而存活下去，并且这种非法律制裁提高了这些金融工具的可置信程度。[19]

然而俱乐部市场，一旦被创造出来，提供了构建期货市场这种可能。俱乐部市场可以为期货市场提供三个必要的因素：第一，一种标准化和强制性的描述商品的方式；第二，关于条款或权利的一套标准化和强制性的合同方案；以及第三，一个创造不可撤销并完全可靠的义务的机制。

第一个要求，强制性的描述商品的方式，消除了可替换性的
214 一个障碍。除非存在一个惯例，据此能够准确描述商品的质量，远期合同总是要面对其描述的不完全的问题。私法，侧重于自我规制，允许当事人创造他们自己对标准的定义，但这始终是一个私人协议，就每一个交易都必须重新协商。覆盖整个市场的惯例可以由立法设定，像重量（磅，千克）和长度（英尺，米），但是

---

[18] Mulherin, J. H., *et al.*, 'Prices are Property: The Organization of Financial Exchanges from a Transaction Cost Perspective', *Journal of Law and Economics* 34 (1991) 591.

[19] Haley, J. O., 'Relational Contracting: Does Community Count?', in H. Baum (ed.), *Japan: Economic Success and Legal System* (Berlin/New York: Walter de Gruyter, 1997) 167, 181.

议会很可能缺乏时间和专业知识为每一个贸易部门提供具体的惯例。它将其对标准的规制集中于基础的消费者交易上，像面包和啤酒的纯度。[20] 俱乐部可以为将被出售的抽象的事物，比如说棉花种类或者在公司中的股份，提供一个丰富的惯例分类系统。这个分类系统准确地界定财产权的属性，像对特定等级的棉花的描述或者对金条的分类，但是是以一种强制性的标准化的方式，因此出售合同时可以有信心说这个抽象的财产确实代表着对某个事物的期权，它正好相当于另一个包含着相同数量的该种商品的合同。Simpson 对利物浦的一个棉花期货市场的演化的历史研究，揭示了棉花作为一个商品如何能够被以大量不同的等级和质量进行描述。[21] 只有在这种背景下，*Raffles v Wichelhaus* 一案[22] 中被起诉的合同条款才显得有意义。该合同的内容是销售 125 大包苏拉特* 棉花，*guaranteed middling fair merchant's Dhollorah*，装船从孟买运到皮尔利斯。斜体字的短语只有在棉花分类的一个惯例系统中才有意义。交易的形成使参与人就一个强制性的分类系统达成一致，这又使他们能够缔结准确的远期合同。

俱乐部市场所提供的第二个重要的因素是对合同标准化的要求，它实现了远期合同向期货合同的转化。记录合同权利的文书具有统一的标准格式，因此第二个买家准确地知道所购买的是什么东西。[23] 出售商品的合同必须包含一组标准的条件，因此数量可以根据价格进行比较（so that quantities can be compared in price），而无须考察条款的细节。标准化的方案还必须准确地符合现货市场中所确立的贸易习惯，因此期货合同为避免价格波动的 215

* 印度中西部的港市，位于孟买北部。——译者注

⑳ Assize of Bread and Ale，1266.

㉑ Simpson，A. W. B.，'The Orgin of Futures Trading in the Liverpool Cotton Market'，in P. Cane and J. Stapleton（eds.），*Essays for Patrick Atiyah*（Oxford：Clarendon Press，1991）179.

㉒ （1864）2 H & C 906，159 ER 375，Exchequer.

㉓ Greeley，H. T.，'Contracts as Commodities：The Influence of Secondary Purchasers on the Form of Contracts'，*Vanderbilt Law Review* 42（1989）133.

套期保值者提供了一个可靠的渠道[24]：

> 交易所对合同的条款进行界定，从而某个给定的类别的所有合同是彼此的完美替代品，并且该合同中的交易的有效性并不取决于当事人的身份。[25]

尤其是，期货的标准合同明确了数量有限的一些交付日期，也许是每月一次，因此每一个结算期内的卖出和买入可以在贸易者的“头寸”（positions）里对应起来。一旦走出了这一步，标准化的合同其自身就可以作为一个商品被交易。对这种确定的商品进行交易，其动机是防止价格的波动和就此进行投机活动。[26]

俱乐部市场为期货合同提供的第三个要素，是通过防止最初的当事人撤销合同和通过防止其后对交易有效性的任何挑战从而将合同变成一个事物。一般的合同在当事人之间创设个人义务，可以经由协议修改或者废除，不同于它们，期货合同，一旦被创造出来，会通过进一步的销售或转让而在市场的贸易者之间流通，并因此，为了使合同保留其作为一个商品的价值，最初的交易当事人必须无法销毁或者改变它。在 Simpson 对棉花期货市场构建的研究中，他发现大约在 1873 年利物浦协会的规则发生了适当的转变，不加虚饰地宣称“没有合同应当以任何理由被撤销”（No contract shall be cancelled on any ground）[27]。随着期货合同的进化，它们发展出更有效的技术确保合同义务的不可撤销的性质。一个标准的方法是俱乐部市场作为当事人介入每一个合同，因此对于每个交易，交易所成为一方贸易者的买家并成为另一方的卖家。这种对合同关系的增加通过将整个市场的资源放置在每个交

㉔ Powers，M. J.，‘Effects of Contract Provisions on the Success of a Futures Contract’，*Journal of Farm Economics* 49（1967）833.

㉕ Telser L. G. and Higginbottom，H. N.，n. 15 above，973.

㉖ Veljanovski，C. G.，‘An Institutional Analysis of Futures Contracting’，in B. A. Goss（ed.），*Futures Markets：Their Establishment and Performance*（London and Sydney，Croom Helm，1986）13，20-21.

㉗ Simpson，A. W. B.，n. 21 above，179，203.

易背后而提升了信任，与此同时，它使得通过清算所抵销所有的卖出和买入而每日结算成为可能，大幅度地降低了交易成本。[28] 另一个设计用来增强信任的方法，是清算所要求从贸易者那里收取 216
“保证金”（margins)。保证金实质上是防止交易中的违约的一笔可变的押金（或者担保），其数额可以根据买入和卖出价格的平均差异以及受到价格变动影响的数量（也就是，买入和卖出的数量的差异）加以确定。[29]

合同的私法系统无法实现这三个条件。它不能为丰富的商品分类提供惯例。它只能参照当事人所选择的合同描述来确定义务的内容。法院可以填充基本的默示协议，比如说就亚麻纤维进行交易的意图并不包含缔结合同以购买一种包含亚麻纤维和大麻纤维的商品的意图。[30] 但是它不能对棉花的类型提供一个细致的分类并利用它满足当事人的预期。这只能由社团的强制性规则，商业中确立的惯例，以及熟知裁定任何争议的规则和惯例的专家仲裁员来提供。私法规制也无法采取第二个步骤，向当事人施加强制性的标准格式合同。私法所运用的允许宽泛的自我规制的核心规制工具不能被反过来用于排除标准格式的变化这种可能性。但是当然，一旦准许变化，将合同作为商品交易的做法就困难得多了，因为这些合同不再是彼此的完美替代品。“合同的异质性降低了市场的流动性，从而提高了交易成本。”[31] 私法规制也不能确保合同不会被撤销或者废止。这些销售同类货物的合同在法院中不能特定地加以执行，并且私法也不能无视合同最初的当事人一致同意的对合同的修改，否则就会与其规制的基本前提，也就是合同义

㉘ 清算所在19世纪末的美国从非正式的交易人圈子发展而来的历史在 Williams, J., *The Economic Function of Futures Markets*（Cambridge: Cambridge University Press, 1986）4-10 中有描述。清算所还克服如下法律问题，交易人原先是作为代理人而行动的，因此在圈内抵消合同的时候，他们可以说是在没有获得委托人授权的情况下进行。在清算所里，交易所的成员变成合同的委托人。

㉙ 保证金的收取以及交易所介入成为合同的一方在20年代的美国发展起来：Williams, J.，同上，14。

㉚ *Scriver Bros & Co v Hindley & Co* [1913] 3 KB 564.

㉛ Veljanovski, C. G., n. 26 above, 32.

务是私人的和一致同意的，相违背。这些问题的出路必须依靠俱乐部市场的建立，它提供了自己的规制系统，运行于合同的私法规制之外，并在某种程度上与之相抵触。

除了私法规制的这些缺陷，俱乐部市场还处理我们之前称之为“自我执行”的私法规制的另一个普遍的结构性弱点。为了增强私法规制的反身特性，执行其标准的权力例行地委托给交易的
217 当事人他们自己。这种委托执行提高了规制系统调整和变更标准的能力。然而，它也制造了一个结构性的弱点，存在着以下风险，执行像对付欺诈的规则等强制性的私法规制标准的惯常失败将不可避免地降低市场中的信任水平。用博弈论的语言来说，不对那些没有执行私法规制标准的行为人加以惩罚，在构建市场中确立遵循那些标准模式的潜在好处就可能失去。[32] 俱乐部市场看来是解决这个问题的一个出路，它能建立一个监督系统，不仅惩罚那些违背贸易标准的人，还惩罚那些没有采取措施执行那些贸易标准的人。换言之，俱乐部市场的委员会不但惩罚违反了其贸易规则的成员，而且还惩罚那些掩盖其他人的违约行为的成员。因此，俱乐部市场通过一种类似于刑事规制的公共执行机制取代了私法的自我执行机制。诸如期货合同等无形利益，其存在依赖于贸易者之间的高度信任和诚实，在就它们进行交易的市场中，私法规制的自我执行机制似乎缺乏促进市场构建的能力。

关于保险市场的起源，也有一个与俱乐部市场制度相关的类似的故事。比如说，海上保险（marine insurance）的例子，荷兰人在1598年设立了一个保险商会（Chamber of Assurance）。这个商会的功能是开发打印的标准格式保险合同，提供一个“登记”（register）政策的地方，从而为它们的存在和内容提供可靠的证据，然后裁决商人们之间所发生的任何争议。伦敦的劳埃德（Lloyds）保险市场同样以其社团规则和成员资格要求发挥着俱乐

---

[32] Axelrod，R. M.，*The Complexity of Cooperation*，（Princeton：Princeton University Press，1997）40-42.

部市场的作用。在劳埃德，根据一个保险政策的描述，风险的承担被细分为更小块的风险，然后在一个封闭的市场里出售给值得信赖的经销商或者“承保社员”（names）。因此，在许多经济部门中，法律系统和法律制裁在构建市场中的作用显得十分微弱。

俱乐部市场对于将合同当做事物并非总是不可或缺的。比如说，可以在两方或者多方当事人之间通过一个框架协议或者总括协议（umbrella agreement）复制这些特征，从而它们实际上创造了一个当地的私人俱乐部市场。期货交易也可以发生在交易所之外，但是对作为一个产品的合同进行定价和确定其特性还是有赖 218
于交易所的存在。然而，俱乐部市场看来为商业利益提供了令人满意的服务，使得人们对代表未来财产权的纸片信心十足。这些市场的运行可以完全脱离法律系统。例如，Ferguson 描述了英国的立法如何禁止公共或共同持有的股票和其他公共持有的有价证券上的期权和投机的期货交易（time bargains），也就是股份形式的期货市场。尽管存在着刑事制裁的威胁和这些交易在法律上的不可执行性，公共规制似乎对证券交易所的成员的行为毫无影响。[33] 相反，任何不履行这种犯罪行为和无效交易的成员会被从交易所中驱逐出去，并且交易所的规则禁止诉诸法院（这个规则本身就是违法的）。俱乐部市场完全在法律之外实现了它认为商业上有利的那些交易的常规的可执行性。

自我规制的社团

期货合同的故事就以下方面来看有别于可流通票据。我们在商法的历史中发现了一个反复重现的模式，新型的交易，通常涉及贷款协议和金融工具，是在商业共同体的内部创造的。在萌芽

㉝ Ferguson, R. B.,‘Commercial Expectations and the Guarantee of the Law: Sales Transactions in Mid-Nineteenth Century England’, in G. R. Rubin and D. Sugerman (eds.), *Law, Economy and Society: Essays in the History of English Law 1750-1920* (London: Professional Books, 1984) 192.

的时候，它的可置信性取决于非法律制裁是否可能，尤其是对声誉的损坏。在这种商业关系新形式的富于想象力的构建中，法律完全不起作用。当这个交易初次被起诉到法院，确实，它通常会被宣告无效，因为它无法符合某个被认可的交易模式，并且，这个交易因为创造合同义务而违反了某个基本的私法原则，比如银行商业信贷不符合对价的要求或者可流通票据不符合相对性准则(doctrine of privity)。[34] 然而，法院的这些判决看来对使用这些新型的商业交易没有影响，因为它们的活力无论如何依赖于非法律制裁。一段时间以后，法律系统通过分化法律规则来调整其要求，目的是就新的金融工具创造一种新的规制形式。比如说，在可流通票据的例子中，法律推理将它们作为一个特殊的类别区分于普通合同，一般的合同私法规则不适用于它们。

219 期货市场的故事不同于这个历史循环的地方在于，法律系统作为一个私法规制系统无法促进这种商业合同的构建或向它们提供支持。私法系统的缺乏能力为这样一种将合同变成事物的市场交易提供了其所需的一个强制性规则网络。商人们不得不创造他们自己的相当于规制系统的等价物：俱乐部市场。因此，在期货合同这个背景下，私法规制系统不只是对于它们的创造可有可无，其设计和基本原则简直是完全无力协助这些市场的构建。

俱乐部市场本身是经由合同创造的一种社团形式。成员们通过成员资格合同加入社团以参与这个市场。社团的规则规制市场的运行。但是这种自我规制不仅仅是设立用来防止不正当行为的，因为这些规则组成了市场本身。这些规则使得合同能够被构建成一个事物，一个可以被交易的商品。

最后要考虑的问题是如何最好地规制创造了俱乐部市场的合同。社团的规则是应当被简单地视为遵循私法原则的一个合同种类，还是应当设计成一种特殊的规制方法？

在一些情况下，有的主张认为公法原则应当适用于俱乐部市

---

[34] Chorley, R. S. T., n. 4 above, 51.

场。这些公法原则一般适用于国家机构，以便确保它们服从其受到限制的权力并遵守正当的程序。为了将这些原则适用到俱乐部市场，一种提议是俱乐部市场像国家机构那样行使一种下放的规制权力。涉及这些市场，国家准许俱乐部履行一些功能，否则这些功能就会被授予国家机构。假如这种代理规制者的角色成立，可以认为在行使这些准政府权力的时候，俱乐部市场应当符合公法的标准。[35] 另一方面，有的主张认为基于合同的社团永远不应当服从公法原则，但反而应当受到普通合同私法的规制。[36] 合同的基础，也就是私的秩序，排除了遵从国家行使权力的公共标准的要求。

存在许多种自我规制的社团，像工会（trade union）、社交俱乐部，以及金融服务规制团体（financial services regulatory bodies）。它们的权力来源于合同、成文法授权，或者市场惯例不 220
等。规制这些团体的一般方法需要对它们任务的差异和权力的不同来源十分敏感。[37] 然而，在俱乐部市场这个狭窄的背景中，我的论证表明它们的首要功能是为构建特定类型的市场建立一个信任和制裁的系统。为了实现这种功能，俱乐部市场必须偏离私法规则，从而创造出被用来交易的商品（合同）并确立必不可少的信任水平和制裁。俱乐部市场作为一个支持交易的制裁系统，为私法提供了一个替代品，并因其执行和集体的声誉机制，为法院提供了一个替代品，在这种意义上，它履行了一种政府职能。这种对其功能的分析意味着，私法或公法的标准可能都不适宜于规制俱乐部市场。

这个结论进一步意味着，规制俱乐部市场应当始于对它们的自治制度的高度尊重。这些市场设计了它们自己的结构以阐述规

㉟ *R v Panel on Takeovers and Mergers*, *ex p Datafin plc* [1987] 1 All ER 564, CA.

㊱ *R v Lloyd's*, *ex p Briggs* [1993] Lloyd's LR 176; *R v Disciplinary Committee of the Jockey Club*, *ex p Aga Khan* [1993] 2 All ER 853, CA.

㊲ Black, J., 'Constitutionalising Self-regulation', *Modern Law Review* 59 (1996) 24.

则并加以执行。在利物浦棉花市场中，举例来说，Simpson的研究描述了私的仲裁的程序，然后是在一个上级委员会中的上诉，这个委员会通过遵循先例发展了自己的“判例法”（case-law）[38]。很难想象在哪些情形中，国家通过其法院推翻这些决定是无可非议的，因为任何与之竞争的裁判标准将会威胁到支撑着这些不稳定的市场的一个严密的信任和制裁系统。例如，法院宣称俱乐部市场的委员会曲解了它自己的规则，这并不足够，因为这种解释，无论是对已颁布的规则多么有悖常理的解释，很可能会被采纳，为的是重建市场中的信任。大概唯一和对俱乐部市场自治的必要尊重相容的规制类型，是适用一些目的在于保护自我治理的组织中的信任的规则。例如，一个自然正义或者程序性正当程序（procedural due process）的规则要求在一个成员被驱逐出去之前举行听证会，要论证这个规则正当性，可以认为它是意在保护俱乐部免于滥用权力的一个措施，而这种滥用可能会损害它在自己的成员中的可置信程度。这样一个规则的目标不是将公法标准强加到这些自我规制的社团头上，而是阻止那些可能导致它们自我毁灭的行为。

尽管诸如正当程序和自然正义等标准通常和公法相联系，将这些标准理解为成员资格合同中的默示条款或者缺省规则可能是
221 一个更好的规制策略。如果这些规则有它们在公法中的渊源，那么它们就可以被视为强制性规则，不能轻易地被调整以适应俱乐部市场所确立的规制机制的特定情形。相反，如果这些标准是一些涉及由社团规则确立的俱乐部市场内部治理的缺省规则，那么社团可以通过明确的规则修改这些原则以符合其自身关于存在和成功的特定条件。主张私法可以提供模仿公法中诸如自然正义或者程序性正当程序等理念的缺省规则，这看起来也许很奇怪，但是私法的这种能力展现在好几个例子中，像工会[39]、同业公会

[38] Simpson, A. W. B., n. 21 above, 179.

[39] e. g. *Radford v National Society of Operative Printers, Graphical and Media Personnel* [1972] ICR 484, Ch. D (implied term of natural justice).

(trade association)[40] 以及一些法定组织的规则。[41]

俱乐部市场自治的这一个方面应当被降低到国家审慎地将规制的权力分派给这些社团的程度。在英国金融规制的例子中，比如说，一些社团被授予保护投资者的角色，否则公共规制社团就会履行这些功能。[42] 当这些社团行使此类权力，就可以更适当地从公法中援用规制的缺省标准。[43] 但是不应当假设俱乐部市场像准政府团体一样运作。相反，应当假定这些自我规制的社团只有在下述意义中才服务于保护公共利益，那就是它们为构建合同在其中被当做事物对待的市场而提供了一个不可或缺的机制。

结论 222

为了支持和金融市场有关的交易而进行的规制，这里对它的研究结束了本书的这一部分。它鲜明地阐释了我们的主题，也就是认为违约的法律制裁在市场和交易的构建中只起到了边缘的作用。但是这个观察结果并不能得出结论说规制对于欣欣向荣的市场是无足轻重的。相反，这一章始终强调规制在金融工具市场中至关重要。但是，规制的供应者必须要么是有能力情景化合同和避开私法准则的封闭性的裁判者（商人法庭），要么更彻底地，是另一个私的规制

---

[40] *Lee v Showmen's Guild of Great Britain* ［1952］ 2 QB 329，CA（没有证据支持委员会的发现）；*Nagle v Feilden* ［1966］ 2 QB 633，CA（歧视性地剥夺成员资格）；*McInnes v Onslow-Fane* ［1978］ 3 All ER 211（公正行事的自然正义和义务）；一般地参见：Frase，A. R. G.，'The Role of the Exchange'，in Parry，H.，*et al.*，*Futures Trading：Law and Regulation*（London：Longman，1993）73，84-6。

[41] *Malloch v Aberdeen Corporation* ［1971］ 1 WLR 1578，HL（地方当局聘用的学校老师享有自然正义的权利）；*R. v BBC ex p Lavelle* ［1983］ ICR 99 QB（审理默示的合同权利）；*Stevenson v United Transport Workers Union* ［1977］ ICR 893，CA（对委员会权力的默示司法限制）。一个更一般的讨论，参见：Oliver，D.，'Common Values in Public and Private Law and the Public/Private Divide'，*Public Law*（1997）630。

[42] 英国1986年的金融服务法（Financial Services Act）确实为伦敦清算所（London Clearing House） （s. 39，and Sched. 4）和期货交易（Chapter 1 of part 1 and Sched. 1，para. 8. 通过证券和期货局（Security and Futures Authority））提供了一个宽松的规制框架，这些规则的主要目的在于保护投资者。

[43] e. g. *R v Stock Exchange*，*ex p Else* ［1993］ 1 All ER 420.

系统，它运行于法律之外，可以提出适当的情景化标准并为信任和市场的构建提供必要的组成部分（俱乐部市场）。

我们的注意力现在转向规制合同的另一个主要目的：推翻交易的分配结果。在市场经济中，合同是改变初始禀赋（endowments）的重要机制。回想汤姆·索亚（Tom Sawyer）的故事，他先是出卖粉刷栅栏的权利换取弹子和糖果之类杂货，然后用这些杂货交换主日学校（Sunday School）的奖票（tickets of achievement），最后用这些奖票换得了一个显赫的奖品，一本圣经。通过精明的买卖，汤姆从一个苦工变成了这个共同体中最让人嫉妒的男孩。在本书的第四部分，我们考虑这个问题，需要什么样的规制来控制这种借助市场的精明的倒转财富。

第四部分　规制的分配目标

225

第十章

权力与治理

平等公民之间的一份自由的协议如何会导致权力和支配关系的产生？这个问题引出了对合同实践的分析中的一个主要争论。尽管一些理论家将合同关系中的这种权力维度视为财富和市场地位差距的附属物，其他人将合同关系的这一方面视为克服交易成本和合同的不完全等实际问题的有益方法。两种解释都包含重要的洞见，虽然孤立地看每一种都是不完整的。

解释合同如何创造权力关系的前一种思路强调怎样通过合同来利用既存的财富差距。在这一脉络中，马克斯·韦伯评论道：

> 被准许的合同格式的种类繁多，以及形式上授权人们依照其愿望并独立于一切官方的形式模板设定合同的内容，自身并不能保证这些形式上的可能性会真正地被所有人和每个人加以利用。这种利用首先地受到法律所保障的财产的分配差异的妨碍。工人与不管是什么雇主缔结不管是什么合同的形式权利，对于求职者而言实际上并不代表他在决定其自身工作条件方面有着哪怕是最低限度的自由，而且它也不能保证他在这个过程中能够发挥任何影响。它反而意味着，至少是在起初的时候，市场中更强大的一方，通常也就是雇主，有可能设定条件，以“要么接受要么放弃”的姿态提供工作，并且，假定工人通常有着更迫切的经济需要，雇主会将他定下的条件强加在工人身上。合同自由的结果，因而，首先是，通过在市场中灵活地利用财产所有权，开放了不受法律限制地使用这些资源作为手段以实现对他人的权力的机会。[1]

① Weber, M., *Economy and Society* (G. Roth and C. Wittich, eds.), (Berkeley: University of California Press, 1978) ii. 730.

尽管对反映财富差距的合同中权力关系的来源的这种解释有时候能提供一种充分的解释，通过合同确立的权力关系的存在，
226 尤其是在商业合同中，似乎比谈判力不平等这个原因所预示的要普遍得多。

交易成本经济学对存在着科层（hierarchy）的另一种解释坚持认为权力关系或者“治理结构”（governance structure）是对创造有效的合同安排问题的一个有效回应。[②] 在很多情况下，交易当事人无法事先就预期中的履行的每一个细节达成一致。供应商所要求的准确的产品，可能直到其完成了必要的研究和开发工作以后才可以确定。类似地，由于存在着像地质、战争、市场需求和天气等不可知的因素，当事人也许不确定履行成本大约是多少，所以他们可能希望在履行的过程中根据更多的关于成本的信息来调整其计划。即使有可能就处理此类意外情况商定条件，这是一种通常看起来不大可能的可能性，形成这样一个协议的成本或许证实是十分高昂的。将交易成本保持在最低限度的一个有效策略是当事人为他们的关系创造一个治理结构，从而某个主体被赋予自由裁量权，在相关信息可得的时候解决这些问题。[③] 这个主体可能是一个相对中立的第三人[④]，如在履行建筑合同的过程中为承包人提供指导的建筑师和检验人，或者可能是当事人他们自己中的一方，如雇佣关系和汽车制造商与经销商之间关系的一般情况那样。[⑤] 这些治理结构通过最小化交易成本而为处理不确定性提供了

---

② Williamson, O. E., ‘Transaction Cost Economics: The Governance of Contractual Relations’, *Journal of Law and Economics* 22 (1979) 233; id., *The Economic Institutions of Capitalism* (New York: Free Press, 1985).

③ Stinchcombe, A. L., ‘Contracts as Hierarchical Documents’, in A. L. Stinchcombe and C. A. Heimer (eds.), *Organization Theory and Project Management: Administering Uncertainty in Norwegian Offshore Oil* (Oslo: Norwegian University Press, 1985) ch. 2, 121.

④ Maher, M. E., ‘Transaction Cost Economics and Contractual Relations’, *Cambridge Journal of Ecvonomics* 21 (1997) 147, 157.

⑤ Beale, H., *et al.*, ‘The Distribution of Cars: A Complex Contractual Technique’, in D. Harris and D. Tallon (eds.), *Contract Law Today: Anglo-French Comparisons* (Oxford: Oxford University Press, 1989).

一种经济的办法。

与不确定性的问题一样，交易成本经济学（也许称为新制度经济学更好）强调“沉没的”或者“特异的”（idiosyncratic）投资的重要性。这些投资包括当事人所承担的在合同履行中特定于该交易并且在合同终止的情况下无法完全或者部分地恢复所导致的成本。在一个特许合同中，比如说，被特许人在开始营业的时候往往承担了巨大的成本，像房产和机械设备上的投资以及运作 227
其特许经营权所需要学习的技巧；与此同时，特许人将特许经营的名称（franchise name）所积累的声誉投资到被特许人的营业中，如果被特许人无法维持要求的品质，该声誉可能会被严重地损毁。其合同会加入许多机制来保护这些投资。合同的长久期间对于保护这些投资会起到一定作用。[⑥] 合同使用激励来鼓励双方当事人保护彼此的投资，比如说在销售中根据佣金决定收入或者在特许中根据利润分享（profit sharing）决定收入。合同会包含“担保物”，像担保利益或者预先支付或者在特许的情形中支付一笔高额加盟费（initial fee）以获得特许权。此外，当事人可能会对设计用于保护他们的投资的治理结构达成一致。特许人一般会坚持取得对被特许人应当如何营业进行具体指导的权力，这是以命令式地终止合同从而保护对其声誉的投资作为后盾的。类似地，雇主使用纪律程序（disciplinary procedures）以保证雇员最富于生产力地利用厂房和机械设备等资本投资（capital investments）。雇员可能会因不满和雇主讨价还价，或者诉诸仲裁系统，目的是保护他们就专用于该公司的技能所作的投资，对抗不合理的约束行为和对雇佣关系的终止。[⑦] 因此，从这个角度看，许多由合同确立的治理结构可以解释为是对实现充分保护沉没投资的问题的一种有效回应，而不是富人和特权人士粗鄙地炫耀其经济权力。

---

⑥ Joskow, P. L., ‘Contract Duration and Relationship Specific Investments: Empirical Evidence from Coal Markets’, *American Economic Review* 77 (1987) 168.

⑦ Williamson, O. E., *Economic Institutions*, n. 2 above, 243.

对由合同建立的科层所作的各种解释，宽泛地比较它们以后，我们将会考虑很多通过合同确立的权力关系类型，从而评价这些对立的观点的力度和洞见。评估这些对立的解释的目的在于考察它们对法律规制的隐含意义。根据前一种对合同关系中权力的解释，规制的理由在于一种防止财富和资源的不平等被利用为在市民社会中创造压迫性的权力关系的雄心壮志。规制的目标要么是减少财富和资源的不平等，要么是废除或者替换表达压迫性权力关系的条款。根据后一种以效率为准的对权力关系的解释，规制的理由变得薄弱了很多。如果权力关系对于当事人按他们的合同关系所预设的那样实现财富增长是必要的，那么法律的任何干预
228 可能都会妨碍这个目标并且损害双方当事人的经济利益。在这后一种分析中，规制的目标应当被限制为这样一些措施，它们通过加入额外的缺省规则或者强制性规则来提高合同的治理结构的效率。对这些相左的分析和就规制开出的处方进行的讨论，将围绕合同常常会建立权力关系的三种范式展开：大规模的附合合同，委托人和代理人的关系，以及非法人社团（unincorporated associations）和类似的混合物。

大规模使用的合同

在标准格式合同中，一个商业主体通过坚持使用其标准商业条款（standard terms of business）而有效地将合同条款强加于另一方，使用这种合同在20世纪的消费者交易中成为一种普遍的做法。法律准则的起草人怀疑这些标准格式（standard forms）是否相当于合同的条款，因为很难主张消费者是真心实意地同意这些条款。消费者极少看这些打印的条款，因此也并不清楚它们的内容。即使消费者试图这样去做，这些条款也是很难阅读和理解的，因为它们以小字体打印并且用法律术语来表达。此外，显然大多数的标准格式是在要么接受要么放弃的基础上给出的，没有协商的机会，所以它们常常被称为“附合合同”（adhesion contracts）。

然而，法院并不认为标准格式是合同的一部分，假如它是在协议形成的时候给出或者提及的。

大规模使用的合同的功能

附合合同在商业主体和消费者之间创造了一个权力关系，但是这从合同文书来看并不总是明显的。表面上，它们仅仅陈述了一个交易，例如买卖货物，并确定了当事人各自的义务。这个合同所创造的权力关系来自其三个共同的特征。首先，不同于一个经协商的合同，标准格式的经济交易并不是共同自我规制的产物，却反而是一方独占地单边规制的结果。其次，对这些条款的仔细考察经常会揭示一个通过广泛地使用免责和排除条款（disclaimers and exclusion clauses）将风险例行地分配给消费者的模式。此类条款的效果是商业主体保留履行合同和确定如何履行合同的自由裁量权，但是消费者却一定要进行支付，大概只有在商业主体 229
的履行完全失败的情况下才例外。

权力关系的第三个维度在就履行合同出现争议的情况下出现。通过将排除条款和对法律救济可能途径的限制两者结合起来，标准格式企图授予商业主体在违约以后的谈判中强大的讨价还价能力。当消费者提起一个投诉，商业主体可以指向那些免除或者大大地减轻商业主体的违约责任的条款，这会起到阻止投诉的作用。另一方面，标准格式常常包含许多机制使得商业主体能够实现对债务人的自我执行，因此也就根本不需要协商。消费者得到的信息是要全部付清，否则货物就会被收回，而且货物的任何缺陷并不是商业主体的责任。

Yates1974 年～1976 年在英国所作的一个研究，揭示了关于这种附合合同中权力关系的第三个维度令人惊讶的证据，这先于大多数消费者保护立法的引入。在一个研究合同中对排除条款的使用的对商业主体的调查中，大多数提供给消费者的标准格式协议包含大量对责任的免除。即便根据那时对消费者比较弱的保护，很多这些条款是无效的甚至可能属于轻微的刑事犯罪（minor criminal offences)。那些公司看来知道它们的标准格式存在着这些麻烦，但是仍然继续使用它们。

> 大多数被询问的公司对他们协议中的这些排除条款的可执行性并不乐观。虽然，根据政策，它们总是会被采用，但是加入这些条款似乎主要是一个心理上的问题。一个金融公司的代表声称免责的存在更可能是出于保障对协议的遵守，而且更可能是当债务变坏的时候，在法院审理之前保证支付的实现，因为它留给消费者一个印象（通常是错误的），那就是他没有什么对抗金融公司的可执行的合同权利。[8]

因此，格式合同中排除条款的主要目的在于增加商业主体在违约后的谈判中与消费者讨价还价的能力。

附合合同的使用常常被分析为谈判能力不平等的产物：

> 这种标准格式的条款没有成为合同当事人或者任何经核准的代表弱势一方利益的机构之间的协商对象。它们是一
> 230 方当事人所规定的，这一方独自或者和其他提供相似货物或服务的人联合起来行使其谈判能力，使得他可以说："如果你想要这些货物或者服务，就只有按照这些条件才能得到它们。要么接受要么放弃。"能够对希望缔结合同从而获得货物或者服务的一方采取这种姿态，这是优势谈判力的经典例子。[9]

这种分析认为财富的不平等和强大的市场地位解释了对附合合同的采用。根据这种观点，这些打印的格式被用做单方规制经济关系的手段，通常对于规制者有着极大的优势。正如 Kessler 曾经评论的：

> 合同自由使企业家得以通过合同立法并且，更为重要的

---

⑧ Yates, D., *Exclusion Clauses in Contracts*, 2nd edn.(London: Sweet & Maxwell, 1982) 29.

⑨ Lord Diplock, in *Schroeder Publishing Co. Ltd v Macaulay* [1974] 1 WLR 1308, 1316, HL.

是，以一种十分独裁的方式立法却没有显露出独裁的形式。[10]

这种分析的困难之处在于附合合同的使用比起谈判能力不平等的理论所认为的要广泛得多。举例来说，它们发生在高度竞争的市场中，可以设想在这种市场环境下竞争的压力会迫使商业主体提供吸引人的条款。[11] 小规模的商业主体也使用标准格式合同，尽管一般的店主可能并不比消费者富裕。标准格式合同也例行地在谈判能力大致相当的商业主体之间的商业交易中被采用，尽管它们之间的“文书之争”表明存在赢得单方规制交易的机会的竞争。这些例子证明虽然附合合同在很多情况下也许是优势财富和谈判能力的产物，它们在市场中的应用远远超出这些情况。

将标准格式合同的出现解释为并不那么多地是优势谈判能力的产物而更多的是市场失败的结果可能更准确。这里所考虑的市场失败涉及合同条款的市场。比如说，在消费者市场中，消费者寻找货物时不大可能超出对价格和质量的比较。他们不大可能为了货比三家而要求看一看标准格式销售合同的样本。商业主体因此就能利用这种市场失败，发布一份包含以小体字印刷着对责任的排除和免责的标准格式合同，如果按字面解释，它几乎完全解 231
除了商业主义在合同之下的任何义务。实际上，商业主体在合同里保留了自由裁量权以决定是否履行合同和它将提供的质量水准。这种市场失败有时会在商业主体之间发生，例如当没有时间仔细地检查合同条款。

采用标准格式合同的另一个重要原因在于降低交易成本。当一个大规模的商业主体可能对于组织内部的雇佣关系和与组织外部的消费者缔结无数相似的合同，那么它就可以通过使用一份打印的标准格式合同降低这个缔约过程中的成本。大规模生产消费者货物或者服务的经济因而是与大规模使用的合同相匹配的，也

⑩　Kessler, F., ‘Contracts of Adhesion—Some Thoughts About Freedom of Contract’, *Columbia Law Review* 43 (1943) 629.

⑪　Trebilcock, M. J., *The limits of Freedom of Contract* (Cambridge, Mass.: Harvard University Press, 1993) 118.

就是，制作一个据此销售货物和服务的标准合同方案。

坚持对所有的交易使用相同的条款，大规模的组织还可以控制其自身的官僚组织的运作。当聘用雇员的时候，经理人不能向新成员提供特殊的待遇或者承诺，而必须遵守雇佣的一般条件使雇员符合组织的规则。类似地，坚持使用标准格式合同可以控制销售人员如何与消费者完成交易，于是那些可能证实履行起来费用高昂的特殊承诺就不可能被许下。从这个角度看，标准格式合同使得组织能够有效地规制其内部或者外部关系。[12]

如果很多标准格式合同以此为目标，有趣的问题是当试图去改变标准格式合同会发生什么事情。如果消费者在签署合同之前从中删除了一些压迫性的条款，这对法律权利有什么影响？形式法律分析认为变动的条款代表消费者的一个反要约，这想必是供应货物或者服务的商业主体所接受的。然而，Yates 的研究发现这个结果并不是商业主体他们自己的预期，他们相信剔除这些条款对于协议的条件没有任何影响。[13] 他们在消费者交易中对统一性的业务要求大概被看做是高于一切的需要，所以他们希望法院允许其坚持强制推行他们的标准条款而不理会个别的消费者是否同意。这个预期揭示了标准格式合同在多大程度上可以被视为商业主体内部规制的问题。

232 标准格式合同因此无疑节省了交易成本，但是它们也提供了利用市场失败的机会。商业主体可以把握这种机会，聘请律师为重复的交易起草标准格式合同，然后把它们呈现给通常没有任何讨价还价机会的个体。比如说，这本书的出版商给作者们提供一份标准格式合同，它详备地列出了作者的义务，按时交付状况极佳的手稿，还有各种防止像违反版权之类风险的保证。相反，该合同仅仅给出版商施加了一个义务，依照它的判断力并在它选择

---

⑫ Rakoff, T.，'Contracts of Adhesion: An Essay in Reconstruction'，*Harvard Law Review* 96 (1983) 1174；Macneil, I.，'Bureaucracy and Contracts of Adhesion' *Osgoode Hall Law Journal* 22 (1984) 5.

⑬ Yates, D.，n. 8 above，27.

的时间出版这个作品。一个如意算盘是出版商之间可能存在激烈的竞争以获得我这本书，但这只会影响版税的高低，而不是标准格式合同当中的权力结构，这在整个行业中十分普遍。

因此，我对大规模使用的合同的分析巩固了将它们视为一种有效的治理结构的解释。这些合同允许组织规制它们自己并按照节省交易成本的方式规制它们与其他人的商业关系。消费者附合合同，只有在不存在合同条款市场和不存在公平的投诉机制之间的竞争的情况下，才会变得令人生厌。在这些情况下，它变得令人生厌，是因为标准格式被用来以准许压迫性的违约后谈判的方式重新分配权力关系。

私法规制

很多法律系统试图规制标准格式合同，尤其是发布给消费者的大规模使用的合同。这种规制的目标通常既包括通过使消费者有可能理解各方义务的含义而减少合同条款中的市场失败的努力，也包括设计用于降低单方自我规制所引起的权力不平衡的措施。就我们的目的而言，这种规制形式特别得有意思，因为它正好提出了合同规制的两个中心问题。

第一个问题涉及规制的有效性。附合合同规制的主导模式是采用私法规制策略。一个典型的规定允许法官们使不公平的，不合理的或者有悖良心的（unconscionable）的条款无效。⑭ 从而，
如果一个与消费者的争议到达了法院，很有可能一个太极端的排 233
除条款会被宣布为无效并且对消费不具有约束力。然而，显然这种私法规制方式不大可能对附合合同的使用和内容产生任何影响。因为在标准格式合同中使用压迫性的条款这件事情本身并不是非法的，没有理由把它们排除出去。即使这些条款的有效性不确定，事实上存在着充分的理由保留它们作为违约后协商中的谈判力的

⑭ e.g. EC Directive 93/13，OJL 95/29，5 April 1993；（USA）Uniform Commercial Code Art 2-302；（UK）Unfair Contract Terms Act 1977；（New South Wales）Contracts Review Act 1980.

一种来源。由于消费者极其不可能在法院就这个问题提起诉讼，因为涉及的费用太高，这些令人生厌的条款将永远不会被正式地宣告无效，从而至少可以采用它们达到与消费者协商解决办法或者将解决办法强加到消费者头上的目的。即使法院确定该条款无效，这些考虑因素仍然能发挥作用，因为没有理由克制着不使用这些条款作为合同中与其他消费者谈判的筹码。这些消费者极不可能有能力发现法院是否宣告了一个条款无效，而且通过在合同中引入一个细微的修改总可以与先例区分开来。如果这种规制的目标包括阻止在附合合同中使用压迫性条款的企图，那么其拙劣设计显然无法实现人们对它的遵守。

除了达不到效果，这种私法规制还存在着创造了一个过于简单的调查框架的弱点。它将注意力集中在合同中一个特定的条款上，这排除了与该条款的实施相关的证据。这个封闭的规则忽略了作为一个整体的合同当中的利益平衡的有关证据。举例来说，这个条款可能很苛刻，但是合同可能包含着一些补偿性的好处，像低价格或者商业主体所肩负的关于质量的繁重义务。更重要的是，当合同在市场中成为一个自我规制的管理制度，法院很难获得关于这种市场的运作信息。特定的市场条件，所提供的产品或服务的独特属性，或者商业安排的结构并不一定会被视为相关的考虑因素，当法院仅仅奉命考虑特定的条款是否不公平、不合理或者有悖良心。

这种私法规制还有缺乏特定性的问题。在某种程度上，判断是否无效的标准的含糊性可能有利于规制的目的，因为它们妨碍了使其无效的企图，并且可能为商业主体和它们的法律顾问提供了一个在制定排除条款时更谨慎的理由。然而，规制的含义的不确定性可能同样会受到商业主体的批评，因为这使得它们无法通
234 过合同为风险的分配设计可靠的规划机制。它们的成本以及对保险的需要仍然是不确定的，而且这些不确定性可能要么妨碍了合同的缔结，要么更可能地抬高了提供给消费者的货物和服务的价格。

私法规制能够加以改进从而在一定程度上应付这些反对意见。某些规制包含总是会或者一般会被看作是无效的条款的清单。例如，欧盟的消费者合同不公平条款指令（Directive on Unfair Terms in Consumer Contracts）在其附表中包含一个推定为不公平的条款的长长清单。[15] 这个清单无疑处理了一般条款不够准确的问题，尽管它不能提供一个完全的指引，指出法院将会认为哪类条款是令人生厌的。

对私法规制的遵守的一般弱点还可以通过私法的程序改革加以处理。正如我们已经注意到的，私法有能力引入集体行动者（collective actors），他们代表着滥用大规模使用的合同的受害人。[16] 消费者群体可以被授权代表一类消费者提起诉讼。这种集体诉讼能应对私法执行机制资源不足的特性的问题。然而，留下来的问题是如果不存在合同条款的一个竞争性市场，商业主体可以通过在标准格式中引入细微的改变而避开私法所承诺的规制控制，因此新条款中压迫性的和不被允许的内容的出现，必须以新的、价格高昂的诉讼来解决。

规制市场部门

控制附合合同中不正当权力关系的更为精妙的规制框架需要试图去规制市场部门而不是个人合同。这种规制要求某个特定部门的标准商业条款在投入市场流通之前先检验其是否公平。实现这一点的一种方法可以是要求贸易双方的代表对将被使用的标准条款进行协商，并且把违反的规定从达成一致的模式中废除。另一种方法是让一个政府机构商议和确定某些特定部门中的标准商业条款。集体协商行政规制的好处可能在于涉及这些交易的当事人对于市场的情况以及如何最佳地安排合同中的激励有着更优的信息。这两种方法都排除了对合同条款的竞争，但是这种策略的

---

⑮ EC Directive 93/13，OJL 95/29，5 April 1993.

⑯ See above，Ch. 4，p. 88.

正当理由恰恰在于目前并不存在这样的竞争。每一种方法都可能
235 实现一个高得多的遵守水平，因为违反规制将会立刻被发现而且很可能受到消费者和竞争对手的约束以防止其取得非法的竞争优势。

英国法中的规制框架并不符合这些模式中的任何一种。有一个行政机构，不公平条款合同处，它可以调查对不公平条款的投诉并请求发布不得在某个商业主体的标准格式合同中使用特定条款的禁令。在实践中，该机构行使其权力的方式是与一个商业主体就删除或者修改该标准格式合同中的条款进行协商。但是这个机构，除非是提出劝诫，并不能就作为整体的某个市场部门采取行动，也不能保证所有的贸易者都遵守其标准。也有一些追随德国模式的方案，使得消费者群体能够请求发布某些商业主体不得使用不公平条款的禁令，这大大地增强了对遵守规制的约束，但是却并没有朝着规制市场部门的方向发展。

尽管如此，一些证据表明这个行政机构很大程度上提高了防止在附合合同中使用压迫性条款的规制效率。这个结果部分地是通过运用国家资源追究压迫性条款的情况，这比起私法诉讼所能追究的数量要大得多。此外，这个机构刊印了它对特定条款的决定并发行它关于市场部门的报告，从而律师们可以预先发现哪些条款有可能不被允许，并据此调整标准格式。有证据显示在消费者交易中标准格式合同的使用减少了。[17] 由于法律在诸如销售和贷款协议等普通消费者交易中提供了一组宽泛的缺省条款，在很多情况下，标准格式的唯一真正优势就是获得压迫性条款的收益。一旦这种优势被消除了，那就几乎没有什么理由要继续坚持消费者在合同上签字。相反，产品的零售商可能认为不使用任何形式合同而改为将消费者引到制造商的保证书上去是更有利的做法。消费者于是可能获得了一种错误的印象，以为他或她的唯一权利

---

[17] Micklitz, H-W.,'Directive 93/13 In Action: A Report on a Research Project on Unfair Terms in Consumer Sales', in C. Willett (ed.), *Aspects of Fairness in Contract* (London: Blackstone, 1996) 77, 78.

在于对抗制造商而不是零售商。

为了有效规制大规模使用的合同从而达到重新分配权力的目的，关键在于发展将市场部门视为集体行动者的规制方案。合同条款和投诉机制的市场失败，它们为在大规模使用的合同中形成令人生厌的权力关系提供了机会，要处理它们就必须彻底清除自 236 我规制的这一方面。在他们与组织的外部人的商业关系中，贸易者必须遵守该市场部门经过批准的条款。这些条款相当于管理某个特定的贸易或者行业中与消费者所进行的交易的强制性规则。对于一些特定的贸易部门，私法可能就足以在大规模使用的附合合同中监督和执行对这些强制性条款的遵守，但是它缺乏这样的机制，在双方都是集体行动者时引入就标准条款进行强制性协商的程序。

委托人和代理人

在对委托代理模型的一个简单的、非法律的分析中，委托人雇佣代理人履行不确定的任务。委托人之所以选择这个合同关系，是因为代理人具备特殊的技能和知识，使得代理人比起委托人能够更有效地履行这些任务。举例来说，客户获得律师的服务，除了那些最为宽泛的条款，并不界定将要完成的任务，因为客户要求律师运用其专业技能和知识实现客户的目的。在这个代理模型中，客户特意地将所有的细节留给律师行使其自由裁量权，在这种意义上，合同是被设计成不完全的。

起监督作用的科层

因此，为了获得这种劳动力分工的好处，必须授予代理人自由裁量权。但是接着就产生了这个问题，委托人怎么能确定代理人以最符合委托人利益的方式，或者至少是令人满意地，完成任务呢？

对监督履行问题的主要回应是一个激励系统。代理人的报酬会随着委托人获得的收益而增加。实际上，这样一个利润分享安排创造了一种合伙形式。一个典型的例子是，在遥远的地方履行的代理人以销售佣金的形式取得报酬。国际贸易的早期记录揭示了这种利润分享安排如何处理向远方的代理人提供激励的问题。12 世纪的热那亚商人在叙利亚开始他们利润丰厚但高风险的贸
237 易，方式是依照一个名为 *Accomendatio* 的合同与代理人分享四分之一的利润，这些代理人主要是船长，负责出售商品并购买回运的货物。[18]

但是一个激励系统极少证实能充分地实现保证代理人永远按照委托人的最佳利益行事的目标。假如委托人缺乏专门知识和信息，往往很难衡量代理人是否按照委托人的最佳利益履行合同。这些恼人的担心包括雇员有没有尽最大的努力工作，专业人士有没有给出最好的建议，或者建筑师有没有把建筑成本降到最低水平。因为这些信息和衡量的问题，委托人很难保证激励系统可以控制代理人行为。解决的办法在于委托人通过合同获取监督或者监控的权力从而得到更多的信息。

因此，委托代理的关系本质上有一种科层的权力关系，其中委托人必须取得对代理人的监督权以监控代理人对自由裁量权的行使。这种分析可以应用于比如说公司中工人和经理的雇佣。经理对工人行使监督权，而公司所有者对经理享有监督权。正式的措施包括工作规则，员工手册，以及界定董事会权力的社团章程。它们仍然可以被视为经由合同关系确立的规则，但是其重要特征在于它们通常易受到单方的修改。经理可以修改员工手册，股东可以变动社团章程，董事会可以将公司指引往新的商业方向。非正式的权力产生于科层的缝隙之中。经理可以指挥工人执行新的任务，还可以通过使用升职和处罚等胡萝卜加大棒来操纵其行为。这些官僚权力可以经由合同创造，但是合同对于应当如何行使它

[18] Byrne, E. H., 'Commercial Contracts of the Genoese in the Syrian Trade of the Twelfth Century' *Quarterly Journal of Economics* 31 (1916) 128.

们却几乎没有施加限制。在某些情况下，监督权会被中立的第三方行使，其例子包括建筑工程中的建筑师，或者监督律师和医生工作的职业群体。

然而，在一些情况下，不可能借助起监督作用的科层安排以设计出对代理人有效的监督系统。当代理人在远方履行，像承担着销售到港货物任务的外国代理人的情况，这个问题就可能出现。当不存在有效的法律制裁以惩罚代理人的欺骗，这个问题越发地严重。一个适当的激励系统，像销售佣金，消减了大部分的欺骗 238
风险，但是仍然很难确保代理人不谋取秘密的间接利益，比如收受贿赂而不惜损害委托人。这个问题的一个非正式的解决办法是在贸易者之间创造一个松散的协会或者“合谋”，它涉及这样一个承诺，在成员当中散布代理人是否值得信赖的信息。外国代理人会被合谋中的其他成员所观察，并且欺骗的嫌疑会被传达给委托人。委托人从而可以采取非法律制裁，像拒绝在将来进行交易，这也可能被合谋中的其他成员所效仿。Grief 阐述了这种非正式监督模式，它在 11 世纪中东的犹太人贸易者当中创造了一个重复博弈的信誉机制。该合谋本身看来有赖于种族的纽带和共同利益。[19] 另一个关于 19 世纪早期在加利福尼亚使用代理人的贸易者的研究，揭示了一个类似的监督代理人的互惠模式。[20]

除了这些起监督作用的科层行不通的例子，我们可以想见这种权力关系出于效率的原因会被建立在大多数的委托代理关系中。当委托人发现或者怀疑存在着事实表明代理人一方有不够努力或者自我利益的行为，他可以终止代理关系，监督的权力一般是由这种权利所支撑的。终止的合同权利会进一步受到非法律制裁的支撑，像拒绝在将来再雇佣该代理人以及通过贬损的评价和类似的宣传其背叛行为来破坏代理人的声誉。法律系统往往以向代理

---

⑲ Grief, A., ‘Contract Enforceability and Economic Institutions in Early Trade: The Maghribi Traders’ Coalition’, *American Economic Review* 83 (1993) 525.

⑳ Clay, K., ‘Trade Without Law: Private-Order Institutions in Mexican California’, *Journal of Law, Economics & Organization* 13 (1997) 202.

人施加强制性的诚信义务的方式支持这些权力，这使委托人能够收回代理人所取得的任何“秘密利润”。

不正当的权力关系的问题因而变成了代理人容易受到委托人一方的机会主义的损害。为了保证代理关系的有效运行以及从劳动力分工中获得的最大收益而构建这种科层关系，委托人从而得以利用权力结构实现其逃避向代理人支付报酬的义务的目的。一个典型的例子是在代理人即将有权获得一大笔佣金之前终止代理关系。另一个令人担忧的情形是，雇员根据合同条款获得退休金形式的延付薪
239 酬的条件即将成熟时，遭到解雇。这些情况下，规制的目的可以理解为不是去消除委托代理合同中为起监督作用的科层所作的有效安排，而是防止委托人以机会主义的方式滥用权力。

共生合同（Symbiotic Contracts）

然而，在考虑机会主义的问题之前，我们需要更仔细地考虑下面的问题，简单的委托代理模型是否能对习惯上罗列于该标题之下的许多种商业关系提供足够的分析。在我看来，这个模型证实是太过于简单而无法解释很多这些商业关系的富于效率的特性。一种更为精妙的解释意识到事实上商业关系以两种委托代理关系来刻画会更妥帖。Schanze 授予这些合同“共生合同”的称号。[21] 在这些合同中存在着一种交叉的委托代理关系：每一方既作为另一方的代理人又就其本身而言是委托人。

特许权可以被分析为一个共生合同。特许人是委托人，他雇用代理人，也就是被特许人，希望被特许人在履行其利用特许专营权的义务时行使自由裁量权从而最大化特许人的经营利润。与此同时，被特许人将特许人作为致力于提升特许经营理念的事务的代理人，像给品牌做广告，以及开发产品。按照这种分析，特许经营关系同时双向地利用劳动力分工以最大化双方的共同利益。

---

[21] Schanze, E.,‘Symbiotic Contracts: Exploring Long-Term Agency Structures between Contract and Corporation’, in C. Joerges (ed.), *Franchising and the Law* (Baden Baden: Nomos, 1991).

它确立了一个交叉的委托代理关系的合同框架，这为每一方利用其专门知识最大化双方的利益都提供了激励。

更富于争议性的，同样的分析可以应用到雇佣关系中。不是将雇员仅仅视为雇主的代理人，雇员也可以被看做委托人，他通过雇主实现诸如开发产品和在市场上销售它们等目标从而获得报酬丰厚的工作。

将许多商业关系看做共生合同的这种分析所遭遇的困难在于，该模型显然包含着以下预期，双方当事人都需要向对方施加起监督作用的科层。被特许人需要创造一个机制以判断特许人是否提升了该品牌。类似地，雇员会要求一个机制以监督雇主从事开发有价值的工作机会的管理行为。然而，大多数这些合同的显著特征是监督的科层往往仅限于促进一方当事人的利益。比如说，在一个特许经营合同中，被特许人对特许人所发布的宽泛的操作指南这一合同的几乎任何违反，特许人总是有权就此终止合同。如果特许人没有遵守其承诺（这些承诺是由特许人界定的，任何情况下都非常模糊），被特许人却不享有任何对等的监督和惩罚的权利。[22] 类似地，在雇佣的例子中，雇主一般享有控制和整顿工作场所的巨大的管理自由裁量权，但是雇员通常没有对等的权力控制管理层在发展公司的商业目标方面行使自由裁量权。 240

所观察到的共生合同中起监督作用的科层关系的不对称，意味着两个可能的结论。要么对交叉的委托代理关系的复杂分析是不准确的，要么共生合同所确立的结构通常无法实现最有效的治理结构。后一个结论可能意味着存在一种对科层的社会偏好，尽管不对称的关系无法提供最有效的治理结构。换言之，雇主和特许人喜欢成为无可争议的上司而不是为了提高共生关系的效率而分享他们的权力。[23] 制度经济学家倾向于贬低这后一种可能性，因

---

[22] Hadfield, G. K., 'Problematic Relations: Franchising and the Law of Incomplete Contracts', *Stanford Law Review* 42 (1990) 927, 944-5.

[23] Margalin, S. A. 'What Do Bosses Do? The Origins and Functions of Hierarchy in Capitalist Production', *Review of Radical Political Economics* 6 (1974) 33.

为他们竭尽全力地搜寻直到发现对所有合同科层的效率解释。但是，从雇佣到大规模的资本投资等众多例子中都有令人信服的证据表明，存在着运用市场权力实现低效率的结构从而授予占主导地位一方更多权力的事实。[24]

这些倾斜的治理结构的潜在权力无疑并不会被完全发挥出来，因为还有非法律的制裁，像损害声誉。[25] 比如说，雇主不希望落得专断地开除雇员的名声，因为这会打击工人们加入其公司的兴趣并且导致
241 现有的雇员采取机会主义行为。[26] 雇主会采用人力资源管理（Human Resources Management）的方法以给雇员留下其对于他们的顾虑积极响应的印象。但是坏名声的影响很容易通过隐蔽的行为躲避过去，而将所有的可能留给整顿行为。委托人同样有经济激励与富于生产力的代理人保持良好的商业关系，因此委托人很可能希望对那些监督过程显示其高产的代理人公正地行使自由裁量权。尽管这些施加于滥用不对称权力关系之上的限制缓和了有效的模型与社会实践之间的紧张关系，但它们并没有消除对潜在的问题进行考虑的需要。

问题在于是否应当为了加强共生合同富于效率的特征而引入法律规制？这种规制通过授予弱势一方类似的监督其代理人的权限，从而抵消不对称的监督科层的作用。举例来说，这种规制可能会要求公司董事会中有工人代表，以及要求被特许人委员会享有监督特许人的权力。这种规制不同于委托人设计用来对付机会主义的措施，因为它试图完善失衡的治理结构。

针对机会主义的救济

设计用于防止委托人的机会主义的法律规制，有可能形成对

㉔ Gompers, P., and Lerner, J., 'The Use of Covenants: An Empirical Analysis of Venture Partnership Agreements', *Journal of Law and Economics* 39 (1996) 463.

㉕ Dnes, A. W., 'A Case-Study Analysis of Franchise Contracts', *Journal of Legal Studies* 22 (1993) 367.

㉖ Epstein, R., 'In Defence of the Contract at Will', *University of Chicago Law Review* 57 (1984) 947.

委托人行使自由裁量权施加限制的具备私法特征的强制性规则。其例子包括针对不正当地终止雇佣关系的法律权利，分销商就汽车经销权的终止提起诉讼[27]，汽油的特许零售商不让对方恶意地终止特许经营权的权利[28]，以及不让对方无故终止特许经营权的权利。[29] 这种规制的一个附加的目的在于威胁把庭审的过程公之于众，从而支持损害委托人声誉的非法律制裁。因此，这种规制形 242
式通过插入受优待一方能够执行的强制性条款而紧密地追随私法的规制模型。

然而，我们必须质疑这种规制是否剧烈地改变了这些委托代理关系中的权力分配并从而威慑了机会主义。如果代理人遭遇到委托人以机会主义行为的方式滥用权力，那么这种滥用发出了一个信号，合作的关系正在崩塌，因此，代理人可能最好是寻找其他前景更明朗的商业机会。如果其他的机会不容易找到，代理人的最佳利益可能是忍受这种机会主义以便维系其商业关系。所以，当代理关系被终止，该问题只是可能成为尚未解决的争议。在这个阶段，代理人可能根据规制请求救济，像对不正当的解雇或者无故终止特许经营权作出补偿，尽管诉讼的成本可能会妨碍对救济的追求。判给经济补偿能降低代理人的一些损失，但是不大可能显著地改变委托人未来的合同行为。

在委托人的管理程序中也许能更多地发现这种规制的效果。委托人在雇佣代理人的时候可能会更谨慎，更广泛地搜集有关代

---

[27] Automobile Dealers Day in Court Act, 15 U. S. C. ss. 1221-1225 (1988); Macaulay, S., 'Long-Term Continuing Relations: The American Experience Regulating Dealerships and Franchises', in C. Joerges (ed.), n. 21 above, 197. 在这种情况下，英国法没有法定规制，但是有这样的例子，法院不愿意执行苛刻的分销权的终止条款而对合同进行狭义解释：*Schuler AG v Wickman Tool Sales Ltd* [1974] AC 235, [1973] 2 All ER 39, HL。

[28] Petroleum Marketing Practices Act 15 U. S. C. 2801-2806; Macaulay, S., n. 27 above, 204.

[29] Wisconsin Fair Dealership Law, Wisconsin Statutes 135. 01-. 07 (1988); California Franchise Act, California Business & Professions Code 20000; Macaulay, S., n. 27 above, 209.

理人的技能、动机和才能的信息。委托人还很可能加强监督程序，从而终止代理关系的决定能够得到证明代理人表现令人不满意的书面证据的支持。举例来说，一项在英国主张不公平解雇（unfair dismissal）的法定权利的效果之一，是加强了人事管理的官僚化（bureaucratization）和引入了更为谨慎的雇用程序。[30] 为这些措施辩护的一个正当理由是它们提高了交易双方当事人的经济收益，尽管会花费一些管理成本。但是它们几乎完全不能减轻原有的自由裁量权分配不对称。

一种偏离私法模型的规制方法是授权一个政府机构以修改该关系为目标考察委托代理关系中的自由裁量权关系的内容。比如说，法国对雇佣关系的立法，授权政府劳工督察（government labour inspector）检查工作规则，以确认它们不包含违反法律或者雇员个人的公民自由或者法律系统的一般原则（*principes generaux*）的规定。除非这些违反可以被证明对于雇主的商业目标是无可非议和相称的（proportionate），劳工督察可以要求对工作规则
243 进行修改，其最高惩罚是刑事处罚。[31] 这种规制的有趣之处是，它要求在将委托人自己治理自由裁量权的行使的规则适用于某个特定场合之前先对它们进行评估。这种方法要求对合同中的单方自我规制开展行政审查，目的在于保证自我规制和规制目标之间的协调。因此，作为一个规制策略，它通过提供一些机会改变委托代理关系中对自由裁量权的惯常行使，从而在私法模型的基础上有所改善。

机会主义的不确定性

尽管这些情况下的规制目标在于清除委托代理关系中的机会主义，要对确定机会主义何时发生进行直截了当的分析是很困难的。要裁断的问题是合同所赋予的权力何时被滥用了？我们如何

---

[30] Collins, H., *Justice in Dismissal*, (Oxford: Clarendon Press, 1992) 248-52.

[31] Code du Travail, L. 122-33-L. 122-39.

区分这些对科层权力的滥用和苛刻但是经济上合理的决定？私法背景中的法律问题将会表现为对合同条款的解释。法院会试图从当事人隐含的承诺中发现对行使自由裁量权默示的限制。举例来说，合同可能规定一方当事人得以自由决定单方终止，但是法院可能会被请求发现对行使这种权力的一个默示的限制，像应当善意地行使这种权力的要求。除了标准的有名合同，其中已确立的缺省条款可以为自由裁量权的这些默示限制提供基础，像英国法中要求对雇佣合同的终止作出合理的预先通知，法院可能会发现私法规制对于如何解决这些问题几乎没有任何指示。

这些情况下的法律规制的问题在于，机会主义和容许的对合同自由裁量权的行使之间的区别无法用形式的标准刻画出来。举例来说，在一个特许关系中，特许人可能享有按照其自由裁量权终止特许关系的权力。加入这样一个条款的理由是特许人作出这种商业决定所依据的标准不能被缩减为一个简单的公式。被特许人可能会以很多方式损害该商业模式的声誉，其严重性相当地取决于它们在多大程度上变得声名狼藉。与此同时，即使被特许人严重地违反了合同，如果他在其他方面是该特许一位极为成功的经营者，特许人将不愿意终止特许关系。商业判断的复杂性以及特许人保护其品牌声誉的头等重要性，促使对合同的规划倾向于 244
分配终止关系的单方自由裁量权。一旦创造了这种单方权力，特许人就有可能滥用终止合同的权力，比如说，通过使用某个借口把一个表现良好的被特许人替换成一个可能会履行得更好的被特许人。这种对自由裁量权的行使可能会被称为机会主义，因为它可能浪费掉被特许人在设备和培训方面的投资而使其遭受损失，还因为这种行为与被特许人基于商业关系（与合同的明确条款相对立）而预想的特许的长期期限不同，假如其表现是令人满意的话。由于被特许人往往缺乏任何强有力的非法律制裁，像损害特许人的声誉的能力，被特许人可能会试图宣称该商业预期是默示地整合到合同协议中的。如果没有这样的法律保护，这种机会主义就会发生而无法救济，其结果要么是导致没那么多人愿意成为被特许人[32]，要么是激起对更为复杂的治理结构的需求，像那些由法令加插进去的治理结构。

对这种合同关系进行解释的核心问题在于两种彼此对立而且无法比较的预期在提供其含义。特许人希望保留一种不受审查的自由裁量权，以便能够作出最有利于其经营利益的复杂的商业判断。被特许人希望特许人行使权力的方式符合通过合作最大化共同财富的目标。合同不是不完全，却反而在确定最大化其富于生产力的特性的最佳方法时受制于互不相容的优先考虑。

在美国，法院曾经频繁地被请求解决特许人机会主义的问题。正如 Hadfield 所主张的，它们的决定通常保护特许人按照其自身利益进行商业判断的广泛的自由裁量权，仅仅受制于“专断的”（arbitrary）决定和不当的动机。[33] 这一进路以确认进行商业判断的自由裁量权的方式优先考虑特许人的预期。其效果是贬低了被特许人对商业关系的合作性质的预期。以下例子阐明了这个结果，
245 利兰汽车（Leyland Motors）终止了一个销售路虎（Rover）品牌的特许权，当被特许人拒绝额外分销另一系列凯旋（Triumph）品牌下的汽车。从利兰汽车的角度看，合并其经销特许权是有道理的，但是被特许人不能同意这个改变，因为额外的这个系列的汽车会对其正在出售的另一系列汽车带来不利的竞争。法院支持利兰汽车终止其特许权，因为它基于一个合理的商业理由。[34] 在这种对合同的解释中，被特许人保护其对两个现存的特许权的投资的利益被忽略了。

在一个让人吃惊的比较中，特许人的机会主义问题极少出现在英国的法院中。Beale、Harris 和 Sharpe 进行的一个重要研究，

㉜ Klein, B., *et al.*, ‘Vertical Integration, Appropriable Rents, and the Competitive Contracting Process,’ *Journal of Law and Economics* 21 (1978) 297, 303; Hadfield, G. K., n. 22 above, 954.

㉝ Hadfield, G. K., ibid. 927, 982. For instance, *Moody v Amoce Oil Co.*, 734 F. 2d 1200, 1217.

㉞ *David R. McGeorge Car Co. v Leyland Motor Sales*, 504 F 2d 52, 56 (4th Cir. 1974), *cert. denied*, 420U. S. 992 (1975).

发现在长达二十年的期间内仅有一起关于终止汽车特许分销权的诉讼争议。[35] 关于这种争议的缺失有很多可能的解释。可能存在着另一个法庭，比如说制造商贸易协会所赞助的仲裁。除了私法的一般原则就没有针对这种机会主义的任何明确规制，这可能会使任何挑战沮丧而退。但是一个更好的解释也许涉及合同条款本身。这些条款通常规定只有一段长时间的预先通知，比如说一年，和警告之后，才可以终止，比起美国合同中允许几乎是任意地终止，这降低了机会主义的可能。Beale、Harris 和 Sharpe 认为尽管这些分销合同（distribution contracts）有着一边倒的特性，在实践中双方当事人会被他们对长期商业合营的沉没投资绑定在一起，因此特许人的机会主义很少成为问题。[36] 这种解释毫无疑问抓住了这些关系的共生属性，但是它留下了一个疑团，为什么这些防止机会主义的经济激励在美国的作用看起来要弱得多。

这个比较使得先前的假设，也就是许多代理合同的偏重一方的特性会导致产生一个无效的治理系统，变得很可疑。当事人的自我规制，由于滥用市场权力的原因，无法在互惠的义务和监督履行的系统之间取得最佳平衡，这是规制的理由。如果这个假设是正确的，我们也应当期望规制来矫正这种市场失败从而提高这些商业关系的收益率。规制并不只是对商业施加成本，这种旨在完善不完全交易的规制应当发挥作用，以促使这些商业交易变得更有利可图。在美国，用来保护免受机会主义的规制出台以后，246
这些共生关系兴盛起来，对其统计数据的考察提供了一些证据，表明规制减少了特许的数量，大概是由于增加了特许人进行质量控制的成本。[37] 在英国受到规制的雇佣领域，关于不公平解雇法对就业状况的经济效果的调查问卷和计量经济学研究的证据则要模

---

[35] Beale，H.，*et al.*，n. 5 above，331.

[36] Ibid.，304.

[37] Brickly，J. A.，*et al.*，'The Economic Effects of Franchise Termination Laws'，*Journal of Law and Economics* 34（1991）101.

棱两可得多。[38] 因此，也许不大可能就如何规制代理关系中形成的权力关系得出一般结论。假如不从事机会主义行为的经济激励能有效地治理合同行为，也许能通过偏重一方的合同有效地获得这些交易的共生特性。然而，当那些激励过于微弱，正如在大多数雇佣关系中一样，那么意在重构合同治理结构从而使其与理想中的经济激励相一致的规制可能证实是一种有效的规制干预。

合同和组织

我们已经考察了合同确立权力关系的两种基本方法：附合合同中单方的、自由裁量地制定规则的权力，以及委托代理关系中起监督作用的科层。以合同创造权力关系的第三种主要方法是多成员社团（multi-party associations）。协议的基本结构是成员以合同方式加入社团，合同中包含社团的规则。这些规则确立了对成员的治理结构。高尔夫球俱乐部就是一个简单的例子。成员们加入俱乐部，而这样做就是对规则的同意。根据这些规则，委员会有权创造更多的规则并惩罚违反规则的成员。类似的结构可以在诸如工会、慈善团体、政党和金融交易所等多样化的社团中发现。

多成员社团的模型在典型的公司式的商业组织中或者厂商中变得更为复杂。厂商的成员有作为股东、董事和雇员的不同的成
247 员资格合同。包含在备忘录和章程中的公司规则在这些不同的群体之间分配权力，并且提供改变规则的机制。经营公司的主要权力通常是属于董事的，有着各种章程中的保障以保护其他成员的利益，尤其是股东或者金融资本投资人的利益。

这些多成员社团的共同要素是采取治理结构以达到目的。只有当社团被构建成一个有权通过规则和一个纪律系统控制其成员的组织，这一点才能实现。组织内部存在的科层对于提供实现其目标所需的合作必不可少。基于这个理由，多成员社团内部所出

---

[38] Collins，H.，n. 30 above，259-60.

现的权力关系，其本身并不应当被看做是令人生厌的。问题反而在于是否应当对社团的合同施加限制从而决定谁应当行使权力以及权力应当如何行使。

就这个问题给出否定的回答是很吸引人的。这些合同社团是自愿组成的，因此如果某个成员不喜欢权力的行使方式，这个成员永远可以选择离开。股东可以出售她的股份，而员工可以退出工会。况且，这些规则是由成员他们自己创造的，因此如果他们不喜欢该组织的运行方式，他们可以改变这些规则或者治理委员会的组成。股东可以投票赞成一个新的董事会或者对公司章程的某种改变，而工会成员可以投票赞成一个新的执行委员会或者试图修改工会的规则。这些对组织内部权力问题的回应，其问题在于它们既忽视了不可挽回的投资的存在，又忽视了寡头统治的问题。离开的选择对于一个成员可能是极其没有吸引力的，因为这会导致经济损失。比如说，在对俱乐部市场或者交易所的讨论中，我们注意到一个经纪人如果被驱逐于交易厅之外就会失去其谋生手段。寡头统治的问题不过是我们所熟悉的观察结果，那些在组织中掌握大权的人将会不愿意放弃这种权力，因此他们会操纵社团的规则使其变得对自己有利。利用他们所处的位置，在位者也许能够击退任何对他们权威的挑战并将其意志强加在成员身上。

出于这些原因，以及其他的理由，很多强大的组织曾经受制于管理分配和权力行使的强制性规则。私有公司（private corporation）遵守授权股东以选择董事和限制董事的行为的强制性规则。工会所遵守的强制性规则要求由工会成员选择其主管人员，并对其诸如政治行动和罢工等活动进行强制性投票。法律规制同样密切关注组织资产的所有权和使用，掌权者因而无法挪用组织 248
的资源。对这些强制性规制进行细致的考察已经超出了我们研究的范围。法律系统对诸如公司、工会和慈善信托等特定类型的组织区别对待，因此法律并不是仅仅把它们看做基于合同成立的社团。

这里使我们感兴趣的反而是那些基于合同成立但并不服从特

殊的强制性规则以治理其组织内权力行使的多成员社团。法律规制是否简单地把这些社团视为合同，因此法律应当支持当事人的自我规制，或者法律能否认识到有必要干预组织中的权力关系从而控制权力的分配和行使？这个问题又涉及两点。第一，我们需要考察那些可能服从针对权力滥用的规制的多成员社团的多样性。第二，我们考察法律规制设计适当的标准以及执行遵守的能力。

混合物

在很大程度上，对它们的成员行使权力的多成员社团是很容易辨认出来的。该模型包含一个由成员资格合同形成的社团，其社团规则授权一个群体作出决策从而推进组织的目标。这种权力包括损害组织成员的经济利益的可能性，并同样包括对成员的驱逐。同业公会、社交和体育俱乐部以及学术团体都是说明这种模型的例子。然而，有一些经济社团并不能严格地符合这个范式，却看似具备组织的某些特征。这些商业关系很难契合到合同和组织的比较当中，所以它们被称为“混合物”或者“网络”（networks）[39]。

对混合型商业组织的分析始于新制度经济学这一学科的研究。其工作，以科斯开创性的厂商理论为起点[40]，试图解释不同的产业结构的经济原因。核心问题是为什么一些生产和分配活动是通过纵向一体化的厂商完成的，而其他类似活动的进行则是通过市场交易来供应货物和服务。这是“生产”（make）或“购买”（buy）的决定。我觉得这种在科层和市场之间形成对立的提问方式不大
249 令人满意，因此它似乎暗示着科层并不出现在市场中。分析这个问题的更好方式是对通过不同类型的合同关系所确立的不同种类的科层进行比较。其问题从而变成了为什么一些科层形式被用来

---

[39] Powell, W. W., ‘Neither Market nor Hierarchy: Network Forms of Organization’, in G. Thompson *et al.* (eds.), *Markets, Hierarchies and Networks: The Coordination of Social Life* (London: Sage, 1991) 265.

[40] Coase, R. H., ‘The Nature of the Firm’, Economica NS 4 (1937) 386.

组织生产，而其他的形式却没有。

按照合同分析的术语，这个简单的问题变成了为什么在一些情况下雇佣合同会被采用，而在另一些情况下则会出现买卖的市场交易或者由另一个商业主体提供服务。一种回答的办法就是考察不同类型的合同的属性。合同的拟定关系到其激励结构，其对包含着治理结构的不完全合同的处理方式，其回应变化着的市场条件的适应性和灵活性的潜力，其保护沉没投资的方法，等等。在厂商中以雇佣合同作为产业结构形式的纵向一体化，从而能够依据以下理由进行解释，那就是它防止了对合同机会主义的讨价还价[41]，确立了对投资的最佳激励[42]，并就合同不完全的问题提供了一个解决办法。[43] 这种研究所要传递的部分讯息是，之所以创造大规模的纵向一体化厂商，其动机并不是企图实现反竞争的市场支配地位，而是对设计有效合同这个问题的一种理性回应。[44]

尽管聚焦于纵向一体化的最优限度这个问题，这种对合同结构的经济分析可以被用做考察合同协议中细微差别的工具。对成本和激励的某些基本经济问题的分析，可以提供一些理由解释为什么我们会在一个买卖中发现特定种类的合同条款而在另一个相
似的交易中却没有发现。[45] 举例来说，Palay 对美国铁路货运合同 250
的研究，揭示了表面上类似的合同其条款内容的差别何在，托运

㊶ Klein, B., *et al.*, n. 32 above, 297.

㊷ Hart, O., and Moore, J., 'Incomplete Contracts and Renegotiation', *Econometrica* 56 (1988) 755.

㊸ Hart, O. D., 'Incomplete Contracts and the Theory of the Firm', *Journal of Law, Economics, and Organization* 4 (1998) 119; Hart, O., *Firms, Contracts and Financial Structure* (Oxford: Claredon Press, 1995).

㊹ Williamson, O. E., *Markets and Hierarchies: Analysis and Antitrust Implications* (New York: Free Press, 1975).

㊺ Shelanski, H. A., and Klein, P. G., 'Empirical Research in Transaction Cost Economics: A Review and Assessment', *Journal of Law, Economics and Organization* 11 (1995) 335; Wiggins, S. N., 'The Economics of the Firm and Contracts: A Selective Survey', *Journal of Institutional and Theoretical Economics* 147 (1991) 603; Lyons, B. R., 'Empirical Relevance of Efficient Contract Theory: Inter-Firm Contracts', *Oxford Review of Economic Policy* 12 (4) (1996) 27.

人根据这些合同雇用承运人运输货物的服务。[46] 他将这种差别主要地归因于“特质性投资”（idiosyncratic investments）。如果将要运输的货物可以装载在普通的厢式车中，那么合同简单地为服务定价就可以了。如果这些货物只能用特种车运输，比如用于新型车的特种结构货架，那么交易中的这种特质性投资就会引发一个更为复杂的“治理结构”，在这个例子中是一个分担风险的协议，风险在于如果采用分期偿付协议形式的车容量销售是不足的，对特种结构货架的投资成本将会被浪费掉。当这些特定投资相对交易的价值而言特别重大时，Palay 发现会出现托运人和承运人部分地纵向一体化的情况（比如托运人对专门的铁路货车拥有所有权）。

新制度经济学的研究一个始料未及的结果是，它展示了对合同义务富于想象的结合可以创造横跨于市场和科层的分野之上的商业社团。这些商业社团的建立基础是数额大小不等的资本之间的合同关系。但是它们的合同关系在其治理结构中变得如此地复杂精妙，它们因而模仿了厂商的许多组织上的特点。这些合同关系在组织和彼此独立的缔约之间占据了一席之地，因此它们被称为混合物：

> 混合物往往披着合同的伪装：实时生产组织（just-in-time organizations）和其他的中心放射型运送网络，特许系统和其他的分销组织，作为“外包”（outsourcing）结果的数据处理合同，银行业中的信用转让网络，建筑业中的分包系统，能源网络，交通和电信，集体研究中的策略性联盟，合作研究协议（collaborative research pacts）中的大规模联营企业。[47]

㊻ Palay，T. M.，‘Comparative Institutional Economics：The Governance of Rail Freight Contracting’，*Journal of Legal Studies* 13（1984）265.

㊼ Teubner，G.，‘Piercing the Contractual Veil? The Social Responsibility of Contractual Networks’，in T. Wihelmsson（ed.），*Perspectives of Critical Contract Law*（Aldershot：Dartmouth，1993）211-12.

大型建筑项目是这种混合型社团的一个例子。在这些项目中，一座新建筑物的主管（commissioner）（也就是我们所说的雇主）与各方当事人缔结合同，像总承包人、建筑师和项目经理。总承包人进一步和专业的货物和服务供应商缔结合同。可能会往下延伸出一连串的分包合同。尽管这些合同中的每一个都代表着一个独立的市 251
场关系，就作为一个整体的建筑工程进行合作却需要更精心构造的组织关系。为了合作、督导履行（monitoring performance）以及监督（supervision），合同在当事人之间创造了治理结构和科层。举例来说，建筑师或者检验人可能有权判定工程的某个方面有没有按照合同的规定加以完成。项目经理可能有权在建筑工地指挥施工。承包人可能有权将工作分派给分包人，其方式类似于雇佣合同。如果仅仅考察个别合同的形式，这个建筑工程看起来不过是一组合同协议。然而，当我们后退几步并审视整个运作，显然它具备有组织的科层的许多特征，这些特征和那些在一体化的厂商中所能发现的很是相像。它是一个多成员社团，由一系列的合同形成，但是只能通过在其形式的合同承诺以外创造治理结构来实现它的目的。

对商业模式特许（business format franchise）的一个类似分析表明它是一种混合型的经济社团。形式合同协议包括特许人授予被特许人的一系列许可，从而在被特许人的名义下经营零售业务。然而，对这些合同条款的仔细考察显示，特许人实现了与被特许人之间的一种类似委托代理关系的科层关系。这种科层的正当理由可以是有必要保护商业模式这种资产的价值，防止犯错误的被特许人损害其商誉。但是这种商业模式特许的组织特征延伸到了该科层以外，因为商业主体需要适应变化着的条件，鼓励创新，并协调其经营。特许经营又再开始流露出纵向一体化厂商的组织特征，除了特许人和被特许人之间不存在对资产一体化的所有权。用 Teubner 的措辞，它是一个“簇公司行为人”（polycorporate actor）[48]。

㊽　Teubner，G.，n. 47 above，226-30.

新制度经济学从这个发现中得到的经验是，和所有权的纵向一体化一样，解释产业结构时的有趣问题必须致力于理解如下治理结构的创造，它们被设计用来在缺少纵向一体化的情况下协调生产。但是，从我们的观点看，对混合物的发现意味着，多成员商业社团中的规制权力的问题需要将其注意力延伸到上述关于自愿社团（voluntary associations）的简单范式以外。我们必须意识到，即使不存在单个组织中正式的成员资格标志，类似的科层还
252 是可以被创建出来的。尤其是，就纵向一体化组织中的雇佣和独立商业主体之间的合同所进行的鲜明对比，以其作为科层和组织权力会否出现的检验标准，这是引人误解的做法。[49] 混合物模拟委托代理关系中的监督和督导权力，并实现了相当于那些能在正式组织中找到的单边规制的权力。

成员资格带来的预期

最后的问题是，设计用来在这些多成员社团中限制和重新分配权力的规制是不是有益的和可能的。我们应当始于这样一个出发点，尊重当事人通过他们的合同关系所实现的自我规制。为了获得共同和协作追求其利益的收益，他们确立了自己的治理结构。干预社团规则冒着扰乱成员们和集合群体之间脆弱的利益平衡，并由此危害对组织目标的有效追求。然而，两种规制形式和组织自治的这个方面是相容的。

第一种规制考察组织进行决策的程序。法律规制可能不仅要求遵守社团的程序规则，还可能设计一些要求以保护成员在遵守正当程序中的利益，从而补充这些规则。我们之前在讨论俱乐部市场的时候考虑过这种规制。[50] 规制的目标是在社团规则中输入设计用于

---

[49] Collins, H., 'Independent Contractors and the Challenge of Vertical Disintegration to Employment Protection Laws', *Oxford Journal of Legal Studies* 10 (1990) 353; Lazerson, M. H., 'An Outcome of Markets and Hierarchies?', *American Sociological Review* 53 (1988) 330, 336-7.

[50] Above, Ch. 9.

公正对待成员的程序，尤其是当被提议的决定可能严重地损害成员的经济利益，比如说排除其在交易所的成员资格。我认为私法有能力在组织规则中输入正当程序的基本标准，比如说要求成员应当有机会知悉对他的指控并试图反驳它们。尽管这些程序标准在公法的背景中更为常见，因为法院强制要求国家机构遵守它们，在很多情况下，私法也展现了将类似的标准引入自愿社团的能力。把这种主张推进一步，我们现在可以主张，在一些情况下，这种规制类型对于混合物是合适的。比如说，在特许的例子中，私法规制可能会被 253
发展以确保特许人在终止被特许人的许可之前要遵循正当程序。

第二种规制类型领悟了多成员社团的组成是为了某个特定的目的这个要点。组织科层的创制是为了协调集体行动以实现该目的。可以引入法律规制以确保社团的治理机关，像主事的委员会，不能为了其他目的而行使它们的权力。在对公司的独特规制中，这种进路要求董事始终为适当的目标或者为公司的最佳利益行事，它成了对他们权力的关键限制。这种规制方式同样适宜于非公司社团和混合物。然而，私法缓慢地发展着这种规制。但是，宣布某些决策不属于治理委员会的权力范围之内（越权原则 *ultra vires*），或者该决策是本着恶意作出的，通过组合这些声明可以创造出这种规制来。后一种规制方式发展了善意地履行合同的义务的理念，这在英国之外的许多法律系统中很普遍。[51] 举例来说，在非公司社团的例子中，该义务可能排除基于无关考虑因素所作的决定，像某个成员的性别或者种族。在混合物的例子中，该义务会要求组织中占主导地位的成员基于旨在最大化组织所有成员的共同收益的理性商业考虑因素进行决策。在德国，存在着对混合物中占主导地位的合作伙伴的地位和公司集团（group of companies）中母公司的地位所作的类比，其目的是援用母公司负有一种对其子公司的商业利益的诚信义务这一法律。[52] 在美国，这种本

---

[51] Farnsworth, E. A., 'Good Faith in Contract Performance', in J. Beatson and D. Friedmann, *Good Faith in Contract Law* (Oxford: Clarendon Press, 1995) 153.

[52] Teubner, G., n. 47 above, 216 and 219，讨论了对 Aktiengesetz s. 17 的应用。

着善意履行的准则经常被适用于其中一方成员具有自由裁量权的以合同组成的混合型社团中。比如说，在需求合同中，买方必须本着善意确定其需求，而不能为了诸如囤储或者投机等目的定购货物。[53] 类似地，在一个涉及终止分销权的例子中，制造商因为没
254 有向经销商透露能使其免于浪费一笔业务投资的信息，被认为违反了善意交易的默示协议。[54]

这些通过私法进入多成员社团内部治理的规制干预类型，它们的正当理由在于权力的重新分配。但是规制的目标并不是重新分配权力，而是控制权力的行使。在试图确定权力的滥用时，这种法律规制认识到组织不仅仅由表现于其规则中的合同权利所构成。组织有一个社会维度，也就是在社团中的成员资格的维度，它带来了超出形式规则的预期。私法之所以不愿意介入这些社团，原因可能在于它对合同中的规划文件的优先考虑。但是私法确实有能力整合这种组织成员资格的社会维度，其方法是通过考察组织内建立的行使自由裁量权的程序和目的，使其成员的合理预期变得有效。

结论

我们的讨论证明了以下观点，在合同关系中许多涉及权力的情形被构建为实现当事人经济目标的不可或缺的手段。利用治理结构解决故意设计得不完全的合同的不确定性，就是这样的例子，以富于想象力的办法解决一个可能为不信任提供充足理由的问题，否则当事人也许会完全拒绝进行交易。然而，我们也观察到很多情况，谈判力和市场失败结合在一起为创造权力结构提供了机会，这无法以它们对效率和信任的促进为理由加以辩护。确实，在许

---

[53] *Homestake Mining Co. v Washington Public Power Supply System*, 476 F Supp 1162, aff'd 652 F 2d 28 (9th Cir 1981).

[54] *Bak-A-Lum Corp of America v Alcoa Building Products*, 351 A 2d 349 (New Jersey Supreme Court, 1991).

多后面这种例子中，说设计用于界定或者限制权力结构的规制干预可能实际上提高了效率和信任是有争议的。

但是重新设计权力结构的规制任务给法律系统带来了巨大的困难。规制必须被修整得正好适合每一种经济关系，从而它可以回应不同交易类型对效率的迫切需求。对权力结构的私法规制比起公法规制的优势在于前者怀着对当事人自我规制的尊敬开始其
分析，但是当规制任务要求强制推行新的治理结构，这也可能成 255
为一个弱点。然而，在很大程度上，致力于重新分配权力的有效的私法规制可以通过限制合同协议来实现，其参照的是这样一些要求，它们是遵守正当程序的义务，杜绝机会主义或滥用权力的义务，以及本着善意履行合同的义务。但是这些对私权的控制以对合同作出精妙的解释为条件，它要求法院不仅按照当事人的非正式预期修改规划文件，而且还能容纳这些理性预期在少数滥用权力的情况下可能会发生冲突的问题。

至于合同关系中最普遍的权力问题，在大规模使用的附合合同中滥用制定规则的权力，我们的结论是合同条款竞争中的市场失败为取消单边的制定规则的权力提供了正当理由。规制反而应当使关于标准条款的市场部门协议被提供给消费者，从而竞争会被局限在质量和价格上。私法规则可以拒绝审查集体同意的权力关系的内容，从而支持这种贸易部门之内集体协商的结果，但是这种支持并不能独力为确保遵守这些标准提供充分的激励。此外，要求对大规模使用的附合合同进行集体规制的公共规制，也是救济市场失败所必不可少的。

在对权力的以上讨论中，对合同引起的问题采用了一种相当狭隘的描述。我们的注意力集中于合同当事人之间的关系上。由影响到第三人利益的合同所构建的权力，但是第三人不能就合同提起诉讼以取得救济或者质疑某个决策，对这种权力还有很大的讨论余地。类似地，合同协议可以限制对第三人或者该网络中其他成员的法律责任，从而创造出一种不受社会责任制约而行事的权力地位（position of power）。这些问题是对公司社会责任的讨

论的忠实写照，也就是要求集体的群体尊重民主立法制度的目的。对于那些创造了非纵向一体化的松散的组织类型的合同，这些考虑因素同样适用。要解决规制权力在这些情况下的法律问题，必须向第三人授予依据合同的派生权利（derivate rights），并让混合物和其他的多成员社团负起法律责任。[55]

---

[55] Collins，H.，‘Ascription of Legal Responsibility to Groups in Complex Patterns of Economic Interaction’，*Modern Law Review* 53（1990）731；Teubner，G.，n. 47 above，230.

第十一章 256

不公平的合同

规制合同的目标之一应当是阻止不公平吗？如果是的话，这个目标如何能被有效率地并有效地（efficaciously）实现？尽管合同中的权力关系和不公平这两个问题在实践中有重合之处，它们在原则上是截然不同的。权力问题涉及通过私的秩序创造一种自由裁量权以单方面地确定法律上可执行的合同义务的内容。公平问题考察实体义务之间的平衡，也就是所约定的履行的价格。当合同包含一种控制将要履行的义务的内容的自由裁量权，重合就会发生。这种自由裁量权的行使可以是为了减少或增加所约定的履行的内容，从而改变实体义务的平衡。比如说，在消费者标准格式合同中，卖方的条款可能包含一个替换其他的和更便宜的货物的自由裁量权。合同在这里可能会受到批评，既是因为该压迫性的权力关系，并且，如果权力的行使对消费者造成损害，也是因为其所导致的实体的义务不平衡。

对合同中的不公平进行规制往往被视为一种特殊的措施。合同私法的一般原则通常不包括这种明示的一般权力使法院能够以义务的实体不平衡为理由推翻合同。法院运用很多法律准则来处理能察觉到的不公平的问题。它们可以采用诸如错误、胁迫和欺诈等准则，以一种昂贵的方式使得合同无效，因为大多数亏本的合同买卖可以被解释为是错误、迫于强大压力不得不同意对方的要求或者错误表示交易内容的结果。然而，此类准则的表面目的是为非自愿同意的合同的后果提供救济，而不是对实体不公平本身提供救济。法定干预（statutory interventions）有时确实包含这样的规定，明确向法院或者某些机构授予权力以规制合同条款公平性与否的规定。常见的例子包括关于“公平租金”（fair rent）

的法律，最低工资法，以及由规制者为水和电等公用事业定价。在消费者销售方面，立法通常禁止信用交易中过高的利率，而且
257 它经常强行控制标准格式合同中的非价格条款，为的是使损害消费者实体的义务不平衡而无效。

然而，还是不清楚这些法定干预能否被恰当地描述成在追求规制合同中实体不公平的政策目标。这些例子中的规制合同可以参照其他的目标进行解释。最低工资法不要求同工同酬（fair pay），而是设定了每小时的最低工资。立法的目标似乎主要关注的是力图以稍微高于生存水平的收入维生所导致的社会排斥（social exclusion），以及希望通过社会保障系统将纳税人从向工作的穷人提供额外支持的负担中释放出来。在公平租金的例子中，其目标可能包括对实体公平的关注，但是它同样希望帮助承租人保留他们的家，其方法是保护他们免于无法支付的价格上涨。规制公用事业的价格可能关心公平，但是它的主要动机却是迫使公用事业的运营变得更有效率，并防止这些基本服务（essential services）因其价格所造成的社会排斥。其他种类的商品价格规制，像农产品，将价格和市场的稳定作为它们的目标，为的是保护农民免于可能使他们无法再经营下去的剧烈的价格波动。对消费者合同的规制通常并不以不公平作为其正当理由，却反而是对市场失败的一种救济。要求信息披露和形式文件的规则保护消费者不会因为缺乏关于产品的信息或者没有评估交易条款的专业知识而毫不知情地进行亏本的买卖。

法律系统为什么如此不愿意将就不公平的合同提供救济作为其规制合同的一个主要目标？毕竟，运用国家权力执行一个给某个个体带来重大经济损失的苛刻协议，很难为此找到正当的理由。这种执行难以契合一般的执行合同的正当理由，那就是促进缔结具有约束力的自愿成立的合同将会增加所有牵涉其中的当事人的财富。尽管合同执行通常会有助于帕累托最优交换的实现，法律系统是否应当固执于不懈地执行所有协议的规则，即便当被考虑的交换显然不满足帕累托最优标准，因为一

方当事人的境况比起之前会严重恶化？法律对市场构建的贡献是否要求毫无例外地执行一致同意的交易的严格规则？或者当法律在困难和实体不公平的情况下有所例外，这是否仍然能够为市场提供一切必要的支持？

按严格的规制执行合同而不直接规制实体不公平，它在法
律准则中受到的持续的支持依赖于一系列的命题。第一个命题 258
是，大多数声称的合同不公平的情况，在更仔细的考察下证实是虚假的。苛刻的条款事实上会通过相称的降低价格或者其他优惠而加以平衡，因此在具体的分析下交易仍然是帕累托最优的。第二个命题是，对一个严格的执行规则的任何更改将会严重损害规制合同的基本目标，那就是促进市场构建。换言之，授权法院或者其他机构根据实体不公平瓦解交易，这会严重减损法律系统对确立信任和惩罚的贡献。第三个命题是，只要法律试图规制不公平，它总是适得其反；规制倾向于使那些它试图帮助的人的困境变得更糟糕。举例来说，在规制消费者信用交易利率的例子中，这种主张认为给利率定一个上限只会将那些表现出不良的信用风险的消费者统统排除在市场之外，他们因此完全无法购买昂贵的物品。第四个命题是，只要少数真正的实体不公平的情况能够被发现，那么一个有效的救济将会是处理市场失败的问题。不公平条款几乎无疑是某种市场失败的结果，像垄断的局面或者当事人之间的信息不对称。解决的办法在于强制推行打击垄断和信息不对称的规制，而不是规制随之产生的不公平本身。接着要考虑的问题是对市场实践的规制能否有效地解决不公平的问题。

在这一章中，我们会依次考虑这四个命题。每一个命题依赖于一个能够被实证地检验的主张。然而，可得的证据很贫乏，所以我们没有办法展示这些命题的谬误。但是我们无疑可以质疑它们的有效性，从而使得有可能挑战拒绝对实体不公平进行控制的规制合同的正统观点。

不公平的假象

“如果它是契约的，它就是公平的”（Qui dit contractuel，dit juste）；这个格言是这么说的。公平竞争条件之下的一致同意的协议，它断言，必定包含一组公平的义务。然而，很多合同看起来包括苛刻的条款。这种外表只是一种假象吗，它会被更仔细的考
259 察驱散吗？我的意见是，尽管我们应当对跳到一个关于交易不公平的匆忙结论持谨慎态度，不公平的外表并非永远是虚假的。

对合同中的三种实体不公平作一个初步的区分会很有帮助。第一种包括为货物或者服务支付的价格显得过于高昂或者少得可怜这种范例（paradigm case）。诉讼案件中的一种典型例子涉及以远远低于其市场价格销售财产。我们偶尔也会看见这样的情况，就服务所收取的价格远远超过一般的市场价格。第二种不公平包括对风险的单方配置。比如说，向顾客销售一辆汽车，标准格式合同可能包括一个条款，如果汽车证实是有缺陷的、质量低劣的或者危险的，零售商的责任将被免除。在这样一个合同中，消费者购买了一个有形的物品，但是不能保证这辆汽车是性能良好、令人满意或者安全的。消费者不得不承担那些风险。其结果是，可以主张说消费者缔结了一个不公平的合同，因为作为价格的回报，消费者仅仅得到了一个供应一堆金属和塑料的承诺，而不是能开动并实现其作为交通工具的正常功能的一辆汽车。第三种不公平涉及对违约所协定的救济。比如说，在合同条款所构建的担保权中，合同可能保证一方当事人可以使用一种强大的甚至是惩罚性的非法律制裁，从而违约能够被强烈地阻吓并且不履行会受到超过原告损失的制裁的惩罚。尽管表现不一样，所有三种不公平都可以看做与交易价格相关而进行分析。

在第二种不公平中，问题不在于一方当事人是否承担全部风险，而是价格有没有充分反映风险的配置。在销售汽车给消费者的例子中，价格也许是如此的低因而它准确地反映了利益的平衡。

消费者可能只购买了一辆没有任何质量保证的破车，但是所支付的价格十分低廉以致可以被视为是公平的。（当然，我们也许希望基于其他理由规制这样一个合同，像保护消费者和公众的安全。）在著名的 *Cutter v Powell* 案件中①，一个船员同意 1793 年夏天在“帕里总督”（Governor Parry）号船从金斯顿、牙买加，到利物浦的航程中担任二副，作为回报，他得到一个抵达利物浦十天以后支付三十个几尼的承诺。不幸的是这个船员在航行的半道死去了，他的遗孀请求其薪酬。尽管陪审团判给了全额，但是它却遵从法院的判断，那就是不存在任何赔偿，因为合同的条款要求船员完
成该航程才能获得报酬。法院的推理如下，由于正常的酬劳大约 260
是 8 个英镑，船员得到几乎四倍于其酬劳的机会，他必然是通过一个接受该冒险航行中所有风险的默示协议来赢得这个溢价。根据这种推理，遗孀所面对的残酷结局是为风险所支付的一个合理价格的结果。

在第三种不公平中，根本的问题同样涉及支付的价格。合同的条款可能包含一个严厉的惩罚条款或者一个苛刻的担保权。在不履行的情况下，债权人可以获得一个远远超出由违约所导致的任何损失的救济。但是这样一个条款是否应当被视为不公平，这个问题必须取决于为这种救济上的优势所支付的价格。如果债权人为这些权利进行了支付，也许是通过考虑到担保权而降低价格，或者增加承诺，以获得惩罚条款方面的优势，那么假如该支付是足够的，也不存在不公平的问题。在一个商业合同中，一方当事人可能看起来讨价还价获得了以微不足道的借口终止交易的权利，即使它并没有遭受任何实际损失，但是终止条款的苛刻又一次可能是被支付了更高价格的，并且它对于保护特定种类的“沉没投资”可能是必要的。② 类似地，在商业合同中苛刻的条款可能创造了一个非法律制裁，例如一经通知立即撤销许可或者租约的权利，

---

① (1795) 6 Term Rep 320.

② Klein, B., ‘Transaction Cost Determinants of “Unfair” Contractual Arrangements’, *American Economic Review Papers* 70 (1980) 356.

当事人也许认为这对于充分惩罚欠债是必要的。比如说，有的主张认为在特许合同中，这种终止使用知识产权或者房屋租约的权力对于确保被特许人勤勉地遵守特许人的标准是必要的，因为可能的法律制裁比起失去生计和不可挽回的投资的威胁是相对无力的。③ 经济分析因此提议说，行使这种非法律制裁的权力，是通过可支付给被特许人的更高的利润率而进行了支付的，所以这个交易根本没有任何不公平之处。

这些主张坚持认为，除非彻底调查所取得的优势是否已经在价格中进行了支付这个问题，我们不能确定不公平的问题。同样的，除非考察合同的所有条款，我们不能确定一个价格是不公平的。一个对发生在美国的农民销售豌豆和甜玉米给罐头制造商的研究说明了这些基本的经济学洞见。④ 尽管这个研究显示了高达百
261 分之六十八的价格差异，它意味着一些农民对他们的农作物只收取了低廉的价格，但是当其他的合同规定被纳入考虑的范围，价格差异减少到了百分之十。然而，这些经济学模型在减少不公平的假象方面走得还不够远。

一旦我们从一个社会学的角度考察这些合同，我们就会意识到大多数合同镶嵌在长期的商业关系中，这为有助于克服先动者问题的信任和非法律制裁提供了来源。一个特定的合同中明显的价格不公平可能是自利的理性决策的一部分，它意在维持或者促进长期的商业关系。在商业模式特许中，比如说，特许权人通常从被特许人那里获得一笔巨大的资本投资，无理生硬地终止合同可能会完全失去这笔投资。然而，正如我们已经观察到的，就被特许人而言，这笔投资可能是作为一个必要的值得信任的信号，没有这种信号，特许权人将会根本不愿意进行交易。⑤ 一种类似的

---

③ Klein, B., 'Transaction Cost Determinants of "Unfair" Contractual Arrangements', *American Economic Review Papers* 70 (1980) 356.

④ Jesse, E. V., and Johnson, A. C., 'An Analysis of Vegetable Contracts', *American Journal of Agricultural Economics* 52 (1970) 545.

⑤ Dnes, A. W., ' "Unfair" Contractual Practices and Hostages in Franchise Contracts', *Journal of Institutional and Theoretical Economics* 148 (1992) 484, 496. See above, Ch. 4.

强调不公平条款在构建信任中的角色的解释，可以适用于围绕着 *William v Roffey Bros & Nicholls*（*Contractors*）*Ltd* 一案的判决的事件。[⑥] 在这个案件中，对一个固定价格的建筑合同的不利修改由于缺乏对价而受到非难。其主张是雇主对价格的提高没有换得任何回报，除了一个履行原先协议的承诺，这是没有价值的，因为雇主已经拥有了该权利。因此，表面上看，交易是不公平的，或者以普通法的语言来说，支付更多的承诺没有得到“新对价”（fresh consideration）的支持。但是我们从实证考察中知道，雇主可能会同意诸如在固定价格合同中提高价格之类的变更，因为他意识到这样的举动有助于维持一段长期的商业关系。在这个案子中，有证据表明雇主认识到与承包人所协定的原先的价格是基于错误的假设，履行因而只能亏本地完成。出于维持双方当事人买卖的目的，并大概是为了持续该长期的商业关系，雇主同意无理由地提高价格则是理性的。我们因此可以在一个商业关系的中心发现一个不公平的合同，当中的不公平是设计用于协助商业合同的构建和继续的。法院以不公平为理由撤销对价格的修改，就是通过协助不道德的当事人逃避他们基于信任的义务，而阻碍了经
济关系。幸运的是，法院足够机敏地察觉了这个问题。以对价的 262
准则上的概念的少许扭曲为代价，可以支持该合同，其理由是雇主从修改中获得了多方面的“商业好处”（commercial advantages）。从这个例子中得出的经验是，即便合同条款有着过高的或者低得可怜的价格而显得不公平，当合同被放置在其作为一个长期商业关系的组成部分的背景中，这种不公平可能仍然是一种假象。

从合同某些担保权的明显的不公平中可以得到一个类似的经验。非法律制裁为市场的构建提供了一个关键的因素。在某些我们称之为担保的例子中，合同条款可以通过分配财产利益来帮助构建非法律制裁。只有当实现激励的适当平衡以克服背叛和失望

---

⑥ ［1991］1 QB 1，［1990］1 All ER 512，CA.

的风险是必要的，当事人才会利用合同来构建非法律制裁。然而，在大多数情况下，非法律制裁，像取消未来的交易，失去投资，或者损害商誉，可以在合同的协助以外实现。对担保权进行控制或者使其无效因此可能会妨碍当事人形成一种令人满意的由非法律制裁带来的平衡，其中的担保权与非法律制裁的权力是相当的。否定当事人创造此类非法律制裁的权力，规制将会带来使当事人感到气馁而不进行所提议的交易的不利后果。举例来说，在特许的例子中，被特许人通过拙劣地履行合同，拥有巨大的权力损害特许人的声誉。为了适当地平衡这种权力，合同创造了各种非法律制裁，像无理生硬地终止合同的权利以及没收或者使被特许人失去其投资。合同所确立的担保权因此只显露了维持交易的非法律制裁的冰山一角。忽略这些其他的非法律制裁的效果，并出于规制的目的孤立地考察担保权，很可能比起它所救济的不公平创造出更多的不公平。

从经济学和社会学分析中导出的论证展示了这个例子就以下主张的说服力，那就是大多数所谓合同中实体不公平的例子在更严密的考察下原来是虚假的。考虑这些论证如何适用于著名的美国案子 *William v Walker-Thomas Furniture Co.*[⑦]，它常常被视为不公平的一个范例。尽管这个判例报告（case report）并没有揭露所有的细节，我们可以合理地相信从 Greenberg 对被告公司的
263 商业运营的研究中所援引的大部分背景。[⑧] 被告公司向贫穷的消费者以信用方式销售家具和电器。合同涉及上门推销立体声唱片播放设备，依据一份如此安排的赊购协议，使买方在支付全部购买价格之前被视为在租赁该设备。这类交易可以称为附条件买卖（conditional sales）或者租购合同（hire-purchase contracts）。这套立体声装置在合同中声明的价格是 514.95 美元，我们可以确定

⑦ 121 U. S. App. D. C. 315，350F. 2d 445（1965）.

⑧ Greenberg，D. I.，'Easy Terms，Hard Times：Complaint Handing in the Ghetto'，in L. Nader（ed.），*No Access to Law*：*Alternatives to the American Judicial System*（New York：Academic Press，1980）379，384；see also above，Ch. 4.

这远远超出相同货物在普通商业大街店铺中的价格。该价格包含了信用协议所收取的利息，常常高达百分之三十[9]，因此我们可以推断普通的零售价格大约是 300 美元。案件或者实证研究中都没有相关证据表明标准格式合同对缺陷产品的风险分配的内容。我们可以猜测标准格式效仿当时的典型模式，排除任何默示的质量担保，但是就缺陷给予 6 个月的保证期似乎也是公司的做法。然而，这种担保的价值可能是虚假的，因为公司显然保留了单方的自由裁量权以确定货物是否有缺陷。[10]

这个诉讼涉及与附条件买卖中的公司担保权有关的第三种不公平。合同包含一个惯用的条款，如果消费者没有支付任意一个月的分期付款，那么公司就有权取回该物品。但是除此以外合同还规定：

> 根据目前的租约，[消费者] 向公司所缴纳的每一个定期的分期付款的数额应当包含而非附加于 [消费者] 根据此类先前的租约、账单或者账户所缴纳的每一笔分期付款的数额；而且 [消费者] 现在和此后所进行的一切支付应当按比例记入 [消费者] 每次进行这种支付时拖欠公司的一切未支付的租约、账单或者账户。

这个条款的目的在于为每一个被购买的物品保持一个结欠余额，直到最后那个物品被完全支付，如果消费者继续和公司进行交易，这件事可能永远都不会发生。因此，公司在合同中的担保权适用于一切曾经从该公司那里购买（或者更准确地租赁）的物品，而不仅仅是每一个新的物品，从而如果在分期付款上有任何欠债，公司可以取回每一个曾经卖给消费者的物品。在 William
一案中，原告拖欠了立体声设备的月付，并且她现在冒着风险失 264

[9] Greenberg, D. I., 'Easy Terms, Hard Times: Complaint Handing in the Ghetto', in L. Nader (ed.), *No Access to Law: Alternatives to the American Judicial System* (New York: Academic Press, 1980) 379, 384; see also above, Ch. 4.

[10] Ibid., 388.

去在几年之内所购买的全部宣称价值达到1 800美元的物品，尽管她已经支付了1 400美元，因为根据该公司的会计制度，她所购买的每一个物品上都有小额的欠款。这一欠债毫不令人惊讶，因为上诉人是一位有七个孩子的单身母亲，依靠每个月 218 美元的政府福利支票过活。

这个合同是不公平的吗？就为立体声设备所支付的价格而言，这远远超出了普通的市场价，因此它看起来是不公平的。然而，该价格还包括了信用的成本，次级借贷（submerged loan）中所收取的利息，因此正确的对比在于零售店的价格加上对处在 Williams 的地位的人们通常所收取的利率。可以推测大多数金融机构会将她视为一个劣质的信用风险。她要么根本就不可能获得任何信用，要么必须支付一个高额的溢价从而补偿银行就其可能欠债的风险。在这些情形下，就是我们所知的在普通市场条件下“穷人付得更多”（poor pay more）[11]，百分之三十的信用收费可能根本不能被视为不公平。

至于不公平的第二个方面，我们需要关于实际支付给质量担保的价格的进一步信息，它隐藏在总成本中。情况可能是只收取了一个很低的价格，因为公司并不预期会遇到很多需要其自掏腰包的索赔。存在着一个单方的风险分配，但是这甚至可能会反映在一个更低的货物价格上，相对那些为它们的货物提供可靠的质量担保的商店（一旦从收受的价格中抹去其索取的利息）。

还可以主张担保条款的“期待物权合同”（catching bargain）方面对于消费者是一个公平交易。经济分析可以认为这些条款是公平的，因为它们形成了最优的有效率的交易。[12] 在还款的阶段，买方将会只有“负资产”（negative equity），也就是使用过的货物的市场价值将会低于根据信用协议所拖欠的数额（大概只有在还

---

⑪ Williams, F.（ed.），*Why the Poor Pay More*（London：MacMillan/Child Poverty Action Group，1974）.

⑫ Epstein，R.，‘Unconscionability：A Critical Reappraisal’，*Journal of Law and Economics* 18（1975）293.

款计划的最后几个月才会例外)。卖方因此要求额外的担保，从而形成充分的非法律制裁以保护其价格。最方便的担保包括卖方通常经营的货物，也就是先前出售给债务人的货物。这些货物可以由公司利用其常规的销售人员轻易地转售（也许会当做新的货物)。没有这种额外的担保，信用协议的价格（隐藏在被抬高的购 265
买价格中）其实会更高。似乎接下来的推理是期待物权合同不仅仅是公平的，而且还最符合债务人的利益。根据可得的信息，我们不能确定是否应当因为其过高的价格而视这种合同为不公平的。我们需要查明在公开市场中对上诉人可能收取的利率，以及货物的价格是如何计算的。要点反而是这个合同有着所有不公平的外表，但是在更严密的考察之下，这个外表可能证明是虚假的。

然而，经济分析这些迷人的论证不应当使我们得出并不存在不公平的合同的结论，正确的推论反而是，要发现这些合同比起我们所设想的要困难得多。在前一章中关于合同所确立的科层的论证表明，尽管很多科层对于最优合同关系的构建是必不可少的，有证据显示科层的模式在许多情况下会偏离最有效的制度安排。类似地，在合同存在明显不公平的例子中，尽管过高价格的许多情况在更严密的观察下可能证明是有正当理由的，我们也可以找到一些价格的例子，它们无法以其是当事人的最优条款的原因加以解释。比如说，在 Williams 一案中，覆盖全部曾经购买的货物的担保权显然超出了任何可以想见的因购买立体声设备欠债所导致的损失风险。一个苛刻的担保权在这种高风险的信用协议中被证明是合适的，但是公司明显在标准格式合同中加入了一个机制，授予他们一个非法律制裁，这准许他们就欠债取得巨大的收益而消费者却没有获得任何赔偿上的优势。我们更不能确定价格和风险分配中的不公平。Williams 一案中所收取的价格可能符合上门推销员对贫民窟的福利救济金申领者所收取的普通市场价格。价格的不公平只有在与其他市场比较时才会出现，像普通的零售商店和它们对信用交易的条款，或者对中产阶级消费者的上门推销。这里的问题在于决定哪一个市场是合适的比照物，然后考虑市场内正常的价格差异。然而，一些粗略的估算就可以克服这些问题，结果很可能是所收取的价格大大地有别于任何可比较的市场。至于风险分配，我们遇到一个更棘手的问题，那就是承诺的质量担保的价值严重地依赖于确定是否存在缺陷的单方自由裁量权是如何行使的。Greenberg 的研究提供了证据，表明公司总是逃避修
266 理或者更换有缺陷物品的义务。[13] 如果我们假定明确的质量担保被表示为一个有价值的承诺，并且消费者为了这个收益作出了支付，那么我们可以得出结论，合同在这一方面也是不公平的，因为所购买的东西，也就是对免于缺陷风险的保护，是没有价值的。

从这种对宣称的不公平的分析中得到的痛苦教训是外表确实是具有欺骗性的。为了判断实体的不公平，我们需要对交易的特定情形展开细致的考察。我们不仅需要考虑交易的所有条款，从而确定苛刻的条款是不是以相称的互惠优势来交换的，还要考虑交易的社会和经济背景，从而估计首先实体的不平衡对于交易的发生是不是必要的。换言之，更充分的信息可能揭示该交易满足帕累托最优的检验标准。然而，我曾经主张说，一旦可以获得这种信息，我们会发现真正的实体不公平的一些例子。

开放结构的规则

规制合同中的不公平要求对合同条款进行背景化的鉴别。为了避开不公平的假象的陷阱，正确判断何时发生了不公平，需要考察合同的所有条款以及达成协议的背景。所有的条款必须加以考虑，为的是查明对价格调整的潜在交易。环境必须加以考虑，为的是既弄清楚不公平的讨价还价何时依赖于从商业关系和保持交易中得到的更多好处，又弄清楚合同中明显相称的好处何时隐藏了一个真正的不公平的行为。

这些考虑因素促使合同的法律规制方式从清晰的或界线明确

---

[13] Greenberg, D. I., n. 8 above, 379.

的规则趋于开放式的规则，像在 *William v Walker-Thomas* 一案中使用的“显失公平”（unconscionability）的检验标准。[14] 成文法（statutes）采用诸如“善意”、“公平的和合理的”，以及“高利贷的”（extortionate）等类似词语。在英国，法院可以因为该条款在一切情况下都是“不公平的和不合理的”而拒绝执行分配风险的免责条款。[15] 欧盟的消费者合同不公平条款指令（Directive on
Unfair Terms in Consumer Contracts）[16]，以及其对立法的执行[17]， 267
类似地也授予法院使消费者合同中“有违善意要求，引起了当事人合同中的权利和义务的明显不平衡从而对消费者造成损害”的条款无效的权力。这个规制明确地将价格排除在考察的范围之外，因此它只适用于像免责条款和担保权等附加条款（ancillary terms）。至于消费者信用交易，法院可以拒绝执行一个“高利贷的信用协议”（extortionate credit bargain）[18]。

对这种含义不确定的一般词语的运用使得裁决能够以对整个环境的考察为基础。任何简单的检验标准，像非常损害（*laesio enormis*）的古罗马准则，也就是低于普通市场价格的一半的价格，将不可避免地容易受到该检验标准既包罗太广又包罗不足的指责：这个检验标准会逮住那些一旦将所有的环境因素纳入考虑范围就是公平的协议，但是无法察觉那些以更微妙的形式出现的不公平，比如压迫性的担保权。设计出有可能遵守其政策目标的规制的唯一办法必定是这样的解决之道，它所采用的标准允许裁判者将该受到指控的交易的一切环境因素纳入考虑的范围。为了达到这个目的，规制必须让裁判者有能力为具体考察所有相关的环境因素找到正当的理由。这种考虑案件中所有相关因素的能力，

---

[14] 在那个交易的时候，无论是具体的消费者保护立法还是美国统一商法典（Uniform Commercial Code）都不适用于哥伦比亚地区，所以法院必须援用司法的一般原则作为规制的渊源。

[15] Unfair Contract Terms Act 1977.

[16] Directive 93/13.

[17] Unfair Terms in Consumer Contracts Regulations 1994，SI 1994/3159.

[18] Consumer Credit Act 1974.

只有通过授予裁判者自由裁量权才可能实现。这种自由裁量权只可以受到规定政策目标或者原则的一般标准的限制。其结果是，嵌入在规则中的法律规制总是更倾向于采用声明其对公平的要求但不那么准确的一般标准。规则中的开放结构是自我参照的封闭性的解药。

但是开放结构的规则所提供的规制实体不公平的更多准确性的可能，其交换的代价将是减弱的效力（efficacy）。一般标准需要一种私法裁判机制才能适用于案件的特定事实中。我们曾经说过这样一种规制策略可能是软弱无力的，尤其是当被规制的群体缺乏执行规制标准的信息和资源。[19] 在一些情况下，我们可能因此偏向于严格规则，像最低工资法，其理由是一个清晰的公共标准很可能显著地提高遵守的程度。公共标准还可能有着更充足的资金以管束遵守的情况，像劳工督察（labour inspectors），以及惩
268 罚性制裁。然而，公共规制的这些优势可能会被夸大。正如任何资金不足的官僚式规制的常见弱点，这种规制方式的有效性可能受到损害，一旦交易的当事人都有激励避开这个规制并将他们交易的条款保密而不让公共监察（public inspection）发现。雇员可能因为害怕失去工作而隐藏关于其工资低于最低水平的信息；承租人可能共谋于一个过高的租金，目的是避免被逐走的威胁；或者消费者可能同意一个以过高的利率购买货物的非正式协议，当似乎没有其他的途径可以获得这些货物的时候。公共执行并不一定能克服私法中资源不足的自我规制的结构性弱点。此外，公共规制通常所要求的形式标准立刻变得易于受到批评，因为它们在确定实体不公平时缺乏充分的准确性。出于这个理由，即使是在公共规制中，像“公平租金”的要求，规制往往包含开放结构的标准。

不确定性的风险

采用一般的开放性标准以规制不公平，这立刻惹来了尖刻的

---

[19] See above，Ch. 3.

批评。它宣称这种使合同条款无效或者修改条款的自由裁量权损害了法律规制作为一种促进市场构建的制度的效力。法律的内容变得不确定，而这种不可计算性阻碍了交易当事人依赖其作为支持他们的交换的一个可靠的渊源。这种对法律中的确定性的需要的诉求迅速地得出结论，对法律而言，明智的做法是克制着不要管束交易的公平性。确实，法律规制应当坚持执行一致同意的协议的严格规则（尽管它可以管束交易是不是一致同意的这个问题）。在这种制度之下仍然能得到执行的少数的不公平交易的例子，从这个角度看，是一个值得付出的代价，为的是从构建值得信赖的市场和维持法律系统的合法性中得到更大的收益。

执行一个严格的规则而免于以实体不公平为理由进行干预，对这个主张的某些进一步的支持无疑是来自它与合同自由理念的联系。当合同自由作为尊重个人尊严和自治的道德立场的必要附带条件而获得了正当的理由，任何对合同自由的干预都带有家长主义的味道，一种暗中降低了公民价值的社会控制。然而，这种对任何家长主义的批评实在显得极端，因为它得出了这样的结论，出于对个人尊严和自治的尊重，我们应当尊重他们缔结以下合同 269
的自由，它们会剥夺其全部财富，它们会迫使其依赖别人作为生存的手段，并且它们会有效地将其从参与市场的机会中剔除出去。对尊重个人尊严和自治的要求的其他解释并没有得出如此令人生厌的结论。比如说，我们可以主张，我们尊重自治的选择只应该达到它们不会在未来摧毁自治的程度。或者，对自治的尊重可以被限定为一个宽广范围内的有价值的选择。[20] 根据对尊重个人尊严和自治的原则的这些无论哪一种更为工具性的解释，可以通过至少使某些不公平的合同无效而对合同自由设定限制。

为反对规制实体不公平的严格规则进行的辩护更为常见地采取一种工具性的形式，那就是这会产生不确定性的风险。如果法

---

[20] Smith, S. A., 'In Defence of Substantive Fairness', *Law Quarterly Review* 112 (1996) 138.

院或者其他机构被授予一种一般权力，以它们察觉到条款是不公平的为理由推翻协议，这种权力会造成破坏法律作为支持市场交易的基础的效力的威胁。一种意见是，合同的当事人将会永远不能确定会否可能因为不公平这个理由而被指控。这种不确定性可能将他们引向劣于最优的交易或者彻底阻止他们达成一个协议。这种主张认为，比如说，在高价上门推销给消费者的情景中，合理的反应要么是商业主体会向消费者要求一个甚至更高的价格，以补偿其承担法律的不可执行性的风险，或者，更可能的情况是，商业主体会完全从市场中退出来，从而使消费者失去了这种可能是有价值的和便利的购物方式。

这种论证的说服力取决于特定的实证假设。主要的假设是我们已经详细地考虑过的[21]，也就是法律的可执行性是否为旨在克服合作中的信任或制裁提供了一个重要的渊源。通过严肃地质疑法律尤其是法律制裁的重要性，我们也削弱了认为法律中的不确定性会损害市场构建的观点。比如说，很明显，在 *William v Walker-Thomas* 一案中，法律执行的可能性从来就不是无论哪一方的计算的重要组成部分。商业主体的策略是完全回避第三方，并且确保控制所有违约救济的权力。消费者同样不大可能琢磨着法律
270 制裁，部分地是因为报复的威胁，像执行担保权，但无疑大部分是出于消费者被拒于正义之外的一般理由，像成本和对权利的无知。我们之前还注意到，合同条款可能的法律无效性明显对是否采用它们的商业决定没有影响。[22] 出于这些理由，以及私法系统的其他弱点，我们可以合理地相信，比如说，无论 *William v Walker-Thomas* 诉讼的结果如何，该公司的商业行为和标准格式合同是不会发生改变的。当合同主要地由信任和非法律制裁支撑，它们通常就是这样，法律可执行性的不确定性对当事人计算是否去冒背叛或者失望的风险不大可能产生任何影响。

---

[21] See above, Ch. 4.

[22] e. g., Yates, D., *Exclusion Clauses in Contracts*, 2nd edn. (London: Sweet & Maxwell, 1982) 19-23 (standard forms).

这个结论也许不适用于合同实践的每一个个例。尤其是，可以主张说当律师们协商出一个准确地分配风险的具体的规划文件，从而默示地分配了保险成本的负担，这些规划文件的可执行性的不确定将会破坏这些行为的效用。当然，在这种情况下，少数法官会发现任何实体的不公平，因为他们会察觉风险分配方案背后的才智，即使它确实产生了明显的不公平结果，譬如一方对于过失地给另一方的财产造成的损害不承担责任这样的后果。但是即使判决错误的机会非常小，可以争论说无效性的任何风险都很可能损害出于风险分配目的的对规划文件的利用。然而，在我看来，这种观点有一个谬误，混淆了律师和商业当事人的视角。我们先前注意到，规划文件如何通常地被交易的当事人看作是无关紧要的，是律师们在另外的协商中所要解决的事情。[23] 如果对合同行为的这种解释是正确的，那么我们必须得出如下结论，规划文件的可执行性的不确定不大可能影响是否缔结合同的决定。律师利用规划文件准确分配风险的行为可能会变得更加困难，因为必须确保它们通过实体不公平的任何检验标准，但是这种法律可执行性的不确定不大可能影响商业当事人进入合同关系。

这种对法律中的不确定性的批评所表达的第二个假设，我们也曾经提出过质疑。[24] 这种观点认为商人们所追求的可计算性可以根据对已知规则的可预期的应用加以描述，我们对此表示怀疑。271
首选的那种可计算性是其中的法律规制的结果符合商业预期。尤其是，长期商业关系的考虑因素，贸易的习惯，以及双方当事人的交易成功，而不是任何对规划文件的精确条款或者形式的法律规则的参照，会引导那些预期。法律推理中的形式主义排除了将这些预期纳入考虑范围的可能性，它事实上可能会扰乱商业计算。我们之前论证说，因此，开放结构的规则所产生的法律规制中的不确定性，以一种重要的方式实现了对商业有利的必要的可计算

[23] See above, Ch. 6.

[24] See above, Ch. 7.

性。类似地，我们在这里坚持认为，诸如善意和合理等一般条款，使得规制能够实现符合对合同条款有效性的预期的结果。一个防止这类干预的严格规则实际上对于大多数商业当事人会是一个意外，他们预期法律系统会拒绝执行包含极其苛刻的协议的规划文件条款。

对法律中不确定性的担忧因而应当受到怀疑。法律系统根据市场习惯和特定交易环境的差异而调整规制，为此，一定程度的不确定性是必需的。这种可预见性的降低胜过作为另一种选择的形式主义，因为后者对相信法律是市场实践的明智的规制者这种信心构成了严重的威胁。不确定性，在达到某种上限之前，不会给市场构建带来风险。相反，如果法律规制要提供值得尊敬的对交易的支持，它是必不可少的。不赞成对合同进行实体评价的严格规则的拥护者因此难以用工具性的论证来反对开放结构的标准。他们不得不采取的立场是过度地和非批判性地尊重合同自由以及对不公平这种假象的强调。

混合的推理（Hybrid Reasoning）

然而，存在着一种对在合同法中使用开放结构的标准更为深刻的批评。这第二种批评认为，要求对所有的环境因素和交易的经济逻辑进行细致的考察，要么超出了法律机构的能力，要么如果它们试图这样做，将社会学的和经济学的方法整合到法律推理中，会扭曲法律并且损害其合法性。这第二种批评包含了“规制三难”的一个版本。[25]

272 通过细致地调查合同所有条款的经济上的正当理由，规制机构或者法院会参与一种类似于制度经济学家们所从事的行为，后者关心诸如交易成本，合同设计中的效率考虑因素，和治理结构之类的问题。规制者还需要从社会学的角度评价非法律制裁如何

---

[25] Teubner, G., ‘After Legal Instrumentalism? Strategic Models of Post-Regulatory Law’, in G. Teubner (ed.), *Dilemmas of Law in the Welfare State* (New York/Berlin: Walter de Gruyter, 1988) 299; see above.

支撑着合同行为，并且能灵敏地发现合同条款以何种方式使当事人不需要依赖违约的司法制裁。除了在从事这样一种不熟悉的调查时犯下愚蠢的错误的风险以外[26]，裁决者通过采用一种混合的话语，部分是法律的和部分是社会—经济学的，可能会损害法律准则的完整性。[27]

关于法律规制实体不公平时的错误的问题，我们不得不承认这个问题是法律话语封闭性的一种无法避免的副作用。错误的产生是由于法律准则没有能力考察交易的所有相关环境因素。这种无能来自法律看待合同承诺的方式。开放结构的规制的目的在于和法律准则的自我参照的封闭性进行较量，但是这种规制形式不改变法律话语本身的性质就无法成功。开放结构的规则可能会削弱法律话语的封闭规则，但是在我看来它们永远不会将法律话语割离于它的准则根基。在支配合同的法律推理中，我们曾经在几个场合评论说，这种推理强调由包含在形式文件中的条款组成准确的交易。自我参照的法律话语中的这种对表面记录的强调确立了两种典型的封闭规则。

首先，法律系统不会为了理解涉及合同承诺的条款的相对重要性和相互依赖而考察交易的经济逻辑。这种封闭规则的一个结果是，像惩罚条款（penalty clauses）等条款可以孤立地加以分析，无须过问是否相称地上调了价格作为支付惩罚的责任的回报。当法律推理着手采用开放结构的规则，正如在有悖良心的惩罚条款的例子中一样，它看起来始终做得还不够，没有充分考察导致这种特定合同结构被创造出来的效率考虑因素。法律裁决因此总是容易受到批评，认为它们对环境因素的考察不够彻底。

第二种封闭规则往往会妨碍法律系统考察交易在其中发生的 273

[26] Trebilcock, M. J., 'An Economic Approach to the Doctrine of Unconsionability', in B. J. Reiter and J. Swan, *Studies in Contract Law* (Toronto: Butterworths, 1980) 379.

[27] Teubner, G., 'Altera pars Audiatur: Law in the Collision of Discourses', in R. Rawlings (ed.), *Law Society and Economy* (Oxford: Clarendon Press, 1997), 149.

市场背景从而弄清楚交易是如何被支撑的以及竞争可能如何发生作用。比如说，在一个涉及显然十分苛刻的风险分配的例子中，为了确定这个条款是否公平，法院需要考察价格不同的其他风险分配实际上是否可得，而即使它们不可得，这种与标准格式合同的相似是否表明存在着一个卡特尔（cartel），或者不过是在私的秩序中发现了最有效率的风险分配技术。在 *George Mitchell (Chesterhall) Ltd v Finney Lock Seeds Ltd* 一案中[28]，比如说，国会上议院判定向一个农民出售种子的一个条款是不公平和不可执行的，这个条款限制对种子价格所造成的间接经济损失的责任，因为这个条款使得农民得到的赔偿严重不足。法院以几个更进一步的评论支持这个结论。它指出，其他的种子商同样使用一个类似的责任限制条款，因此这个农民没有真正的机会选择不同的条款。这种分析意味着，种子商们形成了一个卡特尔，但是条款的相似当然能以别的理由加以解释，那就是农民比起种子商可以确保更便宜地防止损失的风险，其结论是当事人从经验中发现限制间接损害的责任是最有效率的（帕累托最优的）合同协议。种子商通常向农民支付大量的赔偿，尽管有责任限制条款的保护，法院同样对这个事实印象深刻。法院推论道，种子商他们自己必定认可这个条款是不公平的。然而，这样一个推论是很难得出的，因为支付赔偿的最重要的动机很可能是保持其一般商业声誉和使一个长期的商业关系存续下去。法院可能将一种商业关系导向的理性行为误解为等于承认合同中实体不公平的行为。

这些对此类判决的尝试性批评，超出了法院可能会屈服于不公平的假象这个早前的论点。其论证更确切地是，法律话语使法院程序化地以特定的方式考察交易的条款和环境因素等证据，这让它们对实体不公平的判断无法符合合同行为的经济学和社会学分析所提倡的判决。法律分析仍然与其他学科或者交流系统所提议的那些截然不同。

---

[28] [1983] 2 AC 803，[1983] 2 All ER 737，HL.

正是在这里，我们遇到了规制实体不公平所造成的根本问题。为了得出与社会学和经济学所传达的对实体不公平的深奥评价相 274
一致的决定，法律裁决必须将这些分析框架整合到其推理之中。然而，这样做的时候，法律分析误用或者误读了那些其他的话语，因此它错过了其丰富的精妙之处。比如说，在 *George Mitchell v Finney Lock* 一案中，法院将对某个条款是否由竞争市场所导致的评价整合到法律分析中，但是它无法切中要点，那就是完全相同的条款并不必然证实缺乏竞争。类似的条款也可以证实恰好完全相反的结论，如果它们可以基于有效的成本节省得到解释。法律分析总是很容易受到其他学科的批评，指责它无法完全整合它们的洞见。然而，法律系统克制着不将它的推理转化成对经济学或者社会学的完全模仿，因为它的合法性和权威取决于它对其原则完整性的坚守，以及它们与一个可辩护的正义体系（scheme of justice）的联系。在 *George Mitchell v Finney Lock* 一案中，所有法官认为损害赔偿责任限制条款无法通过“公平的和合理的”检验标准的直觉判断是建立在这种正义体系之上的。尽管法院试图依据市场实践和商业预期等更多的理由证明其决定是正当的，这些论证无法满足经济学和社会学分析的话语对一个令人信服的案子的高端要求。规制渊源的规范复杂性对于法律准则的这样一个完全转换是一个无法逾越的障碍。

在适用关于实体不公平的开放结构的规则时，其勉强的混合推理因而不大可能满足规制的政策目标。问题从而变成法律推理是否应当从事如此不精密的实体不公平的分析，或者相反，应当放弃这种企图并回归反对评价不公平的严格规则。我的观点是基于开放结构规则的混合推理，比起形式主义和严格的执行规则，始终是提供了一种更优越的规制策略的。

规制的适得其反

当我们考虑规制的副作用的问题，经济分析对规制不公平的批评有着更坚实的基础。一般的批评是，这种家长式的干预总是会伤害到它所希望保护的那些群体：

275 总而言之，再分配的规制会产生复杂的分配结果，并且尤其是因规制而处于劣势的群体将典型地包括那些已经处于最为不利地位的群体。[29]

这些有害的副作用受到批评的理由可以是规制的损害超过了收益，或者至少应当由受到保护的群体而不是立法者在不同的损害之间进行选择。前一种论证提出了一个实证的问题，而后者则是论证这个原则，反对任何形式的让国家确定个人最佳利益的家长主义。

对家长主义的反对代表了以下主题的一个变体，那就是法律不应当对个人通过合同自由形成他们选择的交易和关系的自我规制的权力施加任何限制。我们对这种看法的反对从两方面展开，一是保护市场创造进行帕累托最优的交换的机会的价值，二是对社会生活的合同化加以限制的需要。我们不会在这里重新考虑那些论证，但是我们会考察这个实证论点，总的来说规制不公平总是会对其打算保护的群体带来净损害。

对规制不公平的主要批评，坚持认为这种对市场价格机制的干预必定会适得其反。这种反对意见逻辑上仅仅适用于以改变市场价格为目的的规制。大多数对实体不公平的规制反而试图使合同条款符合假定的竞争条件下的普通市场价格。然而，这种主张被适用于大多数对实体不公平的规制，因为据信，由于不公平的假象，这些合同确实往往体现了竞争的市场价格。其主张是，干扰市场价格机制的规制的结果，不是使受保护的群体为货物和服务支付更低的价格或者获得更高的工资，从长远来看，他们反而会支付更多或者获得更少。这种论证可以适用于诸如公平租金立法和最低工资等例子。在公平租金的例子中，规制试图降低租金。投资者从财产的资本投资中获得的租金收入将会降低，其结果是

---

[29] Sunstein, C.,‘Paradoxes of the Regulatory State’, *University of Chicago Law Review* 57 (1990) 407, 423.

投资者将为他们的资本寻找其他的经济部门。对出租住所的投资的缺失最终会造成短缺，而这反过来会推高价格。立法几乎毫无疑问没有能力抵抗这种惩罚价格上涨的压力，因为担心出租住所会变得完全不可得。但是在这个循环的末端，结果将是租金水平 276
比从来就没有规制的情况更高。对于最低工资立法，可以进行相同的论证。迫使雇主提高劳动力价格，雇主会减少他们对工人的需求，从而使失业水平上升。所有失业的人们接着会对工资施加一个下降的压力。在这个循环的末端，结果将是与未经规制的市场所能实现的相比而言令人反感的高失业水平和低工资的结合。类似地，对向消费者收取的利率的控制，被断言将使没有信用等级（credit rating）的贫穷消费者完全无法获得贷款，因为没有贷方会在法定的最大利率的范围内接受欠债的风险。[30]

同样的论证可以适用于规制非价格条款，像限制设定苛刻的担保权或者使用总括的免责条款（sweeping exclusion clauses）。举例来说，在消费者合同中对不公平条款的禁止，消灭了在价格和其他条款之间折中的可能性。在货物销售中，质量担保变成了强制的，从而卖方无法就降低价格以换取质量担保的免除进行讨价还价。这种限制可能妨碍最优交易，当也许一个贫穷的消费者宁愿支付一个更低的价格并接受低劣质量的风险。在最极端的情况下，该论证变成了这些贫穷的消费者将会被完全从市场中驱逐出去。[31]

这个“你不能抗拒市场”（you can not buck the market）的经济学信息必须被谨慎对待。它假定市场在供给和需求的无限弹性下运行。[32] 比如说，公平租金的情况，这个模型假定投资者会撤回

---

[30] Cayne, D., and Trebilcock, M., 'Market Considerations in the Formulation of Consumer Protection Policy', *University of Toronto Law Journal* 23 (1973) 396.

[31] Schwartz, A., 'A Reexamination of Nonsubstantive Unconscionability', *Virginia Law Review* 63 (1977) 1053.

[32] Leff, A., 'Economic Analysis of Law: Some Realism about Nominalism', *Virginia Law Review* 60 (1974) 451; Kennedy, D., 'Distributive and Paternalist Motives in Contract and Tort Law, With Special Reference to Compulsory Terms and Unequal Bargaining Power', *Maryland Law Review* 41 (1982) 563.

到其他市场部门，从而出租住所的供应会减少。在最低工资的例子中，它假定雇主会减少对劳动力的需求而不是试图把增加的成本转移到价格中去。规制不公平的结果其实是高度不可预期的。要得出任何值得信赖的预期，必须对受到规制的那一个市场的运作进行细致的考察。这种意见认为规制不公平可能在某些市场中得以有效地实现其目标，而在其他市场中则无法成功。它支持一
277 种谨慎展开的规制进路，通过反复试错，从而发现不公平什么时候能够被救济而不会招致不利的适得其反的代价。

最低工资法是规制的实际后果已经被仔细地研究过的一个领域。规制的适得其反的预期在这里一直显得特别刺目。简单的市场模型认为，在市场力量所确定的工资率远远低于法定最低工资所确定的水平的那些经济部门，最低工资对失业有着直接影响。这种失业影响因此很可能在特定的经济部门中最为显著，像农业、饮食和清洁，并很可能涉及特定的群体，像年轻人和没有一技之长的女性和少数民族。此外，据预测其他的工人群体会坚持要求保留工资差异，其方式是要求成比例的增加。如果这被同意了，这些工资需求会因连锁反应而大大地提高多数公司的劳动力成本，随之而来的是对利润率或者雇用水平的损害，以及可能的进一步的结果，导致通货膨胀的工资和价格螺旋式上升。物价膨胀的后果将会消除掉所有工人的工资收益。

但是对最低工资法的影响效果的实证研究基本上趋于否认这个经济模型的真实性。在美国，一个关于新泽西州 1992 年提高快餐店工作最低工资的效果的研究，证实其就业总量有所增加。[33] 这个结果令人费解，因为很多在这些餐厅的工人很年轻，找一份支付最低工资的兼职的、暂时的工作。这个研究以宾夕法尼亚州东部作为对照进行检验，那里有着相似的一般经济条件，但是那里的最低工资没有增加并且这个部门的就业增长比较低。更令人费

---

[33] Card, D., and Krueger, A. B., *Myth and Measurement: The New Economics of the Minimum Wage* (New Jersey: Princeton University Press, 1995).

解的是，被迫提高它们的工资的餐厅比起已经开始支付新的最低工资的餐厅就业增长更高。这并不是一个孤立的研究，尽管其他在美国的研究结果对最低工资的正面就业效应提供了更为含糊的报告，它们证实了不存在可察觉的负面效应。因此，最低工资的净效应是财富从公司股东的手中适度地转移到低收入的工人那里。对这些结果的解释很可能在于以下理论，雇主们有一个自由裁量的范围，工资率可以固定在这个范围之内。在某个时刻，毫无疑问，工资对于雇主而言变得如此之高以致他们无法雇佣工人，从而边际产出超过了成本。然而，在这个水平以下，雇主必须平衡直接工资成本方面的节省和其他和生产力有关的考虑因素，像员工流动的减少，人员空缺的快速填充，以及通过支付高于市场的 278
工资而鼓励合作。最低工资的提高可能会促使雇主在设定工资时更加重视这些生产力方面的考虑因素。正面的雇佣效应的发生可能首先是通过填补所有的人员空缺，然后长期地是通过工人们更高的生产力，这增强了雇佣更多雇员的激励。

当然，这一个例子并不能证明规制实体不公平永远不存在预期中的适得其反的后果。但是它确实支持了这种观点，必须严密地考察每一个市场并且实证地评估价格规制的效果，我们才可以判断规制是否能有效地达到其目标。关于这类价格规制效果的实证调查引人注意的地方是，它们总是会呈现出在重要的方面不同于市场模型的预期的一幅景象。在公平租金规制的例子中，其证据表明，市场十分缺乏弹性，能够强制推行一个适度的租金控制系统而不产生供应减少和出租住所质量下降等反作用[34]，并且其实这对于促进改善住宅质量可能还有好处。[35] 类似地，对合同中苛刻的担保权，像 Williams 中的期待物权合同，进行法律规制而产生

---

[34] Lee, R.,'Rent Control The Economic Impact of Social Legislation', *Oxford Journal of Legal Studies* 12 (1992) 543; Ackerman, B.,'Regulating Slum Housing Markets On Behalf of the Poor: Of Housing Codes, Housing Subsidies and Income Redistribution Policy' *Yale law Journal* 80 (1971) 1093.

[35] Note,'Reassessing Rent Control: Its Economic Impact in a Gentrifying Market' (1987-88) 101 *Harvard Law Review* 1835.

的获取信用中可预见的反效果在事实中也很难发现。㊱

对经济学所提出的市场模型的一个更为一般的批评，坚持认为一个未经规制的市场也许无法实现最优水平和类型的交易。比如说，在消费者信贷的背景中，获得“来得容易的钱”（easy money），尽管其利息率很高，可能造成信用的“过度供给”（oversupply）。认为市场结果表现为“过度供给”的判断可能代表了一种家长式的观点，那就是贫穷的贷款者或许被不恰当地诱使着以贷款的方式使其贫困加剧，因此国家的福利系统最终必须应付程度严重得多的困难。或者，可以主张说，这种货币供应的增加会带来通货膨胀的负面宏观经济效应。类似地，廉价
279 劳动力的可得可以被批评为促使雇主趋于低水平的资本投资并从全体劳动力中获得低生产力，而从长远来看，对就业和财富最为有利的是一个在高生产力和高水平投资的基础上进行竞争的经济系统。这些更为宽泛的经济学观点强调市场的法律和制度结构其本身是存在争议的，因此即使假定适得其反是价格规制的必然结果，然而未经规制的市场并不总是能产生最大的财富或者最好的福利结果。㊲

对于适得其反的规制的问题的最后一个观察结论是，对一个以自我规制为基础的系统适用强制性的规则，会使得某种自我规制的模式不再是一种可能的法律上可执行的交易形式。市场参与者对这种限制的反应很可能包括创造其他的能产生类似结果的自我规制结构。例如在消费者信用的历史中，债权人设计了诸如租购或者各种可流通票据以逃避对高利贷和欺诈手段（sharp practice）的控制。在商业交易中，发展惩罚性的损害赔偿条款的障碍，可以通过诸如起激励作用的价格结构或者一致同意的抵销等

㊱ Schill, M. ‘An Economic Analysis of Mortgagor Protection Laws’, *Virginia Law Review* 77 (1990) 489; Whitford, W. C., and Laufer, H., ‘The Impact of Denying Self-Help Repossession of Automobiles: A Case Study of the Wisconsin Consumer Act’, *Wisconsin Law Review* [1975] 607.

㊲ Ramsay, I., ‘Consumer Credit Law, Distributive Justice and the Welfare State’, *Oxford Journal of Legal Studies* 15 (1995) 177.

手段来回避。这些自我规制的新形式根据实体不公平无疑同样的是可反驳的，但是在很多情况下，它们可以避免对原合同结构的最糟糕的逾越。规制实体不公平的效果因此极少证实是市场交易的障碍，相反这些交易的合同形式会采取另一种形态。在大多数情况下，规制不公平的真正挑战并不在于适得其反的问题，而在于引导这样一些交易形式，它们朝着倾向于回避实体不公平的最糟糕的情形的方向发展。

对市场失败进行规制的充分性

法律规制毫无疑问可以改善市场的竞争性。它可以打破垄断，阻止欺诈和误导性的交易行为，并通过施加强制性的披露义务（duties of disclosure）而在市场的参与者之间更为均匀地重新分配信息。这种规制不会实现经济学理论的完全竞争的理想条件，但是它无疑会促进市场中更公平的竞争条件。不赞成对合同中实体不公平进行规制的第四个命题，坚持认为规制市场 280
中的非竞争条件，也就是市场失败，会消除全部或者几乎全部实体不公平的情况。对市场失败的规制使得执行所有一致同意的交易的严格规则得以保留，因为它们在这种情况下符合帕累托最优标准。此外，规制市场失败看起和对合同自由原则的尊重相容，因为规制可以被表现为对自由的保护而不是一种家长式干预的形式。

在对市场失败进行规制的策略中，规制的对象变成了市场行为而不是合同当事人的自我规制。只要市场行为导致市场失败，它们就是应当反对的。市场失败的两个主要来源是信息不对称和垄断。消费者的购买常常是在信息不对称的情况下进行的。制造商或者零售商往往既对产品的性质又对标准格式合同条款的内容和含义有着更优越的信息和专业知识。消费者无法轻易地区分高品质的和低品质的货物，因此他们倾向于根据价格作出选择，这可能会压低所有货物的质量并妨碍竞争。[38] 即使是价格比较也可能被像在相互竞争的商店出售的产品之间制造表面的差异等伎俩严重阻碍。与此同时，消费者不大可能去研究或者懂得标准格式合同的小字体印刷的附则，因此市场中的贸易者之间就诸如质量担保等合同条款是不存在竞争的，还会出现预期中的“底线竞争”（race to the bottom）的后果，也就是普遍地使用有利于商家的极为严苛的免责条款和压迫性的担保权。关于零售商利用消费者在信息和专业知识方面的缺乏的显著证据来自对歧视性定价行为（discriminatory pricing practices）的研究。在美国，据显示，汽车零售商在某些情况下依照一些不含有经济理性（economic rationale）的因素，像种族和性别，歧视性地设定他们的价格。[39] 对这种行为的一个可能解释是，贸易商利用这些特征作为对消费者所拥有的信息、专业知识和讨价还价能力的进行评估的标准的替代物。当零售商和一个黑人女性交易，零售商假定她缺乏经验和评估交易的能力，从而竭力迫使其接受一个更为苛刻的买卖。

281 垄断在市场中的出现更为少见一些，尽管在一些公用事业和政府服务中可以发现。但是市场条件往往可能类似于垄断。上门推销乘机利用消费者无法进行市场比较的弱点并且试图使用微妙的压力在可以进行这种比较之前结束交易。买方对必需品或者基本服务的迫切需要可以被加以利用，收取更高的价格，如果不能及时找到其他的供应商。我们还说过，长期的商业关系可以发展出双边垄断（bilateral monopoly）的重要因素，如果除了继续该关系就无法利用其沉没投资。一个例子是雇员培养专用于该公司的技巧，它们无法用于在另一个雇主那里谋取一份好工作，从而雇员被有效地限制在目前的雇主身边，否则就会失去大部分的收入。

---

[38] Akerlof, G. A. 'The Market for "Lemons": Qualitative Uncertainty and the Market Mechanism', *Quarterly Journal of Economics* 84 (1970) 488.

[39] Ayres, I., 'Fair Driving: Gender and Race Discrimination in Retail Car Negotiations', *Harvard Law Review* 104 (1991) 817.

规制可以通过很多机制来处理这些市场失败。强制性的信息披露义务或者设计用于引起消费者对不利条款的注意的形式上的要求可以遏制信息不对称。[40] 通过谨慎地选择将被披露的信息，规制还可以把消费者指引向更为专业的比较。举例来说，消费者信用规制要求统一地表现利率的信息（贷款年利率，APR），这不仅让有意义的比较成为可能，还能防止消费者对每周或者每月还款的真实成本进行错误的比较。[41] 强制实施针对这些贸易行为的刑事惩罚可以遏制误导性的信息。[42] 通过给予消费者一段“冷静”（cooling-off）期，在这段时间之内一旦消除了那些压力他们可以取消协议，这能阻止对近似垄断（near monopolies）的利用。[43] 规制还可以使那些由于错误的或误导性的信息、信息不充分或者滥用优势的专业知识而缔结的合同无效。私法发展了其自身关于对合同的充分同意（adequacy of consent）的准则，从而根据胁迫、不当影响、显失公平、虚假陈述（misrepresentation）和错误等规则提供这种规制。这些准则引起了对导致某个特定交易的事件的仔细考察，
像银行和客户之间有担保的贷款协议，目的是确定银行会不会因无 282
法对交易条款提供一个充分的解释等原因而被阻止执行其担保[44]，或者是要确保消费者获得关于交易的优点的独立建议。[45]

这种对市场实践的规制在多大程度上是有效的？要回答这个问题，我们必须小心翼翼地界定规制的目标。规制的目的常常被描述成是为了增加市场的竞争性，而不是消除合同的实体不公平。

---

[40] 欧盟指令 87/102；消费者信用法 1974，ss. 60-65；消费者信用（协议）规制 1983，SI 1553。

[41] Whitford，W. C.，‘The Functions of Disclosure Regulation in Consumer Transactions’，*Wisconsin Law Review*（1973）400，423-5.

[42] 商品说明法 1968（对商品和服务进行误导性的描述）；消费者保护法 1987，ss. 20-21（误导性的价格描述）；欧盟指令 84/450；虚假广告控制法规 1988，SI 915。

[43] European Doorstep Sales Directive 85/557；Consumer Protection（Cancellation of Contracts Concluded away from Business Premises）Regulations 1987，SI 2117.

[44] *Cornish v Midland Bank plc*［1985］3 All ER 513，CA.

[45] *Lloyds Bank Ltd v Bundy*［1975］QB 326，［1974］3 All ER 757，CA；*Barclays Bank plc v O'Brien*［1994］1 AC 180，［1993］4 All ER 417，HL.

因此实体不公平的持续出现并不一定意味着规制失败。规制的目的也不是确保市场中的完全竞争，因为这是一个无法实现的理论理想。其目标仅仅是通过阻止那些据信会产生严重的市场失败的市场行为以促进竞争的条件。

但是，即使是这个对规制目标的狭义描述仍然是含糊不清的，因为市场系统的成功取决于对谈判地位不平等的优点的保留。只有当市场能为当事人提供获取信息和专业知识的激励，它才能为供应货物和服务提供一个更优越的机制。关键的激励是当事人可以利用这种信息和专业知识以对他们获取信息和专业知识的努力有所回报的价格进行交易。举例来说，刻苦学习以成为一名律师会变得毫无意义，如果法律要求律师在和客户进行交易之前透露其所有的知识。如果客户可以免费地得到这种信息，那交易就永远不会发生。此外，也就不存在努力学习以成为一名律师的激励，而律师的供应也会慢慢消失。因此，出于保护市场机制的目的，信息和专业知识的不对称必须得到保护。规制市场实践所面临的问题是必须区分两个信息和专业知识的不对称，一种是必须得到保护的，另一种则会带来不利的市场失败。

解决这个问题的大体方向在于这种分析，通过维持一个供应有价值的货物或者服务的市场，信息不对称和其他的谈判弱势在什么时候从长远来看能增加弱势一方的收益。一般而言，这个原
283 则会使得那些通过诸如研究和学习等努力取得谈判优势的市场参与者获得有利交易的收益以作为其勤奋的回报。[46] 另一方面，当谈判优势只是简单地来自利用另一方的弱点，它由懦弱、轻信、对商业事务的无知或者暂时的紧急状态（state of necessity）所引起，一般原则认为从长远来看允许这样的交易并不会增加弱势一方的收益，因此该合同不应当得到执行。然而，在这个范围的清晰的两端之间，如何将原则适用于许多熟悉的市场实践依然是无

[46] Kronman，A. T.，'Mistake，Disclosure，Information，and the Law of Contracts'，*Journal of Legal Studies* 7（1978）1.

法确定的。

举例来说，考虑不清楚标明价格的零售货物的行为。零售商可能推算对奢侈品收取的高价格会让购买人却步，但是一旦消费者已经花时间去挑选一个物品，他或她可能会不愿意仅仅因为价格的原因退出交易。这是一种设计用于抑制价格比较而有利于质量比较的市场机制。这种行为阻碍了市场的竞争性，但是它是不是一个足够严重的市场失败的例子从而证明干预是正当的？如果我们运用这个检验标准，信息不对称从长期来看必须增加消费者的收益，那么我们无法确定这种市场行为对于维持奢侈品的零售商店是否必要。总体而言，似乎不大可能需要这种市场行为，所以要求清楚的价格标记的规制看起来是正当有理的。[47] 然而，对这个检验标准的适用要求考察规制的后果，这在事前是无法准确预期的。

尽管我们无法确定清晰的标准，检验市场失败何时足够地严重从而证明规制是正当的，这种规制显然有助于减少引起不公平合同的市场缺陷。短暂地参观现代超级市场这个被高度规制的场所就能发现规制的有益影响。由于要求清楚的价格和质量标签，以及介绍物品内容的信息的标签，市场变得更富于竞争性。所有这种信息披露确实可能迫使超级市场兴建在偏远的地区，因此，四出购买不同的物品的成本超过了所获得的更低廉价格的收益。这里让我们感兴趣的问题是这种规制，通过阻止选择性的市场行为，是否能够产生希望中的消除那些市场行为的后果，并得到预期中的减少不公平合同的发生的进一步结果？

私法规制和公法规制之间的区别在这个背景中是很重要的。 284
私法规制往往提供这种救济，允许被某个市场行为损害的弱势一方逃离其交易。在大多数情况下，请求这种救济的成本会超过可能的收益。比如说，如果消费者被劝诱缔结了一个购买某种清洁

---

[47] Price Marking Order 1991，SI 1382，implementing EC Directives 88/314 and 88/315.

粉的合同，因为据声称它拥有更强大的清洁能力，但事实上这个信息是错误的或者误导的，那么消费者也许可以解除这个合同。但是这种法律诉讼的成本是如此之高，消费者因此很可能忍受欺骗并仅仅使用下一次选择另一个牌子的非法律制裁。解除合同（rescission）的私法救济，只有当它能够战胜合同所形成的商人的担保权时，才可能变得强大。通过威胁着要解除交易，消费者可以使商人丧失其担保权，这是支持交易的主要制裁。出于这个原因，大多数私法规制是在涉及重大价值的交易或者执行担保权的情景中发展出来的。

普通消费者交易的领域在很大程度上已经被公共规制所占据了。这种规制的有效性也值得质疑。[48] 要对这种规制的收益提供可靠的评价已经证明是极其困难的。[49] 通过要求制造商和零售商就产品和服务向消费者提供信息，我们无疑增加了消费者可得的信息量，但是普通消费者只具备有限的能力来理解和消化这种信息，这种限制，当与在市场中寻找其他选择的费用结合起来，很可能减少市场竞争的收益。[50] 信息披露可能降低获取信息的成本，但是对大多数消费者而言，消化和利用这种信息仍然是一笔巨大的交易成本，因此它对市场运作的影响可能是微不足道，甚至是起反作用的。[51] 这种悲观的结论受到以下主张的反对，假如一部分消费者使用这种信息，那么竞争的收益会扩展到所有消费者那里，因为商人们不想失去其消费者群体中消息灵通的那一部分。[52] 与此同
285 时，诸如产品描述和价格标示等提供的信息应当准确和不引人误

---

[48] Burrows, P., 'Contract Discipline: in Search of Principles in the Control of Contracting Power', *European Journal of Law and Economics* 2 (1995) 127.

[49] Ramsay, I., *Consumer Protection: Text and Materials* (London: Weidenfeld and Nicholson, 1989), 257-9.

[50] Whitford, W. C., n. 41 above, 400.

[51] Sunstein, C., 'Paradoxes of the Regulatory State', *University of Chicago Law Review* 57 (1990) 407, 424-5.

[52] Schwartz, A., and Wilde, L., 'Intervening in Markets on the Basis of Imperfect Information: A Legal and Economic Analysis', *University of Pennsylvania Law Review* 127 (1979) 630.

解，这种要求为商人减少他们提供给消费者的信息量产生了一个反向的激励。

因此，对这种规制的批评也许会指出这种可能性，增加的规制是由对付之前的规制所带来的不利的副作用的需要而引起的，并可能得出如下结论，我们最终会得到一个复杂的制度，它在结果上几乎无异于那些在一个未经规制的市场中可能存活下来的市场行为。两者的区别仅仅是厂家不得不承受巨大的服从成本从而符合规制的细节，而公共机构在管束和执行成本上花费了大量的资源。这些成本往往会传递给消费者，所以我们得到了价格的增加而没有获得更好的竞争条件。尽管这些争论为了效果起见有所夸张，但它们毫无疑问让人对这种规制在矫正市场失败方面的纯粹收益发生了怀疑。

要提出的最后一个问题是，这种规制所实现的市场失败的减少是否也有助于减少实体不公平合同的发生。对其有利效果的某些怀疑再次看起来是合适的结论。因为避免不公平的合同不过是规制的一个有益的副作用，而并非其目的，它不是被构建用来消灭不公平合同的。规制为贸易行为设定了标准，假定这些标准得到遵守，那么所产生的合同仍然是免受批评的。在上门推销的消费者信用交易中，就像在 *William v Walker Thomas* 一案的例子中，假如卖方遵守相关的程序要求，像一份“冷静期”的书面声明，一份清晰的利率声明，交付一份以易懂易读的英文写就的合同，交易就不能以市场失败为理由受到挑战。如果我们在这种意见中补充下述担忧，大多数消费者没有能力利用这种信息和免于误导性声明的保护，那么我们必须怀疑许多不公平合同的情形是否能被有效阻止。

结论

大概没有其他的主题能如此鲜明地划分法律学者，一边是那些以公平和分配正义为理由的支持规制的学者，另一边则拒绝规

制，认为它是不必要的、无益的、不切实际的，或者更常见地全部三个缺点都成立。我的论证反驳了认为规制不公平合同是不必
286 要的和无益的这种观点。不公平的合同并不完全是虚假的。设计用于矫正不公平的市场干预，它们损害了那些规制意在帮助的人从而产生了不确定性和无法避免的适得其反，这并不成为认定它们无益的根据。所宣称的不确定性的问题误解了市场是如何被构建和维持的。真正的问题反而是法律系统在发展精妙复杂的不公平的检验标准时，在其规制中遭遇到了合法性和准确性的问题。这种规制也不必然会适得其反，恰恰相反，有证据显示，在很多市场中遵守的成本并不能传递到受保护的群体身上。我们还尝试性地论证，通过阻止那些扰乱竞争市场运作的行为，规制市场只能对减少合同中的实体不公平贡献绵薄之力。

规制合同中的实体不公平，在我看来，应当成为法律系统的一个重要部分。私法所设计的开放结构的规则看来最擅长于处理这个任务所引发的复杂问题，尽管在特殊的市场部门中无疑有空间进行特定的公共规制，从而获得量身定做的、恰当的规制的好处，以及更多的资源来执行标准。

287

第十二章

质 量

合同关系中的质量问题既关系到市场的构建，又关系到分配的问题。由质量所造成的困难，其原因和信息有关。在大多数交易中，货物和服务的购买人无法在事前确定它们的质量。货物可能有隐藏的缺陷，服务可能证实不如预期般的让人满意或者值得信赖。这种质量方面的不确定性会使人不愿意进行交易，而这必须通过构建信任或者制裁进行遏制。此外，质量缺陷的风险为规制合同提出了三个不同的分配任务。首先，低劣的质量可能引起合同中的不公平问题，因为购买者所支付的也许远远高于货物和服务将其缺陷考虑进去的市场价格。其次，低劣的质量可能引起外部性的问题，例如像汽车等不安全产品的例子，他们可能不仅对购买人还对其他人造成损害。最后，事前发现低劣质量的困难给搭便车者（free rider）带来了机会，即在市场中得到不良的分配好处。当大多数货物和服务符合一个令人满意的或者可接受的质量标准，不道德的贸易商就有机会以同样的价格供应质量更差的货物和服务，假如这些差别不能够被察觉。这些搭便车者造成了某种形式的格雷欣法则（Gresham' s Law）的威胁，低劣的货物最终会把高质量的货物从市场中驱逐出去[①]，除非规制能帮助克服信息问题，使购买人有能力发现质量的差异。

我们所提到的很多构建信任的策略，其任务在于克服关于质量的信息的问题。提供质量令人满意的货物和服务的商誉是竞争性市场的一个关键因素。商业主体提高这种声誉，从而它们的名

① Akerlof, G. A. 'The Market for "Lemons": Qualitative Uncertainty and the Market Mechanism', *Quarterly Journal of Ecomomics* 84 (1970) 488.

称或者产品的名称就能成为向购买人表明其高质量的可靠信号。在建立了质量的声誉以后，商业主体接着要求一个价格溢价，这
288 个溢价要继续下去只有依靠声誉的维持。[2] 因此，如果不存在任何对质量的规制，并不会导致缺陷产品和劣质服务被普遍地供应。卖方和消费者以经常光顾该商店购物的形式为建立长期商业关系的利益提供了一个强烈的激励，要确保消费者对他们的购物感到满意。所以很多零售商在它们的宣传推广资料中声明“满意”是有保障的。[3] 换言之，它们乐意向任何对产品不满意的消费者作出赔偿，为的是保持商业关系。因此，对缺陷产品的消费者赔偿问题的调查总是发现，那些投诉和以非正式的手段寻求赔偿的消费者有着很高的成功率（大约三分之二）。[4] 由于商誉对维持市场中的质量至关重要，我们可以预期规制的一个重要任务是保护诸如品牌和消费者的质量保证单等信号不被其他人滥用。品牌成为了一种财产，可以通过注册为商标而受到保护不被其他人使用，还可以对“假冒”（passing off）那些由声誉良好的商人提供的货物或者服务的行为发布禁令。这种规制能起到促进市场中信任构建的作用。但是对设计用于保护商誉的合同机制有一些限制，因为像制造商和零售商之间不得低价转售货物的协议等一些方式会被视为对零售商之间的竞争的破坏。[5]

这一章要考虑的问题是，规制除了保护商业名称（trade names）以外，如何能够最佳地促进市场的构建和防止市场中不良的分配结果。质量问题应该留给交易当事人自己解决吗，从而他

② Klein, B., and Leffler, K. B., ‘The Role of Market Forces in Assuring Contractual Performance’, *Journal of Political Economy* 89 (1981) 615.

③ Ramsay, I., ‘Consumer Redress Mechanisms for Poor-Quality and Defective Products’, *University of Toronto Law Journal* 31 (1981) 117, 126; Ross, H. L., and Littlefield, N. O., ‘Complaint as a Problem-Solving Mechanism’, *Law and Sociery Review*12 (1977-78) 199.

④ Ramsay, I., *Consumer Protection: Text and Materials* (London: Weidenfeld and Nicholson, 1989) 420.

⑤ Chafee, Z., ‘Equitable Servitudes on Chattels’, *Harvard Law Review* 41 (1928) 945.

们可以根据合同通过自我规制界定他们关于货物或者服务的质量的预期？这种自我规制会实现也许能称之为“有效率的质量水平”（efficient level of quality）的结果吗？如果它无法处理上述的分配问题，这个“有效率的质量水平”的标准值得接受吗？假如进一步的规制是有必要的，这种规制应当采取什么形式，它又应当如何被执行？

这些相当抽象的问题，在考虑特定背景中的规制任务时，比如像消费者购买洗衣机，可以表现得更为具体。这里的质量问题是消费者缺乏可靠的信息以区分市场中供应的洗衣机的质量。消费者所预期的质量标准是很难界定的，除非是在一般条款（gen- 289
eral terms）中，例如洗衣机应当能运转，没有故障，没有磨损，并具备令人满意的外观。这些预期是与价格相配的，因此预期的增加和减少与所支付的价格保持一致。规制的第一个问题是，质量标准是应当由当事人通过合同条款加以确定，还是应当由法律规制提供标准要么作为缺省规则要么作为强制性要求？接下来的问题是这些标准应当如何清楚表述？举例来说，这些标准应当采用模糊的词语，像“令人满意的质量”，还是这些标准应当尝试准确的说明，像要求洗衣机以非常坚固耐用的方式生产，其任何零部件在三年之内不得磨损。假定规制强制推行了某种形式的标准，那些标准的监督和执行应当被留给交易当事人以自我执行的私法策略解决，还是将这个任务分派给某个规制机构？换言之，应当由购买人承担监督和执行适用于洗衣机的质量标准的任务，还是应当由规制提供一个检查和公共地执行质量标准的系统？

有效率的质量水平

当消费者购买产品和服务的时候，他们希望物有所值。这个标准代表了一个价格和质量的函数。因为质量可以存在差异而仍然被接受，物有所值的标准必须是一个关于合理质量的变化的标度，取决于就货物所收取的价格。当进一步改善质量的成本超过了那些收益对消费者的价值，就达到了有效率的质量水平。

对有效率的质量水平的这种描述强烈意味着规制应当留给交易的当事人。他们应当确定满足其利益的特定的价格和质量函数。对于某个消费者而言，低一点的价格更受欢迎，即使产品有一些缺陷，而另一个消费者则可能乐意为顶级质量的货物支付溢价。对这些交易强制推行统一的质量标准会导致没有效率的质量水平发生在其中一个消费者身上，甚至两个都不能幸免。

为了实现符合不同价格/质量比的有效率的质量水平，规制必须限于在缺乏明确界定的质量标准的情况下适用的缺省规则。此
290 外，为了遵守有效率的质量水平，这些缺省规则必须提出一个变化的质量标度，从而对质量的要求可以随着支付的价格并从而随着当事人对质量的预期进行调整。在大多数的管辖权内，私法规制提供这样的效率标准（efficiency standard）。在英国法中，货物买卖法（Sale of Goods）第 14 条要求货物具有“令人满意的质量”，这定义在第 14 条（2A）中：

> 就本法而言，货物具有令人满意的质量，如果它们符合以下标准，一个通情达理的人在考虑对货物的任何描述、价格（如果相关）以及所有其他相关情况后视之为令人满意。

适用于服务合同的等价的缺省规则要求服务必须以“合理的注意和技能”（reasonable care and skill）加以完成。[6] 合理的注意这个标准没有界定，但是大概也反映了为服务所支付的价格。

为了支持有效率的质量水平的标准，私法规制常常在提供缺省规则以外采取进一步的措施。在消费者交易中，缺省规则通常成为合同的一个强制性条款。换言之，消费者不得同意排除该标准的自我规制。在欧洲，这个结果是通过立法干预实现的[7]，尽管

⑥ Supply of Goods and Services Act 1982，s. 13.

⑦ EC Directive 93/13 and its implementing national legislation such as the UK Unfair Terms in Comsumer Contracts Regulations 1994，SI 3159. Other national legislation may deal with the issue specifically，e. g. Unfair Contract Termas Act 1977，s. 6.

也可能像美国一样根据显失公平或者一些其他的宽泛的公平标准实现这个结果。[8] 这种强制性条款的理由可以用市场失败来解释。由于大多数消费者并不阅读标准格式合同中小字体印刷的附则，制造商和零售商常常利用市场中合同条款竞争的缺乏，加插设计用于消除一切提供质量令人满意的货物的义务的总括性免责条款。因为消费者市场中缺乏合同条款的竞争性市场，允许自我规制确定有效率的质量标准很可能并没有什么潜在的好处。将执行有效率的质量标准的强制性条款加插进去，不过是矫正了这种市场失败。

Priest 主张说，商事标准格式合同的内容仍然符合对低劣质量风险的一个有效率的分配。[9] 他认为，在实践中合同协议对质量标准的排除或者降低适用于以下情况，比如说汽车销售，当消费 291
者可能以各种意料之外的方式使用产品并且可能遭受意料之外的各种程度的间接损失（consequential losses）。在那些情况下，消费者比起制造商更能估计损失的风险并个别地通过保险对抗这种风险，否则制造商必须对所有消费者收取更高的价格，以覆盖不常见的间接损失的风险。接下来似乎顺理成章的是，标准格式合同中的免责声明描述了有效率的质量水平。但是这个论证似乎不足以置信。私法所提供的作为缺省条款的质量担保只适用于货物的一般用途。不可预见的损失根据责任规则由于因果关系太遥远是不能获得赔偿的。根据这些原因排除对令人满意的质量的担保从而会保护零售商和制造商免于承担不存在的责任。因此，免责条款的目的必定是规避质量标准，即使它是有效率的标准。在实践中，也一样，英国的证据倾向于支持这一发现，免责条款被广泛使用而不依据有效率的风险分配进行区分。[10] 自我规制的结果事

---

⑧ *Henningsen v Bloomfield Motors*，*Inc.*，32 N. J. 358，161 A. 2d 69（1960）.

⑨ Priest，G.，'A Theory of the Consumer Product Warranty'，*Yale Law Journal* 90（1980-81）1297.

⑩ Yates，D.，*Exclusion Clauses in Contracts*，2nd edn.，（London：Sweet & Maxwell，1982）19-23.

实证明是实现有效率的质量标准的一个系统性失败，所谓有效率的质量标准，也就是当事人如果具有全部信息将会一致同意的标准。私法对这种自我规制失败的一般回应是，在消费者标准格式合同中施加一个强制性的规制，要求提供质量令人满意的货物。

然而，因为交易中的质量问题是由信息不对称造成的，我们必须怀疑自我规制可以实现效率标准。自我规制的困难在于一方当事人没有充分的信息就谈到效率标准的所有方方面面的条款进行讨价还价。举例来说，当消费者购买一台洗衣机，货物价格的一个重要维度在于售后维修的成本。对于消费者而言，产品的成本可以描述成产品的价格和补救产品缺陷的维修成本的总和。当这个总和最小时，消费者取得了最好的价值。这种情况常常发生在当价格很高，几乎没有缺陷，从而维修的成本很低的情况。产品质量担保包括维修成本，尽管往往只是在一个有限的期间内对特定种类的缺陷有效，这包含在产品的价格之内。消费者通常缺乏相关信息，既不知道需要维修的统计学上的可能性，也不知道那些维修的大概成本。在这些情况下，消费者没有能力就效率标
292 准讨价还价。要么是由消费者来承担那些成本比预期更高的风险，要么消费者将购买保险或者产品的质量保证，这可能为防御那些风险提供过大的或者高昂的保险覆盖范围。在购买洗衣机时还会遇到其他方面的问题，一个类似的信息不对称问题也可能妨碍就效率标准的讨价还价，比如洗衣机的能耗和对人身安全可能带来的任何风险。

由信息不对称造成的这个问题，其显然的解决办法是要求制造商和零售商对这些隐藏的成本和风险提供详细和可靠的信息。换言之，规制会对诸如安全风险、维修成本以及能耗等问题要求宽泛的披露义务。配备了这些信息，消费者就可以选择一个更密切接近效率标准的产品。对这种规制的主要反对意见是，大多数消费者不大可能花时间阅读和弄懂所有这些信息，因此大多数合同会继续偏离于效率标准。另一种规制进路是对特定的隐藏的成本和风险设定强制性的质量标准。比如说，关于安全标准或者能

耗，规制可以在整个市场强制设定最低的标准。对于任何特定的交易，这种干预必然会偏离有效率的质量水平，但是它可以实现对平均的效率水平的一种近似。虽然对信息要求的详细说明需要对每一种产品设定具体的公共规制，私法有能力设定笼统的强制性质量标准。举例来说，在产品安全的例子中，“令人满意的质量”的标准可以解释为意味着货物在它们的一般用途中应当永远是绝对安全的。类似地，关于服务的供应，采取合理注意的义务可以被解释为要求充分的注意以避免人身伤害的风险。

尽管我们专注于旨在实现效率标准的质量规制，规制也可能试图处理外部性，也就是，交易当事人并不看重的考虑因素。比如说，在洗衣机销售中，此类考虑因素可能包括对洗衣机所产生的污染的衡量。因此，效率标准在某些情况下可能会被改变，为的是迫使当事人将外部性的成本内部化到他们的交易当中。虽然私法也许有能力将这些外部性引入其标准设定中，但显然存在着这样的危险，私的当事人在执行这些标准时没有激励去监督其服从和强制其遵守。

标准的形式（Form of Standards） 293

我们在上面描述的私法标准遵循私法规制的一般模式，因为其强制性条款和缺省规则描述了诸如“令人满意的质量”等开放性的标准。任何更多的特定性必须通过合同条款中自我规制的设定来提供。我们谈论过的公法标准，像披露要求，相反是极为具体和明确的。这些具体的标准也可以应用于产品的零件，像要求所有的洗衣机应当包含以某种在热水中经久耐用的特定橡胶化合物制成的管道。我要考虑的下一个问题是，哪一种标准的形式看起来在实现对所希望的质量标准的遵守方面最有效和有效率。这种提出问题的方式强调了规制任务的两个维度，因为要在实现有效率的质量水平和服务于这个目的的规制制度的成本两者之间取得平衡。

设定质量标准的主要成本在于以必要程度的特殊性建立这些标准的花费，从而确定货物或者服务是否没有达到有效率的质量水平的标准。此外，规制还强制要求宣传那些标准的成本。

在私法系统中，产生这种规制成本的是对出现在某个特定案件中的关于缺陷的证据的考察，以及法院在这个特定背景中对“令人满意的质量”这个一般标准的解释。我们已经评论过，私法系统并不承担散布其标准的成本。Leff 对私法规制质量的成本和无效发起了持续的攻击：

> 努力对善于发明的“作恶者”发动反复的法律诉讼以规制货物或者“合同”的质量，再也想不出比这更昂贵和让人沮丧的事业了。[11]

Leff 强调的私法规制的一个弱点涉及其一般性。其标准要么太一般要么太具体从而无法为市场的参与者提供充分的指引。一般标准无法告知市场的参与者什么是必需的，因此它证实是一个无力的指导工具。“令人满意的质量”这个一般标准在单独的案件的审理中变得特定化。总是可以争辩说另一个有着稍微不同事实
294 的案件应当受到不同的处理。该标准在其应用中现在变得如此具体，以致它仍然不能成为市场行为的一个指引。

这种论证可能夸大了对质量标准进行私法规制的弱点，因为有可能从对已决案件的类比推理中获得指引。然而，私法规制对处于模糊地带的案件提供了不明确的指引，这一点是真的。举例来说，法律可能清楚指出货物的经久耐用是令人满意的质量的一个方面[12]，但是仍然有待法院在单独的和非公开的裁决中具体说明这个要求在实践中可能意味着什么。比如说，它是不是意味着货物应当在购买以后的一段合理时间内保持处于正常的运转状态？

---

⑪ Leff, A. A., ‘Unconscionability and the Crowd—Consumers and the Common Law Tradition’, *University of Pittsburgh Law Review* 31 (1970) 349, 356.

⑫ Sale of Goods Act 1979, s. 14 (2B), as amended by the Sale and Supply of Goods Act 1994.

依照这个领域的专家 Goode 的观点，

> 如果货物在那个时候［也就是交付的时候］处于如下情况，以正确的用法和在正常的环境中它们会在一段合理的时间内保持令人满意的质量，那么它们就满足关于质量的默示条款，即便万一它们发生（原文如此），它们出现故障早于被讨论的这种货物一般被预期发生问题的时间。⑬

这个声明，它毫无疑问试图总结“关于这一点少得奇怪的判例”（curiously little authority on the point）⑭，对面临着货物在购买几个月以后停止运作这个简单问题的人们，确实完全没有提供任何指引。这些一般标准从而看起来不大可能提供一个引导市场参与者的有效的规制工具。

Leff 的另一个看法，认为私法规制是最为昂贵的，也应当被慎重对待。诉讼的成本当然很高，但问题在于其他设定标准方式是不是要便宜一些。在其他的公共规制方法中，在任何特定的缺陷出现之前，标准必须被设定和公开。这个任务要求规制机构获得有关可利用的技术和不同的产品零部件的相对成本方面的专业知识。这样一个过程不仅很可能是昂贵的，而且它看起来在设定标准的时候冒着很大的犯错误的风险，标准要么太高要么太低。因此，设定标准对国家和纳税人的成本很可能比起私法规制的方法要高得多。给定机构在事前详细制定标准比起在偶然发生的诉 295
讼的情况下由法院进行私法规制的可能成本，私法似乎很可能能够以低得多的费用提供达到必要水平的特定性的标准。⑮ Leff 指

---

⑬ Goode，R.，*Commercial Law*，2nd edn.，（London：Penguin，1995）325.

⑭ 同上，324；主要的判例是 *Business Application Specialists Ltd v Nationwide Credit Corp. Ltd*［1988］RTR 332，CA，在这个案件中，一辆以 5 000 英镑卖出的二手奔驰车在行驶 500 英里以后发生故障，由于阀门烧坏了，要花费 635 英镑进行维修，法院认定这辆车具有“适于销售的质量”（merchantable quality），尽管一个独立的专家说里程表仅仅显示跑了 38 000 英里就发生这种缺陷是不常见的。

⑮ This is Shavell's argument in the different context of safety and personal injuries：Shavell，S.，'Liability for Harm Versus Regulation of Safety'，*Journal of Legal Studies*13（1984）357.

出私法为货物质量设定标准的相对无效也许是正确的，但是其总成本不大可能超过其他的规制方式。

以一般标准进行规制，通过特定化的判决来实现，看来提供了最为便宜的规制方式。但是它也很可能是无效的，因为它无法提供能够引导市场参与者的明确标准。另一种选择，更为详尽和具体的标准无疑会更昂贵并且冒着偏离效率标准的严重风险。但是它所提供的具体指引很可能在防止质量缺陷方面更有效。有没有一个方法，可以产生具体的标准而不需要巨大的花费，并且偏离效率标准的风险也很小？

规制有可能鼓励每一个产业部门通过技术规格设定其自身的质量标准，并接着采用这些标准。这种进路确保了一个重要的长处，那就是利用该产业关于像提高质量的成本和技术革新的收益等问题的更优越的知识。这种信息使该产业比起公共规制者或者法院在为质量设计有效的标准时处于一个更有利的位置。当然，会存在一种怀疑，这种自我规制方式可能会导致低标准。但是这个结果并不必然会发生，因为市场中的主要卖方可能更喜欢坚持高标准以驱逐低成本、低质量的竞争。

这种工业的自我规制的模式事实上在英国很普遍，而且正在整个欧洲越来越常见。[16] 英国标准协会（British Standards Institution）和其他的私的贸易组织设定标准，然后产品遵守这些标准并在此基础上在市场中出售。然而，这个自我规制系统停留在英国的产品质量公共规制系统之外，因为这些标准没有受到一个规制机构的认可、监督和执行。这些标准却常常被整合为明确的或者默示的合同条款，所以它们在设定商业合同中的质量标准方面成为一个重要的技术因素。相反，在德国，同业公会制定的技术标准在合同中会被视为强制性的质量标准。

296 技术标准的产业的自我规制这种实践看来提供了一个重要的

⑯ Collins, H., and Scott, C., 'United Kingdom', in G. Bruggermeier (ed.), *Rechtprobleme von Qualitätsmanagementvereinbarungen und EG-Binnenmarkt* (Baden-Baden: Nomos, 1997) 239.

解决办法，既避免了无效率的规制这个问题，又传播了能够引导行为的标准。然而，我们需要考虑，发展这些质量标准对所涉及的产业的成本。具体的技术标准也有可能带来不利的副作用，像抑制外国的竞争和设计的创新。[17] 欧洲或者国际标准的发展可能减轻技术标准对竞争造成的障碍。然而，还是可以质疑这些标准作为一种自利的自我规制方式无法充分考虑消费者的利益或者诸如环境等外部性。[18]

但是，假定产业的自我规制提供了更富成效而且更有效率的质量指引，问题变成了通过规制机构或者通过私法将这些产业的自我规制标准强制推行于市场会不会更便宜。规制机构的干预在这个过程中看来是不必要的。法院可以将产业的自我规制整合为它们标准设定功能的一部分，从而令人满意的质量总是被部分地界定为遵守产业的技术标准。换言之，私法规制试图通过将政府或者市场参与者建立的规范整合到其标准之中从而变成反身性的。反身性的标准成为规制世界市场的国际标准而达到了产业的自我规制覆盖全球的程度。然而，由于这些标准是自我规制的产物，法院永远应当被授权以要求一个更高的标准，或者至少坚持认定仅仅遵守产业的标准并不保证提供给消费者的货物是令人满意的。[19]

直到目前为止的讨论中，都假设标准试图确定将被提供的货物或者服务的特定属性。规制的各种可变维度涉及其属性的特定程度以及有效率的质量标准的来源。在服务合同的情形中，投入
和产出的特定性之间存在着差别。并非试图界定服务应当如何履 297

---

⑰ 这些考虑因素，再加上实现清楚的技术规格的困难，使得 Molony 委员会拒绝这种规制方式：Board of Trade, *Final Report of the Committee on Consumer Protection*, Cmnd 1781 (London, 1962), paras, 254-6。

⑱ Spindler, G., 'Market Processes, Standardization, and Tort Law', in C. Joerges and O. Gerstenberg (eds.), *Private Governance, Democratic Constitutionalism, and Supranationalism*, EUR 18340 (Luxembourg: European Communities, 1998) 145.

⑲ *Handrigan v Apex Warwick, Inc.*, 108 R.I. 319, 275 A.2d 262 (1971) ——遵守美国标准安全法并不能阻止其商品（一个梯子）不具有适于销售的质量的主张。

行（投入），规制可能只是努力描述希望得到的结果（产出）。规制产出的一个可能优势是它可以避免昂贵的、具体的规制。然而，可以预见对结果的描述会变得过于模糊从而无法为衡量质量提供一个有效的工具。

假设为一个学校提供清洁服务的合同。其投入可以详细地规定，比如每天晚上雇佣十个清洁工工作一个小时，配备三个真空吸尘器，四个拖把和水桶，和五个掸子。产出不得不以必要的模糊的条款来描述，像要求房屋保持符合一个合理的干净和整洁标准。然而，这个简单的例子揭示了即使投入很精确，规制可能即使对此完全遵守也无法达到要求的质量标准，因为它忽略了为实现所希望的目标而明智地运用投入这个关键的要素。规制在产出方面确实是模糊的，但是它也许证实可以更有效地实现对质量标准的遵守，因为当事人会对何时达到了产出标准的惯常理解进行商讨。有证据表明，这种商议的结果最终比起采用对投入的具体规制更为可预见和可靠。[20]

为产品和服务设定标准的另一种方法完全避开了任何实体的标准。它专注于生产的过程而不是其结果。这种方法在身在一个称为质量保证和全面质量管理（total quality management）系统中的制造业商业主体之间的商业合同中很普遍。[21] 不是在合同中详细指明所要求的产品的质量，比如说一个零件，合同要求零件的供应商遵守一个特定的面向持续改进质量、设计和效率的管理系统。这种方法的目标既是完全避免任何缺陷，也是建立一个持续改善质量的轨道。当然，这种规制方案是自我规制通过精心制作的长期商业合同，像需求合同，而创造的。并不需要依靠私法执行这些标准，因为不遵守全面质量管理系统（一个独立的咨询机构认定其失去证书即发出这样的信号）则中断商业关系的非法律

[20] Braithwaite, J., and Braithwaite V., 'The Politics of Legalism: Rules versus Standard in Nursing-Home Regulation', *Social and Legal Studies* 4 (1995) 307.

[21] Collins, H., 'Quality Assurance in Subcontracting', in S. Deakin and J. Mitchie (eds.), *Contracts, Co-operation, and Competition* (Oxford: Oxford University Press, 1997) 285.

制裁能够有效地迫使其遵守。规制问题反而变成了法律是否应当介入以规制遵守全面质量管理系统的证书的行为，因为担心这些 298
私的证书系统部门可能被施加经济压力而遭到滥用。

监督和执行

对遵守规制进行监督的成本显示了私法系统监督的一个一般优点。消费者和商业主体购买者负有检查他们购得之物的质量缺陷的任务，这通常所费不多而且是足够的。另一个公共规制系统可能需要大量的费用，让一组检查员研究从制造商那里得到的他们的产品样本，以确定它们是否符合质量标准。可以推测，检查员还会被要求处理个别消费者的投诉。市场中所有种类的产品将会需要一个巨大的管理机构。私法系统的监督在成本方面的优势看起来是无可置疑的。

一种保留意见涉及那些潜在的缺陷，它们只有由具备技术上的专业知识的人进行检查才能被发现。私法低廉的监督系统只能粗略地断定货物是否符合令人满意的或者可接受的标准，因为要么是它缺乏管束具体技术标准的深奥知识，要么是对复杂的标准进行监督成本高得令人却步。[22] 举例来说，如果作为洗衣机的设计的组成部分，某个零件总是很快磨损而要求维修，那么消费者最先知道这个质量缺陷的时候就是当洗衣机出现故障的时候。如果这个故障发生在购买了一段时间之后，那么消费者可能会相信这个毛病是“正常损耗”（ordinary wear and tear）的结果而不是质量上固有的缺陷。需要有昂贵的技术上的专业知识才能证明设计上的过错，这不大可能在普通的消费者诉讼中被采用，因为其成本高昂而且消费者无法获得这种专业知识。[23] 因此，在这种领域，

---

[22] Wilson，J. A.，‘Adaptation to Uncertainty and Small Numbers Exchange：the New England Fresh Fish Market’，*Bell Journal of Economics*，11（1980）491，503-4.

[23] National Consumer Council，*Buying Problems：Consumers，Unsatifactory Goods and the Law*（London：National Consumer Council，1984）22.

公共规制，尽管其费用不菲，可能是监督对一个有效率的质量水平的遵守的唯一有效的办法。这种论证提议给针对可能的设计过错的选择性规制以一席之地，其方式是要求某些零件遵守由规制机构进行监督的具体的技术规格。

299 执行机制应当提供最便宜的方法确保为制造商和零售商遵守有效率的质量标准提供充分的激励。公共规制无疑有着受其支配的严厉制裁，它可以确保对标准的遵守。当检查员发现对标准的违反，规制机构可能被授权发出警告，并启动刑事程序。逐步升级的制裁系统可能最终导致强制从市场中召回产品，或者通过许可系统的手段将特定的商业主体完全从市场中驱逐出去。[24] 在实践中，这些极端的制裁会被留着对付累犯者，而起初会施加温和一些的制裁，像警告和罚款，作为一种信号，那就是更严厉的惩罚将会施加于那些冥顽不化的制造商和零售商。公共执行的主要弱点在于被发现违反质量标准的风险是相当低的，因为用于检查的资源有限。因此，为了使遵守的激励变得足够大，公共规制往往必须能够在违反被发现的时候施加威慑水平的制裁。

比起这一系列的制裁，私法系统所提出的威胁，为维修缺陷的成本支付赔偿的责任，显得不值一提。尽管消费者的监督可能发现的缺陷的数目远远超过检查系统，法院以责任规则形式施加的制裁对制造商和零售商减少质量缺陷几乎提供不了什么激励。然而，我们曾经说过，私法可以产生一些有趣的赔偿性的责任规则以外的其他制裁。例如，拒收货物和取回价款几乎毫无疑问等于完全失去了一宗买卖，并且这些货物不能（诚实地）像新的那样流入市场，从而对零售商和制造商而言都失去了该交易的所有获利因素。通过降低允许拒收的质量缺陷的门槛，法律可以提高

[24] 这种许可系统曾经被提议适用于二手车的销售，尽管安全问题也出现在这个例子中：Office of Fair Trading. *Buying a Used Car—Consumers' Problems—A Consultative Paper*（London：1979）ch. VII。

拒收货物的非法律制裁。[25] 维修缺陷货物的强制性义务同样可以增强遵守的激励。可能会对制造商施加一个义务，维修或者更换任何在购买一段时间以后有缺陷的货物，该义务可以通过强制履行的法院指令得到执行，以诸如罚款或者惩罚性损害赔偿（*as-treintes*）等威慑性制裁的威胁作为后盾。[26] 私的秩序或者自我规 300
制以消费者购买保险的方式也可以实现类似的结果。这种保险能补偿消费者维修或者更换一台有缺陷的洗衣机的成本。消费者从而获得了一个权利使洗衣机被维修并有效控制那些维修的履行。

尽管这些新型的对质量缺陷的私法救济可能为遵守提供更好的激励（无须为私法系统的规制付出额外的管理成本），它们可能还是远不能够供给那种威慑水平的制裁，从而为遵守一个有效率的质量标准提供相称的激励水平。所以，私法系统大概需要在质量缺陷的惩罚性损害赔偿方法的灵活性方面有所创新，以便能够调整其制裁而为制造商和零售商实现对质量标准的有效率的遵守水平提供充分的激励。可以施加一个超过消费者实际损失的威慑性的赔偿水平。[27]

我们还说过，私法系统有着某种与其执行系统资源不足的特性有关的结构弱点。在消费者交易的背景中，主要的问题当然是消费者不愿意承担诉讼的费用以获得赔偿或者返还价款的微小收益。在实践中，对质量低劣的货物的消费者损害救济几乎全然在法律系统以外开展。[28] 它往往是由制造商或者零售商的投诉程序处理，这些程序产生对消费者的救济的可能性各有不同。当第三方

---

[25] Sale of Goods Act 1979，ss. 34-35A，as amended by Sale and Supply of Goods Act 1994ss. 2-3.

[26] Reynolds，F.，'The Applicability of General Rules of Private Law to Consumer Disputes'，in S. Anderman *et al*.（eds.），*Law and the Weaker Party*（London：Professional Books，1982）ii，93，105，讨论了瑞典的消费者销售法。

[27] There are some statutory examples；e. g. US，Uniform Consumer Credit Code，Art. 5. 201（adopted in many States）provides for punitive damages with a minimum and a maximum.

[28] National Consumer Council，n. 23 above；id.，Seeking Civil Justice—A Survey of People's Needs and Experiences（London：National Consumer Council，1995）.

裁判介入，它也不大可能是由普通法院提供的。消费者可能得以接近一个监察专员（在服务中更常见），或者合同可能会被提交给一个由同业公会设立的非正式的法庭进行仲裁。在第十四章中，我们将考虑如何改善这些投诉机制以实现一个足够的遵守水平。

私法规制所提供的激励系统的最后一个问题，在以下背景中特别值得关注，它涉及被告使他们自己免于被判定负有债务的能力。比起在没有保险的情况下就人身伤害进行索赔的情形，这里的问题没有那么严重[29]，因为私法对质量缺陷所要求的赔偿水平通

301 常肯定在被告的商业主体的财力之内。因此，除了小规模的零售商出售昂贵的物品的情况，很可能发生的主要困难涉及通过频繁地创造和解散公司实体而躲藏在公司面纱的背后，这使得消费者找不到可以针对其寻求救济的法人。这个问题也许可以通过权宜地扩大责任的范围以既包括制造商又包括零售商而部分地得到解决。

与大多数消费者的臆测相反[30]，合同相对性的准则（或者相对效力（relative effect）的原则）通常限定消费者只能对直接的零售商提起诉讼。第一眼看上去，这个对责任范围的限制会使制造商没有激励达到有效率的质量水平。这个问题可以通过沿着生产链条的责任规则这种可能性得到解决。如果零售商就有缺陷的质量对消费者负有责任，那么零售商可以向制造商索赔而将成本传递过去，然后零售商又将成本传递给零件的供应商。按照这种方法，责任是可以转移的，尽管只有通过增加私法责任的管理成本才能实现。另一方面，零售商可能比起消费者处于一个更强势的位置以威胁使用非法律制裁，比如以后不愿意对特定的产品进货，从而责任规则有了一个强大的辅助。确实，非法律制裁的存在甚至可能将质量标准提高到有效率的水平之上，因为零售商比起一

---

[29] Shavell, S., n. 15 above.

[30] Cranston, R., *Regulating Business: Law and Consumer Agencies* (London: MacMillan, 1979) 58, quoting 'Product Liability', *Which?* (January, 1975) 5; id., *Consumers and the Law*, 2nd edn., (London: Weidenfeld and Nicholson, 1984) 146.

般消费者可能会坚持更优越的履行和外观标准。但是相对性规则并不是牢不可破的，并且在一些管辖权之内已经被取消了，目的是使得消费者和制造商之间可以就有缺陷的质量进行直接的诉讼。[31] 以制造商的质量保证书的形式出现的私的秩序也可以实现这种结果，它实际上直接向消费者承诺了维修的成本。

结论

对产品质量的有效率的规制形式的这种考察表明私法规制有着很强的能力实现效率标准，当考虑到其他分配上的因素的限定的时候。大体而言，私法比起公共规制还提供了一个更为便宜的 302
规制模式。然而，为了最大化其规制质量的能力，私法需要对产业的自我规制采取一个反身性的策略，从而它从部门的产品规格和质量保证过程中获得其质量标准。在认可这些标准的时候，私法却必须保留监督这些标准的能力，以便矫正可预见的自我规制的问题，比如无法将外部性纳入考虑的范围。与此同时，私法需要发展其能力以提供一个有张力的救济范围，它超出就损害赔偿金这种救济方法的成本进行支付的责任。这些救济可能包括消费者的强大的拒收货物的救济，就有缺陷的产品向制造商索求惩罚性损害赔偿的可能，以及不允许在市场投放特定产品的禁令。

---

[31] Cranston, R., n. 30 above, 146-7，给出了在澳大利亚和加利福尼亚在这种情形中相对性准则被推翻的例子。在美国，在针对制造商的质量缺陷的只涉及经济损失的诉求中，立法和普通法的发展共同地在推翻相对性规则：*e. g. Morrow v New Moon Homes, Inc.* 548 P. 2d 279 (1976) (Supreme Court of Alaska)；Virginia Code Ann. S. 8-654. 3 (Supp. 1964)；Uniform Commercial Code s. 2-318, Alternative C。

303

第十三章

通过合同的治理

在向公众提供服务时，现代国家可以选择要么使用其自身的组织和雇员，要么和外部的组织进入合同关系以提供服务。在这两种方法之间所作的取舍时有不同，但是国家总会从独立的私人商业主体那里购买一些服务。然而，作为近年来改善政府服务的效率和有效性的意图的一部分，有一个明显的转变趋于尝试合同关系的各种形式。这种现象在大多数西方政府中都有出现，但是在某种程度上是由英国所引领的，我的大多数例证也会是关于英国的。[①]

通过合同的治理背后的简单理念是，形式协议使所要求的履行标准和可接受的成本水平变得明晰，从而履行能够被监督，并且可以要求那些造成违约的人承担责任。通过选择将义务限定于特定的任务和以货币来衡量和评价履行，国家因而使用了第二章所描述的合同关系的含义。通过合同的治理因此代表了公共管理文化的一个转变，其立场从一个仁慈和积极反应的科层变成了准确和界线分明地提供有效率的服务。

政府中的这种合同文化以各种不同的形式出现，范围从几乎是普通的商业合同到仅仅是描述政府其自身组织的不同部分之间关系的合同比喻。与商业合同最接近的关系发生在当国家从私人部门商业主体那里购买物资和服务。尽管国家几个世纪以来就在诸如修路、建筑和军队等任务方面利用外部的承包人，这种对商业合同的使用可以扩展到所有的政府功能，包括向政府提供管理服务和向公众提供社会服务。另一个与商业合同相似程度接近的关系是“商业特许”（franchising），在民法国家中称为“公共特

① Harden, I., *The Contracting State* (Milton Keynes: Open University Press, 1992).

许”（concessions）[2]。国家通过主张基本财产权（basic property right）以控制经济活动，像电视或者铁路，但是经由合同将这种 304
供应此类服务的权利在一段有限的时间内授予一个私人商业主体。合同的条款，商业特许的条款，包含了大多数对公共部门提供服务的具体规制，因此公共规制通过合同披上了自我规制的形式。“市场检验”（market testing）的过程包括选择一个可以招标的政府任务，能够从出价最低的供应者那里购买履行。[3] 赢得合同的可能是一个外部的私人商业主体，也可能是重新组织成一个新的自治的运营单位（operational unit）的现有公共部门的工作人员。当公共部门单位赢得合同，就有必要对普通的商业合同进行一些修改。一个更新颖的管理方法是改变公共管理的内部结构，从而服务的供应可以通过政府内部分权的供应和采购部门之间的“准市场”来完成。举例来说，一个机构可以从它的上级政府部门中分离出来，并在一个“框架文件”（Framework Document）之下界定其功能、目标和预算，然后其履行可以受到上级部门的监督。这种“准市场”并不显然会产生法律上可执行的合同，因为双方当事人都是同一个法律实体的组成部分，但是在很多其他的方面这种管理关系类似于一个商业合同。[4]

这些合同关系带给法律的主要问题是，是否应当由合同私法的法律话语提供可适用的规制子系统，还是政府合同的特殊属性会要求引入一个公法的视角，它强调诸如程序公平，个人不可剥夺的权利，政府的理性行为，以及集体利益和公共产品的重要性等价值。[5] 公法系统传统地不通过司法审查的过程来监督政府合同，除非是要确定缔结具有约束力的合同的权力是否在所涉及的

---

② Daintith，T.，‘Regulation’，*International Encyclopedia of Comparative Law*，(1995) xvii，ch. 10，53.

③ Jenkinson，T.，and Mayer，C.，‘The Assessment：Contracts and Competition’，*Oxford Reveiew of Economic Policy* 12 (4) (1997) 1.

④ Freedland，M.，‘Government by Contract and Pubic Law’，*Public Law* (1994) 86.

⑤ Freedland. M.，‘Government by Contract and Publiclaw’，Pubic Law (1994) 86.

国家机构的权力范围之内。即使是在民法系统里，像法国，它们拥有一种特殊的公法管辖权，这些合同的法律规制通常紧密地遵循着普通私法的道路。但是私法规制可能证实并不足以应对这些问题，比如说滥用国家的垄断权，以及保护第三人利益的需要，
305 这些第三人就是作为服务供应对象的公众。⑥ 更为基本地，在设计对合同关系的适当的自我规制以提供公共服务时，我们可以发现大量的结构问题。

公共服务和市场机制

尽管政府政策就提供服务的表现最为显著的变化是尽可能多地利用市场和合同，认识到这种转变的局限非常重要。涉及提供公共服务的合同保留着分明的特征，这些特征将它们和普通的商业和消费者交易区分开来。

市场最吸引人的特征是购买人可以按照他们的需要、价格和质量在不同的产品和服务之间进行选择。市场机制容易保证货物和服务按照人们所希望的种类和成本以合适的数量生产出来。这些市场的法律规制严重地依赖于自我规制和自我执行，它们增加了市场的灵活性和快速反应。然而，当这种市场机制的模型被应用于政府的服务供应，我们遇到了一个结构上的问题。

在政府和外部供应者的合同中，政府决定所需要的服务或者货物是什么。由于它对各种不同的服务实际上的垄断需求，比如说监狱、公路和军备，政府有权力决定包含在这些合同中的自我规制的内容。标准格式合同的条款因此不仅仅安排当事人各自的义务，还要确定将被提供的公共服务的内容，其方式十分类似于这种功能之前由行政规则、通知（circulars）和决定所实现的方式。通过合同的自我规制和通过行政规则的自我规制，两者之间

⑥ Fredman, S., and Morris, G., 'The Costs of Exclusivity: Public and Private Re-examined', *Public Law* (1994) 69; Harlow, C., and Rawlings, R., *Law and Administration*, 2nd edn, (London: Butterworths, 1997), 138-41.

的区别看来可以忽略。政府通过一个合同将自己变成接受所提供的服务的消费者，但实际上它只是选择经由一个代理人，也就是外部的承包人，向公众提供那些服务。但是在创造一个提供公共服务的市场时，政府采用标准格式合同的方式以规制市场如何运转。[7]

要在提供公共服务时真正与市场机制同化，服务的消费者，也就是一般公众，必须被授予权力参与自我规制和自我执行。换 306
言之，公众需要有能力参与设定提供公共服务的标准，并且有能力实施法律的或者非法律的制裁，从而确保对那些标准的遵守。然而，依照一般合同私法，公民并不是政府合同的一方当事人，因而也没有法律权利协商协议的条款或者执行对其条款的遵守。提出挑战的唯一途径是以考查部长、政府机构或者规制者是否在其权力范围之内缔结合同为目的的司法审查。[8] 也没有令人满意的非法律制裁可供公民利用。威胁说不再光顾一个肮脏的医院，拒绝吃学校的餐食，不使用一个不可靠的公共交通系统，这几乎不可能影响承包人的履行。至多，公民有政治权力投票更换政府并试图通过负面的宣传影响履行的标准。

使公共服务的提供以更像市场机制的方式运行，解决这个问题的一个可能办法在英国的公民宪章（Citizens Charter）计划中被发展出来。[9] 它包含一个常规的与服务的消费者代表进行磋商以设定标准的承诺。允许服务的消费者对违反这些标准提起索赔也是和这个政策一致的。然而，在这个宪章计划的范围内，这些执行上的权利只限于在规制的监督者那里登记其投诉，监督者在像铁路服务等少数情况下有可能给予一些经济赔偿。作为消费者的公民没有被授予法律权利去起诉对宪章标准的违反或者对这样一

⑦ Daintith, T. 'Regulation by Contract: the New Prerogative', *Current Legal Problems* (1979) 41.

⑧ *R v Dirctor of Passenger Rail Franchising, ex p Save Our Railways*, *The Independent*, 20 December 1995.

⑨ Scott, C., and Barron, A., 'The Citizens' Charter Progrmme', *Modern Law Review* 55 (1992) 526.

些合同条款的违反，它们通过外部承包人的机构执行那些标准。因而，这个计划回避公共服务与市场机制的同化，更倾向于很大程度上保留政府的既决定标准又决定遵守的单边权力的完整无损。

将公共服务同化于市场机制的一个更为强有力的策略，利用一个独立的规制机构来监督私的商业主体向公众直接提供的服务。比如说，在诸如煤气、电力和水等公用事业的例子中，通过私有化的方法，供应者变成了私的商业主体。这些私的商业主体与消费者缔结合同，但是规制机构在服务的价格和质量方面控制着这些合同的条款。规制机构的使命是确保以对消费者最低的成本有
307 效率和可靠地供应公用事业。规制者有权力设定标准，监督遵守，并对违反标准施加制裁。之所以需要规制者，部分地是出于许多公共事业提供者的垄断地位。但是除此以外，规制者还处理私法执行机制的结构弱点，在这种机制之下，个人的消费者往往缺乏对某个公共事业的违约发起有效的法律挑战的手段。

引入规制者的代价是，市场机制被严重地修改了，因为规制者常常可以单方面坚持特定的标准并控制执行机制。确实，这引起了质疑，消费者到底有没有和某个公用事业公司缔结一个法律上具有约束力的合同，因为所有的条款可能是规制者和公用事业公司之间协商确定的，仅仅把提供服务所依据的规则的有关信息留给消费者。[10] 与此同时，公用事业公司常常可以在很大程度上控制信息的供给，而规制者依据这些信息行事，所以并不能保证规制体制按照消费者的最佳利益运行。

然而，规制体制的存在改变了这些合同的内涵。原子化作为一般合同关系的特征，被关于供应者和消费者之间关系的条款的一种集体视角所取代了。其结果是，法律系统在其对这些合同关系的观察中变得不确定合同私法是否提供了合适的规制方案。一种公法控

---

[10] *Norweb v Dixon* [1995] 3 All ER 952，裁定电力供应是非合同的，但是每一个电力公司必须被分别地考察：Harden，I.，n.1 above，38-41；Scott，C.，'The Juridification of Relations in the UK Utilities sector'，in J. Black，*et al*.（eds.），*Commercial Regulation and Judicial Review*（Oxford：Hart Publishing，1998）19，50。

制的形式，像对规制者确定合同的内容和解释合同的行为进行司法审查，变成一种富于吸引力的检验规制者的权力是否被理性地行使的方法。这种审查权使法院有能力对争议中的公共利益之维作出回应，然而，合同框架将这种权力限制为评估规制者或商业经营者是否违反了其明确的义务。如果采用私法分析，那就可能借助当参照规制的背景被证明是正当的默示条款和对苛刻条款的控制，隐秘地引入公法的视角。在一个电话公司和商业消费者之间的争议中，上诉法院承认这种方法是可能的，其目的是为质疑一个明确的合同条款提供基础，这个条款授权电话公司提前一个月通知就可以终止任何服务。[11] 将公共标准加入对这些合同的法律推理中，揭示了当事人自我规制的一般私法如何变得不适于作为对这些公用事业的商业 308
关系的一种规制形式，因为这些商业关系是在由关于公共利益的考虑因素所设定的一个有限空间内构建的。这些合同关系的内涵根本上有别于一般的商业交易，因此，如果采用私法规制作为分析的法律框架，它必须在其分类系统中作出一个新的区分，使得在其推理中重新置入公共利益标准成为可能。

合作的问题

政府并不能仅仅通过缔结那些设计用于提供所需的服务水平的合同而在提供服务方面逃避对公众的政治责任。为了对公众的需要保持灵敏的反应，政府试图在它们的合同中既获得对将要履行的任务进行界定时的灵活性，又获得自由裁量权以监督和指示外部承包人的履行。一个例子是某个地方政府当局的地面维修合同包含以下自由裁量权以要求承包人：

> 在批核人员（Authorising Officer）可能确定的期限内忽略或者停止提供服务的任何部分；以批核人员可能合理要求

---

[11] *Timeload Ltd v British Telecommunications Plc* [1995] EMLR 459, CA. Scott, C., n. 10 above, 19, 46-49.

> 的方式提供服务或者其任何部分；在该服务以外提供批核人员可能要求的服务，假如这些服务与该服务等同或者类似；在任何时间或者任何地点提供批核人员要求的紧急服务，始终为在任何地点提供而变更服务。[12]

此外，许多大合同（large contracts）对所要求的履行即便是从一开始就包含高度的不确定性。比如说，在一个设计和建造航
309 空器的合同中，计划很可能是在履行过程中逐渐制订出来的。政府合同因此是故意地倾向于不完全，通过科层的制度结构提供一种补充和调整合同承诺的机制。

制度科层的这种合同形式制造了与市场检验的政策目标之间的紧张关系。假如将要履行的任务可以在事前加以确定，竞争性的合同招标可以控制成本和提高效率。任务的特定化使得对价格和市场的比较成为可能。然而，当该任务受制于自由裁量的调整，价格机制的运行就变得不那么让人满意，因为投标者必须将对调整作出反应的不确定的成本计算在内。为了保证对政策考虑因素反应灵敏，英国政府的通常做法是在其合同中包括单方更改的权力，就像在标准条款中所说的公共当局有权利“不时地改变”规格以及“当这样做是适当的时候，在当局和承包人就更改这些提议的效果进行磋商以后，从当局指定的日期开始以及在其指定的程度上，合同条款应当符合这样更改的……规格、计划、绘图或其他文件”[13]。除非这种合同关系包含着更多的激励使外部承包人支持合作，合同框架有着一种必然会常常引发争议的紧张关系。

过去，英国的政府合同为了解决这个合作问题，常常协商得到一个基准再加上成本。承包人收取履行的成本加上一定比例的利润。即便是在固定价格的合同中，标准条款往往包含承包人所

---

⑫ Walsh, K., *et al.*, ‘Contracts for Public Services: A Comparative Perspective’, in D. Campbell and P. Vincent-Jones (eds.), *Contract and Economic Organisation* (Aldershot: Dartmouth, 1996) 212, 222.

⑬ Turpin, C., *Government Procurement and Contracts* (Harlow: Longman, 1989), 189.

支付的工资率以及为合同目的所需的原料的价格等方面的价格变动。[14] 这种通过变更合同的具体规定来提供进行合作的激励的价格变动方法越来越受到质疑，因为它无法为控制总成本提供充分的 310
激励。但是如果没有这种价格变动，外部承包人很自然地将抵制那种会增加成本的合同具体规定变更，尽管合同可能包含允许进行单方变更的机制。我们从而在政府合同中发现了一个结构问题，因为固定的价格提供了一种不合作的激励，尽管对于条件的更改作出迅速的反应是政府目标的一个重要组成部分。

在英国，政府和英国工业联合会（Confederation of British Industry）（一个商业的代表组织）之间在 1968 年签订的一份协议确立了一个治理结构，部分地解决了这个结构问题。[15] 这个协议为政府合同成立了一个审查委员会（Review Board），它可以解决有关价格的争议，如果应当支付的价格按照合同是基于一个关于成本和利润比率（percentage profits）的公式计算出来的。委员会可以考察的情况包括，当估计的和实际的履行成本之间的差异高达百分之十或以上，或者当无法实现一个公平与合理的价格，因为计算这个价格所要求的信息证实是不准确或不完全的。这种安排创造了一个追溯性的价格变动机制，其依据的是发生的变动和更好的信息，这个机制被默示地作为一个条款加插到含有与履行有关的重大的不确定因素的合同中。尽管审查委员会极少被请求进行裁断（在 1969 年和 1986 年之间只有 8 个案子）[16]，它的存在显然影响了当事人解决价格变动的行为，因此“超额利润”（excessive profits）可能会被政府常规地收回，而承包人可以获得追溯性的价格增加。

这种治理结构的一个重要特征是它将私法规制从重大的政府

---

[14] Turpin, C., *Government Procurement and Contraets* (Harlow: Loryman, 1989), 168.

[15] 协议的备忘录的文本重印在 Turpin, C., n. 13 above 278-87。

[16] The text of the memorandum of agreement is reprinted in Turpin, C., n. 13 above, 179.

合同中消去的方式。传统的私法立场使当事人受到他们的协议约束，它必须被另一种设计用于解决合作问题的争议机制替代。这个机制提供了一个中立的第三人，根据所要求的履行的变更和履行的真实成本强制实行价格调整。法律系统本来可以提供一个解决合作问题的办法，要么通过创造一个独立的行政法院（administrative courts）管辖权，这些法庭被授权强行实施追溯性的价格调整，法国正是一个例子；要么发展出一种对政府合同的价格条款进行司法修正（judicial revision）的权力，美国的联邦法院在一定程度上属于这种情况。[17] 由于在英国并不存在这些可能性，政府合同极少被起诉到普通法院中。这种不情愿诉讼的态度，部分地必定是因为当事人不愿意通过侵略性的诉讼损害长期的商业关系，部分地也是因为标准格式合同中常规地含有仲裁条款。但是更为根本地，这种不情愿表现了合同自身所提供的规范性框架和传统私法看待合同义务的方式是不相容的。

这里的潜在问题是，必须扭曲合同关系的内涵，它才能成为政府的工具。Selznick 察觉到，对于含有政府结构的协会的性质，合同永远无法给出让人满意的清晰阐述，这个评论对公的和私的协会都适用：

311 代理人的权力（authority）尽可以界定得如委托人所希望的那样狭窄，但是政府权力有一种无法缩减的覆盖广泛的特性。这是因为政府肩负着固有的责任，和至少是最低水平的默示权力，以保护社团（corporate group）的福利，考虑到其变化着的环境和适应上的需要。其必然推论是，政府对公民或者成员的承诺的要求总是具有某种开放性。

> 出于这些原因，政府的模型很难符合有特定目的的合同的前提。在一个政治上的有组织的社团中，可能会有相互依存、一致同意和有效的承诺。但是相互依存并不是被均匀地保持平衡，一致同意并不是特定明确的，承诺至多只是相对

⑰ *National Presto Industries*, *Inc. v United States*, 338 F. 2d 99 (1964).

地有限。[18]

质量的问题

政府还必须解决合同履行中令人满意的质量的问题，这是其政治责任的组成部分。当不存在对承包人履行的直接的科层控制，合同要实现其质量，必须在合同条款中设定具体的标准和建立适当的激励系统。激励系统向承包人提供额外的回报，或者至少保证政府承包人不会被终止其业务，条件是他遵守了合同设定的质量标准。如果没有这些激励系统，必然会产生这样的嫌疑，一旦取得了合同的报酬，承包人总是会想要削减成本和在质量上弄虚作假。[19]

因此，政府合同通常含有长达数百页的内容广泛的以业绩指标（performance indicators）形式表现的质量规格。[20]

> 地方当局的服务合同通常是极为具体的，有时包括数百页文件。合同条件的数目同样巨大，往往多达 50 个甚至更多。将被提供的服务一般按投入的条件进行界定，尽管，当取得了经验，会更关注结果。[21]

比如说，规定一条街一个星期应当打扫多少次，比起描述所应当实现的干净和整洁的水平，要容易一些。在提供寄居式护理 312
(residential care) 的合同中，一个首要和关键的条款是“护理人

---

[18] Selznick, Philip, *Law, Society and Industrial Justice*, (New York; Russell Sage Foundation, 1969), 61.

[19] Dnes, A., and Rickman, N., ‘Contracts for Legal Aid: A Critical Discussion of Government Policy Proposals’, *European Journal of Law and Economics* 5 (1998) 247.

[20] Vincent-Jones, P., and Harries, A., ‘Limits of Contract in Internal CCT Transactions: A Comparative Study of Buildings Cleaning and Refuse Collection in “Northern Metropolitan”’, in D. Campbell and P. Vincent-Jones (eds.), n. 12 above, 180, 188.

[21] Walsh, K., *et al.*, *n.* 12 above, 220.

员应当以一种维持居住者的尊严、个人身份和自尊的方式对待他们”。这个条款界定了适当的结果，但是显然很难确定它在什么情况下被违反了。于是就产生了提供更多特定性的吸引力，比如说，确定一个护理人员—病人的比率以及约定关于护理院（nursing home）应当如何经营的规则。这种细节，当然，永远不可能就质量和履行标准提供一个完全的规定。一个航空器不能飞行是因为其合同没有明确的技术规格，这样的故事也许不足采信，但是合同的自我规制不完全的一般问题是永远无法通过冗长的条款来彻底解决的。另一个办法，在这种背景之下往往似乎无法将惯常的市场标准作为缺省规则，其原因是对这种交易不熟悉而且没有缺省规则的成熟的规制模型。毫无疑问，这种细致的规格增加了外包比起内部科层控制的交易成本，而且它可能造成一个隐藏成本（hidden cost），减少通过外部订约所实现的节省。因此，从这个角度看，当通过合同的治理试图为希望得到的宽泛后果设计准确的措施时，它像直接的公共规制那样走进了同一个绝境。[22]

政府当局为了试图设定具体的质量标准就必须监督履行和惩罚违约。阻止违约的非法律制裁看来显然是不存在的。尽管政府当局可能因为严重的违约而终止合同，质量问题却通常只是轻微的缺陷和欺骗，而且更换承包人无论如何会牵涉大量的成本和迟延。地方当局广泛采取的一个方法是对遵守质量标准中的小过失记罚分（penalty points），并按照累加的罚分数目降低支付。这些规定从而构建了一个自我执行的制裁，尽管根据私法这些惩罚规定是否有效还存在质疑。[23] 所采取的另一个方法是形成一份履约保函（performance bond），也就是，由银行对履行中的缺陷进行赔偿的承诺所提供的一种担保形式，地方政府当局可以直接向银行索赔。但是这种担保对于保障质量并没有多大帮助，因为只能凭着损失的证据就保函索赔，在这些公共服务的劣质履行的例子中，

㉒ Braithwaite, J., and Braithwaite V., ‘The Politics of Legalism: Rules versus Standard in Nursing-Home Regulation’, *Social and Legal Studies* 4 (1995) 307.

㉓ Walsh, K., *et al.*, n.12 above, 223.

证据是很难收集的。从调查问卷中得到的一些证据表明，这些构
建的非法律制裁极少被采用，因为这样做会损害当事人之间的合 313
作关系，这些关系对于公共当局确保向公众提供服务中必要的灵活性是至关重要的。[24]

作为规划人的律师非常关注这些情景中的非法律制裁和担保的构建，因为远没有弄清楚私法救济系统针对违反质量标准是否能提供任何有价值的惩罚。对于一个赔偿的救济，法院通常要求受到不公正对待的一方证明损失。没有遵守某个质量标准事实上可能没有造成任何损失，或者，如果有损失，它们是以心理伤害的形式出现的，像第三人，也就是接受服务的公民，所经历的对服务的不满。因此，要判给损害赔偿金，会遭遇到两个重要的准则障碍：不愿意对非金钱损失进行赔偿，像对感情的伤害或者由违约所激起的愤怒[25]，以及概念上的障碍，也就是政府作为原告并没有遭受损失，反而是接受服务的公民受到了委屈。[26] 合同具体规定如何对将被提供的服务进行测量的准确性，确实为以下主张创造了可能，那就是应当依照承包人不遵守要求的所得判给赔偿。比如说，由于雇佣的消防员的数量少于合同的规定从而违反了在新奥尔良提供消防服务的合同，其结果是无法成功地请求根据节省的薪水判给损害赔偿。[27] 私法倾向于不支持这种以当事人在违约中挣取的利润为基础的违约损害赔偿请求[28]，因为它们违反了损害赔偿金应当补偿原告的损失的原则，并且它们倾向于消除当更好的经济机会出现时违约以最大化财富的激励。这些规则剥夺了作为原告的政府在违约诉讼中施加以下制裁的能力，那就是以违反

㉔ Walsh. K.，et al.，n. 12 above. 224.

㉕ *Addis v Gramophone Co Ltd*［1909］AC 488，HL. 有一些例外的情形看来没有走得这么远：*Jarvis v Swans Tours Ltd*［1973］QB 233，［1973］1 All ER 71，CA。

㉖ 对另一个人的损失的损害赔偿进行支付只有有限的可能性：*Jackson v Horizon Holidays*［1975］3 All ER 92，［1975］1 WLR 1468，CA。

㉗ *City of New Orleans v Firemen's Charitable Association*，9 So. 486（1891）.

㉘ *Surrey County Council v Brodero Homes Ltd*［1993］3 All ER 705，［1993］1 WLR 1361，CA.

了合同中特定的可测量的要求为理由对承包人提起损害赔偿的实体请求。

在私的工业部门，这个控制履行质量的问题已经通过控制供应商的管理系统的方法得到解决，因此它遵守全面质量管理的标
314 准。然而，考虑到其增加的成本，为了使这种对管理系统的控制物有所值，私的部门的合同关系有意识地在当事人之间构建一个长期的商业关系，就是我们所知的“供应商合伙”（supplier partnership），它被设计用于增强信任，保护对管理系统的投资免于损失，以及为遵守提供经济激励。[29] 然而，供应商合伙代表了通常是和某个零部件的单一的供应商之间一个长期的承诺，这消除了对价格经常进行市场检验的可能性。在日本的系统之下，这些供应商关系被建造出来，形式的合同可能是有固定的期间的，但是双方当事人都预期这种关系会永久持续下去。[30] 因此，私的部门的商业主体作出了一个策略性的决定，减少价格方面的竞争从而获得对合同履行中的质量的可靠保证。供应商对质量的保证变得更为可靠，部分地是因为遵守设计用于确保良好质量的管理系统，并且部分地是因为存在着实体的非法律制裁，那就是不顾大量的沉没投资而从长期的关系中撤回。[31] 尽管政府可以修改竞争性的招标程序，要求投标人拥有就绪的全面质量管理系统（或者与之相当的系统），对经常的市场检验的坚持要求可能会妨碍政府获得长期的伙伴关系所提供的质量方面的收益。

政府之所以抛弃单一的供应商关系，是因为怀疑它会消灭价格竞争和提高成本。这种紧密的、相互依赖的关系看来与市场检

㉙ Collins, H., 'Quality Assurance in subcontracting', in S. Deakin and J. Mitchie (eds.), *Contracts, Co-operation, and Competition* (Oxford: Oxford University Press, 1997) 285.

㉚ Sako, M., *Prices, Quality and Trust: Inter-Firm Relations in Britain and Japan* (Cambridge: Cambridge University Press, 1992) 159, 170.

㉛ Taylor, C. R., and Wiggins, S. N., 'Competition or Compensation: Supplier Incentivs Under the American and Japanese Subcontracting Systems', *American Economic Review* 87 (1997) 598.

验的理念是不相容的。然而，在政府近来对采购的政策声明中，承认有必要将合作和竞争结合从而持续地改善质量。[32] 其中的妙语是“物有所值”（value for money），它模糊了竞争性的价格和对履行中的质量的可靠保证两者之间的紧张关系。

这里的结构问题是，对履行中质量的可靠保证最终并不取决于合同条款，而是取决于信任和非法律制裁。信任关系和强大的非法律制裁取决于长期商业关系的建立和将竞争限制在一个彼此熟悉和信任的承包人的“采购共同体”（procurement community）
中。[33] 这些必要条件会被试图通过市场检验来最大化竞争的政策所 315
破坏。

为了实现合作和良好的质量而对治理结构和具体监督的需要，看来会导致在政府和外部承包人之间产生冲突的关系。政府合同中的这种结构上的紧张关系导致当事人之间发生了许多价格高昂的争议，除非当事人可以从保持商业关系中发现长期的经济利益。[34]

治理中的准合同

为了提高效率而在治理中用作管理机制的合同并不构成法律上具有约束力的协议。相反，表现管理关系的合同形式目的在于运用合同关系的内涵作为一个参照框架，当事人应当依照它来指引自己的行为。从官僚式规制转向合同框架的目的在于使将被履行的任务变得透明，控制行政运作的成本，以及促使经营单位对其支出和履行负起责任。如果这些合同出现问题，那么可以通过

㉜ White Paper, *Setting New Standards: A Strategy for Government Procurement*, Cm 2840 (London: HMSO, 1995), 1.

㉝ Turpin, C., n. 13 above, 259.

㉞ Vincent-Jones, P., ‘Hybrid Organization, Contractual Governance, and Compulsory Competitive Tendering in the Provision of Local Authority Services’, in S. Deakin and J. Michie (eds.), n. 29 above, 143; Vincent-Jones, P., ‘The Limits of Contractual Order in Public Sector Transaction’, *Legal Studies* 14 (1994) 364.

进一步的行政措施来解决困难。因此，对合同的使用应当被视为通常和其他的方法，像审计、检查和申诉程序（grievance procedures），结合使用的一种方法，通过它们，政府的一部分试图规制另一部分。[35]

合同的比喻既可以适用于政府组织的内部，也可以适用于政府和公民的关系。在前者的情况下，国家分离出独立的经营单位，然后它们作出正式的书面承诺。比如说，在英国国民保健服务（National Health Service）中，该系统的不同单位，像医院基金（Hospital Trusts）、综合医疗合作伙伴关系（General Practice partnerships）和卫生署（Health Authorities），可能签订协议以特定的价格提供某个数量的某个特定方面的医疗服务。这种协议从而确定了不同的组织单位的各自的义务。然而，对协议的违反并不产生私法诉讼上的损害赔偿，相反，存在着一个解决争议的
316 行政系统。[36] 一个类似的准合同关系，对地方政府当局和它们根据竞争性的招标系统赢得合同以提供服务的部门之间也适用。[37] 排除私法规制的正当理由通常只是可以避免组织单位之间的诉讼成本，尽管其他争议解决方法的行政成本大概也不能忽略。

对作为一种官僚式控制的工具的合同比喻的最新运用，发生在英国中央政府的不同部门之间的关系中。财政部，它负责将资源分配给诸如医疗、教育和国防等其他部门，坚持认为额外资源的授予应当依附于以下“合同”承诺，遵守效率和质量目标，以及执行特定经同意的政策目标，比如减少住院治疗的等候时间和减少小学的班级人数。

> 每一个部门都和财政部达成了一个公共服务的协议，实际上是一个与财政部之间更新公共服务的合同。这个合同是，每一个服务领域必须进行改革以回报所作的投资。因此新的

㉟ Hood，C.，*et al.*，‘Regulation Inside Government：Where New Public Management Meets the Audit Explosion’ *Public Money and Management* (1998) 61.

㊱ National Health Service and Community Care Act 1990，s. 4.

㊲ Vincent-Jones，P.，n. 34 above.

> 合同指定了必须实现的新的部门目的和目标，实现它们所要经过的阶段，部门打算如何配置资源以实现这些目标以及监督结果的程序。首相决定这种持续的审查和审计会受到一个内阁委员会的监督，继续现有的公共支出委员会的工作，并且只有在部门遵守其计划的时候才会发放资金。[38]

在这种责任系统之下，扣压部门资源的非法律制裁可以对违约进行制裁，但是部长们同意通过一个私的裁决系统——内阁委员会，决定合同的条款是否被违反了。这种治理结构防止财政部就合同进行机会主义的重新谈判。合同比喻的使用意味缩小对部长的履行的衡量标准，从而，实现经协商的履行目标变成了官方对成功的界定。

在政府和公民的准合同关系中，存在着类似的对私法规制的排斥。将行政规制转变成合同的目标在这里部分地仍然是对官僚机构强加一个准确表达它们的义务和成本的约束。此外，通过要 317
求公民签署一份书面文件，国家试图确保公民意识到他的或者她的互惠性义务以及在哪些情况下将会给予协助。比如说，为了有能力请求一份求职者津贴（就是我们以前所知的失业救济金），机构可以要求申领人签署一份文件，它使申请人应当积极地寻求就业的具体要求变得很清晰。[39] 比如说，“求职者协议”（Job Seeker Agreement）可能规定申领人应当在一段特定时间之内投出一定数量的工作申请，并且参加潜在的雇主所提供的任何工作面试。对这些要求和遵守要求的争议只能提交给政府机构内部的行政法庭（administrative tribunals）。在这个背景中引入合同比喻的优点在于，首先，它促使官员明确指出“积极寻求就业”的一般条款所要求的行为；其次，它为申请人提供了就这个要求的细节进行协商的机会，从而使它们在各种环境中切实可行。当然，存在这

---

[38] Gordon Brown, MP, Chancellor of the Exchequer addressing Parliament, *The Guardian*, Wednesday July 15 1998, p. 9.

[39] Jobseekers' Act 1995, ss. 1, 9.

样的疑虑，协商的机会是微不足道的，而且提供的这些要求会像附合合同一样，要么接受要么放弃。[40]

将私法规制从这些协议中排除出去可能会节省法律成本，但是会产生这样的问题，行政执行是否为这些准合同实现它们的目标提供了充足的惩罚。私法规制往往太过软弱而无法强制履行，但是它们有两个我们曾经提到过的重要效果。第一，它们有助于使关于所承担的准确义务的承诺变得更可置信，第二，它们提供了一种事前谨慎地规划交易的激励。一旦取消了私法制裁的威胁，问题变成了争议的行政解决办法是否能达到同样的效果。这些效果无疑是运用合同比喻时所希望达到的，因为其目标是鼓励组织单位对控制它们的承诺和相关成本变得小心谨慎，并且使得它们对偏离其义务负有责任。

从英国国民保健服务（UK National Health Service）所使用的合同中得到的证据显示，这些合同对于风险分配和预期的履行质量并不清晰。[41] 这些合同规划细节的缺乏可能是由于所涉及的成本。但是，之所以不愿意负担这些交易成本，可能又是因为不存
318 在使得规划成为必要的风险。如果保健服务的行政系统在合同履行的过程中通过变更合同条款而对风险分配进行追溯性的调整，那么准确地进行规划的激励就消失了。类似地，对于履行质量的监督，如果中央行政机关继续执行设定标准和监督的功能，就可以避免这些确保合同遵守的成本。中央行政机关保留这些权力，当然，是为了保证保健服务对公众需求作出灵敏反应。其后果是，对风险和质量的详细合同规定的缺乏容易损害合同作为一种管理机制的成效，因为成本、风险分配和质量监督等棘手问题从而能够被回避。从这种论证可以推出，这些虚构的合同极少能够实现它们意在达成的管理目标。除非它们变成受制于私法规制的真正

---

[40] Fulbrook, J., 'The Jobseekers Act 1995: Consolidation with a Sting of Contractual Compliance', *Industrial Law Journal* 24 (1995) 395.

[41] Allen, P., 'Contracts in the National Health Service Internal Market', *Modern Law Review* 58 (1995) 321; Walsh, K., *et al.*, n. 12 above, 229.

的商业合同，那么它们仅仅要求关注某些方面的成本，而不会使更全面地评估成本、风险和质量成为必要。

在公共管理中对合同比喻的采用因而应当被理解为对合同内涵的某些方面的运用，其目的是使管理的运行变得更透明和可能会更负责任。通过在官僚关系中加入合同话语，当事人被引导对它们的要求提供更多清晰的描述并且发现这些要求的成本。在诸如国民保健服务的情形中，定量配给医疗服务对于控制总成本是必不可少的，为了控制服务的分配，合同行为所产生的信息可以由中央政府加以监督和使用。获取这种信息的代价包括清晰地阐述合同和监督合同履行的交易成本，但是还有，也许更为重要的是，妨碍合作、灵活性和创新的成本，对行为的合同式评估倾向于将这些成本引入社会和经济关系。这些成本只有通过引入法律可执行性才会增加，其结果是对公共服务造成损害，并且对官僚体系进行中央控制这一目标，更多有价值的信息几乎不会被生产出来。因此，公共管理领域中的合同化的功效有着严重的局限。

结论

在追求它们的目标的过程中，政府被合同作为向公众提供服务的一种机制所吸引，因为合同看起来结合了效率和透明的优点。319
我们对这种行为的观察指出了几个妨碍这些优点实现的结构问题。因为需要对公共服务的结果保留政治责任，这促使政府在设定标准时不会全面实施市场机制，并且拒绝就他们的要求对承包人作出准确的承诺。其结果是，合同实现公共服务的有效率的供给的功效就会大打折扣。所以，我们怀疑在公共服务中利用合同是否能够实现任何有价值的收益。

这里的潜在问题可以描述为理性的合同行为的相互竞争的规范的一种特殊形式。政府的首要规范性取向，并不是维持长期商业关系中的必要信任，而仍然是确保向公众提供令人满意的服务的政治责任。这种规范性取向的主导地位系统地削弱了将规范性取向限定于交易（物有所值）和合同（合同文件的明确承诺）的企图。换言之，合同的参照框架看待公共服务提供的方式是它们创造了确定的权利和义务，然而，政府最终还是必须永远优先考虑服从其政治责任和承诺的规范性框架。对合同作为治理手段的运用试图为了效率和透明而推翻这种优先考虑，但是这样做的时候制造了大量的紧张关系，它们在那些阻止通过合同实现合作和良好质量的结构障碍中清楚地表现出来。

规范性框架之间的紧张关系给适当的规制能力的进化带来了许多问题。在我们之前对商业交易的私法规制的讨论中，我的论点是，要为市场和合同的构建提供必要的支持，私法必须采取一种包含商业关系、经济交易和合同这三种规范性维度的情景化进路。这个规制任务很困难，因为私法倾向于只关注规划文件中的权利的合同框架，但是我们注意到情景化得以发生的许多方式。比如说，长期的商业关系和经济交易可以通过解释和补充合同条款的方式加入到合同框架中。规制政府合同的任务的相似之处在于它也需要情景化，但是其问题更为严重，因为政治责任这种占主导地位的规范性情景不仅倾向于限定合同承诺，而且还要求它
320 们被保护公共利益的强制性标准推翻和拒绝。在裁断这种规范性情景之间的冲突的时候，法院需要进一步发展法律推理的能力，根据通过合同落实治理政策的后果来塑造规制的原则，执行规划文件的传统私法进路，涉及这样做的社会后果时，在政府合同的例子中，这些合同自身表现了通过自我规制以执行政策，变得显然更不让人满意。

第十四章 321

争议和解

与合同相关而发生的争议有着令人眼花缭乱的各种形式。如果我们对争议采用一个宽泛的概念从而使它包括形形色色的抱怨和争执，以及更正式的索赔和反索赔，那么我们就可以有效地区分三个宽泛的类别。数量最多的合同争议类别是消费者对劣质的货物和服务所经历的数不胜数的不满意。数量少一点的争议，尽管到目前为止是进入法律系统的最庞大的类别，是请求赔偿被拖欠的货币数额。第三个类别，和另外两个比起来也许是微不足道的，虽然利害攸关的货币数额很可能巨大得多，是关于合同义务的适当履行的商业争议。这三种争议，因为它们在数量、当事人的特征、争议的货币数额、对律师的雇用、利用法律系统的可能性，以及争议的复杂性等方面各有差异，从而对规制带来了迥然不同的挑战。

合同争议的规制也需要清晰地阐述其目标或政策。传统的法律观点认为规制的目标应当是为对合同权利进行辩护提供一个可靠的方法。法律系统对合同争议的回应应当是提供一个机制，称之为诉讼，藉此当事人的权利和义务可以被权威地确定，那就是法院的判决，而无须借助暴力，并且那些权利应当由国家权力执行，在合同争议的情况下可能包括对债务人财产的正式扣押。规制目标的一个更狭义的概念可能包括提供接近正义（access to justice）的机会，也就是一种其申诉得到公平听证（fair hearing）的程序上的权利。如果不赞成这些规制目标，可以主张说规制的主导性目标更务实地应当是和平解决争议。这样一个和平的解决方法只有通过当事人之间的协议才可能发生，因此规制的目标必须是确立那些设计用于促成协议或者和解的机制。规制合同争议的这些目标之间的紧张关系是这一章要处理的主要问题。

推动着诉讼和裁决的法律过程的对依法应享有的权利和相关
322 义务的主张，很容易激化当事人之间的冲突。他们转变了话语，离开维持商业关系和确保来自交易的共同收益的规范性框架，而趋向对合同权利的条文主义的宣称。在竭力提供对正义的接近和对合同权利的辩护，法律过程从而变成这样一种工具，它断开了商业关系中的信任纽带和信心，并妨碍双方当事人达成妥协从而保护交易中预期得到的收益。社会秩序只有以经济上的分裂为代价才能保存。这种论证提倡以下假设，在法庭面前就合同争议进行诉讼，只有在当事人察觉到经济上的分裂已经发生的情况下才会成为他们的选择，所以他们已经不再是将信任关系的可能的经济收益置于危险之中。我们可以通过考察合同争议的诉讼发生频率来验证这个命题。

然后我们将注意力转向这个问题，法律系统是否真的实现了帮助合同当事人就他们的权利进行辩护的目标，即便它做到这一点是以经济上的分裂为代价的。核心问题是法律过程是否确保其结果代表了对那些权利的公平裁决。在考虑和解的重要作用时，我们会试图考察一种普遍存在的疑虑的真实性及其寓意，这种疑虑是法律系统容易产生严重背离对合同权利的不偏不倚的判决的扭曲结果。

我们然后接着考虑替代性争议处理过程（alternative dispute processes）是如何被构建的，其目标在于实现对合同权利更为准确的辩护并与此同时最小化争议解决的经济上的分裂效果。这些诉讼的替代方案，像仲裁，调解和投诉处理机制（complaint-handling mechanisms），事实上为解决广泛的大多数合同争议提供了制度框架。在极大程度上，这些替代方案在法律规制的边界以外发挥作用。我们将考察新的法律规制是否能提高这些替代性争议规制方法的功效和效率。

我的主张是，规制合同争议的主导目标应当是推进争议的合同式和解。这个目标减少了传统地加于在普通法院辩护合同权利和接近正义之上的重要性。相反，和解的规制目标要求法律应当旨在支持和控制那些有能力通过协议来产生或者促进一个公平的争议解决办法的机制。我有两个主要的理由解释对和解目标的偏爱。首先，这个目标紧密地符合保护商业预期的意图，尤其是那些基于商业关系和交易的预期。其次，比起改善对法院的利用和 323
对合同权利的维护，其分配结果对于像消费者等弱势的诉讼人很可能更为有利。

诉讼的偏好（taste）

诉讼包括使用法律过程从而解决合同争议。如果争议没有通过正式途径得到解决，像提供一个替代品以解决某个投诉，原告就会启动诉讼提起正式的请求，比如说法院权力之内的针对被告的令状（writ）。审前程序从而发生，包括文件或者其他证据的“发现”（discovery）或透露（disclosure），对无争议的证据的接受，证据的誓词，专家报告，以及对索赔和反索赔的进一步详细说明。最终审理开始，然后法官（在美国有时候是陪审团）得到一个关于事实、相关法律和最终结果的结论。法院拥有固有的权力判给原告范围广泛的救济，但是目前对违约的一般救济是支付损害赔偿或者金钱赔偿（financial compensation）的指令。不遵守法院的指令会导致进一步的过程，扣押被告的与货物价值相等的财产。然而，在 19 世纪的英国，对判决有效的债务人的一个常见的制裁是监禁。[①]

诉讼众所周知地是既昂贵又拖沓的，尤其是在普通法系统中。其成本和拖延会阻挡大多数潜在的诉讼人。因此，我们可以预期进入到审理的诉讼主要的是富有的商业主体或者政府的行为。根据这个假设，诉讼的发生率取决于原告的成本/收益分析，权衡诉讼成本，像律师和法院的收费，与可能的收益孰轻孰重。要计算这些利益，需要用输掉诉讼的风险，无法对支付不能的债务人执

① Rubin，G. R.，‘Law，Poverty and Imprisonment for Debt，1869-1914’，in G. R. Rubin and D. Sugerman（eds.），*Law，Economy and Society：Essays in the History of English Law 1750-1920*（London：Professional Books，1984）192.

行判决的风险，以及延迟判给赔偿所减少的利益，来对成功的结果打一个折扣。依照这种假设的成本/收益分析，我们可以预期，只有当判给一大笔损害赔偿金的可能收益很高，从而使得损失的风险和不可避免的成本相形见绌，原告才会选择诉讼。

尽管这个假设大体上就诉讼发生率提供了一个解释，它对于
324 合同争议的特定属性并不灵敏。在这个领域，我们可以提出另一个假设，那就是当商业关系被察觉已经是没有前途的，诉讼才会发生。依照这种解释，对涉及合同的诉讼的成本/收益计算总是包含一个额外的因素，那就是保留通过避免诉讼来维持商业关系而可能获得的收益。失去这种收益是诉讼的一种成本，并且通常会超过当事人之间就任意特定合同为其合同权利辩护所得到的可能受益。因此，按照这种假设，诉讼的主要决定因素在于长期商业关系中的信任和信心的崩溃。关键的变量并不是处于危险中的货币额大小，而是对从保持商业关系中得到的可能受益的计算。

这种新的假设还强调替代性争议解决方法这个变量。如果当事人可以运用一种机制解决他们的争议而不使他们陷于诉讼的侵略性姿态中，那么只要他们希望维持其商业关系，他们很可能倾向于这种替代性的方法而不是诉讼。替代性争议解决机制之所以受到青睐，还可能因为它降低了追求索赔的成本，但是在决定拒绝法院过程的时候，这个因素不会成为关键。替代性争议解决的主要吸引力在于它有可能解决争议而不将长期的商业关系置于危险的境地。

这些对立的假设在多大程度上符合现有的关于合同诉讼的发生的证据？政府就它们的法院服务所提供的统计证据并不是按类别收集的，也就无法为我们的目的提供便利的衡量方式。比如说，英国的统计事务部门（English statistical service）并不使用合同争议的类别，要构建这些类别，必须通过将一些包含不相关材料的其他类别省略掉。更糟糕的是，我们对于作为一个整体的合同争议的发生只有基于随机问卷调查的大致估计，因此我们无法轻易地确定在法院结束的那些争议的比例和特征。尽管存在这些限

制，我认为我们可以有合理的自信，第二种假设是对合同争议诉讼的发生的更好的解释。

关于合同争议的诉讼数量最大的类别是商业组织对个人，要么是消费者要么是诸如店主那样的小商人，追索债务。[②] 这里对法律过程的启用，其目的在于要求赔偿在以下情景中被拖欠的货币， 325
那就是商业组织不怎么看重与另一方在未来的贸易中得到的可能收益。商业组织甚至可能发现采用诉讼有助于在共同体中确立其坚持要求赔偿的声誉，从而阻止其他人拒绝支付。法律过程在这里的使用并不是要解决争议，而是要利用国家权力来获得债务人的财产。债权人所选择的程序将会试图减少任何对争议的真相的调查，并且尽可能直截了当地进展到判决和扣押货物：

> 我们无法不得出这样的结论，美国的法院大体上是组织用来榨取和约束个人的场所。[③]

这种诉讼模型从 19 世纪以来就没有改变过：

> 赊销商，放贷人，炫目珠宝的贩子，出卖价格高昂的圣经丛书、留声机或者其他穷街陋巷里的奢侈品的商人，这些就是国家想要取悦的恶棍。[④]

除了收债的过程，我们还发现了少量的对合同权利的进一步

② Ramsay, I., 'Consumer Redress Mechanisms for poor-Quality and Defective Products', *University of Toronto Law Journal* 31 (1981) 117, 135; Wanner, C., 'The Public Ordering of Private Relations', *Law and Society Review* 8 (1974) 421; Cranston, R., 'What do Courts Do?', *Civil Justice Quarterly* 5 (1986) 123, 128-9; Cain, M., 'Where are the Disputes? A Study of a First Instance Civil Court in the U.K.', in M. Cain and K. Kulcsar (eds.), *Disputes and the Law* (Budapest: Academiai Kiado, 1983) 119.

③ Galanter, M., 'Afterwor: Explaining Litigation', *Law and Society Review* 9 (1974-5) 347, 360.

④ Parry, E. A., *The Law and the Poor* (London: Smith, Elder & Co., 1914), 61, quoted in Rubin, G. R., 'The County Courts and the Tally Trade, 1846-1914', in G. R. Rubin and D. Sugerman (eds.), n. 1 above, 321, 326. Tallymen 是以信用方式向穷人出售奢侈品的流动卖家，其经营方式和 Walker-Thomas 相似，但是显然倾向于使用监禁作为惩罚以追索债务，无疑是为了杀鸡儆猴。

的诉讼。在这些案件中，争议提出了有关合同履行的更复杂的问题，比如提供的货物是否具备令人满意的质量，或者预期的履行是不是一个合同义务。在这里有可能为强调诉讼成本的威慑效果的第一种假设找到支持。诉讼的参与者几乎总是资源丰富可以承受败诉风险的大组织。普通的消费者、雇员、承租人，等等，通常只有在获得对诉讼的某种集体的支持时才能够集合必要的资源，或者通过有关法律费用的保险系统，或者通过寻求某个集体组织的协助，像工会或者消费者群体。60 年代对英国的地方郡法院（County Courts）的诉讼人的一个研究没有能发现哪怕一个以消
326 费者为一方当事人的案件。⑤ 普通消费者和小商人不得不选择一个比起普通法院更为便宜的争议解决机制。

当我们考察普通法院中关于合同争议的诉讼的发生时，除了当事人的财富，我们能不能发现一个模式？能不能发现在法院结束的争议的一些明显特征，它们不同于那些通过像仲裁等其他机制解决的争议？尤其是，我们是否能为这个假设找到支持，长期的商业关系是决定诉讼的偏好的关键变量？在一个美国的调查中，一个制造商说：

> 迄今为止，我们在避免法律诉讼方面相当成功，而且相信其他的调整方法要奏效得多——而且感觉要好受一些。⑥

依照这第二种假设，当要么交易是个别的，也就是说，并非嵌入于当事人之间在过去的或者预期在将来发生的交易之中，要么原告发觉商业关系无法再恢复，有关合同争议的诉讼才会出现在普通法院面前。这些情况在经济当中是十分不寻常的，如果我们关于信任和长期商业关系在构建市场中的重要性的论证是正确的。

---

⑤ Consumer Council, *Justice Out of Reach* (London, HMSO, 1970) 14-15. 另一个 80 年代的研究没有区分这种消费者请求，但是指出大约 1%的请求是由私的公民向私的商业主体就债务以外的问题提出的：Cain, M., n. 2 above, 127。

⑥ Comment, 'The Statute of Frauds and the Business Community: A Re-Appraisal in Light of Prevailing Practices', *Yale Law Journal* 66 (1957) 1038, 1062 n. 66.

对这些问题的一条进路考察上诉法院所面对的合同争议的特征，会有不寻常的争议，因为当事人花费了大量的资源维护他们的法律权利。但是它们可以提供一些涉及诉讼偏好的洞见。Macaulay 描述了在美国关于合同争议的上诉案件的特征。[⑦] 这些争议包括由重大的外部冲击所引起的长期商业关系的破裂，像 70 年代的石油危机，雇员对他们的雇主因不正当的解雇和性骚扰而提起的索赔，希望能得到罕见的惩罚性损害赔偿的救济，以及由新技术无法产生预期的后果所引起的失望。因为长期商业关系破裂导致的争议，符合诉讼标志着商业关系断裂的假设。雇佣的例子类似地只有在雇佣关系破裂以后才会发生，并且，尽管原告往往缺乏诉讼所需的资源，惩罚性损害赔偿这种可能的奖赏改变了正常的成本/收益分析。涉及新技术 327
的案件似乎关系到个别的交易，不需要一个长期的商业关系以支持合作。

我认为，对英国案例的一个类似的调查会揭示，上诉阶段最常见的争议涉及对支配国际贸易的标准合同进行解释的判例案件，重大的建筑和物业发展项目（construction and property development projects）在交易已经完成或者破裂以后对风险的分配，以及在判例案件中银行为了执行担保利益而提起的侵略性的诉讼（aggressive litigation）。[⑧] 之所以积极从事判例案件的诉讼，是出于它对许多其他案件的责任的可能影响，因为成功的诉讼可以阻

---

⑦ Macaulay，S.，'An Empirical View of Contract'，*Wisconsin Law Review*（1985）465.

⑧ 这种印象受到对伦敦商业法院，一个处理很大一部分商业诉讼的法院的工作的研究的支持："Coopers 和 Lybrand 对商业法院的研究发现……航运案件占到了研究样本的诉状中的 54%，其中最普遍的诉讼原因是违约。其他重要的类别包括非海上保险（9%）、商事合同（8%）、道路和土地合同（8%）、银行业（7%）和债务（6%）"，报告在 Vincent-Jones，P.， 'Contract Litigation in England and Wales 1975-1991：Transformation of Business Disputing?'，*Civil Justice Quarterly* 12（1993）337，354，20，参考的是 Coopers and Lybrand Associates，*Study of Commercial Court*（November 1986），para. 4. 6. Cf. Reynolds，F.，'The Applicability of General Rules of Private Law to Consumer Disputes'，in S. Anderman *et al.*（eds），*Law and the Weaker Party*（London：Professional Books，1982）ii. 93-110。

止将来的索赔。英国的银行业案件源于债务执行，它们代表了这样一些判例案件，意在维持证券的电子传送执行（truncated enforcement）的便利以对抗消费者。除了判例案件，其争议的数额相对较小，到达法院的诉讼很可能涉及数额巨大的货币，这使得对诉讼的投资可能是值得的。[⑨] 当然，上诉案件并不对合同争议诉讼的发生提供一个可靠的指南。这些是争议数额大并且法律常常不清晰的案件。即便如此，我们可以在这些案件中辨认出长期关系破裂的模式，比如因石油危机或者建筑项目崩塌引起的问题。涉及国际贸易的案件，尽管很可能属于长期商业关系，但并不是对这种模式的一个明显的例外，因为其争议总是首先通过法院系统以外的仲裁加以处理。

一个美国的研究尝试更仔细地和更一般地考察商业诉讼的发生。它考察根据美国统一商法典属于诉讼范围的合同关系的类型，它们通常包括销售和信用协议。这个研究采用 Macneil 对个别的
328 合同和关系型合同的区分，并为如下命题找到了支持，诉讼更可能发生在个别的合同中，像一次性地将机械设备销售给另一个商业主体，或者在面对消费者或者小规模的商业主体的销售中。[⑩] 尽管这个研究为这个假设提供了一些支持，那就是诉讼与长期商业关系的破裂是相关的，个别的合同和关系型合同的区分并不能精确地匹配我们曾经作过的比较，因为个别的合同有可能是一个长期商业关系的系列合同的组成部分，也可能存在着没有合作的商业关系支持的无效率的关系型合同。

其他对合同争议发生的长期研究提出，对生产系统的外来冲击会引起诉讼的增加。在美国一个对汽车制造商和它们的经销商和供应商在 1970 年到 1990 年之间的诉讼的研究中，有证据显示

---

⑨ Vincent-Jones，P.，n. 8 above，340："在同一年［1985 年］对违约的裁决中，25%的案件的涉案数额在 10000 和 50000 英镑之间，引人注目的是高达 42.8%的案件所涉数额超过 50000 英镑。"

⑩ Crystal，N. M.，'An Empirical View of Relational Contracts Under Article Two of the Uniform Commercial Code'，*Annual Survey of American Law*（1988）293.

在 80 年代早期发生了一个显著的增加，然后在 80 年代后期有一个下降。对这种增加最可能的解释是，美国汽车制造商在 80 年代经历了来自日本制造商的激烈竞争，这导致了与零件供应商和分销商的长期商业关系出现了不稳定和不确定。[11] 随后的诉讼的下降可能部分地是由于供应商和制造商在单一制造商系统下更剧烈的一体化，并从而修复了更为合作的商业关系。但是另一个有趣的解释是，作为对诉讼成本及其分裂性的经济效果的回应，当事人发展了更为便宜的替代性争议解决方法。[12] 即便如此，考虑到合同的数目和它们的价值，诉讼的发生是极其少量的。有类似的证据表明，80 年代在英格兰和威尔士的所有部门中合同争议都有所增加，尽管官方的统计并没有区分合同诉讼和其他种类的索赔。[13]

涉及合同的诉讼增加，作为范围更广的诉讼发生的增加的组成部分，其原因仍然是不得而知的。合同诉讼的发生和商业周期之间可能有联系。[14] 对支付不能的当事人主张权利必须通过法院和正式的法律过程。因此经济衰退很容易增加合同诉讼的发生。另一个关键的变量也许是和解和替代性争议解决比起诉讼的相对吸引力，这可能严重取决于各种程序的相对成本和灵活性。但是可能存在着很多其他因素导致诉 329
讼的增加。民事诉讼程序规则的一个细小变更可能突然使得某个群体能够以之前不可行的程度利用法院。将诉讼的成本和可能收益载入资产负债表的会计行为，可能在决定是否宁愿诉讼而不和解的时候至关重要。[15] 补偿诉讼成本的负担得

---

⑪ Kenworthy, L., *et al.*, '"The More Things Change...": Business Litigation and Governance in the American Automobile Industry', *Law and Social Inquiry* 21 (1996) 631.

⑫ Ibid. 631, 675.

⑬ Vincent-Jones, P., n. 8 above, 337.

⑭ Dunworth, T., and Roger, J., 'Corporations in Court: Big Business Litigation in U. S. Federal Courts, 1971-1991', *Law and Social Inquiry* 21 (1996) 497.

⑮ Nelson, W. E., 'Contract Litigation and the Elite Bar in New York City, 1960-1980', *Emory Law Journal* 39 (1990) 413.

起的保险可以被广泛地使用，这可能证明是对普通人而言最为重要的因素。

除了这种统计上的证据，我们还可以参考对商业主体的调查的成果，以揭示诉讼的发生和动机。其中清楚的模式是，在商业关系中，为了寻求利益的调和，诉讼被特意地回避。对西雅图的商业主体一个近来的调查发现，提供了支持这第二种假设的一个有代表性的样本。

> 一个大规模制造商的法律顾问说，尽管和他们所有的主要供应商常常发生争议，“不存在诉讼；没有向外部的律师进行咨询”。即使是和供应商之间关于担保请求权和担保免责请求权的争议，“从来不以诉讼的手段解决”……除了涉及未支付的账单和欺骗的情况，法律诉讼是极其罕见的。不诉诸法院解决争议的原因也十分相似。商业上的考虑因素——尤其是关心其关系友好地持续下去——和对商议的条款的承诺是最为常见的。比如说，位于西雅图的一个公关公司的资深副总裁在回答如何解决与长期客户之间的问题时，回答说，“我们吃掉了一些账单”。他解释道：“如果，事实上，我们觉得双方都有过错，我们就说，‘嘿，让我们来分担这些损失吧。’然后我们谈论这个事情。我们确实吃掉了部分账单。有时候我们让客户额外支付更多。这有时会危及我们的关系，但是总的来说人们还是相当通情达理的。”[16]

尽管这些因素中的每一个都可能影响到对诉讼的偏好，主要的假设，合同诉讼的发生取决于经济上的分裂的出现，似乎受到一些可得的证据的支持。只有当不存在切实可行的长期商业关系并且当事人觉得无法达成能对双方都保留一些减少了的收益的妥
330 协时，才会转向权利的合同话语。然而，即使这些条件都得到满

---

[16] Haley, J. O., ‘Relational Contracting: Does Community Count?’, in H. Baum (ed.), *Japan: Economic Success and Legal System* (Berlin/New York: Walter de Gruyter, 1997) 167, 172.

足，诉讼的成本对于大多数消费者而言将排除利用诉讼作为一种争议解决机制。因此对诉讼的偏好是很少的，尽管这在不同的国家之间有一点差别。经济交易的当事人大多数时候会专注于维持长期商业关系所实现的经济收益和确保某个特定的买卖有着成功的结果。

合同权利的辩护

我们考虑下一个问题，法律系统是否实现了一个制度框架，合同权利通过它可以被准确地辩护。为了这个目的，我们假设法院的判决总是会产出正确的结果，也就是说，它为准确辩护合同权利提供了一个标尺。当然，法官可能会犯错误，或者是因为呈现的证据不够充分，或者是出于对法律的误解。但是大体上这些错误可以经由法律系统的运作而通过上诉系统到达更高等法院从而得到矫正，因此为了这个讨论目的，我们会假设最高级的法院所给出的对合同权利的决定是结论性的，尽管它们可能和当事人原先的预期并不相同。然而，这里让我们感兴趣的是那样一些案件，诉讼已经开始，因此诉讼正式的制度上的过程被启动了，可是最终的决定却并非由普通法院提供。

从这个角度看，我们发现即使原告已经决定采取行动通过诉讼正式主张其合同权利，这件事情最不可能的就是来到普通法院面前。当事人几乎总是会在审理之前就他们的争议达成和解。这里让我们感兴趣的问题是，和解的条款是否符合司法判决的可能结果。法律制度是不是为当事人实现与法院将强加的结果一样的决定提供了必要的结构和激励？如果不是，我们是否要担心这种对法律标准的偏离？和解是不是代表了对法律正义的标准的系统性偏离，如果是，这是不是揭示了强大的当事人通过操纵法律过程而扭曲了正义，或者它反而证明了法律正义的标准与合同争议当事人的预期和利益是不相容的？

和解的发生

在案件审理的任何阶段，诉讼的当事人可以就争议进行和解。一个正式的和解包括终止诉讼的协议和关于赔偿的任何条款。在
331 绝大多数的诉讼争议里，和解决定了案件的结果。我们不能肯定和解案件的比例，因为尽管法院会统计令状的数目和进行审理的案件的数目，这两个数字之间的差异包括很多案件经由它们并不会进入审理阶段的其他方法。举例来说，在英国的高等法院(High Court)（后座庭，Queen’s Bench Division)，每一年大约会发布 22000 个涉及合同争议的令状，但是只有大约 200 个案件会进入审理和最终的判决。[17] 在主要处理重大合同争议的伦敦商业法院（London Commercial Court)，在一个平常的年份里，大约会发布 2500 个令状，但是少于 20 个案件会在审理之后由判决裁定。[18] 这些数字之间的差距不仅包括和解，还包括以下案件，没有显示诉因而被撤销的案件，没有被追究或者被撤回的案件（可能意味着和解)，以及在审理之外获得了裁决[19]（这并不排除其后出现一个不同的和解)。从可得的证据中，我们可以试作一个猜想，涉及合同争议的案件至少有百分之八十是和解的，但是很可能比例会甚至更高。

显然存在着强烈的和解争议的激励。在大多数民事诉讼中，一个激励是希望避免诉讼的成本。和解比起继续诉讼可以使双方当事人的处境都变得更好，因为在法院获得可能的胜利的价值会被法律费用消耗掉。通过终止法律诉讼程序，这些费用被减少了，因此，接受比预期更低的赔偿而同时节省法院庭审的法律费用，原告的处境可能会更好。所以，依照成本/收益计算，和解的预期

---

[17] Lord Chancellor's Department, *Judicial Statistics*, 1996 Cm 3716, 27-9.

[18] Ibid. 33.

[19] 这些裁决可能包括“合意判决”（consent judgments）法院在其中的作用仅仅是批准一个和解，或者一个缺省的判决，对此被告没有采取任何行动来为案件辩护；在前一种情形中，统计数据掩盖了和解的出现。

结果将会是，原告接受一个比法院将会判给的更少的数额，因为提出的赔偿将会减少以反映原告输掉诉讼的风险和原告在法律成本方面的节省。偏爱和解的行为还掩盖了一个关于诉讼的非常隐蔽的秘密。在法院的胜利并不能确保获得赔偿。扣押货物以满足被法院判决有效的债务的诉讼程序开始了一个猫捉老鼠的游戏，资产被隐藏、转移或者简单地消失在支付不能的深渊里。比如说，从一个对英国的小额索赔法院的研究中，我们知道在从判决算起的六个月以后，只有一半的原告得到了全额的支付。[20] 在法院的胜利可能有着重要的象征功能并且有助于恢复某些种类的商誉，但 332
是如果原告事实上希望得到赔偿，在和解的桌子上接受数额减少的现金比起等待诉讼程序的结果可能更安全。

另一方面，在商业争议中，债务人有激励避免早早地和解。拖延任何支付有着以在法律诉讼过程中所要求的较低的利率借款的价值。[21] 被告也可能有机会使得自己“无力履行判决”（judgment proof），其方式是隐匿资产，将它们转移到管辖权之外，对于公司实体，可以进入自愿解散状态。

然而，在合同争议的情况下，我们必须注意另一种可能的和解的动机。我们可能发现这种动机，达成一种友好的利益妥协从而试图恢复商业关系，并终止诉讼以避免更多的损害赔偿。在此类情况下，和解的条款也许不是来自法院庭审的可能结果，而是修复一个对双方当事人都可行和满意的商业关系的需要。这种动机仍然是成本/收益的计算，但是包括修复未来的贸易关系的可能收益的因素。当这种动机支配着和解，当事人将不会试图沿袭法院施加的结果，因为他们的视野比这个特定的合同争议更开阔。

和解的偏离

尽管诉讼可能通常发生在长期的商业关系破裂的时候，我们

---

⑳ Baldwin, J., *Small Claims in the County Courts in England and Wales: The Bargain Basement of Civil Justice* (Oxford Clarendon Press, 1997) 133.

㉑ Cranston, R., n. 2 above, 134.

不能推断这第二种和解的动机不会实际上产生更多一致同意的和解。可能恰恰是为了抗击这种商业关系的断裂，当事人渴望达成和解。如果是这样，那么和解并不近似于法院判决的事实不会引起疑惑，认为和解是错误的。相反，偏离的和解可能表明了双方当事人对他们最佳的长期利益的一种微妙的计算。他们可能选择在某个特定的案件中放弃或者减少索赔，努力地修复融洽的商业关系。尽管我们没有任何坚实的证据能够让我们比较和解与可能的司法判决，即使这种证据可以证明和解无法给原告提供任何与他们的法律权利的近似物，我们还是不能肯定地说，因为这些制度安排对成功地主张合同权利造成障碍，它们就是有缺陷的。

但是，一些研究确实揭示了和解严重偏离推定的合同权利，
333 其原因从分配的角度看难以自圆其说。一个对和解与法律权利之间的差异的具有说服力的解释强调当事人不同的谈判力。和解通过协商产生。当事人为了这个目的配置他们最优的可利用的资源。他们会坚持他们的法律地位的效力，并试图最小化另一方的索赔的有效性。法律权利通常不是毋庸置疑的。正如 Macaulay 只是略有夸张的评论：

> 我常常告诉我的学生，如果能力相当的律师代表资源相当和将资源投入到案件中的意愿相当的客户，案件属于［规定货物交易的美国统一商法典的］第二条的范围，那么案件将会胜负难分。[22]

之所以要聘用律师是为了让他们找到法律权利的不确定性。即使当法律看起来是清晰的，还是会有更多的不确定性，它们是由当事人无法找到证据在法院里支持他们的主张所造成的。在关于权利的不确定性的条件下进行协商，有证据支持如下观点，谈判资源对于和解的结果有着重要的影响。

在 Wheeler 对关于执行“保留所有权的条款”（reservation of

[22] Macaulay，S.，n. 7 above，465，469.

title clauses）的担保利益的协商的研究中，她主张说协商中最有价值的资产是聘请常规地处理这种特定工作的律师，因为律师可以信心十足地摆布法律，从而胁迫对方进入一个不合理的协商。[23] 在她的研究中，卖方执行担保利益的企图往往是不成功的，尽管他们依据合同有着相对强大却不清晰的法律地位，因为被告一般是更大的商业主体，他们聘请对辩护此类请求经验丰富的律师。这些“重复的参与者”（repeat players）可能是追索债务案件中的原告，或者是向保险公司索赔的被告。[24] 通常，正如 Wheeler 所指出的，“重复的参与者，作为占主导地位的行为人，没有达成和解的意图”[25]。协商是为了完全阻吓另一方主张其法律权利。

也可能在审理以后寻求和解。尽管法院将提供一个关于权利的判决，通常还会有上诉，并且围绕法院的取回债款（collection）过程，常常存在着种种困难，因此当事人接着进行更多的关于原法院的决定将在多大的程度上得到遵守的协商。法院的决定在协 334
商中变成了一个讨价还价的筹码，但是，如果双方当事人的经济利益和它格格不入，那么它所确立的秩序并不会得到遵守。举例来说，如果当事人希望使交易维持下去，而不是以违约的理由终止它，那么撤销合同的司法决定将会被一个和解替代，这个和解会以不同的条款建立一个新的合同关系。在 Westinghouse 的案件中[26]，由于 70 年代所有能源的成本大幅上涨，公司无法履行长期的供应铀的合同而不蒙受巨大的经济损失。公司不能依据“商业上的不可行”的理由从合同中抽身而出。[27] 然而，在输掉了诉讼以

[23] Wheeler，S.，*Reservation of Title Clauses*（Oxford：Clarendon Press，1991）.

[24] Galanter，M.，‘Why the “Haves” Come Out Ahead：Speculations on the Limits of Legal Change’，*Law and Society Review* 9（1974-5）95.

[25] Wheeler，S.，n. 23 above，201.

[26] *In re Westinghouse Electric Corporation Uranium Litigation*，405 F Supp 316（1975）；Joskow，P. L. ‘Commercial Impossibility，The Uranium Market and the Westinghouse Case’，*Journal of Legal Studies* 6（1977）119.

[27] Uniform Commercial Code 2-615.

后，公司接着协商了新的供应合同并修复了商业关系。[28] 该和解因此与严格的法律权利发生了重大的偏离，但是执行这些权利和迫使 Westinghouse 清算显然并不符合任一方当事人的利益。[29] 在关系到消费者的情形中，其中大多数的诉讼涉及债务收取，在常常是未经审理而得到法院的判决以后，债权人往往面临着收取债务的问题。来自美国的证据再一次指出和解的重要性。尽管享有强大谈判地位的债权人赢得了判决，大多数债务通常会通过一个自愿的协商或者和解收取，这比起借助法院的执行过程要便宜。债务人之所以参与和解，是因为希望保护其信用等级并且受到数目上有所降低的支付的激励。[30]

法律系统察觉到鼓励和解中的公共利益，一点也不是因为最小化审理可以降低法律系统对纳税人的成本。但是和解背后的协商过程为“重复的参与者”或者那些有着令人信服的谈判力（包括变得支付不能的威胁）的当事人提供了巨大的优势，因此和解经常会推翻合同法意在保护的那些权利。[31] 另一方面，法律系统只可以宣告权利，它不能毫无例外地通过救济的方式执行它们，因此和解比起法律过程可能远为接近维护合同权利的救济的目标。

335

规制和解

对和解作为正常的诉讼产物的考察，表明它们极少是法律正义的要求的近似物。在某些情况下，当事人深思熟虑地着手达成一个不同的权利和义务分配，其目的在于修复长期的商业关系。在一些其他的情况下，重复参与者和那些从更高明的法

---

[28] Dawson, J. P., ‘Judicial Revision of Frustrated Contracts: The US’, *Boston University Law Review* 64 (1984) 1, 26.

[29] Campbell, D., and Harris, D., ‘Flexibility in Long-term Contractual Relationships’, *Journal of Law and Society* 20 (1993) 166.

[30] Whitford, W. C., ‘A Critique of the Consumer Credit Collection System’, *Wisconsin Law Review* [1979] 1047, 1051.

[31] Coleman, J. L., *Markets, Morals and the Law* (Cambridge: Cambridge University Press, 1988), ch. 9; Fiss, O., ‘Against Settlement’, *Yale Law Journal* 93 (1984) 1074.

律意见中受益的当事人在协商中的谈判力使减少或者完全废除弱势当事人的权利的和解得以发生。然而，为了规制的目的而区分这两种和解并不容易。尽管存在着这样的意图，希望以法律规制控制通向和解的协商过程，从而防止强势的一方当事人施加不正当的影响，这种规制还必须能够辨认以下情况，弱势的当事人如果考虑到长期商业关系的可能，从一个不利的和解中仍然能发现可得的更佳的经济收益。比如说，我们能不能确保长期商业利益对 Wheeler 的研究中的主体的判断没有影响，所以，不利的和解之所以被接受是因为它留住了一个有价值的客户？

大多数关于合同的诉讼争议的结果是另一个合同，也就是和解。法律系统将权力下放给当事人以决定他们对自己的权利的评价，然后将这些权利转变成对利益的经济衡量。法院承认这些合同的有效性，除非存在欺诈。合同中法律正义的内涵因此是由合同的内涵本身所赋予的。对行为的评估变得被狭窄地限定于可衡量的经济收益，而争议结果中其他人的利益被系统地忽略了。因此，法律制度似乎是被构造以确立一个鼓励争议的私人和解的过程，而不赞同对权利的公共辩护。Fiss 曾经对作为一个整体的民事诉讼中的制度过程发起攻击，他认为它在主张和执行正义的法律标准方面极其严重地破坏了公共利益。[32] 然而，在进行诉讼的合同争议的背景中，可能有一个不同的政策在发挥作用。在这些商业争议中，法律规制采取鼓励自我规制和自我执行的立场，目的是使当事人能够构造他们的信任关系并形成有利可图的交易。在这个政策中，赋予当事人关于正义的结果方面的自我规制的权力也是有意义的，从而他们可以形成他们自己的标准和达成利益的妥协。我们必须怀疑，在商业争议的当事人之间主张和执行合同法是否存在任 336
何独立的价值，如果他们根据他们的利益一致同意采用不同的标

---

[32] Fiss，O.，n. 31 above.

准。正如当事人有自由以一致同意的修改重新塑造他们的交易，以便对情势的变更作出反应，他们同样可以被赋予这样的便利，通过和解溯及性地变更他们的法律权利，以推进他们的商业利益。

在这个背景中，法律规制的目标应当旨在提高和解的功效和效率。问题在于诉讼过程是否提供了这样的程序和时机，使得争议的当事人可以协商一个公平的和解。很多近来的试验将强制性的调解和仲裁并入诉讼程序，其主要目的就是促进和解。必须面对的困难是，将诉讼过程变得更复杂精细存在以下风险，它增加了和解的成本但实际上并没有提高和解的数量或公正性。另一方面，在法庭门外甚至在审理过程中达成的和解的一般经验表明，意在促进通向和解的协商的更早的干预，也许能为当事人省下一大笔准备庭审的费用。我觉得我们对于诉讼过程中进行和解的动机所知太少，因此无法确定如何在经济联系断裂的情况下最好地打破僵局。我们知道审理的临近容易推动严肃的协商，但是同样地我们可以猜测纯粹的拖延和诉讼过程的费用也为协商和解提供了一个强大的经济激励。任何声称改革民事诉讼程序将会推动更为有效率的和解的主张，我们应当对它们抱有怀疑的态度。

在英国，首席大法官 Woolf 关于民事司法制度改革的计划试图增加有效率的和解，其方法是从一开始就加强对诉讼的司法控制，以及为当事人提供关于继续诉讼的成本和风险的更佳的信息。[33] 这些措施假定律师对有效率的和解造成了障碍，法官会有动机试图通过案件管理（case management）来设计和解，而更佳的信息会使当事人不再抗拒和解。采用的主要方法是法官进行的案件管理，其目标在于迅速地收窄争议中的主要问题。这种方法也许能大大缩短审理，但是它可能无助于和解。

㉝ Lord Woolf, *Access to Justice*: *Interim Report to the Lord Chancellor on the Civil Justice System of England and Wales* (London: HMSO, 1995).

> 现代协商理论告诉我们，更可能达成和解的情况是当存在着更多的问题，而不是更少。如果有许多的问题处于危险之中，当事人之间互补的而不一定是相互竞争的需要和利益可以彼此折中以增加符合“帕累托最优”条件的可能的和解数量，也就是当事人考察一定数目的可能性，直到没有一方当事人可以在不损害另一方的前提下改善自己的处境。[34] 337

即使新的举措有助于和解，它们要做到这一点也许只有通过提高其成本，因为要满足案件管理的要求就要有“前期吃重的”（front-loading）诉讼费用。

根本上，这里的问题在于治理诉讼的规制系统仍然维系于促进审理早日和便宜地进行的政策。然而，在合同争议的背景中，首要的目标应当是促进公平的和解，这些诉讼过程的改革可能证明对促进和解是无关甚至有害的。正如 Palmer 和 Roberts 对 Woolf 改革的敏锐评论：

> 律师们的诉讼策略的弊端被毫不客气地指认出来；但是核心的问题——和解与审理的历史性融合——受到赞同并有所增加。允许不断地利用通往法院的途径来追求和解的策略，已经如此率直地承认这些行为对客户多么的不利，它让协商和判决有害地缠绕在一起。[35]

然而，首席大法官 Woolf 还建议当事人应当被鼓励采用替代性的争议解决机制，尽管他没有遵循美国联邦的强制性法院附设仲裁的模式[36]，或者让中立的仲裁人早早裁定问题的类似方法。[37]

---

[34] Menkel-Meadow, C., 'Will Managed Care give us Access to Justice?', in R. Smith (ed.), *Achieving Civil Justice: Appropriate Dispute Resolution for the 1990s* (London: Legal Action Group, 1996), 94.

[35] Palmer, M., and Roberts, S., *Dispute Processes: ADR and the Primary Forms of Decision Making* (London: Butterworths, 1998) 192.

[36] Ibid. 277-87.

[37] Rosenberg, J. D., and Folberg, H. J., 'Alternative Dispute Resolution: An Empirical Analysis', *Stanford Law Review* 46 (1994) 1487.

这个提议看来更加慎重并因而更为似是而非。对达成和解的机制的选择仍然留给当事人，但是法律系统可以协助他们，其方式是促进和宣传对很多不同的争议解决方式的利用，像调解、仲裁和“早期中立评估”（early neutral evaluation），从而一个合适或受青睐的程序很容易被采用。然而，我们应当指出，当事人的偏好可能并不倾向于任何公共服务，而宁愿选择一个在他们自己控制之下的私的程序。在以推动合同争议的和解为目的而规制诉讼过程时，法律系统必须认识到，最优策略的一个重要维度包括克制干预而尊重当事人自己的对争议和解程序的构建。

338

接近正义

到目前为止，我们只是考察了那些借助正式的诉讼程序的合同争议。这些争议的集合浮现了冰山的一角，因为绝大多数的合同争议采用其他的过程。消费者对于失望的典型反应要么是完全无所作为，要么是向供应货物或者服务的商业主体提起投诉，而不是去求助一个正式的程序。

> 根据最近的公平交易署（OFT）消费者不满意调查，英国的消费者每年遇到大约 9 000 万桩不满意的交易（“投诉的理由”）。这意味着，平均而言，每户有四个投诉的理由。这些情形中的 40%，或者 3 600 百万桩交易，消费者没有采取行动登记诉讼并就其问题获得救济。[38]

与此同时，正如我们已经评论过的，商业主体表现出回避普通法院而倾向于仲裁和其他的非正式的争议解决机制的强烈偏好。

普通法院和它们的程序不是解决绝大多数合同争议的场所，我们应当为此担忧吗？确保消费者和小规模的商业主体更好地利用法院可能获得什么收益？法律规制应当将当事人输送往法院，

---

[38] Office of Fair Trading. *Raising Standards of Consumer Care*: *Progressing Beyond Codes of Practice*（London：OFT，206，1998）9.

它还是应当相反地试图鼓励和规制替代性争议解决方法？换言之，法律规制是应当被设计用于使得国家的制度对尽可能多的合同争议提供决定，还是法律规制应当专注于确保当事人构建或者选择的过程的公平性？简而言之，在合同争议的背景中，当我们对接近正义的需求作出回应时，我们是否应当促进公的或者私的正义？

投诉机制

当面对着合同关系中的失望或者背叛，受损害的当事人最不可能的就是求助诉讼程序。在商业的和消费者索赔中都一样，第一步是向另一方提出投诉。对于消费者，这还很可能是其全部可能的救济程序。

我们已经略微谈到一些理由，为什么在商业合同中当事人试图非正式地解决他们的争议是理性的。在对商业主体作为签约人之间的争议的研究中，正如在 Beale 和 Dugdale 的调查中，在这种 339
争议的前法律阶段，合同行为很可能主要地以商业关系和交易为导向。为了维持商业关系，对投诉的反应很可能是表现出对存在的问题进行救济的关切和意愿。救济的方式同样受到保持交易在经济上对双方当事人都可行这种需要的影响。提供的救济可能是修正缺陷或者降低价格。据 Beale 和 Dugdale 介绍，支付任何货币都是极为罕见的，并且对利润损失的间接损害（consequential damages）的赔偿毫无疑问不在预期之中，大概是因为这会使得交易对卖方无利可图。[39] 经济上的补偿在长期的商业关系中可以采取提供信用的方式，从而下一个订单的价格可能会降低或者可能会为备件签发一个信用证（credit note）。当事人不大可能试图完全取消交易。对商业行为的其他研究揭示了一个类似的寻求经济妥协的模式，一般只以补偿浪费了的开支为目标。[40] 只要当事人在维

[39] Beale, H., and Dugdale, T., 'Contracts Between Businessmen: Planning and the Use of Contractual Remedies', *British Journal of Law and Society* 2 (1975) 45.

[40] Comment, n. 6 above, 1061.

持长期的商业关系方面有共同利益或者可以找到一种使交易对双方当事人都可行的方法，投诉机制就可以提供一个解决问题的办法。除非是作为最后的一着，基本上不存在对诉讼的偏好。

当遭遇不公的当事人是一个消费者，诉讼作为一个选项几乎是完全消失了。商业主体对投诉的处理在实践中对于大多数消费者成了唯一的救济。在对发现产品有问题的消费者的调查中，有着一贯的证据表明少于一半的消费者会求助于第三方，像律师、监察专员，或者消费者咨询机构（Consumer Advice Agency），从而采取进一步的法律行动。70 年代在美国的一个大型调查估计其数目低至 1.2%。[41] 这些结果和在英国大约同时期的结果很类似。[42] 最近 30 年，消费者向外部顾问求助的意愿可能有所增加。1995 年在英国的一个小型调查发现，在有缺陷的货物方面，大约有 56%寻求某种第三方的帮助，尽管只有一小部分最终通过法律过
340 程解决他们的争议。[43] 即使当从第三方那里寻求关于法律权利的建议，有证据表明律师[44]，和消费者咨询局（Consumer Advice Bureaux）[45]，指引客户们回到投诉机制。况且，如果消费者求助于一个有权力执行标准的国家机构，公共官员通常会尝试和零售商协商出一个令人满意的结果，而不是立即依照公共规制提起检控。这种协商可以解释为对投诉机制的进一步使用。在 Cranston 对英

---

[41] Best, A., and Andreasen, A. R., 'Consumer Response to Unsatisfactory Purchase: A Survey of Perceiving Defects, Voicing Complaints, and Obtaining Redress', *Law and Society Review* 11 (1976-77) 701. A similar percentage was reported in Miller, R., and Sarat, A., 'Grievances, Claims and Disputes: Assessing the Adversary Culture', *Law and Society Review* 15 (1980-1) 525.

[42] Cranston, R., *Regulating Business: Law and Consumer Agencies* (London: MacMillan, 1979) 60, quoting from J. Walter Thompson Ltd, 'Housewives Attitudes to Marketing' (July 1974).

[43] National Consumer Council, *Seeking Civil Justice—A Survey of People's Needs and Experiences* (London: National Consumer Council, 1995), 25, 41.

[44] Macaulay, S., 'Lawyers and Consumer Protection Laws', *Law and Society Review* 14 (1979) 115.

[45] Cranston, R., *Consumers and the Law*, 2nd edn. London: Weidenfeld and Nicholson, (1984) 85.

国贸易标准专员（Trading Standards Officers）的工作的研究中，他揭示了专员被希望对于贸易者采取一种圆滑的方法，解释投诉的性质，然后鼓励商业主体运用一种公平的机制解决问题：

> 协商最重要的目标是获得足够的救济以满足消费者，而不会在商人的眼中显得过分地偏袒他们。在消费者机构中，救济是评价消费者专员的业绩的一个首要考虑因素。㊻

因此，即使在公共规制的背景中，正如在私法规制中一样，投诉机制成为争议解决的主要工具。由商业主体所运作的投诉机制为大多数消费者提供了争议解决系统，其产物就是他们的救济。

一眼看去，这种私的正义的供应显得从骨子里就令人生疑。它包含了一种制度过程，被告据此确定原告的索赔的有效性以及将要给予什么救济，如果有任何救济的话。消费者选择它，是因为它便宜而且消费者可能不知道采取任何一种其他的过程的可能性或者程序。肩负着执行公共规制任务的公共官员选择它，是因为它便宜（相对于检控）而且因为这很可能迅速地产生某种争议解决方法。然而，人们可能怀疑，由商业主体的投诉机制提供的正义将系统地剥夺消费者因合同而产生的任何权利或者预期。

然而，更细致地考察投诉机制，会对它们所提供的那种正义得出更为模棱两可的判断。确实，投诉机制通常对当事人可能的法律权利关注不足，但是这种偏离对于消费者并非总是不利的。
处理投诉的商业策略是由长期商业关系和竞争上的优势等考虑因 341
素主导的。观察对投诉的回应，可以揭示商业主体依据市场背景，尤其是商誉和消费者关系的重要性，所作出的不同反应。当零售商依赖于销量，譬如超级市场的例子，或者在更昂贵的市场终端运营商店，这些关于声誉而不是合同权利的考虑因素很可能主导着对投诉的回应。㊼ 在这些情况下，对投诉的回应遵循着“顾客永

㊻ Cranston，R.，n.42 above，90.

㊼ Ross，H. L.，and Littlefield，N. O.，‘Complaint as a Problem-Solving Mechanism’ *Lew and Society Review* 12 (1977-78) 199-216.

远是对的”（the customer is always right）的模式，因此即使零售商不相信售出的货物是不适当的或者是有缺陷的，消费者还是会获得全额的退款或者替代的货物。另一个对 Albert，Edmonton 的零售商政策的研究表明，在 106 个商店中只有一个完全不接受退货，而绝大多数提供现金退款，商店信用，或者换货。[48] 商业主体就慷慨回应投诉所强调的另一个理由是，调查是昂贵的，因此相信消费者的话并支付退款或者提供替代的货物通常是更便宜的。[49] 这种回应是零售商处理投诉的主导模式，尽管当然存在例外，即当零售商为了自身的利益而操纵处理投诉的机制时。

在 Greenberg 对 Walker-Thomas Furniture Co. 的研究中，我们已经考察过这种异常行为的一个例子。销售人员的一般策略是实现对投诉的丝毫不费成本的回应，并与此同时维持长期的信用协议。他描述了各式各样的伎俩是如何被运用从而达到这个目标的。[50] 首先，根据信用协议，对产品质量的投诉涉及还款，从而问题变成了还款有没有被支付，而不是拒绝不满意的货物的权利。其次，销售代表试图让消费者相信货物是没有缺陷的，其方法是暗示它是被消费者的疏忽所损害的，因此消费者应当为维修付款。再次，销售代表用心地维持他与消费者的私人良好的关系，其方法是表示关心并填写文书，然后却（错误地）解释说除非得到商店经理的批准，他爱莫能助。当
342 投诉被这位显然是遥不可及的经理拒绝，消费者和销售人员之间的商业关系还是维持下来了，而且大概甚至得到了巩固，因为销售代表声称他已经站在顾客这一边运用他的辩护技巧了。最后，如果消费者似乎下定决心要向外部的机构投诉，销售人员表示自

[48] Ramsay，I.，n. 2 above，127.

[49] Cranston，R.，n. 42 above，162；Whitford，W. C.，and Kimball，S. L.，‘Why Process Consumer Complaints? A Case Study of the Office of the Commissioner of Insurance of Wisconsin’，*Wisconsin Law Review*（1974）639，675.

[50] Greenberg，D. I.，‘Easy Terms，Hard Times：Complaint Handling in the Ghetto’，in L. Nader（ed.），*No Access to Law*：*Alternatives to the American Judicial System*（New York：Academic Press，1980）379，387-89.

己愿意就维修进行支付。这种善举很可能是虚假的，因为其成本可以隐藏在还款的安排中，但是它防止了对这段关系的外部干预，这可能会使消费者获悉他的或她的法律权利，并且又一次倾向于加固其长期商业关系。在这种投诉处理的机制中，从头到尾，销售代表希望说服消费者维持商业关系，由此可以赚取佣金并且雇主将会生意兴隆。在一个销售代表对一个投诉的消费者所说的话中：

> 嘿，你不想干些像投诉这样的蠢事来毁掉我为你做的这一切，是吧？为什么要把你的信用弄得比原来还要糟糕？如果你开始找麻烦，而我们不得不把你甩出去，那你能去哪儿呢？看来起居室的家具套装要散架了——除了我，你还能去哪儿搞一套新的？为你自己着想，你不想把这一切都搞砸，得了，是不是？[51]

通过控制信息，将消费者锁定在一段基于信用的长期商业关系中，并且通过利用公司的销售代表和消费者之间的私人关系，零售商通常可以不费成本地解决争议。消费者可能被说服撤回其索赔，因为它是没有根据的，会伤害信用关系，会损害消费者在社团中的声誉，甚至会危及消费者的收入来源。因此，这种化解消费者的不平的投诉机制，对于那些经济上处于劣势的消费者，比起在普通商店中以现金购物的消费者，为有缺陷的货物提及救济的方法要薄弱得多。[52]

防止缺陷的保险是耐用品消费者市场的一个重要特征。保险所采取的形式，要么是制造商就缺陷出具质量保证书，这包含在产品的成本里，要么是消费者为了偿付维修的成本而购买的单独的保险单。无论是哪一种情况，规定保险人的义务边界的文书将被视为对于可得救济的范围起着决定性的作用。制造商或者保险公司设有这样的官僚组织，它们意在确保那些虚假的索赔或者在

---

[51] Greenberg，D. I.，n. 50 above，389.

[52] Ross，H. L.，and Littlefield，N. O.，n. 47 above，212-13.

质量保证书或保险单范围以外的索赔不受处理。比如说，在
343 Whitford对美国依据汽车质量保证书所处理的索赔的研究中，公司们在质量保证书的小字体印刷部分罗列出精心设计的严格程序，据以判定索赔的有效性。[53] 政策条款的具体规定是高度形式主义的，而且受到高度重视，消费者的善意等考虑因素极少影响其结果。一种类似的处理投诉或者申诉的文本主义方法，也可以在涉及依据保险单所进行的索赔中被发现。[54] 我猜想，对消费者购买耐用品时经常会买的保险单进行研究，可能也会显露对保险公司声明的细节的密切关注，例外的情况也许只有当零售商以自己的名义签发保险单并从而使其声誉处于风险之中。

我们之所以仔细地考察这些投诉机制，是因为它们代表了对大多数违反消费者合同进行救济的主要模式。在这些投诉机制中，当事人经常把私法规制看作是完全无关紧要的。只有当商业主体就针对有缺陷的产品和服务的保险构建了一个特定的救济方案时，比如质量保证书和保险，当商业主体坚持根据合同的参照框架以指引其合同行为，从而限制其对于被保险的风险的额外义务时，它才变得重要。因此，保险机制并不需要“在法律的阴影下讨价还价”（bargaining in the shadow of the law）[55]，因为商业关系和商业主体的长期经济利益等其他框架往往会拒绝合同的参照框架。

概括而言，我们可以说消费者投诉机制的回应要么是顾客永远是对的，要么就是他们永远是错的。这种机制通常设计用于维持长期的商业关系，也就是重复销售（repeated sales）。[56] 然而，要管理

---

[53] Whitford，W. C.，‘Law and the Consumer Transaction：A Case Study of the Automobile Warranty’，*Wisconsin Law Review*（1968）1006.

[54] Ross，H. L.，‘Insurance Claims Complaints：A Private Appeals Procedure’，*Law and Society Review* 9（1975）275-92.

[55] Mnookin，R.，‘Bargaining in the Shadow of the Law：The Case of Divorce’，*Yale Law Journal* 88（1979）950；*Ramsay*，I.，n. 2 above，129.

[56] 当不存在重复销售的预期，对此也有例外，众所周知的是二手车市场和double glazing，对于它们我们可能根本找不到任何投诉机制。

一个宣称顾客永远是错的却还能维持经济关系的系统，则需要高明得多。实现这个目的的机制包括构造确定争议结果的第三方、商店经理、制造商，或者保险人，以及控制信息，构造依赖性的信用关系，并试图把问题编造成消费者的责任。投诉机制的参照框架因而是以长期的商业关系和声誉为目标的。难得会诉诸权利的合同话语， 344
更不要说私法话语，除非是作为东拉西扯地偏离主题的策略中的一种伎俩，以管理顾客永远是错的这个系统。

小额索赔

投诉机制所展现的对法律权利的系统性忽略导致了一种规制政策，试图改善消费者对正义的接近。据信，是诉讼成本加上对法律权利的无知共同阻止了消费者走进法院以取得他们的合同权利。明显的补救办法似乎是创造一种简化和便宜的司法程序，一个“对消费者友好的”(consumer friendly) 法律过程。

从 20 世纪早期开始，美国大多数的管辖权区域曾经试验过引入小额索赔法院。随后，这种以小型法院、法庭（tribunals），或者公共仲裁的形式提供更好地接近正义的运动蔓延到了英国，澳大拉西亚*，以及欧洲的部分地区。[57] 这些法庭不同于普通法院的地方在于它们的程序和有限的管辖权（limited jurisdiction）。它们的目的是为个人创造一个无须法律代理和法律咨询的主张其法律权利的场所。据信，创造一个非正式的法庭，迅速地处理争议，可以向尤其是消费者提供接近正义的机会从而实现其私法权利。其管辖权通常限于小数额的货币（从 1996 年开始，在英国是 3 000

* Australasia，澳大利亚、新西兰及附近南太平洋诸岛的总称。——译者注

[57] Administration of Justice Act 1973, and Order 19 of County Court Rules. Cranston, R., n. 45 above, 88-94; Ison, T. G., 'Small Claims', *Modern Law Review* 35 (1972) 18; Yngvesson, B., and Hennessey, P., Small Claims, Complex Disputes: A Review of the Small Claims Literature', *Law and Society Review* 9 (1975) 219. European Commission Recommendation of 30/3/98 on the principles applicable to the bodies responsible for out-of-court settlement of common disputes OJ L 115/31, 17/4/98.

英镑)。这些小额索赔法院在多大程度上使得消费者能够对他们的合同权利进行辩护?

虽然近来对这些方案有所增补，Yngvesson 和 Hennessey 在 1975 年对小额索赔法院的美国经验所作的总结看起来仍然是正确的:

> 从一个普通公民，特别是一个穷人的角度看，它们更像是用来对付他而不是为他所用的；它们不是唾手可得的；其氛围陌生又令人窘迫；程序的范围受到限制，并且更多地是为了配合那些管理司法的人对效率的要求，而不是遭受不平的个人对有效性的要求。[58]

Baldwin 对英格兰和威尔士（郡法院的）小额索赔“仲裁”(arbitration) 系统得出了一个类似的结论:

> 345 这一个以及其他的研究中的证据却表明，尽管这种机制提供了一种藉以扩大接近正义的范围的手段，在实践中它们仍旧只是被人口中非常有限的一部分加以利用，尤其是被专业人士或者那些代表着商业利益的人利用。而任何盼望着小额索赔的情景可能提供一条坦途让穷人们得以为他们的不平找到救济的想法，似乎是没有任何实证支持的。[59]

在实践中，这些法院经常被商业主体用于廉价地主张小额的欠债。[60] 英国近来的数据显示，如今大部分的原告是个人，尽

---

[58] Yngvesson, B. and Hennessey, P., n. 57 above, 268.

[59] Baldwin, J. n. 20 above, 15.

[60] Appleby, G., ‘Small Claims in England and Wales’, in M. Cappelletti, and J. Weisner (eds.), *Access to Justice*, (Alphenandenrij: Sijthoff, 1978) ii. 1. 736.; Yngvesson, B., and Hennessey, P., n. 57 above, 237-8, 显示大多数法院大约有 80% 的原告要么是商业主体要么是政府; cf. Weller, S., *et al.*, ‘American Small Claims Courts’, in C. J. Whelan (ed.), *Small Claims Courts: A Comparative Study* (Oxford: Clarendon Press, 1990) 5, 10。在英国，大约 60%的案件是小的商业主体收取债务: Baldwin, J., n. 20 above, 16, 26。在加拿大也有一个类似的模式: Ramsay, I., ‘Small Claims Courts in Canada: A Socio-Legal Appraisal’, in C. J. Whelan (ed.), above, 25, 29。

管涉及合同争议的时候，绝大多数仍然是小规模的商业主体。[61]尽管英国的小额索赔法院无疑行动快捷，平均的听讼时间长度是48分钟，似乎存在着一个聘用法律代理的趋势，虽然没有证据表明代理提高了胜诉的机会。[62]对聘用律师的部分解释想必是基于以下事实，小额索赔涉及的问题在法律推理或者评估证据方面，其复杂程度并不见得丝毫逊色于那些就大额货币所提起的索赔。[63]

但是，小额索赔法院最为显著的特征在于它们迅速地成为绝大多数的合同争议在其中通过法律系统得到解决的法院的方式。英格兰和威尔士的官方统计并没有以根据法院的类别准确无误地认定合同诉讼的地点的方式划分索赔的类别。然而，辨识一幅更粗略的画面是可能的。在涉及经由审理解决的合同争议的案件方面，高等法院（包括商事法院[64]和国家鉴定法院（Official Referee's Court）[65]）每年大约处理300个案件。地方法院系统、郡法院，每年大约处理5500个合同索赔。但是小额索赔仲 346
裁系统每年要处理大约7500个。[66]诉讼人和法院管理者因此显示出一种强烈的偏好，希望避免诉诸普通法院的诉讼成本。可是，形式主义和费用的降低却很可能并没有在英国引起全部水平上的合同诉讼的大幅度增加，而仅仅改变了对场所的选择，偏向于小

---

[61] Lord Chancellor's Department, n. 17 above, 40; Baldwin, J., 'Increasing the Small Claims Limit', *New Law Journal* (1998) 274, 275.

[62] Baldwin, J., ibid., 275-6. 在美国，认为当只有一方有法律代理会增加其胜诉机会的观点有一些支持：Yngvesson, B., and Hennessey, P., n. 57 above, 250-51; Weller, S., *et al.*, n. 60 above 5, 12（被告没有法律代理时更容易败诉）。澳大利亚的一些管辖权区域禁止法律代理。

[63] Yngvesson, B., and Hennessey, P., *et al.*, n. 57 above, 258-9.

[64] 商事法院事实上是普通法院系统的一部分，但是有一些法官专门从事涉及航运、保险、货物运输、国际贸易、银行和金融业、购买和销售商品的争议以及对仲裁的法律监督：Lord Chancellor's Department, n. 17 above, 33。

[65] 对于这种法院和仲裁的混合形式的一个讨论，Fay, E., *Official Referees' Business*（London: Sweet & Maxwell, 1983）。

[66] Lord Chancellor's Department, n. 17 above, 32, 33, 41. 如果考察诉讼的提起，情形又会不一样，在高等法院很大比例的争议是通过和解解决的。高等法院每年大约签发90000个涉及合同争议的令状。

额索赔系统。[67] 然而，对于小规模的商业主体、专营商（sole trader）、店主和小规模的专业事务所，小额索赔系统可能证实有助于降低收取债务和小额合同争议的成本。与此同时，私的个人被告在这些案件中仍然要面对他们长期存在的源于缺少法律代理和不熟悉法律程序的劣势。[68]

提供一个对消费者友好的法律程序，使得消费者能够主张他们的合同权利，这种雄心壮志因而在很大程度上看起来是失败了。相反，小额索赔法院通过提供一种更低廉的债务收取方法，便利了商业主体主张针对消费者的合同中的约束。这些洞见如今引起了一种不同的规制回应。被提倡的解决办法是提供替代性争议解决机制。[69] 它们避免了投诉处理机制所提供的单方决定而又避开了法律裁决的形式和费用。

替代性争议解决机制的概念没有确切的内涵，而是包括了这样的方法和程序，它们结束了冲突却无须动用法院就争议的问题提供一个最终的判决。在这里我们将会集中讨论仲裁和调解。仲裁包含了以一种类似于法院所运用的话语就权利所作的裁决，但是其不同之处在于，采用一位由当事人选择的仲裁人和一套由自我规制设计的程序。调解的实行是试图提供一个中立的第三方，协助争议中当事人达成一个经协商的和解。

347

仲裁

为了减少经法院诉讼达成争议和解的成本和拖延，商业主体偏爱使用仲裁。它可能还有着作为一个私的过程的吸引力，从而避免被公开宣布违约对商誉带来的可能损害。然而，仲裁基本上

---

[67] 在澳大利亚的新南威尔士州，商业主体的原告和律师不在小额索赔系统之内，加上对调解的强调，合同索赔看来确实有所增加：Yin，C. N.，and Cranston，R.，'Small Claims Tribunals in Australia'，in C. J. Whelan (ed.)，n. 60 above，49，64。

[68] Whelan，C. J.，'Small Claims in England and Wales：Redefining Justice'，in C. J. Whelan (ed.)，n. 60 above，99，118.

[69] See generally Palmer，M.，and Roberts，S.，*Dispute Processes：ADR and the Primary Forms of Decision Making* (London：Butterworths，1998).

仍然是这样一种结构，它激活了就合同权利进行索赔的话语，因此它有着和诉讼相同的对交易和长期商业关系等其他规范性背景造成损害的特征。正如一个美国商人所说的：

> 如果你赢得了仲裁，你就输掉了客户……只有在你能够承受这种损失的时候你才会去仲裁。[70]

在商业合同中采用仲裁可能对双方当事人都有利，但是通过附合合同将仲裁强加在消费者头上，却存在一种真正的危险，仲裁会实际上剥夺消费者利用法院审理的程序上可用作证据的保护措施的权利。[71]

英国的商业争议的一个显著特征是仲裁作为占主导地位的正式争议解决系统大为盛行。诉诸法院处理关于商业合同的争议，比起欧洲的民法管辖区域，总是要少见一些，这无疑部分地是由于其诉讼的相对成本。我们在第 8 章中已经考虑过为什么仲裁人的“实体理性”比起一般法院所执行的私法系统的形式理性更能迎合商人的需要。

在消费者交易中也一样，商业主体偏向于采用仲裁，并且常常将这个选择作为一个条款加入标准格式合同中。这些私的裁决系统显然制造了以下风险，该产业或者行业将设计出一些程序，它们会使消费者丧失其投诉得到公正考虑的机会。为了确保程序公正，对消费者仲裁协议进行特殊规制因而是适当的。[72] 然而，在实践中，商业主体的经济利益在于防止普通消费者争议的诉讼成本（与判例案件相反），因此他们可能愿意采用一些能吸引消费者到仲裁庭的程序。比如说，在英国，很多保险公司同意使用一种遵循比私法更为严格的规制标准的仲裁系统，也就是那些规定在行业内部自己的业务守则 348

---

[70] Bonn, R. L., ‘The Predictability of Nonlegalistic Adjudication’, *Law and Society Review* 6 (1972) 563, 573.

[71] Schwartz, D. S., ‘Enforcing Small Print to Protect Big Business: Employee and Consumer Rights Claims in an Age of Compelled Arbitration’, *Wisconsin Law Review* (1997) 33.

[72] Consumer Arbitration Agreements Act 1988, replaced by Unfair Terms in Consumer Contracts Regulations 1994, Schedule 3, para. (q), by Arbitration Act 1996.

(Codes of Practice) 中的标准，以及当仲裁人的裁决书约束的是保险公司而不是消费者，他们因而仍然可以在普通法院进行索赔。[73] 仲裁的一切成本也同样由被告的保险公司承担，无论输赢。尽管这种个人保险仲裁服务 (Personal Insurance Arbitration Service) 异乎寻常地偏袒消费者[74]，但它的存在揭示了商业主体避免在普通法院进行诉讼的偏好的强大力量。

类似的考虑因素驱使很多商业部门，尤其是那些提供服务的，设立了他们自己的监察专员以考察消费者的投诉并推荐救济方法。极其重要的是，这些监察专员并未受到由私法加以补充的标准格式合同所提供的自我规制的束缚，而是能够更为宽泛地考虑一个案件的曲直。这种运用实体理性的自由裁量权，使得监察专员得以既施展其与该产业相关的专业知识，同时又重视消费者的合理预期。这些监察专员证实在相对精明的消费者中颇受欢迎，在很多情况下，当商业主体拒绝了一个索赔，他们成了第一个求助对象。[75]

调解

更近一些的发展试图将商业争议输送给调解[76]和非正式的裁决。[77] 这些措施设法相对于诉讼和仲裁降低争议和解的成本并加速结果的得出。诉讼和仲裁的成本和拖延的重要原因之一，在于当事人不愿意披露他们的案件的优势和弱点的全部信息，希望能达成一个更好的和解。审前的调解系统可能在一个早期的阶段增加

---

[73] Bridges-Adams, N., 'Too Good to Be True?', *New Law Journal* (1998) 755.

[74] Thomas, R., 'Consumer Arbitration Agreements Act 1998' *Arbitration* (1991) 48.

[75] Wilkinson, H. W., 'Complaining to Ombudsmen', *New Law Journal* (1992) 1348.

[76] Practice Note (Commercial Court Alternative Dispute Resolution) [1994] 1 All ER 34.

[77] 例如，在建筑争议中的法定裁判者：Housing Grants, Construction and Regeneration Act 1996, Part II。

信息披露，从而使得当事人能够早早达成和解。[78] 还存在着证据支撑如下假设，在小额索赔中，经过调解的和解比起裁决会更多地被遵守，从而提高解决争议的功效。[79]

更为根本地，对调解和专业裁决（specialist adjudication） 349
的强调看来是意在改变将被适用的规范性标准的参照框架。争议的解决并非仅仅参照形式的私的规制确立权利和义务的方式，一些非正式的程序，像调解，为当事人创造了借助经济理性或者交易中的“deal”视角的机会。这种规范性框架的转换将争议解决机制变成了一种通向和解的受到协助的协商，调解人在其中改善当事人之间的沟通，帮助澄清争议的问题，还可以对符合尽量保持交易的收益这种可能性的争议解决的可能结构提出建议。

尽管这些发展在英国仍然处于它们的早期阶段，这些调解和调停（conciliation）的手段在一些产业中，像建筑业，似乎并未受到参与人的欢迎。这种对调解的嫌恶之所以发生，也许是因为他们总是在诉诸一个更正式的争议程序之前试图达成经协商的和解，从而在调解人的协助下进一步的协商可能看起来是在浪费时间和金钱。[80] 换言之，一旦合同行为的规范性框架从商业交易转向权利的合同系统，据证实，当事人很难再撤销这种转换，如果问题现在已经交由律师处理则大概尤其是这样。

还尝试过类似的措施，以便引入调解作为解决私法上的消费者投诉的最佳手段。[81] 调解被描述成克服小额诉讼法院对于贫穷的

---

[78] Leff, A., A., ‘Injury, Ignorance and Spite: The Dynamics of Coercive Collection’, *Yale Law Journal* 80 (1970) 1.

[79] McEwen, C. A., and Maiman, R. J., ‘Small Claims in Maine: An Empirical Assessment’, *Maine Law Review* 33 (1983) 237.

[80] Gould., N., and Cohen, M., ‘ADR: Appropriate Dispute Resolution in the U. K. Construction Industry’, *Civil Justice Quarterly* 17 (1998) 103. Genn, H. *The Central London County Court Pilot Mediation Scheme* (London: Lord Chancellor's Department, 1988).

[81] e. g. Saskatchewan Consumer Products Warranties Act, R. S. S. 1978 c c-30.

诉讼人的诸多弱点的一个过程。[82] 为了减少案件的积压，法院也推动调解的可能性。但是在合同争议中，个人的诉讼者看来并没有被调解所吸引。他们可能觉得这个过程仍然是由律师处理的，因此可能更喜欢依附于有着不偏不倚的声誉的法院系统。[83] 个人还可能相信，如果他们能够获得不偏不倚的裁决，他们在协商方面有关专业知识的劣势就会对他们的利益造成更少的伤害。

假如绝大部分的消费者问题是由零售商和制造商的投诉机制
350 处理的，则必须怀疑对于那些朝着审理方向发展的少数案件，一个进一步的调解过程能不能解决问题。相反，在寻求救济的消费者面前添置一个额外的障碍，它甚至更严重地削弱了其关于和解的谈判力，并且可能完全妨碍诉讼的开始。[84] 我们还必须关注到，"重复博弈者"（repeat player），就是那些习惯于处理投诉的商业主体，也许能够以对自己有利的方式操纵这样一个非正式的过程。通过驱使这些少数的案件远离法院，调解过程还使得法院无法实施私法规制的弱形式（weak form），澄清法律标准在特定情境中的内涵。[85] 因此，调解和其他的替代性争议解决的形式并不对消费者原告缺乏资源的问题提供一个解决办法，而且可能进一步削弱私法规制在实现令人满意的质量方面的功效。

关于消费者投诉，存在着另一种已经确立的调解模式。当消费者诉诸肩负着执行公共规制责任的消费者机构，那么官员通常承担着消费者和零售商之间的调解人的角色。官员们并不威胁着提起检控，却反而试着作为调解人实现和解，其方式是解释消费者所描述的事实和商业主体的相关法律义务，而不声明哪种结果可能是法律所要求的。调解人同样掌握着作为最后一着的检控的权力，这个事实似乎加速了争议的解决[86]，并且它无疑必定鼓励了

[82] Yngvesson，B. and Hennessey，P.，n. 57 above，260，264-5.

[83] Auerbach，J. *Justice Without Law? Resolving Disputes Without Lawyers*（Oxford：Oxford University Press，1983）131-3.

[84] Ramsay，I.，n. 2 above，149.

[85] Ibid. 142.

[86] Cranston，R.，n. 42 above，95.

交易者留心地倾听投诉和作出一个合理的回应。尽管公共官员的调解人角色不一定在相关立法中被设想和规定，它可能是合同争议中的调解的最为成功的例子。

关于和解

我对关系到合同的争议解决系统的考察强调了这一点，法律规制倾向以通过诉讼和法院判决得到的解决方法为目标，而当事人的偏好则往往是避免这些机制。对于绝大多数的争议，它们涉及消费者的较为轻微的委屈不平，当事人试图通过利用零售商的投诉机制实现和解。进入法律系统的那部分案件包括债务索赔，债权人此时通常能成功地获得一个缩短的程序（truncated proce-
dure），这个程序会确立一个权威的官僚的裁决，那就是债务人拖 351
欠了一笔数目精确的金钱，但是，债权人接着经常不得不为部分债务寻求一个和解。在复杂的和价值很高的商业争议中，当事人更愿意避开诉讼，其目的是通过和解来维持长期的商业关系和该交易对双方当事人的可图之利。在那些少见的情形中，当和解的激励不够强大，商业当事人一般更愿意采用私的仲裁来确定其权利。规制目标和争议当事人的实践之间的分歧，让我怀疑规制的目标是不是需要修改。

目前对公共政策提供接近正义的强调似乎是意在重新分配一种“好处”(good)，它却并不是合同争议的当事人想要的。消费者很可能不希望被正式的争议过程打扰，而零售商肯定希望在解决投诉时避免诉讼的成本。商业缔约人将会继续倾向于就他们的争议采用私的仲裁。经过改善的接近正义看来只会使那些试图对个人执行债务的商业主体受惠，其方式是降低执行过程的成本，尽管并不必然会增加获得货币赔偿的机会。

我也不认为合同争议的当事人普遍喜欢一个严格的合同权利辩护机制。正如我在这整本书中所主张的，合同行为中主导性的考虑因素很可能会由商业关系和特定交易的成功等框架所提供。

对合同权利的严格执行，通过将合同参照框架转为优先考虑，很可能破坏那些通常导向妥协与和解的考虑因素。比如说，以零售商为例子，当它们采取顾客永远是对的政策，对消费者在私法和合同条款中的准确权利的过分关注，会摧毁其维持关系和在将来继续销售的政策目标。类似地，商人们不愿意在争议和解的过程中让律师介入，因为他们担心律师对争议的左右会发生一种相似的优先考虑的颠倒。

在大多数合同争议中，当事人偏爱的结果是和解，而不是基于对预期的狭窄和片面的解释来对合同权利作出某种正式辩护。对规制而言，重要的问题是能不能促进和解，而不为压迫性的或者偏向一方的和解提供机会，在这些情况下，一方当事人的预期就会像输掉了诉讼一样被完全摧毁。实现和解的关键在于优先考虑当事人宽泛的预期范围，不允许将散漫的框架化简为合同的权
352 利组（contractual set of entitlements）。在商业争议的背景中，这个政策目标可能几乎等同于尊重当事人对争议解决机制的选择。规制也许能通过创造各种各样的制度施以援手，像仲裁、调解，和调停，当事人可以按照他们关于如何最优地实现一个令人满意的和解的预期来利用这些制度。对于债务收取，法院和它们的判决看起来是使债权人，比起其他种类的债权人，实现一个更为有利的和解的谈判筹码。存在着一种情形使实现这样一种优势可能更为困难，至少能帮助债务人防止截短的审判程序，那就是当对于所拖欠的货币数目存在着真正的争议。

在涉及消费者委屈不平的争议解决中，规制也许能作出其最为重要的贡献。但是规制的目标不应当是改善对正义的接近和便利对合同权利的辩护。改善接近正义而创设小额索赔法院的背后有一个理由，就是使它们成为投诉的成本和挫折的真正替代物，尽管它在今天所受到的欢迎并不亚于被初次提出的时候[87]，对法律

---

[87] Nader, L.， ‘Disputing Without the Force of Law’, *Yale Law Journal* 88 (1979) 998, 1020.

系统的运行的这些调整在实践中几乎丝毫没有缓解消费者的困境。我们反而应当从此类争议的当事人的行为中学习，他们通常会将争议输送给一个投诉机制。在投诉处理中，从商业主体的角度看，合同权利相对于以下因素是不那么重要的，像商业声誉和以反复购买的形式保存下来的长期交易关系。与此同时，投诉的消费者自然不愿意花费时间和精力介入任何种类的外部争议解决机制，无论它是非正式的法院、仲裁，甚至是调解服务。我们可以推测，这多半是消费者一方的一种理性反应，因为他们预期零售商会关心长期的商业关系，并且指望这种潜在的非法律制裁成为投诉处理机制的驱动力。这种反应的理性得到了证实，当我们发现很多消费者在投诉处理机制之下获得了比他们严格的法律权利更为优越的权利。

因此，看待规制政策的一种更好的方式是，专注于那些非法律制裁，它们支撑着有利于消费者利益的投诉处理机制。这些制裁能不能以这样的方式加以巩固，使那些系统地压制消费者的利益的投诉处理过程得以被消除或者至少被减少？这些欺骗性的投
诉处理机制经受不住曝光和负面的宣传。一旦某个商业主体从来 353
不对投诉作出回应这一点被广而告之，它就难以冀望确立其兴旺发达所依靠的那种重复的交易模式。但是，如果没有调查新闻业所从事的昂贵调查和媒体曝光，就很难发现揭露这些公司的信息。设计用于阻止消费者获得救济的系统性行为，任何揭露它们的法律程序看来不可避免地是笨重不堪的，因为在法院被说服关闭一个商业主体之前，最终必须向法院提供大量有关这些行为的证据。[88]

在英国，曾经尝试过零售部门自我规制的方法。同业公会为消费者救济机制设计了一套标准，努力让公平交易署批准那些标准，然后鼓励它的成员遵守其标准。[89] 但是这个系统没有能为消费者设立可靠的投诉机制。零售商没有激励去遵守标准，因为它们

---

[88] 1973年公平交易法（Fair Trading Act 1973）第三部分包含这样一个机制，它看起来事实上是无法执行的。

[89] Fair Trading Act 1973，s. 124（3）.

宣传不够，因此可靠的投诉机制没有充分地影响到消费者的决定。同业公会没有激励去约束其成员并对不遵守的成员施加制裁，因为工会要依赖这些成员从而收取捐款和生存下去。同业公会所设立的投诉机制也可能通过其精心炮制的要求而设计用于阻碍投诉（和因此对工会带来的成本），所以消费者经常会被建议最好是诉诸普通法院。[90]

鼓励令人满意的投诉机制的一条更好的进路，必须优先考虑授予零售商商业上的好处。这样一种好处只能通过一个认证系统产生，由此商业主体获得展示某个标记（logo）或者标签（badge）的权利，它们的作用是发出值得信赖和公平对待消费者的信号。为了使这些证书在商业上有价值，必须要有一个遵守示范规则（model code）的独立认证系统。由于先前的投资而享有良好声誉的商业主体不需要这个标记，但是新的商业主体以及那些试图扩大市场份额的商业主体会有经济激励来承担认证的费用。对零售商的表现进行周期的评估，以及有可能对欺骗性地使用该标记（作为一个虚假的商品说明（trade description））进行刑事制裁，都是必不可少的。这些思路上的建议在英国通过公平交易署得到了发展。[91] 然而，这些建议和我自己的有所不同，因为它们允
354 许商人的自我认证（为了降低成本）和部门之间的标准的分歧这些可能性，并且它们似乎打算让仲裁系统成为一个经批准的投诉机制的标准组成部分。我认为，零售商的自我认证会损害该标记的可置信性，从而首先消除了商人获取它的经济激励。市场部门之间的分歧的可能性在我看来是增添了不必要的复杂，因为被提议的认证过程细致地考虑商业程序而没有强加一个固定的组织模型，从而可以根据商业结构对其进行调整。有一种建议认为，当投诉机制行不通时，一个独立的裁决就成为必要，可以是仲裁或者监察专员的形式，这种建议也许无伤大碍，因为它不大可能常

[90] Office of Fair Trading，n. 38 above，15.

[91] n. 38 above.

常被消费者用到，但是存在着一种危险，那就是这最后一个阶段会鼓励对投诉机制采取一种更为条文主义的或者合同的进路。我宁愿为商人提供获取该标记的激励，其方式是在运用经认证的投诉处理机制之后，以法院或者仲裁的方式，提供防止对法律权利进行正式裁判的实体保护。

这条法律规制的进路遵循反身性的规制模式。它并不试图通过将人们导向新制度来推动重大的行为改变。相反，它以人们已经为他们自己构建起来的制度作为出发点。然后，它试图去理解支撑着这些行为的动力，在这个情形中，是零售商的以长期的商业关系和声誉为基础的投诉处理机制。规制干预然后采取轻微地变动激励的方式，从而鼓励参与人朝着有利的方向修正他们的行为。我们提供了认证这根胡萝卜来鼓励公正的投诉处理的行为，以及负面宣传和经济利益的损害这些大棒来提供靠近规制目标的进一步激励。

我们的目标不应当是接近正义，反而应当是对消费者而言满意的和公平的投诉解决方法。当事人并不希望他们的合同权利被执行。消费希望就其失望找到一个解决方法，而商业主体希望维持其消费者基数（customer base）。出于这个目的，我们应当努力地修改现存的社会制度，而不是创造那些将它们对问题的考察限定于法律权利的话语的新的法律制度。这样一个规制政策的最为重要的对象将会是零售商的投诉处理机制。意在改善接近正义的政策主动性的流行分散了注意力。我们应当意识到，绝大多数的合同争议是通过投诉处理机制解决的。合同法和对合同行为的规制令人吃惊的地方是，它们在这个领域几乎完全缺席。法律系统将自己表现为一种输送和解决争议的制度机制，但实际上，对于 355
解决大多数合同争议的过程，它并没有什么可说的。尽管和解留给了市场的力量，长期的商业关系和声誉这些考虑因素向零售商提供了设计投诉处理机制的激励。在合同的背景中，公正的争议解决所需要的是设计用于调整那些市场力量的法律干预。

356

第十五章

结 论

市场和合同并不是自然的现象。它们只有作为精心计算的人类互动的结果才会发生。这种社会互动使得确保从掠夺走向交易的可能性所必需的信任和制裁得以建立。在这个过程中，法律的作用并非不可或缺：存在着无须国家的市场。然而，法律规制会对合同和市场产生重大的影响。我们的讨论大致地划分为规制合同的两个主要任务，也就是，第一，法律对市场构建提供的协助，以及第二，意在调整市场的分配结果的法律规制的效果。

对于合同和市场的构建，我的论点是，违约的法律制裁仅仅起到了边缘的作用。法律过程，像裁判系统和对担保权的支持，其另外的特征更为重要，因为它们加固了非法律制裁，例如集体的声誉机制（collective reputation mechanisms）和以担保权的形式来“提供人质”（hostage-taking）从而确立承诺的可置信性。在规制合同协议的时候，法律系统经常误解合同行为的理性，强调形式合同承诺的重要性，尤其是当它们包含在计划文件里头，而不去支持交易当事人所优先考虑的因素，也就是长期商业关系以及该特定交易对双方当事人而言都是成功的。律师通过阐明当事人的目标和以规划文件分配风险，可以对合同协议的形成作出有价值的贡献，但是这些书面合同的功用是有限的，尤其是在那些特地设计的不完整的合同中。当试图执行合同，法院应当意识到规划文件无甚紧要的相关性以及它们总是部分地表达了当事人的预期。

在努力追求支持合同和市场的目标时，法律规制应当将它的任务视为保护当事人的预期。这个任务要求法律规制在个别协议所嵌入的商业关系和市场惯例的背景中考察它，我们将这个过程描述为重新情景化（recontextualizing）合同协议。这种进路提供了一种调和合同协议的相互竞争的规范性背景的方法，它是至关 357
重要的，如果法律要为合同和市场所依赖的对必要的信任和制裁的确立提供有效的支持。最有助于法律系统促进这种以当事人的全部预期为导向的对交易进行计算的法律规制形式，并不是一套形式的权利，而是开放性的规定和否认规划文件的优越地位的解释策略。此外，法律系统必须尊重当事人自己的共同自我规制系统的自治，就如在仲裁中的情形一样，因为这些系统往往可以更令人满意地实现情景化的任务。

这些结论可以被看做是有争议的。它们包含了对合同规制的一种传统理论的不断攻击，传统的理论认为将违约的法律制裁视为市民社会不可或缺的基石，并坚持认为一个形式的严格的法律权利系统，包括那些由规划文件设立的权利，对于市场的运作是必要的。这种攻击的基础是对关于市场的成功运作的可得的实证证据的考察。传统的观点几乎没有受到这种证据的困扰，而是依赖于哲学的原则和简单的经济模型。

转向合同的法律规制的第二个任务，我们考察了一些个别的主题，它们可以被大略地描述为引起关于市场的分配效果的问题。这些讨论有时始于考察关于发生诸如压迫性的权力关系、不公平的合同和接近正义的缺乏等问题的证据，因此即使是规制，其要处理的问题的存在和性质也是存在争议的。我们已经仔细考虑过在每一个背景中什么应当是规制的主要目标。一如既往，这种讨论是建立在关于这些分配问题的原因的可得的实证证据的基础上的，因为通过理解这些问题的渊源，比起停止分配问题的发生这种简单和很可能徒劳无功的企图，我们可以得出一个更为适应个别差异的回应。比如说，涉及由合同确立的权力关系，所提出的目标是插入一些规制，它们意在确立能促进这些交易的效率的结构，因为从属关系的渊源往往可以在设计用来解决合作问题的不完全治理结构的发展中发现。类似地，在争议和解的情况下，论证的是设计用于达成和解的公正程序应当成为规制的

主要目标，因为确认的主要问题并不是接近正义的缺乏，而是令
358 人满意的投诉处理机制的不完善的发展。在处理这些分配问题的时候，一个关键的考虑涉及有效率的和有效的规制系统的发展。我们相应地特别留意规制标准的形式，以及监督和执行的机制。

对规制系统的形式的考察的结果，也许可以被视为是对私法的作用的一种非传统的支持。将规制合同的任务交给新的公共规制系统是20世纪对合同中的分配问题的最显著的回应，相反，我主张私法在很多情况下有能力提供一个更为精妙、情景化的和有效率的规制系统。确实，私法，尤其是在欧洲，没有能充分地进化以应对全部的规制任务。然而，我的部分主张是，进行细微的调整，通常是在程序的层面而不是实体法的层面，这样一种能力可以发展出来。私法规制的潜在优势在于它怀着对合同当事人的自我执行和自我规制的尊敬着手处理问题，从而每一次干预都应当被证明是正当的，要么是能更好地实现当事人的目标，要么是追求重要的分配目标。这种反身性的规制方式确保干预正视交易的背景并提供为特定的交易环境量身定做的规制。尽管以命令和控制策略的形式出现的公法规制有时候可能在实现对其目标的遵守时更加有效，它却产生了我们称之为“规制三难”的问题，而私法更为精巧的机制通过评价围绕着合同的相互竞争的话语的方法，则容易避开这个问题。

为了支持这些结论，我的方法既不同于对合同的传统法律解释，也有别于对市场的社会科学描述。通过将市场中的一切法律干预，包括私法，看做规制的类型，我们得以考察与合同的法律规制目标相关的各种规制策略的比较优势。因此，我们并没有遵循在政治科学、法学话语和经济学中对规制和私法所作的鲜明区分。每一点努力都是为了使对规制方法的比较优势的评价建立在关于市场运作和不同规制类型的效果的可得的实证证据的牢固基础之上。然而，伪称说所采用的方法只是简单地对比法律规制和关于其运作和效果的事实，则会是不诚实的。

为了掌握规制和受到规制的社会生活领域之间的关系，我运

用了两种主要的方法论以理解实证研究所揭示的事实。一种方法 359
是来自经济学的，它假定社会行为可以通过理性和自利的行为得到解释。就合同行为而言，我们特别感兴趣的是在没有确定期限的重复非合作博弈背景之中的理性行为的模型。最初看去，这是一个不大可能的模型，因为合同看起来代表着合作的一次性博弈的范式。但是这个模型之所以适当的原因在于，在合同关系中，问题恰恰是在因缺乏信任和制裁导致短期利益往往可能妨碍交易的情况下创造以交换为形式的合作。理解合作如何确立的关键在于认识到交换不大可能代表着一个孤立的交易，而应当被理解为嵌入在商业关系和其他市场惯例当中。按照这个模型，比如说，我们尤其感兴趣的是，值得信赖或者可置信的承诺的信号如何在进入成功的交易方面效力于协助自利的个人。

运用的第二个方法是系统论（systems theory）的洞见，那就是合同行为和规制之间的关系可以最佳地理解为两个自我指涉的交流系统之间的交流问题。确实，我们扩展了这个论证，其方式是坚持认为缔约的社会系统需要被划分为三个不同的交流系统：商业关系、交易与合同。强调这些交流系统和法律规制之间的鸿沟的重要性在于，它提醒了我们在实现我称之为情景化的规制时所遇到的许多困难。

利用这些方法，以及其他方法，帮助我们对关于市场和合同的法律规制的效果的可得证据进行解释。然而，必须承认，这种证据只是一鳞半爪，而且可以得出相悖的解释。合同行为的领域很辽阔，我们只能够去探索关于其多样的表现形式的丰富研究，从在部落社会里简单地用鱼交换水果，到在复杂的金融市场里期货和衍生产品的运作。我也意识到我没有办法适当的处理在比较的法律系统中实施的各种规制系统。比如说，在日本和美国之间，法院提供的集体声誉机制大相径庭，但是这些实践或多或少地堆加在一起。不同的法律系统对它们的文化背景和当地的经济惯例作出回应，因此它们的规制采取了不同的形式和制度。在规制任务的表现一般化的努力中，我们毫无疑问湮没了这些地方的差异的重要性。

360 这些差异可能证明是十分有趣的，但是，我并不认为它们是进一步研究和分析的关键任务。我的观点是，通过研究市场全球化所造成的规制市场和合同的问题，很可能获得更加有价值的洞见。这些问题始于一个令人生畏的任务，在全球市场中构建信任和制裁。随着市场能够迁移从而利用有利的规制，规制的分配任务也会变得更加复杂。也许从法律的观点来看最为有趣的是，当国家法律传统和跨国的规制努力之间发生碰撞，规制如何进化。这种碰撞无疑导致了国家法律系统的瓦解，但是有可能创造出私法能力的必要进化所需的条件。

当规制试图跨越国界为特定类型的交易确立统一的规制，合同法的瓦解将会出现。为了实现对交易充分的情景化理解，规制和裁判的机构会设立在市场部门的基础上，而不是对民族国家（nation states）的政治划分之上。与此同时，随着这些市场在地区或者全球扩张，规制当局将会需要在超国家的层面上建立合作。在消费者交易的例子中，比如说，随着大规模的贸易板块（trading blocks），像欧盟，变成一个单一的消费者市场，那么出于促进信任的构建和反转分配结果的目的而对这些交易进行的规制，将会既变得适当的是超国家的，又更为准确地以零售贸易中的当事人的规范性预期为导向。对规制的充分情景化通过承认个别的市场部门，例如互联网上的电子交易，来细分这种消费者交易的规制领域，也可能成为必要。在商业交易中将会出现国家对合同的规制系统的相同的瓦解过程，这实际上在诸如国际航运等领域中已经预示将要到来，其私的仲裁系统提供了占主导地位的规制和裁决方法。

与此同时，我提出合同的法律规制的技术将会进化出新的能力。有必要确立能够对理性的市场行为情景化的合同推理，这促使规制趋于对合同类型进行更仔细的划分，并采用更多开放性的标准。私法的传统可以进化出那种能力，但是它需要发展出进一步的能力从而使它的规制面向整个市场部门而不是单个的合同。

尤其是，为了避开它在识别公共物品和集体利益，像外部性，方面的弱点，私法推理需要获得一种能力，以控制作为一个整体的 361
特定市场部门的标准格式合同和争议处理过程。

对私法规制进化出这些能力的潜力的一种乐观主义弥漫在这本书中。我曾经说过，我们到达了一个有趣的历史时刻。伟大的19世纪的私法系统证明在很多方面是存在缺陷的规制工具，尤其是在实现规制合同的分配目标方面。在那些批评以外，我还附加地抨击了形式逻辑推理在服务于一个最基本的任务方面的有效性，那就是为在市场中构建信任和制裁提供支持。然而，20世纪所采用的对这些规制问题的解决方式，运用命令和控制的方法所实现的福利或者公共规程，被证实在效率和功效方面同样地有着相似的弱点。纵然在规制合同的任务上存在这个失败记录，我主张说合同的私法和公法规制之间的碰撞为规制创造了一种新的生产性的能力。关于私法的反身性能力的洞见，再加上公共规制的集体政策导向，可以为更富于生产性的规制提供一个出发点。

参考资料

Ackerman, B., 'Regulating Slum Housing Markets On Behalf of the Poor: Of Housing Codes, Housing Subsidies and Income Redistribution Policy', *Yale Law Journal* 80 (1971) 1093.

Adams, J. N., 'Unconscionability and the Standard Form Contract', in R. Brownsword, G. Howells, and T. Wilhelmsson (eds.), *Welfarism in Contract Law* (Aldershot: Dartmouth, 1994) 230.

—— and Brownsword, R., 'The Ideologies of Contract', *Legal Studies* 7 (1987) 205.

Aivazian, V. A., Trebilcock, M. J., and Penny, M., 'The Law of Contract Modifications: The Uncertain Question for a Benchmark of Enforceability', *Osgoode Hall Law Journal* 22 (1984) 173.

Akerlof, G. A. 'The Market for "Lemons": Qualitative Uncertainty and the Market Mechanism', *Quarterly Journal of Economics* 84 (1970) 488.

Alexander, L., and Wang, W., 'Natural Advantages and Contractual Justice', *Law and Philosophy* 3 (1984) 281.

Allen, P., 'Contracts in the National Health Service Internal Market', *Modern Law Review* 58 (1995) 321.

Appleby, G., 'Small Claims in England and Wales', in M. Cappelletti and J. Weisner, (eds.), *Access to Justice*, (Alphenandenrij: Sijthoff, 1978) ii. 1. 736.

Arrighetti, A., Bachmann, R., and Deakin, S., 'Contract Law, Social Norms and Inter-Firm Co-operation', *Cambridge Journal of Economics* 21 (1997) 171.

Arrow, K. J., 'The Economics of Moral Hazard: Further Comment', *American Economic Review* 58 (1968) 537.

Arthurs, H. W., 'Special Courts, Special Law: Legal Pluralism in Nineteenth Century England', in G. R. Rubin and D. Sugerman (eds.), below, 380.

Atiyah, P. S. *The Rise and Fall of Freedom of Contract* (Oxford: Clarendon Press, 1979).

—— *Essays on Contract* (Oxford: Clarendon Press, 1990).

Auerbach, J., *Justice Without Law? Resolving Disputes Without Lawyers* (Oxford: Oxford University Press, 1983).

Axelrod, R. M., *The Complexity of Cooperation*, (Princeton: Princeton University Press, 1997).

Ayres, I., 'Fair Driving: Gender and Race Discrimination in Retail Car Negotiations', *Harvard Law Review* 104 (1991) 817.

—— and Braithwaite, J., *Responsive Regulation: Transcending the Deregulation Debate* (New York: Oxford University Press,1992).

Baldwin, J., *Small Claims in the County Courts in England and Wales: The Bargain Basement of Civil Justice* (Oxford: Clarendon Press, 1997).

—— 'Increasing the Small Claims Limit', *New Law Journal* (1998) 274–6.

Baldwin, R., *Rules and Government* (Oxford: Clarendon Press, 1995).

Baker, J. H., *An Introduction to English Legal History* 2nd edition (London: Butterworths, 1979).

Barbour, V., *Capitalism in Amsterdam in the Seventeenth Century* (Baltimore: John Hopkins Press, 1950).

Beale, H., and Dugdale, T., 'Contracts between Businessmen: Planning and the Use of Contractual Remedies', *British Journal of Law and Society* 2 (1975) 45.

—— Harris, D., and Sharpe, T., 'The Distribution of Cars: A Complex Contractual

Technique', in D. Harris and D. Tallon (eds.), *Contract Law Today: Anglo-French Comparisons* (Oxford: Oxford University Press, 1989) 301.

Belobaba, E. P., 'The Resolution of Common Law Contract Doctrinal Problems Through Legislative and Administrative Intervention', in B. J. Reiter and J. Swan (eds.), *Studies in Contract Law* (Toronto: Butterworths, 1980) 423.

Bendor, J., and Mookherjee, D., 'Norms, Third-party Sanctions, and Co-operation', *Journal of Law, Economics and Organization* 6 (1990) 33.

Bernstein, E. A., 'Law and Economics and the Structure of Value Adding Contracts: A Contract Lawyer's View of the Law and Economics Literature', *Oregon Law Review* 74 (1995) 189.

Bernstein, L., 'Opting Out of the Legal System: Extralegal Contractual Relations in the Diamond Industry', *Journal of Legal Studies* 21 (1992) 115.

Bernstein, Lisa, 'The Silicon Valley Lawyer as Transaction Cost Engineer?', *Oregon Law Review* 74 (1995) 239.

Best, A., and Andreasen, A. R., 'Consumer Response to Unsatisfactory Purchase: A Survey of Perceiving Defects, Voicing Complaints, and Obtaining Redress', *Law and Society Review* 11 (1976–7) 701.

Birks, P., 'Definition and Division: A Meditation on Institutes 3.13', in P. Birks (ed.), *The Classification of Obligations* (Oxford: Clarendon Press, 1997) 1.

Black, J., 'Constitutionalising Self-regulation', *Modern Law Review* 59 (1996) 24.

Blau, P. M., *Exchange and Power in Social Life* (New York: Wiley, 1964).

Blegvad, B., 'Commercial Relations, Contract, and Litigation in Denmark: A Discussion of Macaulay's Theories', *Law and Society Review* 24 (1990) 397.

Board of Trade, *Final Report of the Committee on Consumer Protection*, Cmnd 1781 (London: 1962).

Bonn, R. L., 'The Predictability of Nonlegalistic Adjudication', *Law and Society Review* 6 (1972) 563.

Braithwaite, J., and Braithwaite, V., 'The Politics of Legalism: Rules versus Standard in Nursing-Home Regulation', *Social and Legal Studies* 4 (1995) 307.

Braudel, F., *Civilization and Capitalism*, ii, *The Wheels of Commerce*, trans. S. Reynolds, (London: 1982).

Brickly, J. A., Dark, F. H., and Weisbach, M. S., 'The Economic Effects of Franchise Termination Laws', *Journal of Law and Economics* 34 (1991) 101.

Bridges-Adams, N., 'Too Good to Be True?', *New Law Journal* (1998) 755.

Buckley, P., and Mitchie, J. (eds.), *Firms, Organizations and Contracts: A Reader in Industrial Organization* (Oxford: Oxford University Press, 1996).

Burrows, P., 'Contract Discipline: in Search of Principles in the Control of Contracting Power', *European Journal of Law and Economics* 2 (1995) 127.

Byrne, E. H., 'Commercial Contracts of the Genoese in the Syrian Trade of the Twelfth Century', *Quarterly Journal of Economics* 31 (1916) 128.

Cain, M., 'Where are the Disputes? A Study of a First Instance Civil Court in the U.K.', in M. Cain and K. Kulcsar (eds.), *Disputes and the Law* (Budapest: Academiai Kiado, 1983) 119.

Campbell, D., ' The Social Theory of Relational Contract: Macneil as the Modern Proudhon', *International Journal of Sociology of Law* 18 (1990) 75.

—— 'Socio-Legal Analysis of Contract', in P. A. Thomas (ed.), *Socio-Legal Studies* (Aldershot: Dartmouth, 1997) 239.

—— and Harris, D., 'Flexibility in Long-term Contractual Relationships', *Journal of Law and Society* 20 (1993) 166.

—— and Vincent-Jones, P. (eds.), *Contract and Economic Organisation: Socio-legal Initiatives* (Aldershot: Dartmouth, 1996).

Card, D., and Krueger, A. B., *Myth and Measurement: The New Economics of the*

Minimum Wage (New Jersey: Princeton University Press, 1995).
Cayne, D., and Trebilcock, M., 'Market Considerations in the Formulation of Consumer Protection Policy', *University of Toronto Law Journal* 23 (1973) 396.
Chafee, Z., 'Equitable Servitudes on Chattels', *Harvard Law Review* 41 (1928) 945.
Charney, D., 'Hypothetical Bargains: The Normative Structure of Contract Interpretation', *Michigan Law Review* 89 (1991) 1815.
—— 'Non-legal Sanctions in Commercial Relationships', *Harvard Law Review* 104 (1990) 373.
Chorley, R. S. T., 'The Conflict of Law and Commerce', *Law Quarterly Review* CLXXXIX (1932) 51.
Clarkson, K. W., Miller, R. L., and Muris, T. J., 'Liquidated Damages v Penalties: Sense or Nonsense', *Wisconsin Law Review* (1978) 351.
Clay, K., 'Trade Without Law: Private-Order Institutions in Mexican California', *Journal of Law, Economics and Organization* 13 (1997) 202.
Coase, R. H., 'The Nature of the Firm', *Economica* NS 4 (1937) 386.
Coleman, J. L., *Markets, Morals and the Law* (Cambridge: Cambridge University Press, 1988).
Collins, H., 'Independent Contractors and the Challenge of Vertical Disintegration to Employment Protection laws', *Oxford Journal of Legal Studies* 10 (1990) 353.
—— 'Ascription of Legal Responsibility to Groups in Complex Patterns of Economic Interaction', *Modern Law Review* 53 (1990) 731.
—— 'Distributive Justice Through Contracts', *Current Legal Problems* 45(2) (1992) 49.
—— *Justice in Dismissal: The Law of Termination of Employment* (Oxford: Clarendon Press, 1992).
—— *The Law of Contract*, 3rd edn. (London: Butterworths, 1997).
—— 'Productive Learning from the Collision Between the Doctrinal Subsystems of Contract and Tort', *Acta Juridica* (1997) 55.
—— 'Legal Classifications as the Production of Knowledge Systems', in P. Birks (ed.), *The Classification of Obligations* (Oxford: Clarendon Press, 1997) 57.
—— 'The Sanctimony of Contract', in R. Rawlings (ed.), *Law, Society and Economy* (Oxford: Oxford University Press, 1997) 63.
—— 'Quality Assurance in Subcontracting', in S. Deakin and J. Mitchie (eds.), below, 285.
Collins, H., 'The Voice of the Community in Private Law', *European Law Journal 3* (1997) 407.
—— and Scott, C., 'United Kingdom', in G. Bruggermeier (ed.), *Rechtprobleme von Qualitätsmanagementvereinbarungen und EG-Binnenmarkt* (Baden-Baden: Nomos, 1997) 239.
Comment, 'The Statute of Frauds and the Business Community: A Re-Appraisal in Light of Prevailing Practices', *Yale Law Journal* 66 (1957) 1038.
Consumer Council, *Justice Out of Reach* (London, HMSO, 1970).
Cornish, W. R., and Clark, G. de N., *Law and Society in England 1750–1950* (London: Sweet & Maxwell, 1989).
Cotterell, R., 'The Development of Capitalism and the Formalis tion of Contract Law', in B. Fryer *et al.* (eds.), *Law, State and Society* (London: Croom Helm, 1981) 54.
Cranston, R., *Regulating Business: Law and Consumer Agencies* (London: MacMillan, 1979).
—— *Consumers and the Law*, 2nd edn. (London: Weidenfeld and Nicholson, 1984).
—— 'What do Courts Do?', *Civil Justice Quarterly* 5 (1986) 123.
—— 'The Green Paper on Consumer Guarantees', *Consumer Law Journal* 3 (1995) 110.

Crocker, K. S., and Masten, S. E., 'Pretia Ex Machina? Prices and Process in Long-Term Contracts', *Journal of Law and Economics* 34 (1991) 69.

Crow, I., Howells, G., and Moroney, M., 'Credit and Debt: Choices for Poorer Consumers', in G. Howells, I. Crow, and M. Moroney (eds.), *Aspects of Credit and Debt* (London: Sweet and Maxwell,1993) ch. 2.

Crystal, N. M., 'An Empirical View of Relational Contracts Under Article Two of the Uniform Commercial Code', *Annual Survey of American Law* (1988) 293.

Daintith, T., 'Regulation by Contract: the New Prerogative', *Current Legal Problems* (1979) 41.

—— 'The Design and Performance of Long-term Contracts', in T. Daintith and G. Teubner (eds.), *Contract and Organisation* (Berlin: Walter de Gruyter, 1986) 164.

—— 'Law as a Policy Instrument: A Comparative Perspective', in T. Daintith (ed.), *Law as an Instrument of Economic Policy: Comparative and Critical Approaches* (Berlin/New York: Walter de Gruyter, 1988) 3.

—— 'Vital Fluids: Beer and Petroleum Distribution in English Law', in C. Joerges (ed.), below, 143.

—— 'Regulation', *International Encyclopedia of Comparative Law*, (Dordrecht: Martinus Nijhoff, 1995) xvii, ch. 10.

Dalton, C., 'An Essay in the Deconstruction of Contract Doctrine', *Yale Law Journal* 94 (1985) 997.

Danzig, R., 'Hadley v. Baxendale: A Study in the Industrialization of the Law', *Journal of Legal Studies* 4 (1975) 249.

Dasgupta, P., 'Trust as a Commodity', in D. Gambetta (ed.), below.

Dawson, J. P., 'Judicial Revision of Frustrated Contracts: The US', *Boston University Law Review* 64 (1984) 1.

Deakin, S., Lane, C., and Wilkinson, F., 'Trust or Law? Towards an Integrated Theory of Contractual Relations between Firms', *Journal of Law and Society* 21 (1994) 329.

—— —— —— 'Contract Law, Trust Relations, and Incentives for Co-operation: A Comparative Study', in S. Deakin and J. Michie, (eds.), below, 105.

—— and Michie, J. (eds.), *Contracts, Co-operation, and Competition* (Oxford: Oxford University Press, 1997).

Devlin, P., 'The Relation between Commercial Law and Commercial Practice', *Modern Law Review* 14 (1951) 249.

Dezalay, Y., 'Between the State, Law, and the Market: The Social and Professional Stakes in the Construction and Definition of a Regulatory Arena', in W. Bratton, J. McCahery, S. Picciotto, and C. Scott, *International Regulatory Competition and Coordination* (Oxford: Clarendon Press, 1996) 59.

—— and Garth, B. G., *Dealing In Virtue: International Commercial Arbitration and the Construction of a Transnational Legal Order* (Chicago: University of Chicago Press, 1996).

Diver, C. S., 'The Optimal Precision of Administrative Rules', *Yale Law Journal* 93 (1983) 65.

Dnes, A. W., '"Unfair" Contractual Practices and Hostages in Franchise Contracts', *Journal of Institutional and Theoretical Economics* 148 (1992) 484.

—— 'A Case-Study Analysis of Franchise Contracts', *Journal of Legal Studies* 22 (1993) 367.

—— and Rickman, N., 'Contracts for Legal Aid: A Critical Discussion of Government Policy Proposals', *European Journal of Law and Economics* 5 (1998) 247.

Dunworth, T., and Roger, J., 'Corporations in Court: Big Business Litigation in U.S. Federal Courts, 1971–1991', *Law and Social Inquiry* 21 (1996) 497.

Durkheim, E., *The Division of Labor in Society* (New York: Free Press, 1933) (originally published 1893).
Duxbury, N., 'Do Markets Degrade?', *Modern Law Review* 59 (1996) 331.
Eccles, R., 'The Quasifirm in the Construction Industry', *Journal of Economic Behaviour and Organization* 2 (1981) 335.
Epstein, R., 'Unconscionability: A Critical Reappraisal', *Journal of Law and Economics* 18 (1975) 293.
—— 'The Social Consequences of Common Law Rules', *Harvard Law Review* 95 (1982) 1717.
—— 'In Defence of the Contract at Will', *University of Chicago Law Review* 57 (1984) 947.
Esser, J. P., 'Institutionalizing Industry: The Changing Forms of Contract', *Law and Social Inquiry* 21 (1996) 593.
Farber, D., 'Contract Law and Modern Economic Theory', *Northwestern University Law Review* 78 (1983) 303.
Farnsworth, E. A., 'Good Faith in Contract Performance', in J. Beatson and D. Friedmann, *Good Faith in Contract Law* (Oxford: Clarendon Press, 1995) 153.
Fay, E., *Official Referees' Business* (London: Sweet and Maxwell, 1983).
Feinman, J. M., 'Promissory Estoppel and Judicial Method', *Harvard Law Review* 97 (1984) 678.
Felsted, A., 'The Social Organization of the Franchise: A Case of "Controlled Self-Employment"', *Work, Employment and Society* 5 (1991) 37.
Ferguson, R. B., 'Commercial Expectations and the Guarantee of the Law: Sales Transactions in Mid-Nineteenth Century England', in G. R. Rubin and D. Sugerman (eds.), below, 192.
—— 'The Adjudication of Commercial Disputes and the Legal System in Modern England', *British Journal of Law and Society* 7 (1980) 141.
Fiss, O., 'Against Settlement' *Yale Law Journal* 93 (1984) 1074.
Flood, J., and Caiger, A., 'Lawyers and Arbitration: The Juridification of Construction Disputes', *Modern Law Review* 56 (1993) 412.
Fox, A., *Beyond Contract: Work, Power and Trust Relations* (London: Faber, 1974).
Frase, A. R. G., 'The Role of the Exchange', in H. Parry, E. C. Bettelheim, and W. Rees, *Futures Trading: Law and Regulation* (London: Longman, 1993) 73.
Fredman, S., and Morris, G., 'The Costs of Exclusivity: Public and Private Re-examined', *Public Law* (1994) 69.
Freedland, M., 'Government by Contract and Public Law', *Public Law* (1994) 86.
Fried, C., *Contract as Promise* (Cambridge, Mass.: Harvard University Press, 1981).
Friedman, D., 'The Efficient Breach Fallacy', *Journal of Legal Studies* 18 (1989) 1.
Friedman, L. M., *Contract Law in America* (Madison: University of Wisconsin Press, 1965).
Friedmann, W., *Law in a Changing Society*, 2nd edn. (Harmondsworth: Penguin, 1972).
Fulbrook, J., 'The Jobseekers Act 1995: Consolidation with a Sting of Contractual Compliance', *Industrial Law Journal* 24 (1995) 395.
Galanter, M., 'Why the "Haves" Come Out Ahead: Speculations on the Limits of Legal Change', *Law and Society Review* 9 (1974–5) 95.
—— 'Afterword: Explaining Litigation', *Law and Society Review* 9 (1974–5) 347.
Gambetta, D. (ed.), *Trust: Making and Breaking Cooperative Relations* (Oxford: Blackwell, 1988).
Gava, J., and Kincaid, P., 'Contract and Conventionalism: Professional Attititudes to Changes in Contract Law in Australia', *Journal of Contract Law* 10 (1996) 141.
Genn, H., *The Central London County Court Pilot Mediation Scheme* (London:

Lord Chancellor's Department, 1988).
Ghestin, J., *Traité de Droit Civil, ii. Les Obligations: Le Contrat* (Paris: L.G.D.J., 1980).
Giddens, A., *The Consequences of Modernity* (Cambridge: Polity Press, 1991).
Gilmore, G., *The Death of Contract* (Columbus, Ohio: Ohio State University Press, 1974).
Goff, Sir Robert, 'Commercial Contracts and the Commercial Court', *Lloyds Maritime and Commercial Law Quarterly* [1984] 382.
Goldberg, V., 'Relational Exchange: Economics and Complex Contracts', *American Behavioral Scientist* 23 (1980) 337.
—— *Readings in the Economics of Contract Law* (Cambridge: Cambridge University Press, 1989).
—— and Erickson, J. R., 'Quantity and Price Adjustment in Long-Term Contracts: A Case Study of Petroleum Coke', *Journal of Law and Economics* 30 (1987) 369.
Goetz, C., and Scott, R., 'Liquidated Damages, Penalties and the Just Compensation Principle', *Columbia Law Review* 77 (1977) 55.
Goode, R., 'The Concept and Implications of a Market in Commercial Law', *Israel Law Review* 24 (1990) 185.
—— *Commercial Law*, 2nd edn., (London: Penguin, 1995).
Goodrich, P., *Languages of Law* (London: Weidenfeld, 1990).
Gordley, J., *The Philosophical Origins of Modern Contract Doctrine* (Oxford: Clarendon Press, 1991).
Gordon, R., 'Macaulay, Macneil, and the Discovery of Solidarity and Power in Contract Law', *Wisconsin Law Review* (1985) 565.
Gompers, P., and Lerner, J., 'The Use of Covenants: An Empirical Analysis of Venture Partnership Agreements', *Journal of Law and Economics* 39 (1996) 463.
Gould, N., and Cohen, M., 'ADR: Appropriate Dispute Resolution in the U.K. Construction Industry', *Civil Justice Quarterly* 17 (1998) 103.
Granovetter, M., 'Economic Action and Social Structure: The Problem of Embeddedness', *American Journal of Sociology* 91 (1985) 481.
Greeley, H. T., 'Contracts as Commodities: The Influence of Secondary Purchasers on the Form of Contracts', *Vanderbilt Law Review* 42 (1989) 133.
Greenberg, D. I., 'Easy Terms, Hard Times: Complaint Handling in the Ghetto', in L. Nader (ed.), *No Access to Law: Alternatives to the American Judicial System* (New York: Academic Press, 1980) 379.
Grief, A., 'Institutions and International Trade: Lessons from the Commercial Revolution', *American Economic Review, Papers and Proceedings* 82 (1992) 128.
—— 'Contract Enforceability and Economic Institutions in Early Trade: The Maghribi Traders' Coalition', *American Economic Review* 83 (1993) 525.
Grossman, S. J., and Hart, O. D., 'The Costs and Benefits of Ownership: A Theory of Vertical and Lateral Integration', *Journal of Political Economy* 94 (1986) 691.
Habermas, J., *Between Facts and Norms* (Cambridge: Cambridge University Press, 1996).
Hadfield, G. K., 'Problematic Relations: Franchising and the Law of Incomplete Contracts', *Stanford Law Review* 42 (1990) 927.
Haley, J. O., 'Relational Contracting: Does Community Count?', in H. Baum (ed.), *Japan: Economic Success and Legal System* (Berlin/New York: Walter de Gruyter, 1997) 167.
Harden, I., *The Contracting State* (Milton Keynes: Open University Press, 1992).
Harlow, C., and Rawlings, R., *Law and Administration*, 2nd edn, (London: Butterworths, 1997).
Harris, D., 'Incentives to Perform, or Break Contracts', *Current Legal Problems*

45(2) (1992) 29.
Hart, H. L. A., *The Concept of Law*, 2nd edn. (Oxford: Clarendon Press, 1994).
Hart, K., 'Kinship, Contract, Trust: The Economic Organization of Migrants in an African City Slum', in D. Gambetta (ed.), above, 176.
Hart, O., 'Incomplete Contracts and the Theory of the Firm', *Journal of Law, Economics and Organization* 4 (1998) 119.
—— *Firms, Contracts and Financial Structure* (Oxford: Clarendon Press, 1995).
Hart, O., and Moore, J., 'Incomplete Contracts and Renegotiation', *Econometrica* 56 (1988) 755.
Hayek, F. von, *The Constitution of Liberty* (London: Routledge, 1960).
—— *Law, Legislation and Liberty*, ii (London: Routledge and Kegan Paul, 1982).
Henderson, J. 'Judicial Review of Manufacturers Conscious Design Choices: The Limits of Adjudication', *Columbia Law Review* 73 (1973) 1531.
Hermalin, B., and Katz, M., 'Judicial Modification of Contracts between Sophisticated Parties: A More Complete View of Incomplete Contracts and their Breach', *Journal of Law, Economics and Organization* 9 (1993) 230.
Hillman, R. A., 'Court Adjustment of Long-term Contracts: An Analysis Under Modern Contract Law', *Duke Law Journal* (1987) 1.
Hobbes, T., *Leviathan* (Oxford: Oxford University Press, 1955) (first published 1651).
Holden, J. M., *The History of Negotiable Instruments in English Law* (London: University of London, Athlone Press, 1955).
Hood, C., James, O., Jones, G., Scott, C., and Travers, T., 'Regulation Inside Government: Where New Public Management Meets the Audit Explosion', *Public Money and Management* (1998) 61.
Horwitz, M. J., *The Transformation of American Law, 1780–1860* (Cambridge, Mass.: Harvard University Press, 1977).
Howarth, W., 'Contract, Reliance and Business Transactions', *Journal of Business Law* (1987) 122.
Huszach, S. M., and Huszach, F. W., 'Lawyers as Exchange Engineers in Commerce: An Empirical Overview', *Oregon Law Review* 74 (1995) 147.
Hviid, M., 'Relational Contracts, Repeated Interaction and Contract Modification', *European Journal of Law and Economics* 5 (1998) 179.
Ison, T. G., 'Small Claims', *Modern Law Review* 35 (1972) 18.
Jenkinson, T., and Mayer, C., 'The Assessment: Contracts and Competition', *Oxford Review of Economic Policy* 12(4) (1997) 1.
Jesse, E. V. and Johnson, A. C., 'An Analysis of Vegetable Contracts', *American Journal of Agricultural Economics* 52 (1970) 545.
Joerges, C., 'Quality Regulation in Consumer Goods Markets: Theoretical Concepts and Practical Examples', in T. Daintith and G. Teubner (eds.), *Contract and Organisation* (Berlin/New York: Walter de Gruyter, 1986) 142.
—— (ed.) *Franchising and the Law: Theoretical and Comparative Approaches in Europe and the United States* (Baden-Baden: Nomos Verlagsgesellschaft, 1991).
—— *The Market Without the State?*, EUI Working Paper Law No. 96/2, (Florence: European University Institute, 1996).
—— 'The Impact of European Integration on Private Law: Reductionist Perceptions, True Conflicts and a New Constitutionalist Perspective', *European Law Journal* 3 (1997), 378.
Joskow, P. L. 'Commercial Impossibility, The Uranium Market and the Westinghouse Case', *Journal of Legal Studies* 6 (1977) 119.
—— 'Contract Duration and Relationship Specific Investments: Empirical

Evidence from Coal Markets', *American Economic Review* 77 (1987) 168.
—— 'Price Adjustment in Long-Term Contracts: The Case of Coal', *Journal of Law & Economics* 31 (1988) 47.
Kamkas, A., and Rosenwasser, R., 'Department Store Complaint Management', in L. Nader (ed.), *No Access to Law: Alternatives to the American Judicial System* (New York: Academic Press, 1980) 283.
Katz, A., 'When Should an Offer Stick? The Economics of Promissory Estoppel in Preliminary Negotiations', *Yale Law Journal* 105 (1996) 1249.
Kennedy, D., 'Form and Substance in Private Law Adjudication', *Harvard Law Review* 89 (1976) 1685.
—— 'Distributive and Paternalist Motives in Contract and Tort Law, With Special Reference to Compulsory Terms and Unequal Bargaining Power', *Maryland Law Review* 41 (1982) 563.
Kenney, R. W. and Klein, B., 'The Economics of Block Booking', *Journal of Law and Economics* 24 (1983) 497.
Kenworthy, L., Macaulay, S., and Rogers, J., '"The More Things Change . . .": Business Litigation and Governance in the American Automobile Industry', *Law and Social Inquiry* 21 (1996) 631.
Kessler, F., 'Contracts of Adhesion—Some Thoughts About Freedom of Contract', *Columbia Law Review* 43 (1943) 629.
—— 'Automobile Dealer Franchises: Vertical Integration by Contract', *Yale Law Journal* 66 (1957) 1135.
Kitagawa, Z., ' Use and Non-Use of Contracts in Japanese Business Relations: A Comparative Analysis', in H. Baum (ed.), *Japan: Economic Success and Legal System* (Berlin/New York: Walter de Gruyter, 1997) 145.
Klein, B., 'Transaction Cost Determinants of "Unfair" Contractual Arrangements', *American Economic Review Papers* 70 (1980) 356.
—— 'Self-Enforcing Contracts', *Journal of Institutional and Theoretical Economics* 141 (1985) 594.
—— Crawford, R. G., Alchian, Armen A., 'Vertical Integration, Appropriable Rents, and the Competitive Contracting Process', *Journal of Law and Economics* 21 (1978) 297.
—— and Leffler, K. B., 'The Role of Market Forces in Assuring Contractual Performance', *Journal of Political Economy* 89 (1981) 615.
Kronman, A. T., 'Specific Performance', *University of Chicago Law Review* 45 (1978) 351.
—— 'Mistake, Disclosure, Information, and the Law of Contracts', *Journal of Legal Studies* 7 (1978) 1.
—— 'Contract Law and Distributive Justice', *Yale Law Journal* 89 (1980) 472.
—— 'Paternalism and the Law of Contracts', *Yale Law Journal* 92 (1983) 763.
—— 'Contract Law and the State of Nature' *Journal of Law, Economics and Organisation* 1 (1985) 5.
—— and Posner, R. A., *The Economics of Contract Law* (Boston: Little Brown, 1979).
Kull, A., 'Reconsidering Gratuitous Promises', *Journal of Legal Studies* 21 (1992) 39.
Landa, J. T., 'A Theory of the Ethnically Homogeneous Middleman Group: An Institutional Alternative to Contract Law', *Journal of Legal Studies* 10 (1981) 349.
Landes, W. M., and Posner, R. A., 'The Private Enforcement of Law', *Journal of Legal Studies* 4 (1975) 1.
Lane, C., 'The Social Regulation of Inter-Firm Relations in Britain and Germany: Market Rules, Legal Norms, and Technical Standards', *Cambridge Journal of Economics* 21 (1997) 214.

—— and Bachmann, R., 'The Social Construction of Trust: Supplier Relations in Britain and Germany', *Organisation Studies* 17 (1996) 365.

Langbein, J. H., 'The Contractarian Basis of the Law of Trusts', *Yale Law Journal* 105 (1995) 625.

Law Commission, *Law of Contract: The Parol Evidence Rule*, Report No. 154, Cmnd. 9700 (1986).

Lazerson, M. H., 'An Outcome of Markets and Hierarchies?', *American Sociological Review* 53 (1988) 330.

Lee, R. G., 'Rent Control—The Economic Impact of Social Legislation', *Oxford Journal of Legal Studies* 12 (1992) 543.

Leff, A., 'Economic Analysis of Law: Some Realism about Nominalism', *Virginia Law Review* 60 (1974) 451.

—— 'Contract as Thing', *American University Law Review* 19 (1970) 131.

—— 'Unconscionability and the Crowd—Consumers and the Common Law Tradition', *University of Pittsburgh Law Review* 31 (1970) 349.

—— 'Injury, Ignorance and Spite—The Dynamics of Coercive Collection', *Yale Law Journal* 80 (1970) 1.

Lewis, R., 'Contracts between Businessmen: Reform of the Law of Firm Offers and an Empirical Study of Tendering Practices in the Building Industry', *British Journal of Law and Society* 9 (1982) 153.

—— 'Criticisms of the Traditional Contract Course', *The Law Teacher* 16 (1982) 111.

Livermore, J., 'Exemption Clauses in Inter-Business Contracts', *Journal of Business Law* [1986] 90.

Llewellyn, K. N., 'What Price Contract? An Essay in Perspective', *Yale Law Journal* 40 (1931) 704.

—— *The Common Law Tradition: Deciding Appeals* (Boston: Little, Brown, 1960).

Lord Chancellor's Department, *Judicial Statistics 1996* Cm 3716 (London: HMSO, 1997).

Lorenz, E. H., 'Neither Friends nor Strangers: Informal Networks of Subcontracting in French Industry, in D. Gambetta (ed.), above, 194.

Luhmann, N., *Trust and Power* (Chichester: Wiley, 1979).

Lutz, N. A., 'Warranties as Signals Under Consumer Moral Hazard', *Rand Journal of Economics* 20 (Summer 1989) 239.

Lyons, B. R., 'Empirical Relevance of Efficient Contract Theory: Inter-Firm Contracts', *Oxford Review of Economic Policy* 12(4) (1996) 27.

—— and Mehta, J., 'Private Sector Business Contracts: The Text Between the Lines', in S. Deakin and J. Mitchie (eds.), above, 43.

Macaulay, S., 'Non-Contractual Relations in Business', *American Sociological Review* 28 (1963) 45.

Macaulay, S., 'The Use and Non-use of Contracts in the Manufacturing Industry', *Practical Lawyer* 9(7) (1963) 13.

—— 'Private Legislation and the Duty to Read—Business by IBM Machine, the Law of Contracts and Credit Cards', *Vanderbilt Law Review* 19 (1966) 1051.

—— 'The Standardized Contracts of United States Automobile Manufacturers', *International Encyclopedia of Comparative Law* 7 (1973) 3.

—— 'Elegant Models, Empirical Pictures, and the Complexities of Contract', *Law and Society Review* 11 (1977) 507.

—— 'Lawyers and Consumer Protection Laws', *Law and Society Review* 14 (1979) 115.

—— 'An Empirical View of Contract', *Wisconsin Law Review* (1985) 465.

—— 'Long-Term Continuing Relations: The American Experience Regulating Dealerships and Franchises', in C. Joerges (ed.), above, 179.

—— 'Organic Transactions: Contract, Frank Lloyd Wright and the Johnson Building', *Wisconsin Law Review* (1996) 75.

—— Kidwell, J., Whitford, W., and Galanter, M., *Contracts: Law in Action* (Charlottesville: Michie Co.,1995).

McEwen, C. A. and Maiman, R. J., 'Small Claims in Maine: An Empirical Assessment', *Maine Law Review* 33 (1983) 237–64.

Mack, E., 'Dominos and the Fear of Commodification', in, J. W. Chapman and J. R. Pennock (eds.), *Markets and Justice* (New York: Nomos 31, New York University Press, 1989) 198.

Macneil, I, 'Contracts: Adjustment of Long-term Economic Relations under Classical, Neoclassical, and Relational Contract Law', *Northwestern University Law Review* 72 (1978) 854.

—— *The New Social Contract: An Inquiry Into Modern Contractual Relations* (New Haven: Yale University Press, 1980).

—— 'Values in Contract: Internal and External', *Northwestern University Law Review* 78 (1983) 340.

—— 'Bureaucracy and Contracts of Adhesion', *Osgoode Hall Law Journal* 22 (1984) 5.

—— 'Contract Remedies: A Need for Better Efficiency Analysis', *Journal of Institutional and Theoretical Economics* 144 (1988) 6.

Maher, M. E., 'Transaction Cost Economics and Contractual Relations', *Cambridge Journal of Economics* 21 (1997) 147.

Maine, H. S., *Ancient Law* (London: John Murray, 1861).

Malinowski, B., *Crime and Custom in Savage Society* (London: Routledge & Kegan Paul, 1926).

Mann, R. J., 'Explaining the Pattern of Secured Credit', *Harvard Law Review* 110 (1997) 625.

Margalin, S. A. 'What Do Bosses Do? The Origins and Functions of Hierarchy in Capitalist Production', *Review of Radical Political Economics* 6 (1974) 33.

Marx, K., 'Economic and Philosophical Manuscripts', in L. Colletti (ed.), *Early Writings* (Harmondsworth: Penguin/New Left Books, 1975).

—— *Capital,* i (Harmondsworth: Penguin/New Left Review, 1976).

Menkel-Meadow, C., 'Will Managed Care give us Access to Justice?', in R. Smith (ed.), *Achieving Civil Justice: Appropriate Dispute Resolution for the 1990s* (London: Legal Action Group, 1996) 94.

Mertens, L., 'Lex Mercatoria: A Self-applying System Beyond National Law?', in G. Teubner (ed.), *Global Law Without a State* (Aldershot: Gower, 1997) 31.

Micklitz, Hans-W., 'Directive 93/13 In Action: A Report on a Research Project on Unfair Terms in Consumer Sales', in C. Willett (ed.), *Aspects of Fairness in Contract* (London: Blackstone, 1996) 77.

Milgrom, P. R., North, D. C., and Weingast, B. R., 'The Role of Institutions in the Revival of Trade: The Law Merchant, Private Judges, and the Champagne Fairs', *Economics and Politics* 2 (1990) 1.

Miller, R., and Sarat, A., 'Grievances, Claims and Disputes: Assessing the Adversary Culture', *Law and Society Review* 15 (1980–1) 525.

Mnookin, R., 'Bargaining in the Shadow of the Law: The Case of Divorce', *Yale Law Journal* 88 (1979) 950.

Mueller, A. 'Contract Remedies: Business Fact and Legal Fantasy', *Wisconsin Law Review* [1967] 833.

Mulherin, J. H., Netter, J. M., and Overdahl, J. A., 'Prices are Property: The Organization of Financial Exchanges from a Transaction Cost Perspective', *Journal of Law and Economics* 34 (1991) 591.

Muris, T. J., 'Opportunistic Behaviour and the Law of Contracts', *Minnesota Law Review* 65 (1981) 521.

Nader, L., 'Disputing Without the Force of Law', *Yale Law Journal* 88 (1979) 998.

National Consumer Council, *Buying Problems: Consumers, Unsatisfactory Goods and the Law* (London: National Consumer Council, 1984).

—— *Seeking Civil Justice—A Survey of People's Needs and Experiences* (London: National Consumer Council, 1995).

Nelken, D., 'The Use of "Contracts" as a Social Work Technique', *Current Legal Problems* 40 (1987) 207.

Nelson, W. E., 'Contract Litigation and the Elite Bar in New York City, 1960–1980', *Emory Law Journal* 39 (1990) 413.

Nicholas, B., 'Rules and Terms—Civil Law and Common Law', *Tulane Law Review* 48 (1974) 946.

Note, 'Another Look at Construction Building and Contracts at Formation', *Virginia Law Review* 53 (1967) 1720.

Note, 'Reassessing Rent Control: Its Economic Impact in a Gentrifying Market', *Harvard Law Review* 101 (1987–8) 1835.

Nottage, L., 'Bargaining in the Shadow of the Law and the Law in the Light of Bargaining: Contract Planning and Renegotiation in the US, New Zealand and Japan,' in J. Feest and V. Gessner (eds.), *Interaction of Legal Cultures* (Onati: Onati International Institute of Sociology of Law, 1997).

Nozick, R., *Anarchy, State, and Utopia* (Oxford: Blackwell, 1974).

Office of Fair Trading, *Buying a Used Car—Consumers' Problems—A Consultative Paper* (London: OFT, 1979).

—— *Unfair Contract Terms*, Issue No. 3, (London: OFT, March 1997).

—— *Raising Standards of Consumer Care: Progressing Beyond Codes of Practice* (London: OFT, 206, 1998).

Oliver, D., 'Common Values in Public and Private Law and the Public/Private Divide', *Public Law* (1997) 630.

Olsen, F. E., 'The Family and the Market: A Study of Ideology and Legal Reform', *Harvard Law Review* 96 (1983) 1497.

Palay, T. M., 'Comparative Institutional Economics: The Governance of Rail Freight Contracting', *Journal of Legal Studies* 13 (1984) 265.

Palmer, M., and Roberts, S., *Dispute Processes: ADR and the Primary Forms of Decision Making* (London: Butterworths, 1998).

Patterson, E. 'Constructive Conditions in Contracts', *Columbia Law Review* 42 (1942) 903.

Phillips, L. T., 'Contractual Relationships in the Deregulated Transportation Marketplace', *Journal of Law and Economics* 34 (1991) 535.

Pirrong, S. C., 'The Efficient Scope of Private Transactions-Cost-Reducing Institutions: The Success and Failures of Commodity Exchanges', *Journal of Legal Studies* 24 (1995) 229.

Pittman, R., 'Specific Investments, Contracts, and Opportunism: The Evolution of Railroad Sidetrack Agreements', *Journal of Law and Economics* 34 (1991) 565.

Posner, E., 'Altruism, Status and Trust in the Law of Gifts and Gratuitous Promises', *Wisconsin Law Review* (1997) 567.

Posner, R., *Economic Analysis of Law*, 4th edn. (Boston: Little Brown, 1992).

Postan, M. M., *Medieval Trade and Finance* (Cambridge: Cambridge University Press, 1973).

Powell, W. W., 'Neither Market nor Hierarchy: Network Forms of Organization', *Research in Organizational Behaviour* 12 (1990) 295; also in G. Thompson, J. Frances, R. Levačić, and J. Mitchell (eds.), *Markets, Hierarchies and Networks:*

The Coordination of Social Life (London: Sage, 1991) 265.

Powers, M. J., 'Effects of Contract Provisions on the Success of a Futures Contract', *Journal of Farm Economics* 49 (1967) 833.

Priest, G., 'A Theory of the Consumer Product Warranty', *Yale Law Journal* 90 (1980–81) 1297.

Radin, M. 'Market-Inalienability', *Harvard Law Review* 100 (1987) 1849.

Rakoff, T., 'Contracts of Adhesion: An Essay in Reconstruction', *Harvard Law Review* 96 (1983) 1174.

—— 'The Implied Terms of Contracts: Of "Default Rules" and "Situation-Sense"', in J. Beatson and D. Friedmann (eds.), *Good Faith and Fault in Contract Law* (Oxford: Clarendon Press, 1995) 191.

Ramsay, I., 'Consumer Redress Mechanisms for Poor-Quality and Defective Products', *University of Toronto Law Journal* 31 (1981) 117.

—— *Consumer Protection: Text and Materials* (London: Weidenfeld and Nicholson, 1989).

—— 'Small Claims Courts in Canada: A Socio-Legal Appraisal', in C. J. Whelan (ed.), below, 25.

—— 'Consumer Credit Law, Distributive Justice and the Welfare State', *Oxford Journal of Legal Studies* 15 (1995) 177.

Raz, J., 'Promises in Morality and Law', *Harvard Law Review* 95 (1982) 916.

Rea, C. 'Efficiency Implications of Penalties and Liquidated Damages', *Journal of Legal Studies* 13 (1984) 147.

Renner, K., *The Institutions of Private Law and their Social Functions*, O. Kahn-Freund (ed.) (London: Routledge, 1949).

Reynolds, F., 'The Applicability of General Rules of Private Law to Consumer Disputes', in S. Anderman *et al.* (eds.), *Law and the Weaker Party* (London: Professional Books, 1982) ii. 93.

Rice, D. A., 'Remedies, Enforcement Procedures and the Duality of Consumer Transaction Problems', *Boston University Law Review* 48 (1968) 559.

Rose, C., 'Giving, Trading, Thieving, and Trusting: How and Why Gifts Become Exchanges, and (More Importantly) Vice Versa', *Florida Law Review* 44 (1992) 295

Rosenberg, J. D. and Folberg, H. J., 'Alternative Dispute Resolution: An Empirical Analysis', *Stanford Law Review* 46 (1994) 1487.

Ross, H. L., 'Insurance Claims Complaints: A Private Appeals Procedure', *Law and Society Review* 9 (1975) 275.

—— and Littlefield, N. O., 'Complaint as a Problem-Solving Mechanism', *Law and Society Review* 12 (1977–78) 199.

Rubin, G. R., 'Law, Poverty and Imprisonment for Debt, 1869–1914', in G. R. Rubin and D. Sugerman (eds.), below, 192.

—— 'The County Courts and the Tally Trade, 1846–1914', in G. R. Rubin and D. Sugerman (eds.), below, 321.

—— and Sugerman, D. (eds.), *Law, Economy and Society: Essays in the History of English Law 1750–1920* (London: Professional Books, 1984).

Sako, M., *Prices, Quality and Trust: Inter-Firm Relations in Britain and Japan* (Cambridge: Cambridge University Press, 1992).

Sander, F. E. A., 'Alternative Methods of Dispute Resolution: An Overview', *University of Florida Law Review* 37 (1985) 1.

Schanze, E., 'Symbiotic Contracts: Exploring Long-Term Agency Structures between Contract and Corporation', in C. Joerges (ed.), above, 67.

—— 'Regulation by Consensus: The Practice of International Investment Agreements', *Journal of Institutional and Theoretical Economics* 152 (1988) 144.

Schill, M. 'An Economic Analysis of Mortgagor Protection Laws', *Virginia Law Review* 77 (1990) 489.

Schlicht, E., 'On Custom', *Journal of Institutional and Theoretical Economics* 149 (1993) 178.

Schultz, F., 'The Firm Offer Puzzle: A Study of Business Practice in the Construction Industry', *University of Chicago Law Review* 19 (1952) 237.

Schwartz, A., 'A Reexamination of Nonsubstantive Unconscionability', *Virginia Law Review* 63 (1977) 1053.

—— 'The Case for Specific Performance', *Yale Law Journal* 89 (1979) 271.

—— 'Relational Contracts in the Courts: An Analysis of Incomplete Agreements and Judicial Strategies', *Journal of Legal Studies* 21 (1992) 271.

—— and Wilde, L., 'Intervening in Markets on the Basis of Imperfect Information: A Legal and Economic Analysis', *University of Pennsylvania Law Review* 127 (1979) 630.

Schwartz, D. S., 'Enforcing Small Print to Protect Big Business: Employee and Consumer Rights Claims in an Age of Compelled Arbitration', *Wisconsin Law Review* (1997) 33.

Scott, C., 'The Juridification of Relations in the UK Utilities Sector', in J. Black, P. Muchlinski, and P. Walker (eds.), *Commercial Regulation and Judicial Review* (Oxford: Hart Publishing, 1998) 19.

—— and Barron, A., 'The Citizens' Charter Programme', *Modern Law Review* 55 (1992) 526.

Scott, J., 'Empirical Studies Strike Back Against the Force of Contract Theory', *U.C.L. Jurisprudence Review* (1997) 256.

Selznick, P., *Law, Society and Industrial Justice* (New York: Russell Sage Foundation, 1969).

Shavell, S., 'The Design of Contracts and Remedies for Breach', *Quarterly Journal of Economics* 99 (1984) 121.

—— 'Liability for Harm Versus Regulation of Safety', *Journal of Legal Studies* 13 (1984) 357.

Shearing, C. D., 'A Constitutive Conception of Regulation', in P. Grabosky and J. Braithwaite (eds.), *Business Regulation and Australia's Future* (Canberra: Australian Institute of Criminology, 1993) 67.

Shelanski, H. A., and Klein, P. G., 'Empirical Research in Transaction Cost Economics: A Review and Assessment', *Journal of Law, Economics Organization* 11 (1995) 335.

Shell, G. R., 'Opportunism and Trust in the Negotiation of Commercial Contracts: Toward a New Cause of Action', *Vanderbilt Law Review* 44 (1991) 221.

Simpson, A. W. B., 'Innovation in Nineteenth Century Contract Law', *Law Quarterly Review* 91 (1975) 247.

—— 'The Origin of Futures Trading in the Liverpool Cotton Market', in P. Cane and J. Stapleton (eds.), *Essays for Patrick Atiyah* (Oxford: Clarendon Press, 1991) ch. 8.

Slawson, D., 'Standard Form Contracts and Democratic Control of Lawmaking Power', *Harvard Law Review* 84 (1971) 529.

Smith, L., 'Disgorgement of the Profits of Breach of Contract: Property, Contract and "Efficient Breach"', *Canadian Business Law Journal*, 24 (1994–5) 121.

Smith, S. A., 'In Defence of Substantive Fairness', *Law Quarterly Review* 112 (1996) 138.

Speidel, R. E. 'Court-Imposed Price Adjustments under Long-term Supply Contracts', *Northwestern University Law Review* 76 (1981) 369.

Spindler, G., 'Market Processes, Standardization, and Tort Law', in C. Joerges and O. Gerstenberg (eds.), *Private Governance, Democratic Constitutionalism, and*

Supranationalism, EUR 18340 (Luxembourg: European Communities, 1998) 145.

Steyn, Lord, 'Contract Law and the Reasonable Expectations of Honest Men', *Law Quarterly Review* 113 (1997) 433.

Stigler, G. 'The Economic Theory of Regulation', *Bell Journal of Economics and Management Science* 2 (1971) 1.

Stinchcombe, A. L., 'Contracts as Hierarchical Documents', in A. L. Stinchcombe and C. A. Heimer (eds.), *Organization Theory and Project Management: Administering Uncertainty in Norwegian Offshore Oil* (Oslo: Norwegian University Press, 1985,) ch. 2.

Suchman, M. C., 'Translation Costs: A Comment on Sociology and Economics', *Oregon Law Review* 74 (1995) 257.

—— and Cahill, M., 'The Hired Gun as Facilitator: Lawyers and the Support of Business Disputes in Silicon Valley', *Law and Social Inquiry* 21 (1996) 679.

Sugerman, D., 'Legal Theory, the Common Law Mind and the Making of the Textbook Tradition', in W. Twining (ed.), *Legal Theory and Common Law* (Oxford: Blackwell, 1986) 26.

—— and Rubin, G. R., 'Towards a New History of Law and Material Society in England, 1750–1914', in G. R. Rubin and D. Sugerman (eds.), above, 1.

Sunstein, C., 'Paradoxes of the Regulatory State', *University of Chicago Law Review* 57 (1990) 407.

Talley, E. L., 'Contract Renegotiation, Mechanism Design, and the Liquidated Damages Rule', *Stanford Law Review* 46 (1994) 1195.

Taylor, C. R., and Wiggins, S. N., 'Competition or Compensation: Supplier Incentives Under the American and Japanese Subcontracting Systems', *American Economic Review* 87 (1997) 598.

Telser, L. G., 'A Theory of Self-enforcing Agreements', *Journal of Business* 53 (1980) 27.

—— 'Why There are Organized Futures Markets', *Journal of Law and Economics* 24 (1981) 1.

—— and Higginbottom, H. N., 'Organised Futures Markets: Costs and Benefits', *Journal of Political Economy* 85 (1977) 969.

Teubner, G., 'Substantive and Reflexive Elements in Modern Law', *Law and Society Review* 17 (1983) 239.

—— 'Juridification: Concepts, Aspects, Limits, Solutions', in G. Teubner (ed.), *Juridification of Social Spheres: A Comparative Analysis in the Areas of Labour, Corporate, Antitrust and Social Welfare Law* (Berlin: Walter de Gruyter, 1987) 1.

—— 'After Legal Instrumentalism? Strategic Models of Post-Regulatory Law', in G. Teubner (ed.), *Dilemmas of Law in the Welfare State* (New York/Berlin: Walter de Gruyter, 1988) 299.

—— 'How the Law Thinks: Toward A Constructivist Epistemology of Law', *Law and Society Review* 23 (1989) 727.

—— 'Piercing the Contractual Veil? The Social Responsibility of Contractual Networks', in T. Wilhelmsson (ed.), *Perspectives of Critical Contract Law* (Aldershot: Dartmouth, 1993) 211.

—— *Law as an Autopoietic System* (Oxford: Blackwell, 1993).

—— 'Global Bukovina: Legal Pluralism in the World Society', in G. Teubner (ed.), *Global Law Without a State* (Aldershot: Gower, 1997) 3.

—— 'Altera pars Audiatur: Law in the Collision of Discourses', in R. Rawlings (ed.), *Law Society and Economy* (Oxford: Clarendon Press, 1997), 149.

Thomas, D. R., 'Consumer Arbitration Agreements Act 1988', *Arbitration* 57 (1991) 48.

Trakman, L. E., *The Law Merchant: The Evolution of Commercial Law* (Colorado: Rothman, 1983).
Trebilcock, M. J., 'Private Law Remedies for Misleading Advertising', *University of Toronto Law Journal* 22 (1972) 1.
—— 'An Economic Approach to the Doctrine of Unconsionability', in B. J. Reiter and J. Swan, *Studies in Contract Law* (Toronto: Butterworths, 1980) 379.
—— *The Limits of Freedom of Contract* (Cambridge, Mass.: Harvard University Press, 1993).
Treitel, G. H., *The Law of Contract*, 9th edn. (London: Sweet & Maxwell, 1995).
Trubeck, D. M., 'Max Weber on Law and the Rise of Capitalism', *Wisconsin Law Review* (1972) 720.
—— Sarat, A., Felstiner, W. L. F., Kritzer, H. M., and Groosman, J. B., 'The Costs of Ordinary Litigation', *UCLA Law Review* 31 (1983) 72.
Turpin, C., *Government Procurement and Contracts* (Harlow: Longman, 1989).
Twining, W., *Karl Llewellyn and the Realist Movement* (London: Weidenfeld & Nicholson, 1973).
Umbeck, J., 'A Theory of Contract Choice and the California Gold Rush', *Journal of Law and Economics* 20 (1978) 421.
Veljanovski, C. G., 'An Institutional Analysis of Futures Contracting', in B. A. Goss (ed.), *Futures Markets: Their Establishment and Performance* (London and Sydney: Croom Helm, 1986) 13.
Vincent-Jones, Peter, 'Contract and Business Transactions: A Socio-Legal Analysis', *Journal of Law and Society* 16 (1989) 166.
—— 'Contract Litigation in England and Wales 1975–1991: Transformation of Business Disputing?', *Civil Justice Quarterly* 12 (1993) 337.
—— 'The Limits of Contractual Order in Public Sector Transactions', *Legal Studies* 14 (1994) 364.
—— 'Hybrid Organization, Contractual Governance, and Compulsory Competitive Tendering in the Provision of Local Authority Services', in S. Deakin and J. Michie (eds.), above, 143.
—— and Harries, A., 'Limits of Contract in Internal CCT Transactions: A Comparative Study of Buildings Cleaning and Refuse Collection in "Northern Metropolitan"', in D. Campbell and P. Vincent-Jones (eds.), *Contract and Economic Organisation* (Aldershot: Dartmouth, 1996) 180.
Walsh, K., Deakin, N., Spurgeon, P., Smith, P., and Thomas, N., 'Cont acts for Public Services: A Comparative Perspective', in D. Campbell and P. Vincent-Jones (eds.), *Contract and Economic Organisation* (Aldershot: Dartmouth, 1996) 212.
Walzer, M., *Spheres of Justice: A Defence of Pluralism and Equality* (Oxford: Blackwell, 1983).
Wanner, C., 'The Public Ordering of Private Relations', *Law and Society Review* 8 (1974) 421.
Weber, M., *Economy and Society* (G. Roth and C. Wittich, eds.), (Berkeley: University of California Press, 1978) i and ii.
Weintraub, R. J., 'A Survey of Contract Practice and Policy', *Wisconsin Law Review* (1992) 1.
Weller, P., *The Theory of Futures Markets* (Oxford: Blackwell, 1992).
Weller, S., Ruhnka, J. C., and Martin, J. A., 'American Small Claims Courts', in C. J. Whelan (ed.), below, 5.
Wheeler, S., *Reservation of Title Clauses* (Oxford: Clarendon Press, 1991).
—— 'Lawyer Involvement in Commercial Disputes', *Journal of Law and Society* 18 (1991) 241.
Whelan, C. J., (ed.), *Small Claims Courts: A Comparative Study* (Oxford: Clarendon Press, 1990).

—— 'Small Claims in England and Wales: Redefining Justice', ibid. 99.
White Paper, *Setting New Standards: A Strategy for Government Procurement*, Cm 2840 (London: HMSO, 1995).
Whitford, W. C., 'Law and the Consumer Transaction: A Case Study of the Automobile Warranty', *Wisconsin Law Review* (1968) 1006.
'The Functions of Disclosure Regulation in Consumer Transactions', *Wisconsin Law Review* (1973) 400.
—— 'A Critique of the Consumer Credit Collection System', *Wisconsin Law Review* (1979) 1047.
—— and Kimball, S. L., 'Why Process Consumer Complaints? A Case Study of the Office of the Commissioner of Insurance of Wisconsin', *Wisconsin Law Review* (1974) 639.
—— and Laufer, H., 'The Impact of Denying Self-Help Repossession of Automobiles: A Case Study of the Wisconsin Consumer Act', *Wisconsin Law Review* (1975) 607.
Whitley, R., Henderson, J., Czaban, L., Lengyel, G., 'Trust and Contractual Relations in an Emerging Capitalist Economy: The Changing Trading Relationships of Ten Large Hungarian Enterprises', *Organization Studies* 17(3) (1996) 397.
Wiggins, S. N., 'The Economics of the Firm and Contracts: A Selective Survey', *Journal of Institutional and Theoretical Economics* 147 (1991) 603.
Wilkinson, H. ., 'Complaining to Ombudsmen', *New Law Journal* (1992) 1348.
Williams, F. (ed.), *Why the Poor Pay More* (London: MacMillan/Child Poverty Action Group, 1974).
Williams, G. A., 'Reservation of Title in the Construction Industry: Who Wants It?—Some Economic Perspectives on Risk-Allocation', *Current Legal Problems* (1987) 233.
illiams, J., *The Economic Function of Futures Markets* (Cambridge: Cambridge University Press, 1986).
Williamson, O. E., *Markets and Hierarchies: Analysis and Antitrust Implications* (New York: Free Press, 1975).
—— 'Transaction Cost Economics: The Governance of Contractual Relations', *Journal of Law and Economics* 22 (1979) 233.
—— 'Credible Commitments: Using Hostages to Support Exchange', *American Economic Review* 73 (1983) 519.
—— 'Assessing Contract', *Journal of Law, Economics and Organization* 1 (1985) 177.
—— *The Economic Institutions of Capitalism* (New York: Free Press, 1985).
—— 'Calculativeness, Trust, and Economic Organization', *Journal of Law and Economics* 36 (1993) 453.
Wilson, J. A., 'Adaptation to Uncertainty and Small Numbers Exchange: the New England Fresh Fish Market', *Bell Journal of Economics* 11 (1980) 491, 503–4.
Winn, J. K., 'Relational Practices and the Marginalization of Law: Informal Financial Practices of Small Businesses in Taiwan', *Law and Society Review* 28 (1994) 193.
Wiseman, Z. B., 'The Limits of Vision: Karl Llewellyn and the Merchant Rules', *Harvard Law Review* 100 (1987) 465.
Woolf, Lord, *Access to Justice: Interim Report to the Lord Chancellor on the Civil Justice System of England and Wales* (London: HMSO, 1995).
World Bank, *World Development Report 1997: The State in a Changing Worla* (Oxford: Oxford University Press, 1997).
Yates, D., *Exclusion Clauses in Contracts*, 2nd edn. (London: Sweet & Maxwell, 1982).
Yin, C. N., and Cranston, R., 'Small Claims Tribunals in Australia', in C. J. Whelan (ed.), above, 49.

Yngvesson, B., and Hennessey, P., 'Small Claims, Complex Disputes: A Review of the Small Claims Literature', *Law and Society Review* 9 (1975) 219.
Zucker, L. G., 'Production of Trust: Institutional Sources of Economic Structure, 1840–1920', *Research in Organizational Behavior* 8 (1986) 53.
Zweigert, K., and Kotz, H., *An Introduction to Comparative Law*, 2nd edn. (Oxford: Clarendon Press, 1987) 2.

索引

图书在版编目（CIP）数据

规制合同/［英］柯林斯（Collins，H.）著；郭小莉译．—北京：中国人民大学出版社，2014.9
（法学译丛．规制、竞争与公共商事系列）
ISBN 978-7-300-19922-1

Ⅰ.①规… Ⅱ.①柯…②郭… Ⅲ.①合同法-研究 Ⅳ.①D912.290.4

中国版本图书馆 CIP 数据核字（2014）第 202946 号

"十二五"国家重点图书出版规划
法学译丛·规制、竞争与公共商事系列
规制合同
［英］休·柯林斯（Hugh Collins） 著
郭小莉 译
Guizhi Hetong

出版发行	中国人民大学出版社		
社　　址	北京中关村大街 31 号	**邮政编码**	100080
电　　话	010－62511242（总编室）		010－62511770（质管部）
	010－82501766（邮购部）		010－62514148（门市部）
	010－62515195（发行公司）		010－62515275（盗版举报）
网　　址	http://www.crup.com.cn		
	http://www.ttrnet.com(人大教研网)		
经　　销	新华书店		
印　　刷	北京鑫丰华彩印有限公司		
规　　格	155 mm×235 mm　16 开本	**版　　次**	2014 年 9 月第 1 版
印　　张	27 插页 2	**印　　次**	2014 年 9 月第 1 次印刷
字　　数	349 000	**定　　价**	78.00 元